Edition OSTEUROPA 2

Der Germanist und Menschenrechtler Lev Kopelev (1912–1997) war zu der Überzeugung gelangt, nur in der Wahrheit leben zu können. Kopelev steht für Mündigkeit, Verantwortung und einen aufrechten Gang. Das Lew-Kopelew-Forum in Köln verleiht den Lew-Kopelew-Preis des Jahres 2017 an Lev Gudkov.

Die Herausgeber Manfred Sapper und Volker Weichsel sind Redakteure der Zeitschrift OSTEUROPA.

Lev Gudkov
Wahres Denken

Analysen, Diagnosen, Interventionen

Herausgegeben von
Manfred Sapper und Volker Weichsel

osteuropa

Edition OSTEUROPA 2
Erste Auflage 2017
© Deutsche Gesellschaft für Osteuropakunde, e.V., Berlin 2017
Originalausgabe

Herstellung und Verlag: BoD™ - Books on Demand, Norderstedt
Umschlagbild: Lev Gudkov 2017
Foto: © RIA Novosti
Gestaltung: © Ansgar Gilster
ISBN: 978–3–7460–1731–0

Inhalt

Wahres Denken. Analysen, Diagnosen, Interventionen

Lev Gudkovs Wissenschaft von der Gesellschaft   3

Der Sowjetmensch
Genese und Reproduktion eines anthropologischen Typus   7

Sozialkapital und Werteorientierung
Moderne, Prämoderne und Antimoderne in Russland   35

Die Fesseln des Sieges
Russlands Identität aus der Erinnerung an den Krieg   75

Instrumentalisieren, klittern, verdrängen
Russlands unerwünschtes Revolutionsjubiläum   99

Antiamerikanismus in Putins Russland
Schichten, Spezifika und Funktionen   133

Fatale Kontinuitäten
Vom sowjetischen Totalitarismus zu Putins Autoritarismus   167

Russland in der Sackgasse
Stagnation, Apathie, Niedergang   185

Russlands Systemkrise
Negative Mobilisierung und kollektiver Zynismus   221

Staat ohne Gesellschaft
Zur autoritären Herrschaftstechnologie in Russland   237

Der Oligarch als Volksfeind
Der Nutzen des Falls Chodorkovskij für das Putin-Regime   255

Stellungnahme Lev Gudkovs zur Diffamierung des
Levada-Zentrums als „ausländischer Agent"   285

Zur Bedeutung von Lev Gudkov

Karl Schlögel
Lev Gudkov oder die Stunde der Soziologen — 289

Alexis Berelowitch
Idealtyp und analytische Kategorie
Überlegungen zum „Sowjetmenschen" — 295

Marija Lipman
Angepasst, aber nicht passiv
Anmerkungen zu Lev Gudkovs Gesellschaftsinterpretation — 301

Aleksej Levinson
Ein radikaler Skeptiker — 309

Lilija Ševcova
Mit Elan und Adrenalin
Lev Gudkov und die unbequemen Wahrheiten — 311

Nikolaj Petrov
Vom Homo Sovieticus zum . . . Homo Sovieticus — 315

Nachweise — 319

Autorenangaben — 321

Spenderinnen und Spender — 322

Lev Gudkovs Wissenschaft von der Gesellschaft

Wer sich seriös mit Russland beschäftigt, kommt am Moskauer Levada-Zentrum nicht vorbei. Medien und Wissenschaftler aus der ganzen Welt berufen sich auf die Meinungsumfragen des Zentrums, nutzen die Studien und Analysen der Mitarbeiterinnen und Mitarbeiter und bitten sie um Hintergrundgespräche, Interviews oder Kommentare, um die Entwicklungen in Russlands Innen- und Außenpolitik, der Gesellschaft und der Kultur verstehen, einordnen und erklären zu können.

Seit es 1987 unter dem Namen VCIOM gegründet wurde, hat sich das Levada-Zentrum einen erstklassigen Ruf als Ort empirischer Sozialforschung und intellektueller Inspiration erworben. In seiner Arbeit ist es nur der Freiheit der Wissenschaft sowie dem Objektivitäts- und Wahrheitsgebot verpflichtet. Seine Untersuchungen betreibt es auf dem internationalen Stand der Forschung. Der freie Zugang zu den Daten ermöglicht es jedem Interessierten, die gewonnenen Erkenntnisse und Interpretationen auf ihre Gültigkeit zu überprüfen. In einem von Intransparenz geprägten gesellschaftspolitischen Umfeld ist dies mehr als ein wissenschaftliches und methodisches Signal. Darüber hinaus ist das Levada-Zentrum bis heute politisch unabhängig. Unter den Bedingungen des zunehmenden Autoritarismus ist das keineswegs selbstverständlich. Bereits in den Jahren 2002 und 2003 hatte der Kreml versucht, das Zentrum unter seine Kontrolle zu bringen und den damaligen Direktor Jurij Levada gegen einen willfährigen Strohmann auszutauschen. Dieses Ansinnen scheiterte. Buchstäblich alle Mitarbeiterinnen und Mitarbeiter – von der Putzfrau bis zum stellvertretenden Direktor – stellten sich hinter Levada, verließen gemeinsam das VCIOM und gründeten das Levada-Zentrum. 2013 und 2014 unterzog die Staatsanwaltschaft das Levada-Zentrum Überprüfungen, die darauf abzielten, die finanzielle Unterstützung der Forschung durch ausländische Stiftungen oder wissenschaftliche Projektpartner zu unterbinden. 2016 schließlich setzten die Behörden das Zentrum auf die Liste der „ausländischen Agenten". Die breite Bevölkerung in Russland setzt diesen Begriff bis heute mit „Vaterlandsverräter" und „Spion" gleich. Das Motiv ist klar: Das Levada-Zentrum soll diffamiert und seine Arbeit lahmgelegt werden. Doch wieder war dieser Versuch der Einschüchterung vergeblich. Allen Pressionen zum Trotz arbeitet das Levada-Zentrum weiter und bietet mit seinen soziologischen Untersuchungen Russlands Gesellschaft die Chance zur Selbstaufklärung.

Herz und Hirn, Rückgrat und Gesicht des Levada-Zentrums ist der Soziologe Lev Gudkov, der das Institut seit dem Tode von Jurij Levada im November 2006 leitet. Gudkov, 1946 in Moskau geboren, studierte an der Moskauer Staatsuniversität zunächst Journalismus. Dort lernte er den Dozenten Jurij Levada kennen, der sein Interesse an soziologischen Fragen weckte. Im Herbst 1969 wurde ihm wegen „ideologischer Mängel" die Lehrbefugnis entzogen und er in eine Nischenexistenz gedrängt. Doch Levada setzte seine Seminare fort, an denen Gudkov weiterhin teilnahm. Einige Jahre später wurde Gudkov am Institut für Philosophie der Akademie der Wissenschaften mit einer wissenssoziologischen Arbeit über Max Weber promoviert. Nachdem Gudkov 1977 aus dem „Institut für wissenschaftliche Information der Gesellschaftswissenschaften" (INION) wegen „ideologisch fragwürdiger Tätigkeit" entlassen worden war, arbeitete er bis 1984 in der Abteilung für Buchkunde und Leseforschung der Lenin-Bibliothek. Dort entwarf Gudkov – gemeinsam mit dem Philologen Boris Dubin (1946–2014), der für die kommenden fast vier Jahrzehnte zu seinem wissenschaftlichen und publizistischen Partner werden sollte – die Grundlagen eines literatursoziologischen Forschungsfelds. An der Seite von Jurij Levada trat Gudkov 1988 in das von Tat'jana Zaslavskaja und Boris Grušin gegründete Gesamtsowjetische Zentrum für Meinungsforschung (VCIOM) ein. In der Abteilung für theoretische Untersuchungen legten sie gemeinsam mit Boris Dubin, Aleksej Levinson und Natalija Zorkaja grundlegende Arbeiten zum russischen Nationalismus, zum Antisemitismus und anderen Formen der Xenophobie, zur Bürokratie, der Intelligencija und zur Elitenforschung vor. Sie leisteten damit einerseits einen fundamentalen Beitrag zur Wiederbegründung der Soziologie als kritische Wissenschaft, die in der Sowjetunion unterdrückt worden war. Durch den Aufbau von empirischem Wissen über die Sowjetgesellschaft sowie die Rezeption und Weiterentwicklung der internationalen sozialwissenschaftlichen Theorie machten sie ihre Arbeit für eine vergleichende internationale Forschung anschlussfähig.

Dreh- und Angelpunkt der Arbeit des Levada-Zentrums ist die Erforschung des „Sowjetmenschen". Im Kern geht es um die Frage, welche Wirkungen die totalitäre Herrschaft in der Sowjetunion, die ihre charakteristischen Züge in den 1930er bis 1950er Jahren annahm, auf den Menschen hat. Ziel ist es zu ermitteln, welche Vorstellungen und Werte der Homo Sovieticus hat. Seit drei Jahrzehnten werden regelmäßig empirische Erhebungen durchgeführt. Sie zeigen, dass der repressive Staat die Mentalität der Menschen so stark geformt hat, dass sich der anthropologische Typus des „Sowjetmenschen" mit seinen besonderen Werthaltungen auch nach der Auflösung der Sowjetunion erhalten hat und sich sogar reproduziert. Er ist gleichzeitig Produkt und Produzent des wiederentstandenen autoritären Staates.

Doch die Studien zum „Sowjetmenschen" sind nicht nur zum Verständnis der sowjetischen und postsowjetischen Gesellschaft besonders wertvoll. Gudkov ist es gelungen, verbreitete Haltungen in der Gesellschaft herauszudestillieren und spezifische Machtressourcen jeder autoritären Herrschaft zu identifizieren. Es sind dies Anpassung, Angst, Doppeldenken und Double speak, Freund-Feind-Denken, negative Identifikation, negative Mobilisierung sowie Zynismus. Die Studien zum Homo Sovieticus helfen somit, die individuellen und gesellschaftlichen Grundlagen regressiver und autoritär repressiver Entwicklungen auf der ganzen Welt zu analysieren und zu erklären. Das ist eine der großen intellektuellen Leistungen von Lev Gudkov, wovon die ausgewählten Arbeiten im vorliegenden Band zeugen.

Lev Gudkov ist aber nicht nur ein bedeutender Soziologe und Aufklärer. Als Leiter eines der renommiertesten Meinungsforschungsinstitute Europas ist er – mitunter contre cœur – auch ein Wissenschaftsorganisator. Gudkov tritt als ein kompromissloser Verteidiger der bürgerlichen Freiheiten sowie der Freiheit der Wissenschaft auf. Es genügt, seine ebenfalls in diesem Band dokumentierte Stellungnahme zur Diffamierung des Levada-Zentrums als „ausländischer Agent" zu lesen: Anpassung, Angst, Doppeldenken oder Selbstzensur sind für Lev Gudkov undenkbar. Stattdessen sieht er die Aufgabe eines Soziologen darin, der Gesellschaft den Spiegel vorzuhalten und bei der Gegenwartsdiagnostik nichts als die Wahrheit zu sagen, so unbequem sie auch sein mag. Persönliche Überzeugung und wissenschaftliche Praxis sind für ihn zwei Seiten einer Medaille.

Berlin, im November 2017　　　　　　　　Manfred Sapper & Volker Weichsel

Der Sowjetmensch

Genese und Reproduktion eines anthropologischen Typus

Die Vorstellung von der Erschaffung eines „neuen", eines „sowjetischen" Menschen geht auf die 1920er und 1930er Jahre zurück. Es handelt sich um eine postromantische Antwort auf die Frage nach dem Subjekt historischen Wandels. Ihre Wurzeln führen zu den visionären Konzepten der Futuristen des frühen 20. Jahrhunderts, den philosophischen Spekulationen des europäischen Nationalismus, den Ideen der künstlerischen Avantgarde und schließlich auch zu den Werken marxistischer Publizisten, die sich mit der „Utopie der kommunistischen Zukunft" beschäftigt hatten. Kern des kommunistischen Projekts war die Vorstellung, der Mensch werde in einer Gesellschaft, die sich von Ausbeutung, „falschem Bewusstsein" und von der die bürgerlichen Verhältnisse kennzeichnenden Amoralität und gewinnsüchtigen Berechnung befreit hat, psychisch wie physisch ein ganz anderer sein. Er werde einem idealen Helden gleichen, der einem rationalen Plan folgt und eine neue soziale Welt errichtet. Von dem Menschen der „alten Welt" unterscheide er sich dadurch, dass er ein Bedürfnis nach schöpferischer Tätigkeit habe, altruistisch handle, eine humanistische Moral vertrete, sich an kollektiven Werten orientiere und eine wissenschaftliche (positivistische) und atheistische Weltanschauung habe. Der „neue Mensch" konnte nur dank der Machtübernahme der revolutionären Partei entstehen.

Bereits das außerordentliche Ziel sowie die schwierigen Umstände, unter denen der sozialistische Aufbau begann, legten die Schaffung von Menschen eines besonderen Typs nahe, ja forderten sie geradezu. Dieser Mensch sollte gleichzeitig Produkt der kommunistischen Institutionen sein und Material für den Aufbau des Kommunismus. Der totale Staat errichtete ein grundsätzlich neues Sozialisierungs- und Bildungssystem, er sorgte für ein koordiniertes Vorgehen der Schulen, der Hochschulen, der „Volksarmee", der Propagandaorgane, der politischen Massenorganisationen (Partei, Komsomol, Pioniere, Frauenklubs, Wehrsportklubs, Gewerkschaften) sowie für eine Organisation der „proletarischen" Kultur unter der Leitung von „Künstlerverbänden". Die tatsächliche Aufgabe lautete jedoch, den Menschen dazu zu bringen, sich in die Bedingungen eines Alltagslebens zu fügen, das von staatlich organisierter Zwangsarbeit geprägt war, in ein System allumfassender Kontrolle und täglicher Denunziation, die sämtliche Sphären des öffentlichen und privaten Lebens durchdrangen.

Der „Sowjetmensch" war sowohl Vorbild – als Schlagwort sowie als plakatives Propagandabild im Kino, in der Literatur und in Zeitungsartikeln über „Bestarbeiter" – als auch Maß für die Fleischwerdung dieses Vorbilds, das bei der Darstellung der „Umschmiedung", der kommunistischen Erziehung, der Schaffung des „echten Menschen", des Kampfs mit den „Überresten des Kapitalismus", mit dem „Kleinbürgertum" vorgeführt wurde. Damit unterscheidet sich der Begriff des „Sowjetmenschen" fundamental von allen anderen aus der Geschichte der sozial-anthropologischen Typenbildung bekannten Menschentypen, die stets als Beschreibung faktisch existierender Wesen konzipiert waren, nicht aber als etwas, das erst in der Zukunft entstehen soll.

Solche Mythologeme sind nicht nur für die Sowjetunion, sondern auch für die frühen Stadien anderer totalitärer Regime charakteristisch. Man findet sie im nationalsozialistischen Deutschland, im faschistischen Italien und in anderen Staaten. In diesen Fällen stellt sich jedoch die Frage nach der Reproduktion des spezifischen Menschentyps nicht, da diese Regime nur recht kurze Zeit – 12 Jahre im einen, 20 Jahre im anderen Fall – bestanden. Im sowjetischen Fall hingegen muss gefragt werden, in welchem Maße die sozioökonomischen Institutionen, die Propaganda und die Repressionsapparate die Persönlichkeitsstruktur der Menschen beeinflusst und geprägt haben und wie sich dieser Menschentyp in den nachfolgenden Generationen erhalten und reproduziert hat. Umgekehrt, mit Bezug auf die Gegenwart gefragt: In welchem Maß sorgt dieser Menschtyp für die Aufrechterhaltung und Reproduktion der Institutionen des Spättotalitarismus?

Erste Versuche, die Existenz eines Sowjetmenschen empirisch zu belegen, gehen auf die 1950er Jahre zurück, als die Sowjetunion begann, sich vorsichtig der Außenwelt zu öffnen. 1958 erschien das Buch „Der Sowjetmensch" des Politikwissenschaftlers, Schriftstellers und Adenauer-Beraters Klaus Mehnert.[1] Ein Jahrzehnt später wurde unter dem gleichen Titel eine „theoretische" Arbeit aus der Feder eines Mitarbeiters der Propagandaabteilung des Zentral-

---

[1] Gewöhnlich wird die zweite, erheblich überarbeitete und erweiterte Fassung aus dem Jahr 1967 zitiert. Klaus Mehnert: Der Sowjetmensch. Versuch eines Porträts nach dreizehn Reisen in die Sowjetunion, 1929–1959. Stuttgart 1967².

komitees der KPdSU veröffentlicht.[2] Sie rief eine Vielzahl von Epigonen auf den Plan, die das Thema vom Standpunkt des „wissenschaftlichen Kommunismus" ausarbeiteten. Nachdem mit der Niederschlagung des Prager Frühlings auch die Hoffnung zerstört worden war, dass der Sozialismus reformiert werden kann, verfassten mehrere Emigranten Parodien auf die Idee des „Sowjetmenschen" bzw. auf ihre Ritualisierung (Andrej Sinjavskij, Aleksandr Genis und Petr Vajl', Aleksandr Zinov'ev).[3]

Wissenschaftlich fundierte Arbeiten, in denen erfasst werden sollte, wie tief das sowjetische System die in ihm lebenden Menschen beeinflusst hat, gab es jedoch nicht. Die Historiker der „revisionistischen Schule", die in den 1970er Jahren das Konzept eines totalitären Staats und einer totalitären Gesellschaft im Sinne eines ideologischen und sozialen Monoliths kritisierten, bestritten die Existenz eines besonderen Menschentyps im Sozialismus und beschäftigten sich daher nicht mit der Frage nach den Mechanismen seiner sozialen und kulturellen Reproduktion. Kaum ein Politikwissenschaftler oder Soziologe der 1960er bis 1980er Jahre fragte, welche inneren Faktoren zum Zerfall der totalitären Regimes führen könnten. Alleine eine militärische Niederlage wurde für möglich gehalten.

Jurij Levada hielt diese Frage hingegen für äußerst wichtig, denn er ging davon aus, dass die Antworten auch aufzeigen würden, was die Ursachen für die Beständigkeit totalitärer Systeme sind. Fragen dieser Art wurden in den inoffiziellen Seminaren diskutiert, die Levada ab den 1970er Jahren bis zum Zusammenbruch der Sowjetunion leitete. Das theoretische Erkenntnisinteresse, das er bei zukünftigen Forschungen verfolgen wollte, richtete sich auf den Zusammenhang zwischen den totalitären Institutionen und dem von ihnen abhängigen Menschentyp.[4] Es ging darum, den Menschentyp zu beschreiben, auf den dieses System sich stützt.

---

[2] Georgij Smirnov: Sovetskij čelovek: formirovanie socialističeskogo tipa ličnosti. Moskva 1971.
[3] Andrej Sinjavskij: Osnovy sovetskoj civilizacii. Das Buch wurde erstmals 1989 auf Deutsch und Französisch publiziert: Andrej Sinjawski: Der Traum vom neuen Menschen oder die Sowjetzivilisation. Frankfurt a.M. 1989. – La civilisation soviétique. Paris 1989. Die russische Ausgabe erschien 2001 in Moskau. – Petr Vajl', Aleksandr Genis: 60-e. Mir sovetskogo čeloveka. Moskva 1996. – Alexandre Zinoviev: Homo sovieticus. Paris 1982. – Aleksandr Zinov'ev: Gomo sovetikus. Moskva 1991.
[4] Bereits seit den Anfängen der wissenschaftlichen Soziologie gab es Versuche, einen Zusammenhang zwischen dem sozialen Charakter und der Gesellschaftsordnung oder dem Wirtschaftssystem zu finden. In den 1920er und 1930er Jahren zeigten sich amerikanische Soziologen besorgt über die Entstehung einer „Basispersönlichkeit", eines sozialen Charakters, der typisch für das sozioökonomische System der USA gewesen

Nachdem Levada die gängigen anthropologischen Modelle der Sozialwissenschaften gründlich studiert hatte, löste er sich von der Vorstellung, der Mensch sei ein vollständig sozialisiertes Wesen, das auf einen Satz internalisierter Rollen und Normen reduziert werden kann, deren angemessene Beachtung die Gesellschaft beurteilt. Grundlage der anthropologischen Konstruktionen in den Sozial- und Geisteswissenschaften waren meist generalisierte, „reine", Modelle einfacher sozialer Beziehungen oder Rollen, etwa der homo oeconomicus, der durch zweckrationales Handeln gekennzeichnet ist. Die Literatur- und Kunstwissenschaften verstanden den Autor und Künstler oft als „Genie", der die soziale Rolle des Schöpfers neuer bildlich-expressiver Mittel erfüllt, die zum Vorbild für andere werden. Die Ethnologie sprach vom „traditionalen Menschen" als Träger der Gesamtheit aller Normen und Kenntnisse primitiver Gesellschaften. Im Unterschied dazu ging Levada eher von einer Art homo ludens aus, von einem komplexem, reflexiven und reziproken („spielerischen") sozialen Handeln, das die Imperative und Normen unterschiedlicher Institutionen und Gruppen aufnimmt.[5] Der Mensch kann also weder als grundsätzlich prinzipienloser Konformist noch als Fanatiker

sein soll. In den Jahren 1945–1946 versuchte eine Gruppe von Sozialpsychologen und Soziologen unter der Leitung von Theodor Adorno die Charakterzüge einer „autoritären Persönlichkeit" zu beschreiben, eines faschistoiden Menschen. Theodor Adorno et al.: The Authoritarian Personality. New York 1950. – Auch den späteren Typologien unterschiedlicher politischer Kulturen liegt die Vorstellung von einem Menschentyp zugrunde, der in bestimmten Gesellschaften dominant sei. Die Pionierstudie stammt von Gabriel Almond, Sidney Verba: The Civic Culture. Political Attitudes and Democracy in Five Nations. Princeton N.Y. 1963. – Die von Jurij Levada in den 1980er Jahren verfassten Artikel scheinen sich auf den ersten Blick mit allgemeinen Fragen der Anthropologie sowie mit der Theorie reproduktiver Systeme zu befassen und keinen Bezug zur Analyse des Totalitarismus zu haben. Im Kern handelt es sich jedoch um konzeptionelle Vorarbeiten für ein zukünftiges Forschungsprogramm. Siehe die Abschnitte „Methodologie der Analyse sozialer Prozesse" und „Der Sowjetmensch und seine Reproduktion" in dem Buch: Jurij Levada: Vremja peremen. Predmet i pozicija issledovatel'ja. Moskva 2016, S. 188–547.

[5] Levadas Konzeption des „spielerischen Menschen" ist nicht mit Huizingas homo ludens gleichzusetzen. Er hielt Huizingas Konzept lediglich für einen ersten Entwurf zur Konzeptualisierung des Menschen als eines Wesens, das nicht auf die vier von Max Weber skizzierten Typen sozialen Handelns (zweckrationales Handeln, wertrationales Handeln, traditionales Handeln, affektuelles Handeln) reduziert werden kann. Siehe dazu die Texte von Jurij Levada: Social'nye ramki ėkonomičeskogo dejstvija (1980). –Problemy ėkonomičeskoj antropologii u K. Marksa (1983). – Igrovye struktury v sistemach social'nogo dejstvija (1984). – Kul'turnyj kontekst ėkonomičeskogo dejstvija (1984). Diese sind in einen 2016 erschienenen Sammelband eingegangen: Jurij Levada: Vremja peremen i pozicija issledovatel'ja. Moskva 2016, S. 265–338.

beschrieben werden und auch nicht auf ein charakteristisches Verhalten reduziert werden.

Ins Zentrum seiner Konzeption des „Sowjetmenschen" stellte Levada die Fähigkeit, die widersprüchlichen sozialen Anforderungen und Erwartungen, denen das Individuum in repressiven Staaten ausgesetzt ist, in Ausgleich zu bringen. Es ging also darum, die Mechanismen des „Doppeldenkens" aufzudecken und zu beschreiben, das Nebeneinander von demonstrativer Loyalität zur Staatsmacht und der Weigerung, deren Anordnungen und Verhaltensregeln zu befolgen.

Die Literatur und das Kino lieferten dafür bereits umfangreiches Material. Nur wenige Jahre nach der Rede Nikita Chruščevs auf dem 20. Parteitag der KPdSU 1956 erschienen zahlreiche Romane und Filme, in denen das heroisierte und romantisierte Bild des „Neuen Menschen" – des Kommunisten, des „rechtschaffenen" oder „wahrhaftigen" Menschen – verwischt wird. Ende der 1970er und Anfang der 1980er Jahre wird dieser Held durch einen ganz anderen „Helden" ersetzt: einen durchschnittlichen, verstörten oder zynischen Menschen, der keine Vorstellung von seinem Platz im Leben mehr hat und dumpf zur Kenntnis nimmt, in welchem Ausmaß er selbst sowie die ihn umgebende Gesellschaft von jeglicher Moral abgefallen sind.[6] Die Kunst ist – wenn sie über einen konzeptionellen Interpretationsrahmen verfügt – ein wesentlich sensibleres Instrument zur sozialen Frühdiagnostik als die Wissenschaft.

---

[6] Diese Entwicklung beginnt mit Filmen wie Jurij Egorovs „Dobrovol'cy" (Freiwillige, 1958), Jurij Raizmans „Kommunist" (1958), Grigorij Čuchrajs „Čistoe nebo" (1962, dt. Fassung unter dem Titel „Klarer Himmel"), Andrej Sacharovs „Kollegi" (1962, nach einem Stück von Vasilij Aksenov von 1959, dt. Fassung unter dem Titel „Kollegen") und führt zu Produktionen wie Andrej Tarkovskijs „Zerkalo" (Spiegel, 1974), Sergej Mikoéljans „Premija" (1974, nach einem Stück von A. Gel'man, dt. unter dem Titel: „Die Prämie"), Georgij Danielijs „Afonja" (1975, dt. unter dem Titel „Lass das mal Afonja machen") und „Osennij marafon" (1979, dt.: Marathon im Herbst), Vadim Abdarašitovs „Ostanovilsja poezd" (Ein Zug hielt an, 1982) oder Roman Balojans „Polety vo sne i najavu" (1982, dt. unter dem Titel: „Tagträumer"). In der Literatur entspricht dieser Linie sowohl die „ideologisch gefestigte" Serienproduktion (Romanepopöen) aus der Feder führender Figuren des Schriftstellerverbands als auch die in scharfem Gegensatz dazu stehende „Leutnantsprosa" über den Weltkrieg, wie sie Grigorij Baklanov und Konstantin Vorob'ev verfassten, die städtische „Jugend"-Literatur Vasilij Aksenovs und die Dorfprosa (Vasilij Belov, Viktor Astaf'ev, Valentin Rasputin, Vladimir Tendrjakov, Fedor Abramov), die Erzählungen Aleksandr Solženicyns (1962) und Fazil' Iskanders (beginnend mit „Sozvezdie Kozlotura" [Das Sternbild des Ziegenturs, 1960]). Im Verlauf eines Vierteljahrhunderts wird das Bild des Helden als „Sieger" vollständig abgelöst vom Bild des „Opfers", eines moralisch und faktisch gescheiterten Menschen.

Die Anfänge des Projekts „Der Sowjetmensch"

1988 wurde das Gesamtsowjetische Zentrum für Meinungsforschung (Vsesojuznyj Centr izučenija obščestvennogo, VCIOM) gegründet – das erste Institut dieser Art in der Sowjetunion. Jurij Levada und seine Mitarbeiter machten sich rasch an die Vorbereitungen und konnten schon im Februar 1989 mit den Umfragen für das Projekt „Der Sowjetmensch" beginnen.[7] Die Umfrage wurde zu einem Zeitpunkt durchgeführt, als sich das sowjetische Regime in einer offenen Krise befand. Daher halten ihre Ergebnisse die Spätphase des anthropologischen Typs „Sowjetmensch" fest. Damals gingen wir davon aus, dass es sich um die Phase seines Zerfalls handle.

Levadas Ausgangshypothese lautete: Mit dem Verschwinden der in den 1920er Jahren geborenen Generation, also jener Menschen, die bereits in den totalitären Institutionen der 1930er Jahre sozialisiert wurden, beginnt das kommunistische System zu zerfallen. Die jüngeren Menschen hätten, so die Annahme, die sowjetischen Ideale, Normen und Einstellungen nicht übernommen. Alles deutete darauf hin, dass sich das sowjetische Modell nicht reproduzieren würde: Die KPdSU verlor ihr Monopol auf die Besetzung der zentralen Machtstellen im Staat, die kommunistische Ideologie erodierte, die staatlich gelenkte Wirtschaft war im Niedergang, die Nationalbewegungen in den Unionsrepubliken erhielten massenhaften Zuspruch, die Zahl der informellen gesellschaftlichen Initiativen und ihr politisches Engagement wuchs insbesondere in den Städten explosionsartig.

Die erste Querschnittsanalyse der Daten erlaubte es, die zentralen Merkmale des Sowjetmenschen zu beschreiben. Er ist gekennzeichnet durch die tief verinnerlichte Erfahrung der Anpassung an den totalen Staat. Dies zeigte sich etwa daran, dass ein Großteil der Befragten dem physischen Überleben

---

[7] Zu den ersten Ergebnissen siehe „Sovetskij prostoj čelovek: opyt social'nogo portreta na rubeže 90-ch". Moskva 1993. Die deutsche Ausgabe „Die Sowjetmenschen 1989–1991. Soziogramm eines Zerfalls" erschien bereits 1992, 1993 kam das Buch auch in französischer Sprache heraus (Entre le passé et l'avenir: l'homme soviétique ordinaire: enquête. Paris 1993). – Die Befragung wurde in leicht gekürzter Form und nun nur noch in Russland in den Jahren 1994, 1999, 2004, 2008 und 2012 wiederholt. Einzelne thematische Blöcke (Xenophobie, religiöse Einstellungen, historisches Gedächtnis, Einstellungen zum Staat und zur Regierung, Zeitvorstellungen, Verhältnis zum Westen, etc.) werden bis heute in reguläre monatliche Umfragen aufgenommen, so dass dynamische Datenreihen vorliegen, mit denen Trends ermittelt, die Stabilität bestimmter Haltungen überprüft und symptomatische Veränderungen erkannt werden können. Jurij Levada: Ot mnenij k ponimaniju. Moskva 2000. – Ders.: Iščem čeloveka. Moskva 2006.

absolute Priorität zuwies. Der durchschnittliche Mensch in der späten Sowjetunion hatte keine kollektivistischen Werte und Vorstellungen, sondern das Interesse, sein Leben und das der Mitglieder seiner Familie zu sichern. Nach Jahrzehnten, die gekennzeichnet waren von Massenrepressionen, Kriegen,[8] sozialen Katastrophen, der Stalinschen Industrialisierung sowie der Kollektivierung der Landwirtschaft und dem forcierten Wiederaufbau der vom Krieg zerstörten Volkswirtschaft, die den Hunger in den Jahren 1932–1933 und 1946–1947 verursachten,[9] nimmt eine solche Einstellung nicht Wunder. Die Menschen in der Sowjetunion hatten in diesen Jahren gelernt, sich anzupassen, also äußerst unterschiedliche Herausforderungen und Gefahren zu erkennen und Taktiken zu entwickeln, um auf sie zu reagieren. In den Jahren des Terrors, der Massenrepressionen und der Zwangsarbeit blieb nur die einfachste Form der Anpassung: das „Erdulden", eine passive Selbstbeschränkung, die Reduzierung der Erwartungen an das Leben. Gegen Ende der Sowjetunion agierte der Staat weniger rigide. In harter Form bekamen den Zwang jetzt nur noch Randgruppen zu spüren. Doch das Zwangssystem verschwand nicht, es ermöglichte lediglich komplexere Formen der Adaption, bei denen die Menschen nicht nur die Erwartungen der Staatsmacht erfüllen, sondern diese auch dazu bringen, in einem gewissen Maße die Interessen der Bevölkerung zu berücksichtigen. Auch Korruption, das Kaufen und Verkaufen auf dem Schwarzmarkt bzw. dessen Duldung, und die mit viel Heuchelei verbundenen wechselseitigen Zugeständnisse des Staats und seiner Bürger sind Ausdruck dieser neuen Situation. Die bloße Tatsache, dass der totalitäre Staat über so viele Jahrzehnte Bestand hatte, war ein Anzeichen dafür, dass das Regime sich in gewissem Maße bewusst geworden war, dass Terror und Repressionen nicht die zentralen Mittel sein können, um ein dauerhaftes Funktionieren des Systems zu gewährleisten. Auf diese Weise entstanden

---

[8] In den Jahren 1917–1956 waren mehr als 50 Millionen Menschen von den Repressionen betroffen. Eingeschlossen in diese Zahl sind die Ermordeten, die Deportierten, jene, die wegen kleinster Verstöße gegen Dienstvorschriften im Zuge politischer Kampagnen verhaftet und zu Sklavenarbeit verurteilt wurden. Ebenso ihre Verwandten, die ihre Bürgerrechte verloren und den Stempel „Angehöriger eines Volksfeinds" aufgedrückt bekamen. Im Jahr 1937 ermordete der Staat im Durchschnitt täglich 1000 Menschen. Siehe dazu Izabella Tabarovski: Operacija „Zabvenie". Kak segodnjašnjaja Rossija spravljaetsja s problemoj pamjati o stalinskich repressijach. Intersection/Russia/Europe/World, 20.12.2016, <http://intersectionproject.eu/ru/article/society/operaciya-zabvenie>.

[9] Siehe zu der Hungersnot in den Nachkriegsjahren V.F. Zima: Golod v SSSR 1946-1947 godov: proischoždenie i posledstvija. Moskva 1996. Zimas Angaben zufolge waren in diesen zwei Jahren mehr als 100 Millionen Menschen vom Hungertod bedroht.

eine Vielzahl komplexer offizieller (formaler) sowie inoffizieller, nicht-öffentlicher oder informeller Herrschafts- und Unterordnungsbeziehungen, die bis heute Bestand haben.
Der Sowjetmensch ist ein verstaatlichter Mensch. Der Staat ist der einzige Arbeitgeber und nur er sorgt für soziale Absicherung. Zu dem paternalistischen Staat, der sich um seine Untertanen kümmert, gab es keine Alternative. Er hatte das Monopol auf die Interpretation kollektiver Werte. In diesem Koordinatensystem hat der einzelne Mensch keinen Wert und keine vom Staat unabhängige Bedeutung. Seine soziale Bestimmung erhält er ausschließlich als Träger funktionaler, vom Staat definierter Rollen, als Rädchen in der staatlichen Maschinerie.
Der totale Staat fordert von dem einzelnen Menschen eine totale Selbstaufgabe: Er muss sich dem Kollektiv vollkommen unterordnen. Legitimiert wurde dies mit der Einzigartigkeit des ersten sozialistischen Staats der Welt, in dem die Menschen „frei von Ausbeutung" seien, der für eine „gerechte" – sprich: gleiche – Verteilung aller Güter sorge, der in die Zukunft gerichtet sei, anderen Ländern als Beispiel diene, nicht nur dem Territorium nach der größte Staat der Erde sei, sondern auch über die mächtigste Armee der Welt verfüge. Der geringste offene Zweifel an dieser Ideologie, an der Legitimität der mit ihr gerechtfertigten Ordnung, wurde im besten Fall als Anschauung zurückgebliebener Schichten, im schlechteren als ein Pakt mit feindlichen „Klassen" oder Staaten betrachtet, weshalb jene, die die Zweifel äußerten, ins Visier der Straforgane gerieten und ermordet oder isoliert wurden. Gewalt oder ihre Androhung war somit das zentrale Mittel der innergesellschaftlichen Regulation, was das Individuum – loyale Untergebene ebenso wie kritisch Gesinnte – seiner Autonomie und seines Wertes beraubte.
Auf diese Weise entstand eine Dyade: Der uneingeschränkten symbolischen Bedeutung des Staates (eine Sakralisierung des Numinosen) steht die absolute Reduzierung der Bedeutung des Individuums, die Entwertung jedes einzelnen Menschen gegenüber. Irgendwann beginnen die Menschen selbst, sich als eigenschaftslose Masse wahrzunehmen. Sie sehen sich als „einfache", „offene", „duldsame" (also passive, jeglicher Politik fernstehende) Menschen, die gleichzeitig nur im Verhältnis zur Außenwelt eine Bedeutung erlangen: „Wir" sind Bürger einer „Großmacht", eines „Imperiums", das das Recht hat, anderen Ländern und Völkern seinen Willen aufzuzwingen. Einzig und alleine Macht, verstanden als Verfügung über polizeiliche oder militärische Gewaltmittel, verleiht soziale Bedeutung und entscheidet über den sozialen Status. Diese Ordnung wird legitimiert durch das Beschwören der heroischen

Vergangenheit und des militärischen Ruhms des Landes: von den Kolonisierungskriegen, die im 16.–19. Jahrhundert zur Vergrößerung des Territoriums des russländischen Staates geführt haben über die moralische Autorität des Siegers im Krieg gegen das nationalsozialistische Deutschland bis hin zum Besitz von Atomwaffen.

Die Bedeutung des Kollektiven verringert sich jedoch radikal, wenn es nicht mehr um den symbolischen Gehalt geht, sondern um die konkrete individuelle Existenz. Dann stehen das „Eigene" und das Allgemeine in einem ganz anderen Verhältnis. Nicht mehr das ruhmreiche Kollektiv besetzt symbolisch die Stelle des Allgemeinen. Das Allgemeine ist nun das feindliche Andere, es steht für administrative Willkür, Gier und Egoismus der bürokratischen Führung, also für die konkreten Vertreter des Staates, der seine wohlfahrtsstaatlichen Verpflichtungen nicht erfüllt. In diesem Sinne sieht sich das Individuum, das sich im Angesicht eines solchen Staates für schutzlos hält, nicht verpflichtet, den Verhaltensnormen des „Sowjetmenschen" nachzukommen.

Somit besteht ein enger Zusammenhang zwischen dem sozialen Infantilismus – die Führung soll sich wie ein Vater um das Volk kümmern – und dem Erdulden der als unausweichlich betrachteten Willkür der einzelnen Vertreter des Staates. Gleichzeitig dient die Erfahrung, dass der Staat seine Versprechen nicht erfüllt, als Rechtfertigung dafür, sich den Regeln des „sozialistischen Wohnheims" zu entziehen, den Vorschriften und Forderungen der Führung nicht Folge zu leisten.

Neben der Forderung, sich mit dem Staat zu identifizieren, lautete ein weiterer Imperativ der degradierenden Adaption, dass man sich in die egalitaristische Ordnung einzupassen habe: „Sei es auch nicht viel, aber für alle das gleiche." Dieses Prinzip galt für „alle" – also für alle Gleichen –, nicht jedoch für jene, die eine höhere soziale Stellung innehatten, weil sie dem Bereich des Staates angehörten, der die kollektiven Werte wie Sicherheit und Wohlfahrt zu repräsentieren hatte. Daher hatte der sowjetische Egalitarismus einen sehr spezifischen Charakter, es handelte sich um einen „hierarchischen Egalitarismus".[10]

Wenn die meisten Menschen ihre Erwartungen nach unten orientierten, ihre Ansprüche reduzierten und ihr Menschenbild primitiver wurde – bei den Umfragen wählte die Mehrheit stets die einfachsten Erklärungen für das

---

[10] „Der Faktor, der die sowjetische Gesellschaft vertikal strukturiert, ist der Zugang zu den Privilegien der Mächtigen, die nicht mit einem Defizit an Informationen oder Waren konfrontiert sind." Jurij Levada: Sovetskij prostoj čelovek. Moskva 1993, S. 19.

Verhalten anderer Menschen –, so rührte dies daher, dass sie gelernt hatten, die Gewalt als oberstes soziales Strukturierungsprinzip zu sehen.
Grundlage für die umfassende Kontrolle, die Unterdrückung von Vielfalt und die Beschränkung der Autonomie des Subjekts ist die Diskreditierung jeglicher Autorität, die nicht unmittelbar mit den staatlichen Gewaltorganen verbunden ist. Daher wurde das Leistungsprinzip (Meritokratie), die Idee der Noblesse und die Orientierung an sozialen Schichten, die eine besondere Art der Würde pflegen, ja die Vorstellung von Hochkultur als solcher, diffamiert. Die latenten, aber dominanten Motive dieses Egalitarismus sind Neid und Ressentiment, die in der Sowjetunion von den Bolschewiki angefacht und zugleich ideologisch verbrämt wurden und heute in Form von Zynismus und diffuser Aggression auftreten, die so typisch für Zwangskollektive ist, wie sie Varlam Šalamov am Beispiel des Lagers beschrieben hat.[11] Ergebnis dieser politischen Produktion sozialer Homogenität ist ein Gesellschaftstyp, der die Eigenschaften einer atomisierten Masse hat und dem die für westliche Gesellschaften charakteristischen Eigenschaften wie Komplexität und Ausdifferenzierung abgehen.[12] Der Sowjetmensch ist, wie Levada schreibt, „gezwungen und gewöhnt, ausschließlich reduzierte, ja primitive Überlebensstrategien und Lebensmodelle in Betracht zu ziehen."[13]
Die hierarchische Verteilung der Rechte – genauer: der Privilegien – in Abhängigkeit von der Stellung in der Herrschaftsordnung verhindert oder verdrängt Vorstellungen von der Universalität der menschlichen Natur – die Idee, dass der Mensch unveräußerliche Rechte, Freiheiten, eine Würde hat. Dies führt dazu, dass soziale und kulturelle Unterschiede zwischen verschiedenen gesellschaftlichen Gruppen verwischt oder unterdrückt werden. Jegliche Form individuellen, neuen oder ungewöhnlichen Verhaltens wird negativ bewertet oder sogar als Aggression wahrgenommen.

---

[11] Warlam Schalamow: Durch den Schnee. Erzählungen aus Kolyma 1. Berlin 2006. – Ders.: Linkes Ufer. Erzählungen aus Kolyma 2. Berlin 2009. – Ders.: Künstler der Schaufel. Erzählungen aus Kolyma 3. Berlin 2013. – Siehe auch: Das Lager schreiben. Varlam Šalamov und die Aufarbeitung des Gulag [= OSTEUROPA, 6/2007]. Berlin 2007.

[12] „Das in Umfragen ermittelte Selbstverständnis des ‚Russen' als ‚einfacher' Mensch meint nicht, wie gelegentlich angenommen, eine Bereitschaft, sich der Welt zu öffnen, sondern verweist vielmehr auf die primitive Sozialstruktur und das Fehlen von vermittelnden Instanzen zwischen dem Einzelnen und dem Staat." Lev Gudkov: Ètničeskie fobii v strukture nacional'noj identifikacii, in: Èkonomičeskie i social'nye peremeny: monitoring obščestvennogo mnenija, 5/1996, S. 22–27.

[13] Sovetskij prostoj čelovek [Fn. 7], S. 8.

Die Homogenität der Gesellschaft, die Eindimensionalität des Sowjetmenschen, der nur Glied einer Masse ist, wurde auch durch das unifizierende Bildungssystem erreicht, in dem sowohl die Schulen als auch die Hochschulen ganz auf die Interessen der Staatsverwaltung und der Planwirtschaft ausgerichtet waren. Die sowjetische Propaganda erklärte eine solche Gesellschaft als Errungenschaft des Sozialismus, als Ausdruck von Gerechtigkeit. Die totale Reglementierung des Alltagslebens und der Arbeit, die Unterdrückung jeglicher individueller Initiative und jeglichen privaten Engagements, führten zu einer allgemeinen Stagnation – die dann als Folge von Mängeln in der Erziehungsarbeit ausgegeben wurde. Somit ist der Sowjetmensch durch ein Koordinatensystem von Schranken und identitären Zuordnungen definiert und nicht auf der Basis seines Tuns und der Ergebnisse dieses Tuns.

Dieses Modell wurde den Menschen nicht nur über offizielle Kanäle und Sozialisierungsinstanzen auferlegt. Auch Gruppenzwang, Kollektivhaft, konformistisches Einheitsdenken und omnipräsente Phobien und Vorurteile spielten eine wichtige Rolle. Die Demonstration väterlicher Sorge gebiert, wie Levada schreibt, eine dankbare Unterordnung, eine demonstrative Teilhabe an den Angelegenheiten des Staates.[14] Einverständnis mit dessen patriotischen Parolen zieht etwa eine Mitschuld an den Verbrechen des Staates nach sich, die Übernahme der Werte des Staates wird zu einer Bedingung für die Erhaltung der individuellen Werte. Jeder ist für sich gegen bestimmte Handlungen des Staates, oder steht ihnen zumindest gleichgültig oder apathisch gegenüber, doch der Mechanismus des Kollektivzwangs bringt alle dazu, „im Chor" ihr ungehemmtes Einverständnis mit einer bestimmten Parole herauszubrüllen.

Der Widerspruch zwischen der Anforderung, dem „Modell" zu entsprechen bzw. dem Druck des totalen Staats nachzukommen und dem Interesse am alltäglichen Überleben führte zu chronischen Spannungen. Diese traten zu Tage in Gestalt einer Kluft zwischen den Versprechungen auf eine „lichte Zukunft" sowie den Hoffnungen und Illusionen der Menschen auf der einen Seite und ihrem realen Alltag, der vom beständigen Kampf um das Überleben oder zumindest um den Zugang zu defizitären Gütern geprägt war. Dieser Widerspruch führte zu einem Ressentiment, das wiederum in einem Glauben an eine Exklusivität oder Besonderheit der Menschen in der Sowjetunion, an eine Überlegenheit der Russen über andere Völker oder zumindest ihre Unvergleichbarkeit aufgehoben wurde. Die mentalen Barrieren, die die

---

[14] Levada, Sovetskij prostoj čelovek [Fn. 7], S. 15, 30. – Ders.: Iščem čeloveka [Fn. 7], S. 271–284.

versprochene Zukunft von der alltäglichen Realität abtrennten, gewährleisteten eine gewisse psychische Stabilität. Das Doppeldenken dämpfte die Widersprüche zwischen den unterschiedlichen Verhaltensimperativen, doch die realen Probleme löste es nicht. Zwar verbesserte sich der Lebensstandard in der Sowjetunion Mitte der 1970er Jahre deutlich. Doch den Menschen wurde – vielleicht sogar gerade wegen der mit der besseren Lage gewachsenen Erwartungen – in den letzten Jahren der Sowjetunion immer klarer, dass sie in einem rückständigen, armen und von großer Ungleichheit geprägten Land leben. Die Propaganda erklärte dies mit einer Bedrohung von außen, beschwor die Gefahr eines Weltkriegs, die hohe Militärausgaben erzwinge. Doch nach zwei Jahrzehnten des deklarativen „Kampfs für den Frieden" konnte dies nicht mehr überzeugen. Der durchschnittliche Sowjetmensch vereinte daher ein spezifisches Überlegenheitsgefühl mit einer Kränkung bzw. einem Minderwertigkeitskomplex.[15]

Die Symbiose von Zwang und Anpassung an diesen Zwang äußert sich in Überlebensstrategien, die von einer totalen Reduzierung der Ansprüche wie auch der Moralvorstellungen gekennzeichnet sind und von Neid auf der einen sowie einer passiven Träumerei auf der anderen Seite begleitet sind. Diese Träumerei äußerte sich in der vagen Hoffnung, dass das Leben in Zukunft irgendwie besser werde, was als dem „Sowjetmenschen" eigener „Optimismus" gedeutet wurde. Da dieses Denken und die dazugehörigen Verhaltensweisen nicht durchgängig zur Geltung kamen, drohte der Staat beständig mit Repressionen und wandte das Prinzip der Kollektivhaft auf alle Lebenssphären an – von der Familie über die Schule bis zum Arbeitsplatz.

Daher spielt in einer solchen Gesellschaft die Fähigkeit eine große Rolle, verschiedene innere und äußere Barrieren zu errichten, die unterschiedliche soziale Sphären voneinander trennen. So werden Kodes und Normen für Vertrauen etabliert, insbesondere ein symbolisches Gewaltverbot im Umfeld der Familie und der Freunde.[16] Diese Tabuisierung der Gewalt schafft die

---

[15] Das Überlegenheits- oder Exklusivitätsgefühl speiste sich aus unterschiedlichen Quellen: Das in der Orthodoxie verwurzelte Empfinden einer besonderen Rechtschaffenheit (im Unterschied zu den Katholiken und Protestanten) konnte sich mit einem imperialen Hochmut verbinden, dieser wiederum mit einem kommunistischen missionarischen Denken, dann dem Stolz, Vertreter des ersten proletarischen Staates und später Bürger einer atomaren Supermacht zu sein.

[16] Symbolisch ist das Gewaltverbot, weil es nur der Abwehr der vom Staat ausgeübten ideologisch gerechtfertigten staatlichen Gewalt diente. Tatsächlich sind, wie Kriminalstatistiken zeigen, Alltagsgewalt und häusliche Gewalt bis heute in Russland wesentlich verbreiteter als in den meisten westeuropäischen Staaten.

Bedingungen für eine äußerst hohe Emotionalität und eine große Wärme in der inneren Sphäre. Mit ihr einher geht aber ein großer Argwohn gegenüber Fremden, eine Distanzierung von allem Unverständlichen, ein Verdrängen alles Komplexen sowie ein tiefes Misstrauen gegenüber formellen Institutionen, insbesondere gegenüber Gerichten als der für Gerechtigkeit zuständigen Instanz, gegenüber der mit der Aufrechterhaltung der öffentlichen Ordnung betrauten Polizei, gegenüber der Armee und den Massenorganisationen (Parteien, Komsomol). Daher zerfällt das Sozialsystem in verschiedene Teilbereiche, in denen das private Alltagsleben sich abspielt, in denen Probleme gelöst werden, für die es keine Lösungen in den formalen Institutionen gibt: Korruption, Schattenwirtschaft, Patronage und Nepotismus. Die partikularistische Fragmentierung der Gesellschaftsstruktur ist keineswegs als eine spezifische Form der Ausdifferenzierung zu betrachten und mit funktionaler Differenzierung gleichzusetzen. Es handelt sich nicht um eine Evolution der Gesellschaft, in deren Verlauf ihre Struktur immer komplexer wird, sondern um eine Multiplizierung bzw. Aggregation primitiver Sozialbeziehungen. Da für die alltägliche Orientierung in einer solchen Gesellschaft ebenso wie für die Deutung des Geschehens die primitivsten, von den „totalen" Institutionen des Staats vorgegebenen Verhaltensmuster entscheidend sind, kann die soziale Wirklichkeit, also auch Politik und Wirtschaft in Gegenwart und Vergangenheit, ausschließlich mit einem Schema undifferenzierter, also personifizierter Rollenmuster interpretiert und bewertet werden. Die unausweichlichen sozialen Unterschiede treten in Form von Statusunterschieden auf. Die Gesellschaft besteht aus einer Vielzahl von geschlossenen, voneinander isolierten Räumen, zu denen Außenseiter keinen Zugang haben. Innerhalb dieser Räume sind die jeweiligen Privilegien und Sonderrechte relativ homogen verteilt.

Die größte Herausforderung bei der Interpretation der Daten war die Unterscheidung zwischen den normativen Vorgaben, die den Menschen durch die Ideologie gemacht wurden, und dem Einfluss dieser Vorgaben auf das reale Verhalten der Menschen. Es wäre zu einfach anzunehmen, dass die Menschen das propagierte und von repressiven Institutionen wie der Schule und der Armee verbreitete Menschenbild ganz und gar nach dem Willen des Staates übernommen hätten. Dem Druck, das darzustellen, was der Staat in seinen Untertanen sehen wollte, begegneten die Menschen mit einer habituell gewordenen demonstrativen Heuchelei. Den Menschen war klar, dass die Erfüllung der Losungen unrealistisch war, bezogen dies jedoch nur auf die Versprechungen und Programme des Staates. Die Losungen selbst verankerten hingegen sehr wohl bestimmte Hoffnungen und Wertvorstellungen in ihnen und verdrängten auf diese Weise andere Prinzipien und Vorstellungen vom möglichen Aufbau einer Gesellschaft.[17]

Zur „Komposition" Sowjetmensch gehörten sowohl Elemente der kollektiven Identifikation wie auch Mechanismen der kollektiven Integration. Diese sorgten gemeinsam für eine Solidarität mit dem Staat oder zumindest für eine opportunistische Loyalität zum herrschenden Regime, für die Verankerung gemeinsamer Werte sowie einer Reihe kollektiv geteilter Annahmen über die Menschen dieser Gesellschaft, die das von der Propaganda verbreitete Bild entweder ergänzten oder parodierten.[18]

Diese permanente innere Spaltung führte zu schwersten moralischen Konflikten und einer Zerstörung der Integrität der Person. Die Menschen waren immerzu zu einer Anpassung nach unten, zu einem amoralischen Konformismus gezwungen. Langfristige Folgen sind die Zerstörung der kulturellen und intellektuellen Vielfalt sowie eine Kastration der entsprechenden Elite, was ein ums andere Mal zu gesellschaftlicher Apathie führte.[19]

---

[17] In den Worten von Jurij Levada: „Alle sozialen Mechanismen – der Zwang, die Erziehung und die Kontrolle – hatten nur ein Ziel: die ‚Produktion' eines loyalen Menschen, der die herrschenden Werte scheinbar übernommen hat. Ihre Umsetzung wurde nicht gefordert und war nicht möglich. Alle Schichten der gesellschaftlichen Pyramide arbeiteten unter dem Dröhnen der Parolen nach dem gleichen Prinzip: Selbsterhaltung, Überleben. Die demonstrierte Bereitschaft, sich in vollkommene Abhängigkeit von dem allmächtigen Staat zu begeben, war die Voraussetzung dafür, sich eine gewisse ‚Nische' für ein Privat- und Familienleben zu erhalten, nur die Unterordnung unter die allgemeine Wirtschaftsplanung garantierte eine gewisse Autonomie bei ökonomischen Entscheidungen. Die wechselseitigen ‚Zugeständnisse' sind von zentraler Bedeutung: Ohne die faktische Anerkennung einer Privatsphäre wäre die totale Kontrolle des Staats nicht möglich gewesen, ebenso wie die Planwirtschaft nicht ohne individuelle Interessen an diesem System und ohne ihre ‚Verlängerung' in die Schattenwirtschaft hätte bestehen können." Jurij Levada: Prostoj sovetskij čelovek. Opyt social'nogo portreta na rubeže 90-ch. Moskva 1994, S. 30.

[18] Nochmals mit den Worten von Jurij Levada: „In einer Situation, in der der paternalistische Staat totale Macht anstrebt, hat der Mensch für gewöhnlich keine Chance zu einer elementaren Selbsterhaltung, wenn er nicht einen expliziten oder impliziten Pakt mit dem allmächtigen Partner eingeht (einen Teufelspakt mit einer fremden und unendlich mächtigen Kraft). Doch auch der allmächtige Staat kann nicht ohne permanentes Paktieren mit einer Vielzahl „einfacher" Leute bestehen, ohne ihr Recht auf Selbsterhaltung anzuerkennen. Daher die Bereitschaft zur Duldung auf beiden Seiten. Ebd., S. 31.

[19] Die sowjetische Intelligencija glich der westlichen zwar äußerlich nach ihrer Ausbildung und nach den Berufsfeldern. Doch ihre gesellschaftliche Rolle war eine ganz andere. Ihr kam nicht die Funktion zu, für gesellschaftliche Innovation zu sorgen, indem sie in unterschiedlichen gesellschaftlichen Feldern neue Modelle entwickelt und für eine Auslese der besten Resultate sorgt. Umfragen haben gezeigt, dass bis heute das Menschen-

Somit ergaben sich für Jurij Levada folgende charakteristische Eigenschaften des „Sowjetmenschen": Er entstammt einer mobilisierten, militarisierten, geschlossenen und repressiven Gesellschaft, deren Integration durch die vermeintliche Präsenz von inneren und äußeren Feinden gewährleistet wird, weil dies der Forderung nach Loyalität zur Staatsmacht, die die Bevölkerung beschütze, „Berechtigung" verleiht. Ein solcher Mensch ist an die staatliche Kontrolle gewöhnt, sie ruft weder Ärger noch Unzufriedenheit hervor. Gleiches gilt für die habituelle Selbstbeschränkung, die erzwungene Askese in Sachen materieller Wohlstand und erfülltes Leben. Der „Sowjetmensch" ist ein Kollektivmensch („wie alle"), er ist entindividualisiert, in Opposition zu allem Elitären und Besonderem, er ist „gläsern" (von oben kontrollierbar), primitiv in seinen Erwartungen (Überleben als Maßstab), starr (einmal geschaffen – für alle Zeiten unveränderlich) und leicht lenkbar (unterwirft sich einer primitiven Steuerung). Bei all diesen Eigenschaften handelt es sich sowohl um von der Ideologie vorgegebene soziale Normen als auch um reale und typische Verhaltensmuster.[20]

Diese Eigenschaften liefern in ihrer Gesamtheit einen Mechanismus zur Steuerung von Wertvorstellungen, die einander wechselseitig ausschließen, weil sie entweder vollkommen unterschiedlicher Herkunft sind oder ganz andere Geltungsbereiche haben. Das Individuum befindet sich in einer Situation, in der es permanent eine Entscheidung zwischen ihm aufgedrängten Verhaltensmustern treffen muss, die alle mit seinen eigenen Wünschen kaum vereinbar sind. Die Kombination von sich wechselseitig ausschließenden Elementen des Selbstverständnisses bzw. Verhaltensnormen führt unweigerlich zu Doppeldenken. Exakt dies ist die funktionale Aufgabe dieses Rollenmodells: die Vereinigung des Unvereinbaren. Vereint werden mussten das offiziöse Pathos des „heroischen Dienstes" und der „Selbstaufopferung" mit der erzwungenen Askese und der chronischen Armut; die mit Enthusiasmus betriebene „Aufbauarbeit" mit der geringen Bezahlung, die zu vollkommener Gleichgültigkeit gegenüber den Ergebnissen dieser Arbeit führte; die Vorstellung von einem fürsorglichen Staat mit der allgegenwärtigen Korruption;

---

bild der russländischen Intelligencija, ihre Werte und ihre Wünsche sich von denen der allgemeinen Bevölkerung kaum unterscheiden. Die wissenschaftliche und kulturelle Spitze, die im vergangenen Jahrzehnt zu einer „Experten-Community" geworden ist, erlebt eine massive Degradierung, immer größere Teile dieser „Elite" setzen nicht mehr auf gesellschaftliche Modernisierung, sondern auf eine traditionalistische Stilisierung des imperialen Erbes.

[20] Levada, Prostoj sovetskij čelovek [Fn. 7], S. 8.

der imperiale Hochmut mit dem ethnischen Selbstverständnis; die Unterdrückung der Subjektivität (Kollektivzensur in Wissenschaft und Kunst, intellektuelles Epigonentum) mit der Huldigung eines toten klassischen Erbes; die Beteiligung an öffentlichen Veranstaltungen mit der Zerstörung der Solidarität zwischen den Bürgern; die propagandistischen Aufrufe, dass man sich die Weltkultur aneignen solle, mit den kollektiven Phobien vor allem Fremden und Unbekannten.

Das Regime konnte nur durch eine systematische Absenkung des intellektuellen und moralischen Niveaus der Gesellschaft erhalten werden. Dies führte etwa dazu, dass die primitivsten Schemata zur Interpretation politischer Ereignisse als die einleuchtendsten erschienen. Meist handelte es sich um ökonomischen Determinismus, es wurde also das vulgärste Motiv unterstellt: Wem nützt es? Die Frage nach der Werthaltigkeit menschlichen Verhaltens wurde für alle Ebenen des Handelns beantwortet, als habe man es mit Gezänk zwischen Nachbarn zu tun. Ein solcher Mensch ist misstrauisch, denn er kennt keine komplexeren oder höheren Formen der Auszeichnung; er ist pessimistisch, denn seine ganze Erfahrung lehrt ihn, dass der Staat ihn ausbeutet, ihn als Ressource verwendet, um seine Probleme auf Kosten der Bevölkerung zu lösen; er ist passiv, denn jegliche private Initiative, die etwas Besseres im Leben erreichen möchte, kann Anlass für staatliche Repressionen und harte Sanktionen durch das soziale Umfeld werden. Da dieser Mensch weiß, dass es unmöglich ist, etwas zu erreichen, das jenseits des für alle Erlaubten liegt, lebt er in chronischer Alarmiertheit.[21] Jede Unbestimmtheit und Vieldeutigkeit, jedes plötzliche Auftauchen einer schwierigen Situation ruft in ihm eine Mischung aus Frustration, Aggression und Asthenie hervor, einen Zustand innerer „psychischer" Erschöpfung. Die permanente, von außen kommende Unterdrückung der Motivation zu Höherem und zu Arbeit für eigene Zwecke hat in ihm alle Mechanismen der Selbstorganisation und der Stabilisierung eines aktiven Zustands gelähmt. Daher ist dieser Menschentyp durch eine spezifische Verantwortungslosigkeit gekennzeichnet, eine Neigung, die Schuld für seine Lage anderen zuzuschreiben: der Regierung, den Abgeordneten, den Beamten, dem Chef, dem Westen, den Migranten – niemals jedoch sich selbst.

Die häufig dem Nationalcharakter der Russen zugeschriebenen Eigenschaften wie Trägheit, Schlampigkeit, Stümperei und Unverbindlichkeit sind also in Wirklichkeit unter bestimmten Verhältnissen erworbene Gewohnheiten der

---

[21] Lev Gudkov: Strach kak ramka ponimanija proischodjaščego, in: Monitoring obščestvennogo mnenij, 6/1999, S. 46–53.

sozialen Anpassung an einen Zwang, der als sinnlose Gewalt erlebt wird. Diese „angeborenen" Eigenschaften verschwinden vollständig, sobald sich Räume für eine sinnvolle Arbeit auftun, sei es zu eigenen oder zu gemeinnützigen Zwecken, also überall dort, wo die Bedingungen für eine Selbstverwirklichung gegeben sind, etwa in der Wissenschaft, im Bereich innovativer Technologien oder auch in der Schattenwirtschaft. Entgegen allen Behauptungen, dass den Russen eine Arbeitsethik abgehe, wirken hier die Normen und Mechanismen einer methodischen Selbstdisziplinierung, die unabdingbare Voraussetzung für eine effektive und zielgerichtete, institutionell stabilisierte Tätigkeit sind.

Levada verstand den „einfachen Sowjetmenschen" als einen Satz miteinander verbundener Eigenschaften, die von einem sozialen System (dem institutionell regulierten Verhalten) und einer Sphäre symbolischer Sinngebung (soziokulturelle Modelle, Verhaltensmuster, Wertorientierungen) zusammengefügt werden. Die Entstehung und Erhaltung dieses Bündels von Eigenschaften wird durch die entsprechenden Mechanismen der Sozialkontrolle gewährleistet, also durch Sanktionen und Gratifikationen. Diese idealtypische Konstruktion eines Menschentyps dient nicht der bloßen Beschreibung, sie soll vielmehr die Beständigkeit eines besonderen Systems erklären. Für Levada war der „Sowjetmensch" kein spezifischer nationaler, russischer Menschentyp, sondern ein verallgemeinertes Modell für alle Menschen in totalitären und posttotalitären Staaten bzw. Gesellschaften. Dieses Modell hat paradigmatische Bedeutung für sämtliche Gesellschaften, die eine Modernisierung durchlaufen, die nicht dem westlichen Typ entspricht, und alle totalitären Regime in der Phase ihres Zerfalls. Der homo sovieticus steht also in einer Reihe mit anderen generalisierten Menschentypen wie dem „homo ludens", dem „homo oeconomicus", der „autoritären Persönlichkeit", dem „traditionalen Menschen".

Der „typische" Satz von Eigenschaften, die diesen Menschen charakterisieren, ist in Russland weit verbreitet. Er ist jedoch nicht bei der absoluten Mehrheit der Menschen anzutreffen. In ausgeprägter und konzentrierter Form findet er sich bei etwa 35–40 Prozent der Gesamtbevölkerung. Diese stellen den Kern dieses Menschentyps. In abgeschwächter oder weniger ausgeprägter Form findet sich dieser Satz von Eigenschaften bei 55–60 Prozent der Menschen in Russland. In Zeiten der gesellschaftlichen Aufruhr und der mit aggressiver Propaganda betriebenen Mobilisierung erhöht sich dieser Anteil erheblich. Dies war etwa im Jahr 2000 nach den Terroranschlägen in mehreren Städten Russlands und dem Beginn des Zweiten Tschetschenienkriegs zu beobachten, im August 2008 während des Kriegs mit Georgien und nach der Annexion der Krim in den Jahren 2014–2015. Doch auch in ruhigen Zeiten genügt ein Anteil von knapp rund 50 Prozent vollkommen, damit dieser „durchschnittliche", „normale" Mensch seine normierende Relevanz behält, damit im Namen der „Mehrheit" an die Gesellschaft appelliert werden kann, dass man „so handeln muss", damit man davon überzeugt sein oder argumentieren kann, dass „alle so denken", dass „alle sich so verhalten".

Wenn der „Sowjetmensch" eine besondere Bedeutung und Funktion in der russländischen Gesellschaft hat, so heißt dies nicht, dass es in Russland keine anderen sozialanthropologischen Menschentypen gibt. Im Gegenteil: Jede soziale Institution „selektiert" für sich jene Menschen, deren Eigenschaften für die Erfüllung der spezifischen Funktion dieser Institution notwendig sind – oder sie schafft sich einen solchen sozialen Menschentyp. Doch ihre funktionale Bedeutung für die Gesamtgesellschaft unterscheidet sich erheblich. Daher ist die Verteilung dieser Eigenschaften in der Gesellschaft von fundamentaler Bedeutung, die Frage also, ob sie in Gruppen auftauchen, die ein Vorbild für andere liefern, oder aber in Gruppen, die diese Eigenschaften anderen aufzwingen. In modernen offenen Gesellschaften war in einer frühen Entwicklungsphase der bürgerliche Unternehmer das wichtigste Vorbild, ein Träger individueller Rationalität und des gesunden Menschenverstands, der später zu einem typischen Vertreter der „Mittelschicht" wurde. In manchen Entwicklungsländern war der Militärkommandant oder ein charismatischer nationaler Führer ein solches Vorbild, in anderen eine moralische Autorität. Der entsprechende Satz von Eigenschaften tritt als Leitbild auf, mit diesem Set sozialer und kultureller Muster müssen alle anderen gesellschaftlichen Akteure rechnen, selbst solche, deren Ansichten in der öffentlichen Meinung den Ton angeben oder diese bestimmen.

Im heutigen Russland stellen weder der „Unternehmer", noch der „Soldat", noch der „Priester" ein attraktives Modell dar, an dem junge Menschen sich orientieren. Am ehesten übernimmt seit einigen Jahren der Typ des „Staatsdieners" diese Rolle: ein prinzipienloser, korrumpierter Funktionär und opportunistischer Patriot.

Der „Sowjetmensch" in Zeiten des Zerfalls der sowjetischen Institutionen

Das Modell des „Sowjetmenschen", das auf der Basis der Daten aus den ersten Umfragen im Jahr 1989 entwickelt worden war, bedurfte nach dem Zusammenbruch des sowjetischen Regimes nicht nur einer Überprüfung, sondern einer Weiterentwicklung. Es stellten sich ganz neue Fragen: Wie verhält sich dieser, durch eine Abfolge von Krisen und neuer Mobilisierung ermüdete Mensch, wenn die geschlossene Gesellschaft zerfallen ist und er jede positive Orientierung verloren hat? Was geschieht mit ihm in einer Gesellschaft, die vor allem durch negative Mobilisierung gekennzeichnet ist? Wie wirkt es sich auf ihn aus, wenn sich die Gesellschaft in einem Zustand der Aufruhr, der Mobilisierung, des Niedergangs, des Protests, der Depression befindet? Die Beschreibung des enthusiastischen, des gewöhnlichen, des nostalgischen, des korrumpierten und des zynischen Menschen erforderte auch eine Analyse der Mechanismen, die seine widersprüchliche, ja gegensätzliche Identität stabilisieren: des Opferkomplexes, des historischen Gedächtnisses, des Geschichtsbilds, der negativen Identität, des asthenischen Syndroms (einschließlich der „angelernten Hilflosigkeit"), der Rolle von Feindbildern, der Dynamik von Phobien sowie nicht zuletzt des Einflusses der Gewaltapparate und der Bildungsinstitutionen.

Während des Zerfalls des sowjetischen Systems orientierten sich die meisten jungen Menschen mit hohem Bildungsgrad insbesondere in den Großstädten nach Westen, vertraten liberale Werte und unterstützten demokratische Reformen sowie die Einführung einer Marktwirtschaft. Allem Sowjetischen standen sie negativ gegenüber. Daraus schlossen Levada und seine Arbeitsgruppe, dass das sowjetische System verschwinden werde, da im Laufe der Zeit immer weniger Menschen eine Erinnerung daran haben werden, „wie das war unter der Sowjetmacht", da die neuen Generationen bereits mit freiem Zugang zu Informationen und zur westlichen Kultur, mit den Möglichkeiten politischer Beteiligung aufgewachsen sind, da sie nichts anderes als die Marktwirtschaft kennen und sich in Russland frei bewegen und ins Ausland reisen können. Doch die ursprüngliche Annahme, dass die Jugend sich nicht mehr auf die moralischen Händel mit einer nicht abwählbaren Führung einlassen wird und so das totalitäre System einstürzen lässt, bestätigte sich bei den folgenden Umfragen nicht. Bereits 1994 fand diese Hypothese eine schwächere Bestätigung als noch 1989 und bei der Umfrage 1999, die wenige Monate nach der in psychologischer Hinsicht äußerst folgenreichen

Rubelkrise im August 1998 durchgeführt wurde, sowie insbesondere bei jener im Jahr 2004 wurde klar: Der beschriebene Menschentyp reproduziert sich, die Eigenschaften des „Archetyps" tauchen sogar bei sehr jungen Menschen auf, die die Sowjetunion praktisch nicht mehr erlebt haben. Daraus folgte, dass nicht die veränderten Wertvorstellungen der jungen Generation entscheidend sind und nicht ihre in postsowjetischer Zeit entstandenen Ziele, Erwartungen und Ansprüche, sondern vielmehr das, was die sozialen Institutionen daraus machen. Levada beschrieb die Aufgabe so:

> Es gilt aufzudecken, wie Positionen miteinander verbunden sind und voneinander abhängen, die vollkommen gegensätzlich erscheinen – wenn man etwa im Ausland in einer Weise auftreten soll, die dem imperialen Selbstverständnis widerspricht und daher als Erniedrigung erlebt wird; oder wenn man demokratische Freiheiten erhält, die der Staat erzwungenermaßen verliehen hat und die er daher mit Leichtigkeit zu Machtzwecken manipuliert.[22]

> Die vor allem in den Bereichen Technik, Finanzwirtschaft und Massenkultur übernommenen Neuerungen, die oft als Anzeichen für eine Annäherung Russlands an die hochentwickelten Länder gesehen werden, geraten in Widerspruch zu der archaischen sozialen Organisation, die sich etwa an dem stark eingeschränkten Zugang zu Machtpositionen zeigt oder an der Beschwörung „geistiger Traditionen", die der Diskreditierung der Moderne dient.[23]

Der „Sowjetmensch" hatte bereits in der ersten Hälfte der 1990er Jahre seine Bedeutung als Modell zur kollektiven Orientierung und Identifizierung verloren. Er wurde nicht mehr als Träger besonderer positiver Qualitäten und Eigenschaften gesehen und war kein Maßstab mehr für die zurückgelegte Strecke auf dem Weg in eine „lichte Zukunft". Während der Konsolidierung des Putin-Regimes verlor die Gesellschaft jegliche Vorstellung von ihrer Zukunft, von ihrer Entwicklungsrichtung – und sei es nur in Gestalt eines staatlich verordneten Optimismus oder einer zur Routine gewordenen Gewissheit beim Gedanken an den nächsten Tag. In einer Situation, in der der Staat schwach war, begannen die verborgenen Spannungen, die den Sowjet-

---

[22] Jurij Levada: Pokolenija XX. veka: vozmožnosti issledovanija, in: Otcy i deti: pokolenčeskij analiz sovremennoj Rossii. Moskva 2005, S. 39–60.
[23] Levada, Iščem čeloveka [Fn. 7] S. 274.

menschen durchzogen, seine Selbstkontrolle zu unterminieren und seine Persönlichkeit zu zerreißen:

> In einer gesellschaftlichen Krise treten die einzelnen Komponenten der Gegensatzpaare (die die Struktur des Modells homo sovieticus bilden – L.G.) an die Oberfläche und werden zu einem mächtigen Faktor der Destabilisierung.[24]

Soziale Normen, die zuvor nur Leitlinien und Verhaltensregeln für den „Notfall" gewesen waren und nur in Extremsituationen hervortraten, wurden strukturbildend für eine neue soziale Ordnung, die sich von der vorherigen durch eine andere Verteilung von Autorität, andere Statusmerkmale sowie andere Zugänge zu Macht und zu den mit ihrer Hilfe verteilten materiellen Gütern unterscheidet.

Diese Normen geben eine demonstrative Anwendung von Gewalt vor, eine Einschränkung des Personenkreises, dem man vertraut („nur den eigenen Leuten"), Misstrauen gegenüber allen anderen, Angst vor ihnen und Aggressivität, die Bereitschaft zu betrügen, sowie die Neigung, vor allem auf Klientelismus, Korruption und andere informelle Beziehungen zu setzen. Im Kern brachte die Krise der sowjetischen Institutionen archaische Verhaltensmuster an die Oberfläche,[25] die es bereits zu sowjetischer Zeit gegeben hatte, die aber all jene hatten überwinden wollen, die die Perestrojka unter Gorbačev, die Reformen von Gajdar und die Demokratisierung der frühen El'cin-Jahre unterstützten und universale Werte wie die Gleichheit vor dem Gesetz, eine unabhängige Justiz, faire Wahlen und eine Kontrolle der Machthaber durch die Gesellschaft anstrebten.

Nun aber wurde das positiv konnotiert, was früher als Anzeichen von Rückständigkeit und Unterentwicklung gegolten hatte, als Ausdruck einer Sippenhaft, als Merkmal der Zugehörigkeit zu einer kriminellen Subkultur oder zur Unterwelt der Verbrecher. Es galt nun als Erkennungszeichen für „unsere Leute", „wahre Russen", die sich dem „Fremden", dem „Westlichen", den „Liberalen" („Liberasten", „Amerikotzer" widersetzen. Die masochistische Selbstcharakterisierung des Sowjetmenschen als „Sovok", „Kolchoznik"

---

[24] Levada, Prostoj sovetskij čelovek [Fn. 7], S. 24.
[25] Denkbar ist natürlich auch, dass nicht archaische, sprich vormoderne Muster, sondern neue entstanden, die den traditionalen äußerlich ähneln.

oder „Limitčik"[26] wurde von Begriffen wie „Bydlo" (Vieh), „Plebs", „Loser", „Vatnik"[27] abgelöst, von denen einige in den letzten Jahren im Zuge einer demonstrativen Distanzierung vom Westen zur mit Stolz verwendeten Selbstbezeichnung wurden. Je mehr der Wohlstand dank des Ölbooms zunahm, desto triumphierender und dreister wurde der Ton, den die neuen Herren des Landes anschlugen – die „orthodoxen Tschekisten", die Neureichen, die Oligarchen, die jeglicher Kontrolle enthobenen Bürokraten. In gleichem Maße steigerte sich auch das nationalistische Tremolo der Propaganda. Die Schaffung des Putin-Systems – die Errichtung einer Machtvertikalen; die Aushebelung von Wahlen als Mechanismus zur Besetzung politischer Ämter, an deren Stelle die Kooptation der „eigenen Leute" getreten ist; die Schaffung von Staatskonzernen, die unbegrenzte Möglichkeiten zur Bereicherung bieten („Den Freunden keine Schranken, den Feinden das Gesetz") – zerstörte die Ansätze von Solidarität zwischen den Bürgern, von Eigenständigkeit, gesellschaftlichem Verantwortungsbewusstsein sowie der Bereitschaft zu politischer Beteiligung. Mit Hilfe der seit 1996 immer häufiger eingesetzten Polittechnologien manipulierte das Regime die öffentliche Meinung, entpolitisierte die Gesellschaft und verwandelte sie in eine amorphe Masse von Fernsehzuschauern, die das Geschehen im Land nur passiv verfolgen, das Regime unterstützen, jede Verantwortung dafür jedoch von sich weisen. Was übrig blieb, wurde als „souveräne", gelenkte" oder „elektorale Demokratie" verbrämt.

Ohne größere Schwierigkeiten passten sich die Menschen an die neuen ideologischen Vorgaben an. Auf den Glauben an den Kommunismus, der sich bereits unter Brežnev verflüchtigt hatte, war für eine sehr kurze Zeit eine ebenso irrationale Utopie gefolgt: die Vorstellung, dass Russland sich

---

[26] Sovok: wörtlich Dreckschaufel. Als Limitčik wurden ursprünglich Menschen bezeichnet, die aufgrund der allgemeinen Beschränkung der Binnenmigration in der Sowjetunion dem Zuzugsverbot in die großen Städte unterlagen, jedoch wegen Arbeitskräftemangel eine befristete Aufenthalts- und Arbeitsgenehmigung erhalten hatten. „Sovok", „Kolchoznik", „Limitčik" waren gängige abfällige Bezeichnungen für den typischen Sowjetmenschen. – Anm. d. Übers.

[27] Als „Vatnik" – von „vatnyj" (aus Watte) – wurde zunächst eine mit Watte gefüllte Steppjacke bezeichnet. Da diese eine einfache Winterkleidung der Roten Armee auch eine typische Kleidung in vielen Strafkolonien war, wurden bald Lagerhäftlinge „vatniki" genannt. Später wurde daraus ein abfällige (Selbst)bezeichnung für Menschen aus der Sowjetunion. Seit Anfang der 2010er Jahre wurde das Wort zunächst abfällig mit der Bedeutung „dumpfer Nationalist" verwendet, seit 2014 wird es häufig mit gewendeter Konnotation im Sinne von „wahrer Patriot" gebraucht – Anm. d. Übers.

nur vom Kommunismus lossagen müsse und schon werde es Teil der westlichen Welt und erlebe augenblicklich ein Wirtschaftswunder, so dass man bald „wie in den normalen Ländern leben werde".[28] Nachdem die Träume rasch geplatzt waren und die Enttäuschung eine schwere Depression hinterlassen hatte, verbreitete sich rasch ein mythischer Neotraditionalismus: ein Gebräu aus imperialistischem russischem Nationalismus, antiwestlicher Orthodoxie (meist in Form eines magischen Glaubens an rituelle Handlungen) und Putinschem Autoritarismus. Entsprechend glauben die Menschen heute nicht mehr an die Zukunft, sondern an die Vergangenheit. Wie oberflächlich die neue Religiosität ist, wie tief verwurzelt zugleich das Doppeldenken, das die Voraussetzung für die Bereitschaft zum raschen Wechsel des Glaubens ist, demonstrieren die Umfragen eindrücklich. 1989 bezeichneten sich noch weniger als ein Fünftel der Befragten als „gläubig", heute sind es mehr drei Viertel; getauft sind nach eigenen Angaben ebenfalls drei Viertel der Menschen.[29] Der rasche Wechsel vom staatlichen Atheismus zur vom Staat gesponserten „Religiosität" bedeutet nicht, dass die Menschen die neuen Glaubensinhalte verinnerlicht hätten.[30] Vielmehr haben sie lediglich die Loyalität zur Staatsmacht beibehalten. Diese bezieht ihre Legitimität nicht mehr aus Verfahren zur Repräsentation gesellschaftlicher Interessen, sondern ausschließlich aus einem offiziösen Patriotismus, der an die Stelle des Marxismus als Staatsideologie getreten ist.[31] Doch auch dieser Ideologie folgen die Menschen nur oberflächlich, der Patriotismus beschränkt sich vor allem auf kollektive Rituale, auf eine Zurschaustellung von Nationalstolz etwa durch Tragen des

---

[28] Auf den raschen Wechsel von einer Utopie zur nächsten verwies bereits im November 1993 Alexis Berelowitch bei einem Vortrag am Levada-Zentrum (damals noch unter dem Namen: VCIOM) hin.

[29] Obščestvennoe mnenie 2016. Ežegodnik Levada-centra. Moskva 2016, S. 166–167, Graphik 19.2.

[30] An zentrale Lehren der Kirche – die Unsterblichkeit der Seele und das Letzte Gericht glauben weniger als die Hälfte jener, die sich als „orthodox" bezeichnen, an die Existenz Gottes nur etwas mehr als die Hälfte; zur Kommunion gehen nur ca. fünf Prozent der „Orthodoxen". Selbst während des Großen Fastens, wenn die Kirche den Verzicht auf Fleisch und andere tierische Produkte fordert, ändern nach eigenen Angaben mehr als 70 Prozent der Befragten ihren Speiseplan nicht.

[31] Immer häufiger fordern Abgeordnete der Staatsduma, das in Artikel 13, Abs. 2 der Verfassung formulierte Verbot einer Staatsideologie zu streichen. Der Kreml zeigt jedoch bisher keine Eile, dieses Ansinnen offiziell zu unterstützen.

Georgsbändchens. Gleichzeitig weigern sich die Menschen, zu den Taten des Regimes im Donbass oder in Syrien zu stehen.[32]
Ungeachtet einzelner semantischer Änderungen bleibt somit die Struktur des Sowjetmenschen erhalten. Sie ist so stabil und charakteristische Elemente wie die irrationalen Feindbilder und die Sehnsucht nach einer starken Hand konnten nach der Phase, in der diese aus der offiziellen Ideologie verschwunden gewesen waren, derart leicht reaktiviert werden, dass davon auszugehen ist, dass dieser sozialanthropologische Archetyp noch tiefer verwurzelt ist, dass seine Wurzeln in der Leibeigenschaft und dem Messianismus des vorrevolutionären Russland zu suchen sind.[33]
Der „Erfolg" der Putinschen „Restauration" (bzw. Imitation) des sowjetischen Totalitarismus – in Verbund mit imperialem oder sogar zarischem Dekor – ist nicht nur mit dem Einwirken der Propaganda und der staatlichen Umverteilungspolitik zu erklären, die dank der hohen Weltmarktpreise für Öl und Gas möglich geworden war. Der Übergang von der Planwirtschaft zu einem teilweise nach marktwirtschaftlichen Prinzipien funktionierenden Wirtschaftssystem und von der Einparteienherrschaft zu einer pseudopluralistischen, „gelenkten" Demokratie haben das Regime beweglicher und anpassungsfähiger gemacht. Die wiederbelebten archaischen Mythen – die Vorstellung von Russland als organischer Einheit mit einer tausendjährigen Geschichte, als belagerter orthodoxer Festung und als Schutzmacht aller Slawen – kennzeichneten den russischen Nationalismus von Beginn an und sind heute die Grundlagen der Legitimation des Putin-Regimes.
Dieses Regime übt massiven Druck auf die Zivilgesellschaft aus, es finden keine freien und fairen Wahlen mehr statt, die Medienfreiheit ist erheblich beschnitten und die gesamte Justiz wie die Sicherheits- und Strafvollzugsorgane sind dem diktatorischen Führungskreis um Putin unterstellt, der mit Gesetzen regiert, die er zu seinen Zwecken kreiert und im Sinne seiner Interessen auslegt. Jener Teil der intellektuellen Elite, der zum Konformismus

---

[32] Im Jahr 2014 und der ersten Hälfte des Jahres 2015 gaben bei Umfragen noch die absolute Mehrheit (60–65 %) der Befragten an, sie seien bereit, einen gewissen Rückgang ihres Lebensstandards „hinzunehmen", damit „Russland zu alter Größe gelangt", also die Folgen der Annexion der Krim und der Machtdemonstration im postsowjetischen Raum tragen. Nur ein Viertel der Befragten wollte für solche vergänglichen Mythen keinen Verzicht leisten. Im Januar 2017 hingegen waren 57 Prozent der Meinung, dass das Ansehen der Großmacht eine Senkung des Lebensstandards nicht wert sei. Obščestvennoe mnenie 2016. Ežegodnik Levada-centra. Moskva 2015, S. 226, Tabelle 24.21. Ebd. 2016, Moskva 2016. S. 209, Tab. 26.12.
[33] Levada, Iščem čeloveka [Fn. 7]. S. 264.

bereit ist, wird versorgt, die wenigen übrigen unter Druck gesetzt. Dazu trägt nicht nur die Zensur bei, die insbesondere mit Hilfe von Eigentümerwechseln bei den großen Medienhäusern erreicht wurde. Zudem werden immer größere Teile des Bildungssystems auf eine patriotische Erziehung ausgerichtet, die Freiheit der Wissenschaft und der Kunst wird immer mehr eingeschränkt. Da viele Intellektuelle bereit sind, den herrschenden Kreisen zu dienen, haben weite Teile der Bevölkerung keine Möglichkeit mehr, sich gegen die Demagogie zu wehren. All dies führt zu einem moralischen Niedergang und der Degradation der gesamten Gesellschaft. Der Einfluss der Gewaltorgane – insbesondere des Inlandsgeheimdienstes FSB – zieht nicht zuletzt eine Restalinisierung nach sich.[34] Der Appell an die Vergangenheit verfängt so gut, weil das beschworene Modell der sozialen Ordnung sowie der internationalen Beziehungen ebenso wie das propagierte Geschichtsbild wohl bekannt und daher leicht verständlich sind. Alternative Geschichtsbilder können sich hingegen nicht mehr verbreiten, weil seriöse Historiker aus dem öffentlichen Raum gedrängt wurden.

Bei all den erwähnten Kennzeichen des Sowjetmenschen – die Identifikation mit dem Staat, der hierarchische Egalitarismus, das imperiale Syndrom, der beschränkte Horizont, die Xenophobie – handelt es sich um ein Kondensat einstiger institutionalisierter Praktiken, die teils in identischer, teils in verdrehter Form die historischen Veränderungen überstanden haben. So konnte etwa die „Einzigartigkeit" die „Besonderheit", die Unvergleichbarkeit „unserer Leute" – der Menschen in der Sowjetunion, der Russen – im Laufe der Geschichte in ganz verschiedenen Formen auftauchen – von der Utopie des „neuen Menschen", der eine nie dagewesene Welt aufbaut und allen anderen moralisch, psychologisch, körperlich und künstlerisch überlegen ist, bis zur Selbsterniedrigung mit Formen wie „wir sind schlechter als alle anderen", „wir sind ein Volk von Sklaven", „wir geben ein Beispiel, wie man nicht leben soll". Hierher gehört auch die Vorstellung von einer einzigartigen „russisch-orthodoxen Zivilisation", die sich nach dem Zusammenbruch der Sowjetunion rasch verbreitet hat. Doch worauf immer der Akzent gesetzt wird – ob die eigene Auserwähltheit und der Stolz auf eine heroische Vergangenheit betont wird oder ein defensiver Isolationismus in den Vordergrund rückt, ob man mit militärischer Überlegenheit prahlt oder die Rückständigkeit und Unzivilisiertheit Russlands beklagt – stets geht es darum,

---

[34] Lev Gudkov: Derealizacija prošlogo: funkcii stalinskogo mifa, in: Pro et Contra, 6/2012, S. 108–135. – Siehe auch: Ders.: Die Fesseln des Sieges. Russlands Identität aus der Erinnerung an den Krieg, in diesem Band, S. 75–97.

eine Grenze zwischen sich und den Anderen zu ziehen, keine Vergleiche zuzulassen, und entsprechend eine Übernahme von Werten aus anderen Gesellschaften auszuschließen, eine Ausrichtung des Bilds vom Menschen, von seiner Würde und seinen Rechten, an universalen Vorstellungen zu verhindern.

Der Zusammenbruch des sowjetischen Systems hat die tieferen Schichten der von ihm hervorgebrachten Gesellschaft und seiner staatlichen Institutionen nicht berührt. Er führte nicht zu einer tiefgreifenden Transformation, sondern lediglich zu einem Machtkampf zwischen verschiedenen Fraktionen aus der zweiten und dritten Reihe der einstigen Nomenklatura.[35] Es handelte sich nicht um einen Systemwechsel, sondern um eine der periodischen Krisen totalitärer und autoritärer Systeme, die unausweichlich kommen, weil ihnen Regeln für einen geordneten und legitimen Machtwechsel fehlen und so der Lebenszyklus des Regimes sich an der Lebenszeit des Diktators bemisst.[36]

Dies gilt in gleicher Weise für das Putin-Regime. Der Versuch, eine zentralisierte staatliche Kontrolle sowjetischen Ausmaßes zu etablieren, ohne mit dem Terror einer politischen Polizei Angst und Schrecken zu verbreiten, ist zum Scheitern verurteilt. Ohne Massenrepressionen sind die stets neu entstehenden und sich verdichtenden informellen Beziehungen zwischen gesellschaftlichen Gruppen und staatlichen Institutionen nicht zu unterdrücken. Dies ist der Grund, warum in den vergangenen Jahren die – wenn auch weiterhin nur selektiven – Repressionen stets zugenommen haben. Nicht zufällig richten sie sich nicht nur oder nicht einmal in erster Linie gegen oppositionelle Politiker oder Teilnehmer von Protestaktionen, sondern vor allem gegen hochgestellte Beamte - gegen Gouverneure in den Regionen und ihre Stellvertreter, gegen stellvertretende Minister, gegen Spitzenmanager

---

[35] Ausführlicher: Lev Gudkov: Pereroždenie kommunističeskoj nomenklatury, in: Rossija na rubeže vekov, 1991–2001. Moskva 2011, S. 116–133.

[36] Jurij Levada: Vvedenie. Élitarnye struktury v postsovetskoj situacii, in: Lev Gudkov, Boris Dubin, Jurij Levada: Problema élity v sovremennoj Rossii. Moskva 2007. – Der einzige Modus Macht- und Elitenwechsels in totalitären Regimen ist der der Gewalt. Wird diese eingehegt, so führt dies zu einer starken Einschränkung der sozialen Aufwärtsmobilität und entsprechend zu einer versteckten Dezentralisierung und zur Herausbildung informeller Machtstrukturen. Dies zieht massive Spannungen auf den mittleren und unteren Ebenen der Machtpyramide nach sich. Wenn sich diese mehr oder minder gewaltsam entladen und die Spitze der Pyramide weggesprengt wird, kann ein erheblicher Teil der Institutionen davon unberührt bleiben oder allenfalls kosmetische Änderungen wie Umbenennungen erfahren und eine sozialstrukturelle Ausdifferenzierung ausbleiben.

von Staatsunternehmen, gegen die Leiter von Sicherheitsorganen. Das Ziel der Entlassungen und Verhaftungen ist ein prophylaktisches: Sie sollen verhindern, dass sich auf dieser Ebene Machtzentren bilden, die dem Führungskreis um Putin gefährlich werden könnten. Das Zusammenspiel von Wirtschaftswachstum und Reideologisierung hatte in den Jahren 2000–2012 verhindern können, dass soziale Unzufriedenheit aufflammt. Die Verantwortung für „einzelne Schwierigkeiten" konnte auf innere oder äußere Feinde, auf die Fehler der 1990er Jahre, auf korrupte oder inkompetente Beamte geschoben werden. Doch die explodierende Korruption zeugt nicht nur von moralischem Verfall, sondern vor allem davon, dass ein formaler Mechanismus zum Ausgleich individueller, kollektiver und institutioneller Interessen fehlt. Dies untergräbt das gesamte System der zentralisierten staatlichen Kontrolle.

Hinzu kommt, dass in der Wirtschaftskrise immer mehr Menschen vom Staat Unterstützung erwarten, wegen der gesunkenen Öleinnahmen aber die Ressourcen für paternalistische Fürsorge zurückgegangen sind. Dies untergräbt die Legitimation des Regimes und schafft den Boden für soziale Proteste. Allerdings ist das Milieu, in dem sich diese Unzufriedenheit anstaut, meist nicht in der Lage, politischen Protest zu organisieren. Es handelt sich um sozial benachteiligte Gruppen sowie um Staatsangestellte, Mitarbeiter von Staatsbetrieben und Rentner, die allesamt vom Staat abhängig sind. Deren Unzufriedenheit kann dem Regime nicht gefährlich werden, denn sie löst sich in jener „Anpassung nach unten" auf, die so typisch für den Sowjetmenschen ist.

Somit lässt sich bilanzieren, dass die Erosion oder sogar Zerstörung der einstigen Rollenbilder nicht dazu geführt hat, dass die Funktionsweise der sowjetischen Gesellschaft sowie das ihr zugrundeliegende Menschenbild aufgearbeitet und neue Leitlinien und Ideale formuliert worden wären. Stattdessen werden einstige Elemente des früheren Systems eklektisch imitiert, etwa in Gestalt der Sehnsucht nach der früheren Größe des Imperiums, einer allgemeinen nostalgischen Idealisierung der Vergangenheit oder einer „Wiedergeburt" des Religiösen, die vor allem in der Ausbreitung magischer Rituale besteht. Der schlichte Austausch von Symbolen ändert nichts an der Struktur der Gesellschaft und am Selbstverständnis, den Verhaltensnormen und den Werten ihrer Mitglieder. Die in das gesellschaftliche Kollektiv eingepassten Menschen haben sich in den vergangenen fünfzehn Jahren an die ihnen aufgezwungenen Veränderungen angepasst, haben sie hingenommen und waren nicht in der Lage, dies zu erkennen, geschweige denn etwas daran zu ändern.

Die Untersuchung der Auswirkungen einer solchen Form der nachholenden Modernisierung auf den Menschen, verstanden als historisch veränderlicher sozialanthropologischer Typus, liefert daher, wie bereits Levada konstatierte, Resultate, die über Russland hinausweisen und von allgemeinem theoretischem Wert sind. Der Zusammenbruch des sowjetischen und anderer totalitärer und autoritärer Systeme liefert keine Grundlage für die modernisierungstheoretische Annahme, dass zwangsläufig moderne Gesellschaften entstehen und damit Modernisierungsprozesse, wie sie in Westeuropa vor einigen Jahrhunderten begannen, nun auch in diesen Gesellschaften zum Abschluss kommen. Im Gegenteil: Das sowjetische totalitäre Regime war nur eines von mehreren Varianten einer „vertikal" organisierten Gesellschaft, in der die Modernisierung blockiert war oder sich sogar eine spezifische Gegenmodernisierung durchsetzt.

Aus dem Russischen von Volker Weichsel, Berlin

Sozialkapital und Werteorientierung
Moderne, Prämoderne und Antimoderne in Russland

Die Proteste und Großdemonstrationen, die im Dezember 2011 in Moskau einsetzten, sowie die Gegendemonstrationen der Putin-Anhänger führten die Heterogenität der Gesellschaft in Russland deutlich vor Augen. Die weitere Entwicklung und die Antwort auf die Frage, ob die Protestbewegung das staatliche Handeln beeinflussen kann, sind ungewiss. Offen bleibt, welche Unterstützung der Protest finden und wie die politische Führung auf ihn reagieren wird. Deutlich ist jedenfalls, dass die Interessen fundamental unterschiedlich sind. Die Ursachen der weit verbreiteten Unzufriedenheit bestehen fort und werden nicht verschwinden. Die Führung des Landes zeigt keinerlei Bereitschaft zum Dialog. Dadurch wird sich die Lage unausweichlich verschärfen. Der Ausgang dieses Konfliktes wird die soziale und politische Entwicklung des nächsten Jahrzehnts bestimmen und den Handlungsspielraum für die weitere Modernisierung des Landes vorgeben.

Die drei wichtigsten Segmente der Gesellschaft entwickeln sich unterschiedlich: Das erste europäisiert sich, das zweite stagniert, das dritte degradiert langsam, aber unaufhaltsam. Die Voraussetzung für eine erfolgreiche Entwicklung des Systems ist, dass die Idee der Verwestlichung und der Demokratie als Wertevorstellung, Entwicklungsrichtung und Kraft zur Veränderung den Interessen einflussreicher Gruppen und Institutionen entspricht.

Neue Träger gesellschaftlichen Wandels wie Organisationen, Bewegungen und Parteien entstehen gerade durch eine solche Bündelung von Ideen und Interessen. Eine derartige Bündelung kommt in der Geschichte autoritärer oder posttotalitärer Regime allerdings nur selten vor. Es setzt voraus, dass ein Interessenkonflikt zwischen der politischen und intellektuellen Elite auf der einen und der Bürokratie auf der anderen Seite existiert, wie es während der Perestrojka unter Michail Gorbačev der Fall war. Weitaus häufiger jedoch stehen sich Interessengruppen einerseits sowie Intellektuelle und Reformpolitiker, die neue „Ideen" durchsetzen wollen, andererseits gleichgültig gegenüber. Diejenigen, die von der politischen Führung abhängig

sind, haben materielle Interessen, den Status quo zu bewahren. Dazu gehören Leute aus der Wirtschaft und Großunternehmen, aber auch Gruppen, die hohe soziale Aufstiegschancen haben, die mittlere Beamtenschaft, Akademiker, Wissenschaftler und Künstler. Sie üben Konformitätsdruck auf andere aus.
In der Regel lassen Intellektuelle oder Reformpolitiker die Interessen jener außer Acht, welche die gegenwärtige Ordnung erhalten wollen. Sie überschätzen das Potential für Wandel. Die organisatorische Schwäche der Opposition veranlasst die Mehrheit der Bevölkerung, sich entweder Veränderungen zu widersetzen oder sie mit Gleichgültigkeit zu quittieren. Ihre Grundauffassungen, Moralvorstellungen und Lebensweise ändern sie also nicht.
In den 1990er Jahren herrschte die idealtypische Zukunftsvorstellung, dass das Land eine Transformation von einem autoritären oder totalitären Regime in eine offene Gesellschaft durchläuft. Doch dieses schematische Denken erweist sich als völlig inadäquat, um die Lage um das Jahr 2010 zu verstehen. Noch weniger eignet es sich, Szenarien für das nächste Jahrzehnt zu entwickeln. Dafür sprechen die folgenden Argumente:

- Erstens wurden die Reformer oder „Modernisierer" entmachtet. Sie verloren den Zugang zu den Massenmedien, über die sie Einfluss auf die Gesellschaft ausüben konnten.
- Zweitens hatten die Reformer keine Vorstellung von den materiellen Interessen der breiten Bevölkerung, insbesondere von ihrer Existenzsicherung und ihrem Bedürfnis nach Stabilität und wachsendem Konsum. Zumindest erwiesen sie sich als unfähig, deren Wünsche zum Ausdruck zu bringen.
- Drittens machte sich das Regime die Hoffnungen der Mehrheit der Bevölkerung auf eine Verbesserung des Lebensstandards zu eigen.

Nachdem sich das Putin-Regime formierte, änderte das Zentrum nicht nur seine symbolische Politik. Es unterdrückte auch das gesamte Modernisierungspotential der Gesellschaft und verunglimpfte die bloße Vorstellung, dass eine Reform des Staates notwendig sei. Die Gesellschaft sollte alles Nachdenken über die Zukunft Russlands aufgeben. Der Kreml stellte die Beziehungen zwischen Zentrum und Peripherie auf den Kopf, indem er Strukturmerkmale der Peripherie zu konstitutiven Elementen des gesamten Staatsaufbaus machte: Personal und Programm der Provinz, die u.a. durch die Dominanz der Exekutive und die Abhängigkeit von staatlicher Umverteilung gekennzeichnet ist, wurden zu charakteristischen Merkmalen der gesamten Gesellschaft, deren Ziele nun die Rückkehr zu den guten alten Zeiten und die Wiederherstellung von Russlands Großmachtstatus sein sollten. Die eigentlichen Funktionen des Zentrums – politische Willensbildung und Bestimmung des politischen Kurses – wurden aufgegeben, die dafür notwendigen Strukturen wie freie Medien, unabhängige Parteien und ein demokratisch gewähltes Parlament weitgehend zerstört.

In einer solchen Umbruchphase kommen in der Regel Menschen an die Macht, deren stärkste Qualitäten ihre Gewissenlosigkeit und moralische Skrupellosigkeit sind. Da es an moralischen Autoritäten fehlt, neigen sie in ihrer Orientierungslosigkeit grundsätzlich zu den denkbar schlechtesten Handlungen.

Das Interesse des Putin-Regimes am eigenen Machterhalt und am Zugriff auf die staatlichen Einnahmen führte zu einer Stärkung der Umverteilungspolitik durch die Staatsbürokratie. Diese deckte sich mit dem Wunsch der breiten Bevölkerung. Nun schöpfte das Regime seine Legitimität nicht mehr aus Grundsätzen wie „Wandel" oder „Integration in den Westen", sondern aus „Stabilität" und dem „sozialen Staat". Hinzu kamen das traditionelle Großmachtdenken und die sogenannte „konservative Modernisierung", die in Wirklichkeit einer Gegenreform entsprach.

Putins Kurs des „sozialen Staats", der in den nationalen Programmen, der systematischen Erhöhung aller sozialen Leistungen sowie der Unterstützung junger und kinderreicher Familien zum Ausdruck kam, wurde zum wichtigsten Instrument, um das Vertrauen großer Teile der Bevölkerung in die politische Führung zu sichern. Hierin besteht das soziale Kapital des Regimes.

Vertrauen in die Institutionen und Typen des Sozialkapitals

Die Typologie der Wirtschaftsgeographin Natal'ja Zubarevič, die davon ausgeht, dass Russland de facto aus vier verschiedenen „Russländern" besteht, verweist auf eine wichtige Eigenheit der Gesellschaft in Russland.[1] Es fehlt an Homogenität stiftenden Institutionen, welche die Gesellschaft durchdringen würden und die Werte, die Normen und das Verhalten der überwiegenden Mehrheit der Bevölkerung definieren könnten. Dass es so

---

[1] Natal'ja Zubarevič: Russlands Parallelwelten. Dynamische Zentren, stagnierende Peripherie, in: Auge auf! Aufbruch und Regression in Russland [= OSTEUROPA, 6–8/2012], S. 263–278.

etwas wie eine „homogene Gesellschaft" geben könnte, ist die Illusion oder die Utopie zentraler administrativer Kontrolle. Diese Vorstellung vertreten die Spitzen aus Politik und zentralistischer Bürokratie sowie das Expertenmilieu, das sich an den Interessen der herrschenden Elite ausrichtet. Tatsächlich zeigen ethnographische, demographische, soziologische und ökonomische Studien immer wieder, dass Russland eine fragile, schwach strukturierte und kaum integrierte Gesellschaft ist. Vielmehr handelt es sich um ein Agglomerat heterogener lokaler Gemeinschaften, die völlig unterschiedliche Werte, Ansprüche und Lebensstile haben.

Dieses heterogene Gebilde wird nur von drei sozialen Institutionen durchdrungen, die umfassende Wirkung haben: erstens von den Institutionen des staatlichen Gewaltmonopols, die Macht- und Repressionsorgane zugleich sind und das gesamte Land durchziehen; zweitens von den staatlich kontrollierten Sendern des Fernsehens, die überall zu empfangen sind und die Aufgabe von Propaganda, politischer Kontrolle und höchst instrumentell eingesetzter Unterhaltung erfüllen, sowie drittens von der allgemeinen Mittelschule, in der junge Menschen sozialisiert werden. Hier erfolgt die kollektive Identitätsbildung des postsowjetischen Menschen.

Diese drei staatlichen Subsysteme sind nicht hinreichend, um Russlands Gesellschaft umfassend zu integrieren. Sie verbinden die Menschen nur auf der niedrigsten, inhaltlich höchst dürftigen sozialen Ebene. Die Herausbildung gemeinsamer sozialer Interessen wird ständig durch polizeiliche Restriktionen sowie staatlich zertifizierte Kommunikation und Lenkung durch höchst symbolische Unterhaltungskultur begrenzt, für die sich der Begriff Telemassage durchgesetzt hat. Doch die Herausbildung sozialer Gemeinsamkeit ist die elementare Voraussetzung für Entwicklungsprozesse jeder Art, für eine strukturelle und funktionale Differenzierung der Gesellschaft, kurzum: für jede Form der Modernisierung. Entwicklung ist in diesem Sinne der stetige Prozess der Ausdifferenzierung spezialisierter Bereiche des gesellschaftlichen Lebens: Zu nennen sind die Wirtschaft und die Wissenschaft, die Kultur und die Bildung, die Justiz, die Politik oder die Öffentlichkeit. Sie sind zwar untereinander durch den Austausch von Ressourcen sowie über die Geltung allgemeiner Rechtsnormen, moralischer Prinzipien und Werte verbunden, agieren aber autonom.

Der Putinsche Staat greift in diese Bereiche ein und zerreißt damit deren feines funktionales Gewebe, das sie verbindet und gleichzeitig stärkt. Er unterdrückt die Quellen und jeden Anreiz, auf denen die Selbstorganisation der Gesellschaft beruht, und verlangsamt damit die Entwicklung beträchtlich.

Die mangelhafte Selbstorganisation wird kompensiert durch ein paternalistisches System zwischen Patron und Klient, das die Beziehungen auf lokaler, regionaler und föderaler Ebene charakterisiert. Da das Regime auf eine umfassende Ideologie und die Anwendung von Massenterror als Zwangsmittel verzichtet, erodiert der Staat letztlich unausweichlich in eine Vielzahl dezentralisierter korrupter und mafiöser Netzwerke, mit deren Hilfe die herrschenden Cliquen und die Bürokratie das staatliche Gewaltmonopol nutzen, um ihre materiellen Interessen zu verfolgen und zu verteidigen.

Fundamentale institutionelle Bedingungen, die alle entwickelten Staaten heute erfüllen, fehlen in Russland, und es ist kaum anzunehmen, dass sich das auf absehbare Zeit ändert. Das beginnt beim gemeinsamen wirtschaftlichen Raum, der einen gemeinsamen Binnenmarkt, einen gemeinsamen Arbeitsmarkt und eine einheitliche Währung umfasst; es geht weiter mit den fehlenden Institutionen der Volksvertretung und des Rechtsstaats, welche die Herrschaft des Volkes (Demokratie) sowie die Rechte der Bürger und ihre Gleichheit vor dem Gesetz durch Verfassung, Gesetze und unabhängige Gerichte garantieren. Und es endet mit Verkehrs- und Kommunikationssystemen wie Straßen, Infrastruktur, Telekommunikation und dem Internet.[2]

Das Land ist mehrfach fragmentiert; jeweils sind diese Bedingungen nur in einzelnen Zonen gegeben. Es existieren unterschiedliche Normen und informelle Praktiken. Selbst das Geld spielt in Russland nicht die Rolle eines universal gültigen und anerkannten Vermittlers. Unterschiedliche Gruppen und Schichten der Bevölkerung verfügen über unterschiedliche Formen von Geld oder geldwerten Mitteln. Zwar ist dieses Phänomen nicht mehr so verbreitet wie es in der Sowjetunion war. Aber auch heute orientiert sich die eine Schicht am Kurs des Dollar, des Euro oder anderer Devisen. Die soziale Gruppe, die nicht in der Lage ist zu sparen und über keine Rücklagen verfügt, richtet sich am offiziellen Rubellohn aus; eine dritte Gruppe schließlich agiert bis heute teilweise nach den Regeln des Naturaltauschs und der gegenseitigen Verrechnung von Leistungen. Deren äquivalenter Wert kann nicht allgemein festgelegt werden, weil er nur von der konkreten Situation des jeweiligen Tauschs abhängt. Angesichts dessen kann im Falle von Russland von einem einheitlichen rechtlichen und politischen Raum, in dem einheitliche Werte und Normen, Praktiken und Institutionen existieren, nicht im entferntesten die Rede sein.

---

[2] Das Internet ist ein exemplarischer Fall; nur 37–40 Prozent der Erwachsenen haben Zugang zu ihm.

Die politische Führung, die sich die Macht angeeignet hat, verzichtet auf jede Rückkoppelung an die Gesellschaft. Das muss unausweichlich zu Friktionen führen. Die Existenz einer „Gesellschaft" als System von Beziehungen, das auf gemeinsamen Interessen oder gar Solidarität gründet, nicht aber auf Herrschaft und Unterordnung, erscheint dem herrschenden autoritären Regime als eine Gefahr. Konsequent bemüht es sich deshalb, jeden Versuch, „Gesellschaft von unten" aufzubauen, zu durchkreuzen, indem es eine Unmenge von Hindernissen errichtet und Restriktionen erlässt – sei es gegen die Durchführung von Kommunalwahlen, Aktivitäten von NGOs oder die Gründung unabhängiger Massenmedien. Ziel ist es, jede Initiative von unten und die Artikulation eines freien Willens der Bürger zu unterbinden.[3]

Der Raum, so heißt es, sei der Fluch Russlands. Das bedeutet nichts anderes, als dass die Gesellschaft nicht imstande ist, die spezifische Ausprägung sozialer Strukturen zu überwinden, nämlich das Territorium anders zu organisieren als über die Agglomeration einzelner Enklaven mit ihren eigenen Machtvertikalen und autoritären Hierarchien, die jeweils vom Präsidenten über den Gouverneur bis zum Bürgermeister hinunterreichen. Eine derartige Verfasstheit ist nichts anderes als ein Indiz dafür, dass wir es mit einem einfachen soziokulturellen Gesellschaftssystem zu tun haben, das – je nach Sichtweise – durch Unterentwicklung oder Verfall seiner Institutionen gekennzeichnet ist.

Die Metaphern für Gesellschaft, die Natal'ja Zubarevič anbietet, sind allesamt an den Raum gebunden. Und bei all ihrem heuristischen Nutzen sind sie doch immanent begrenzt, indem Zubarevič gesellschaftliche Organisation streng an ein territoriales Gebilde koppelt. Nach soziologischen Kriterien wäre es angemessen, ihre Typologie der Gesellschaft – Russland-1, Russland-2, Russland-3 und Russland-4 – sowie ihre Typen soziokultureller Strukturen als Modelle oder „Idealtypen" im Weberschen Sinne zu betrachten, die in allen Siedlungsformen anzutreffen sind, deren spezifisches Gewicht sich aber je nach Komplexität der Struktur wesentlich unterscheidet. Gewiss kann Moskau als Beispiel für eine Enklave der Moderne dienen: In all ihren Eigenschaften und dem erreichten Niveau der Europäisierung ist die Stadt westlichen Gesellschaften absolut ähnlich.

Doch auch in dieser „westlichen Metropole" Moskau leben Schichten von Menschen mit einer geradezu archaischen, traditionalistischen Kultur und

---

[3] Ein gutes Beispiel dafür sind die neuen Gesetze, in denen die Wahl der Gouverneure bzw. Präsidenten der föderalen Subjekte geregelt sind. Diese Gesetze sind so abgefasst, dass ein Sieg von Kandidaten der Opposition ausgeschlossen ist.

einem entsprechenden Verhalten.[4] Gleiches gilt für gesellschaftliche Gruppen, die eigentlich ihren Kennzeichen nach als Russland-2 oder Russland-4 bezeichnet werden. Doch die funktionale Bedeutung all dieser sozialen Schichtungen unterscheidet sich wesentlich, je nach dem Typ der Bevölkerung.[5]

Für unsere Belange eignet sich eher die Typologie, die Richard Rose entwickelt hat. Um das Sozialkapital Russlands zu beschreiben, unterscheidet Rose zwischen prämodernen, modernen und antimodernen Grundlagen.[6] Das gegenseitige Vertrauen unter Menschen bildet verschiedene Formen „sozialen Kapitals" und schlägt sich in gemeinschaftlichen Institutionen und Netzwerken nieder. Sie beeinflussen die Regeln, die Lebensweise und politischen Erwartungshorizonte. Anders ausgedrückt: Das Sozialkapital hängt vom institutionalisierten Umfeld ab.

Nur in den großen urbanen Agglomerationen – in den Megapolen Moskau und Petersburg sowie in den anderen Millionenstädten – sind die Voraussetzungen für eine zügige Entwicklung durch gesellschaftliche Ausdifferenzierung günstig. Hier ist die Bevölkerungsdichte hoch, es gibt viele gut ausgebildete, hochspezialisierte Arbeitskräfte, was zu einer Ausdifferenzierung von Institutionen sowie einer Vielzahl unterschiedlicher sozialer Gruppen führt. Dies erfordert komplexere Formen der gesellschaftlichen Selbstregulierung und der Vermittlung etwa über den Markt und durch eine Öffentlichkeit, die weitaus höher entwickelt ist, als sie es in einer totalitären Gesell-

---

[4] Es genügt, daran zu erinnern, wie viele Menschen – die Rede ist von mehr als einer Million Pilgern und Wallfahrern – sich erst kürzlich in Moskau vor dem Gürtel der Jungfrau Maria verneigt haben, der vom Berg Athos in die Hauptstadt gebracht worden war.

[5] Auch in den Großstädten des Landes sind die entsprechenden Vorstellungen Teil des Alltags von Unternehmern, hohen Beamten, Offizieren und Politikern. Dort finden sich typische Beispiele für ein derartiges, von Magie geprägtes Bewusstsein: der Priester, der die gerade installierten Anlagen einer Fabrik, den neuen Mercedes oder das soeben vom Stapel gelaufene raketentragende U-Boot mit heiligem Wasser besprengt, oder die Ikonen, die auf den Armaturenbrettern der Autos in den Städten zu sehen sind. Es handelt sich um die Verbindung von modernem, rationalem mit archaischem Wissen, beides in instrumenteller Funktion: geprägt von Technologie einerseits, von Zauberei und Schamanismus andererseits.

[6] Richard Rose: Uses of Social Capital in Russia: Modern, Pre-Modern, and Anti-Modern, in: Post-Soviet Affairs, 1/2000, S. 33–57. Zubarevičs und Roses Typologien stimmen teilweise überein. Beide Typologien haben beträchtlichen heuristischen Wert, weil in Russland fast zwei Drittel der Bevölkerung in kleinen Städten und ländlichen Siedlungen leben. Dort haben sich traditionelle Vorstellungen und Verhaltensformen ebenso erhalten wie sowjetische Stereotypen und sowjetisches Denken.

schaft oder unter einem autoritären Regime je sein kann. So „erzwingt" gesellschaftlicher, wirtschaftlicher und kultureller Pluralismus eine neue Form der sozialen Organisationen. Die Beziehungen zwischen Menschen und Gruppen sind unpersönlich und anonym, sie werden von formalen, universellen Normen und Verhaltensregeln rechtlicher, moralischer und ethischer Natur geregelt. Damit geht die Bildung eines Persönlichkeitstyps einher, den wir als „modern" oder „europäisch" bezeichnen. Er ist mobiler und unabhängiger von seiner unmittelbaren Umgebung und direkter gesellschaftlicher Kontrolle, er orientiert sich eher an abstrakten Idealen sozialen Vertrauens, der Anerkennung und Gratifikation. Im Unterschied zur verwandtschaftlichen, familialen, nachbarschaftlichen oder ethnischen Gemeinschaftsbildung wirkt hier eine Solidarität, die nach den Grundsätzen der Verantwortungsethik frei gewählt ist und nicht nach überkommenen Vorschriften der Tradition oder aus dem Prinzip der kollektiven Haftung folgt, wie es in den sowjetischen „Arbeitskollektiven" der Fall war. Nach wie vor dominiert aber in Russlands Gesellschaft der Typus des Homo Sovieticus. Idealtypisch handelt er nicht aus eigenem Anreiz. Zig Grenzen und Einschränkungen bestimmen seine Existenz, er ist durchaus clever, denkt aber in hierarchischen Kategorien und hat alle möglichen Ängste: vor dem Neuen, Fremden, Komplexen. Schließlich sieht er sich als Geisel des Kollektivs, womit er seine Passivität und Apathie legitimiert.

Der moderne Persönlichkeitstypus ist in geringerem Ausmaß von der Macht abhängig. Er ist sich dessen bewusst, dass er sein Wohl nicht der „väterlichen Sorge" des Staates verdankt, sondern einzig seiner besseren Bildung und beruflichen Qualifikation sowie seiner eigenen Anstrengung. Ein solcher Mensch ist weniger frustriert; freier von ideologischen Komplexen und empfindet gegenüber der eigenen politischen Führung nicht a priori Loyalität oder Dankbarkeit. Das Sozialkapital der Menschen dieses Typs basiert auf abstrakten sozialen Regeln und allgemeinen Beziehungen. Dazu bedarf es des Wissens, wie gesellschaftliche Institutionen funktionieren, und einer Vorstellungskraft, die es gestattet, andere Menschen zu verstehen und ihnen zu vertrauen, auch wenn sie nicht zum engen Kreis der Freunde oder Verwandten gehören, die man persönlich kennt. Dieses Vertrauen ist das Skelett für die moderne Gesellschaft, wie sie in Teilen Russlands entsteht.

Die neuen institutionellen Strukturen, die in Moskau oder St. Petersburg entstanden sind, haben natürlich unmittelbar mit dem höheren Lebensstandard zu tun. In Moskau ist etwa das Durchschnittseinkommen um das Zweieinhalbfache höher als in Russland. Der höhere Lebensstandard ist die Folge besserer beruflicher Qualifikation, die dem Bedarf und den Ansprüchen einer Dienstleistungsgesellschaft entspricht, die durch Informationsverarbeitung und Hochtechnologie geprägt ist. Hinzu treten die Bereitschaft zu lebenslangem Lernen und Weiterqualifikation, zur Mobilität und Berufswechsel. Der Lebensstil in Russlands Megapolen ähnelt sehr dem der modernen Länder in Europa. Für sich genommen spricht einiges dafür, dass selbst unter den Bedingungen eines autoritären Regimes, in dem die politische Freiheit begrenzt, die Massenmedien zensiert und die Öffentlichkeit deformiert sind, allmählich die Voraussetzungen für ein anderes System entstehen können. Selbst wenn solche institutionellen Keime Wurzeln schlagen und zu wachsen beginnen, bedeutet das jedoch, dass sie erneut nur als Enklaven einer modernen Organisationsstruktur inmitten einer nichtmodernen Gesellschaft existieren und funktionieren können. Diese Isoliertheit verstärkt die spezifische Atmosphäre der russländischen Modernität: Über die Grenzen der Hauptstadt und die anderer Großstädte geht sie nicht hinaus.

Eine andere Form des Sozialkapitals ist in Kleinstädten und ländlichen Ansiedlungen weit verbreitet. Man könnte es als „prämodernes", traditionelles oder primordiales Sozialkapital bezeichnen. Vertrauen beruht auf persönlichen, nachbarschaftlichen, informellen Verbindungen, auf Gruppenzugehörigkeit, ethnischer oder konfessioneller Solidarität. Dieses Sozialkapital ist an die tägliche Routine, die Pflicht zur gegenseitigen Hilfe und an das gemeinsame Interesse gebunden, sich der Willkür der lokalen Autoritäten zu erwehren. Über diese Grenzen schreitet das Sozialkapital nicht hinweg. Dieser Raum ist bestenfalls durch allgemeine Trägheit, im schlimmsten Fall durch existentiellen Verfall gekennzeichnet. Die Bevölkerung kämpft darum, sich zu versorgen und über Wasser zu halten. Das bloße physische Überleben ist hier der Imperativ individueller und familiärer Existenz.

In diesem Umfeld kommt die Idee, das Leben zu verbessern und die Lebensqualität zu erhöhen, überhaupt nicht auf; allenfalls gilt die Devise: Erhalten, was da ist. Der Bedürfnishorizont der Menschen wird dadurch bestimmt, dass sie versuchen müssen, sich an die Veränderungen, die von außen an sie herangetragen werden, anzupassen. Materielle und ideelle Ressourcen wie etwa der Zugang zu Bildung und beruflicher Qualifikation sind begrenzt, die soziale Mobilität niedrig. Die Menschen leben in Stagnation, Armut und Elend. Ihr Ereignishorizont ist eng, die Zahl der Informationsquellen höchst begrenzt. Sie haben zwei bis drei Sender des Staatsfernsehens zur Verfügung, dazu kommen das Lokalradio und in der Regel eine wöchentlich erscheinende Zeitung aus dem Bezirk. Das ist der Rahmen, in dem sie die Ereignisse und

Entwicklungen im Land und in der Welt einordnen und verstehen sollen. Die zentralen Massenmedien haben keinen Sinn für die Interessen und Bedürfnisse dieser Menschen und ihre Alltagsprobleme. Vielmehr reproduzieren sie routiniert all die kollektiven Mythen, die diesem Teil der Bevölkerung eingängig sind, die sie aber in ihrer Lebenswelt nicht überprüfen kann.[7] Diese Mythen, etwa die Vorstellung, dass das Land von Feinden umzingelt sei und auch Feinde im Inneren habe, entstanden bereits zu Sowjetzeiten. Sie werden immer und immer wieder wiederholt. Sie dienen der politischen Führung als Legenden und als Symbole der nationalen Einheit. Andere identitätsstiftende gemeinsame Vorstellungen kommen in diesem Umfeld kaum auf. Es fehlt schlicht an alternativen Informationskanälen, die bei der Einordnung dessen, was in der Welt geschieht, helfen könnten. Die Peripherie ist wie ein Depot, in dem die Vorstellungen der vorangegangenen Epoche gelagert werden.[8]

Doch es ist der antimoderne Typus des Sozialkapitals, der maßgeblich über die Frage entscheidet, welche Entwicklungsperspektiven Russland hat. Wie sich dieses Sozialkapital institutionalisiert, entscheidet über die Zukunft des Ganzen. Denn der größte Teil der Bevölkerung ist diesem Typus zuzuordnen. Deshalb spielt er in einem Moment des Umbruchs und der Machtübergabe die entscheidende Rolle.

Der Antimodernismus als Lebensweise speist sich aus höchst unterschiedlichen Quellen. Die erste ist die sowjetische mit ihrer Trägheit und Anpassung an den repressiven Staat sowie die nivellierende Verteilungswirtschaft, die zweite ist der religiöse Fundamentalismus, wie er sich im letzten Jahrzehnt ausgebildet hat; die dritte ist der kompensatorische russische Nationalismus, die vierte der politische Konservatismus. Auf all diese Ideologeme greift das Putinsche autoritäre Regime aktiv zurück. Von alleine verschwindet dieser Antimodernismus nicht. Zu stark werden diese Lebensweise und das damit verbundene Sozialkapital durch die bis heute existierende Wirtschaftsstruktur

---

[7] Zum Vergleich: Bürgerinnen und Bürger in Moskau und den Großstädten nutzen regelmäßig 13 bis 15 Informationsquellen. Das Internet spielt eine immer größere Rolle. 69 Prozent der Moskauer haben Zugang zum Internet. Damit hat das Fernsehen nicht mehr das Informationsmonopol inne. Der Gebrauch des Internets ist vorläufig allerdings auf die großen und mittleren Städte begrenzt.

[8] In Zonen prämodernen Sozialkapitals ist eine endogene Entwicklung nicht zu erwarten. Im Einzelfall ist sie exogen stimulierbar. Das zeigt das Kadyrovsche Tschetschenien unter Putin. Die Chance, dass damit ein Wandel der Werte und der Kultur einhergeht, ist gering; dagegen das Risiko groß, dass es eine Rückkehr zum archaischen Fundamentalismus gibt.

mit ihrer spezifischen Konzentration auf bestimmte Regionen und Branchen geprägt. Darin spiegelt sich der Charakter der sowjetischen militärisch-industriellen, repressiven Modernisierung von 1930 bis in die 1970er Jahre. Die daraus hervorgegangene Siedlungsstruktur hat sich seit der Sowjetzeit kaum verändert.

Die Gegner jeder Modernisierung bilden die soziale Basis des Putinschen Autoritarismus. Sie sind die Hüter der sowjetischen Vergangenheit, ihrer Symbole und Werte, ihrer Feiertage und Rituale. Letztlich bestimmt dieses sozialistische Reservat heute die grundlegende Ausrichtung Russlands. Bei dem hohen Vertrauen, das die autoritäre, aber personalisierte Führung des Landes genießt, handelt es sich um die Projektion von Vorstellungen auf den „nationalen Führer" (nacional'nyj lider), die charakteristisch für soziale Beziehungen der Vormoderne sind. Das lähmt die ohnehin schwache institutionelle Organisation der Gesellschaft und blockiert die Entwicklung in Richtung Modernisierung. Umgekehrt zeigt das niedrige Vertrauen in die gesellschaftliche Sphäre (zu „unbekannten Menschen"), dass funktionierende formale Regelungsmechanismen wie das Recht, das Gesetz, die Moral oder zivilgesellschaftliche Institutionen fehlen. Diese institutionellen Defizite müssen kompensiert werden durch Vertrauen zu den „Unsrigen". Das bedeutet allerdings, dass damit erneut das Potential zur Universalisierung von Regeln und Moderne unterdrückt wird.

Von den Reformen, die Anfang der 1990er Jahre durchgeführt wurden, profitierten lediglich die großen Konzerne, in erster Linie die exportorientierten Unternehmen des Rohstoff- und Energiesektors. Die kleinen und mittleren Unternehmen fanden sich unter dem Druck der korrupten Bürokratie wieder. Bis heute entwickeln sie sich nur sehr langsam und kämpfen um ihr Überleben. Die Priorität der politischen Führung liegt auf der Unterstützung von Großunternehmen. Mit öffentlichen Mitteln rettet sie rückständige und nicht wettbewerbsfähige Industriesektoren wie den Maschinenbau oder Unternehmen des Militärisch-Industriellen Komplexes – angeblich deshalb, weil es sich bei ihnen vom Status einer „Großmacht" und unter geopolitischen Prämissen betrachtet um „strategisch wichtige Schlüsselbereiche" handele. Diese Umverteilungspolitik unter Putin hat diese Sektoren damit zwar vor dem völligen Zusammenbruch bewahrt, sie aber gleichzeitig ihres selbständigen Entwicklungspotentials beraubt. Angesichts einer derartigen Einmischung des Staates in die Wirtschaft findet ungehinderter Wettbewerb und freier Fluss des Kapitals schlicht nicht statt.

Die politische Führung konserviert damit die technologische und gesellschaftliche Stagnation. Der veralteten Technik und Ausrüstung entspricht die niedrige Qualifikation der in diesen Sektoren Beschäftigten. Auch ihr Lebensstandard ist niedrig. Infolge der sowjetischen Plan- und Verteilungswirtschaft sowie der durch Zwangsansiedlung geprägten Bevölkerungsstruktur ist in kleinen und mittleren Städten ein besonderes gesellschaftliches Gefüge entstanden. Es ist durch äußerste Trägheit, niedrige soziale Mobilität, unverhüllt artikulierte Unzufriedenheit, Ressentiment und Frustration gekennzeichnet. Gleichzeitig herrschen soziale Desorganisation und Anomie.[9] Die Betroffenen sprechen sich gegen die Privatisierung der Großunternehmen aus. Stattdessen fordern sie, dass der Staat weiterhin die dominierende Rolle in der Wirtschaft spielt; der Markt, die Preise und Privateigentum sollten kontrolliert bleiben. Wo die Einstellung herrscht, dass staatliche Interessen Vorrang gegenüber privaten haben sollten, soziale Ungleichheit abgelehnt wird, Neid auf Wohlhabende verbreitet ist und neue Modelle gesellschaftlicher Beziehungen auf Skepsis stoßen, wird der gesellschaftliche Konservatismus gefestigt. Gegen die Rezeption individueller Werte und Vorstellungen regt sich starker Widerstand. Gleichzeitig wächst die Unterstützung für das Regime, das vermeintlich die Interessen des kleinen Mannes verteidigt – gegen die „Oligarchen" oder die Gier des Westens.

Soziales Vertrauen und autoritäre Ordnung

Meinungsumfragen zeigen, dass das Vertrauen in die Machtinstitutionen in etwa deren symbolischer Rolle entspricht, die sie in der vermeintlichen Realität zur Stabilisierung der sozialen Verfasstheit und der Organisation der Gesellschaft spielen. Im Vertrauen in die Institutionen ist eine Diskrepanz charakteristisch: Auf der einen Seite genießen autoritäre Institutionen – der Präsident als die personifizierte souveräne Gewalt, die Kirche als die „Glaubensbehörde" sowie die Armee – enorme Anerkennung. Auf der anderen Seite herrscht ausgeprägtes Misstrauen gegen jede Institution wie Gewerkschaften, Parteien, NGOs – aber auch das Parlament, die Bürgern die Chance eröffnen,

---

[9] Allgemeine Statistiken und die Kriminalstatistik illustrieren das. Der soziale Zerfall und die fehlenden Perspektiven äußern sich in der Provinz in einem sehr viel höheren Anteil pathologischer Phänomene: Die Sterblichkeit infolge von Herz- und Kreislauferkrankungen ist höher als in Entwicklungszentren und Metropolen. Bezogen auf 100 000 Einwohner beträgt die Zahl der Selbstmorde in Moskau acht Fälle pro Jahr, in Baškortostan 48, im Fernen Osten oder Hohen Norden sogar 80–110.

am politischen Prozess teilzunehmen, indem sie Ansichten und Interessen der Zivilgesellschaft bündeln und artikulieren. Aber auch jene Institutionen werden negativ bewertet, die über die Einhaltung der täglichen Verhaltensnormen wachen: die Lokalverwaltung, Polizei und Gerichte (Tabelle 1). Hinter dieser Einteilung des institutionellen Vertrauens kommt der Kern der einst homogenen Struktur totaler ideologischer und terrorgestützter Herrschaft zum Vorschein. Von diesem Modell ist heute nur das Phantom einer paternalistischen Ordnung geblieben, die einige Eigenheiten des Einparteienstaates imitiert. Der kommunistischen Ideologie beraubt, hatte das Regime seine Legitimation verloren, die für die Sowjetzeit charakteristisch war: die „lichte Zukunft". Ihr wichtigster Bestandteil war seinerzeit der propagandistisch sorgsam gehegte gesellschaftliche Optimismus gewesen. Als in den 1990er Jahren soziale und wirtschaftliche Krisen das Land erschütterten, verloren die Menschen die Illusion von einer gesicherten Zukunft. Sie verloren aber auch ihre Überzeugung, dass sich das Leben doch niemals zum Schlechteren wenden würde, wenn es schon nicht besser würde. Das System erschien retrospektiv plötzlich als das, was es tatsächlich gewesen war: ein autoritäres und korruptes Regime, zusammengehalten von den Repressionsstrukturen aus Staatsanwaltschaft, den Gerichten, der Polizei und den Streitkräften. Ein ähnlicher Prozess vollzog sich im Herbst 2008: Auch damals erodierte das Vertrauen in die Herrschenden und in ihre Legitimität. Im Winter 2011/12 wiederholte sich diese Entwicklung und führte zu den breiten Protesten.
Unabhängig davon, dass sich formal das politische und das rechtliche Umfeld verändert haben, stehen für die Bürger Russlands die meisten Institutionen in einer Kontinuität mit den früheren staatlichen Machtorganen, die ihre Aufgabe auch heute ausschließlich darin sehen, das Regime zu schützen und die Interessen der führenden Schichten zu vertreten. Die Mehrheit der Bevölkerung ist davon überzeugt, dass die Staatsorgane nicht den Zweck haben, die Bedürfnisse und Interessen der Bürger zu befriedigen. Das schlägt sich auch im gesellschaftlichen Vertrauen nieder. Es ist allenfalls partiell vorhanden und erscheint vielfach als aufgezwungen, vermischt mit einer Art vorsichtiger Wachsamkeit und zum Teil starkem, wenn auch latentem Misstrauen: gegenüber Mitmenschen und formalen Institutionen, gegenüber allem, was neu, kompliziert, unverständlich, subjektiv ist und Ängste sowie Aggressionen hervorruft.

Tabelle 1: Vertrauen in die wichtigen sozialen und politischen Institutionen

	volles Vertrauen	kein volles Vertrauen	absolutes Misstrauen	schwer zu sagen	Vertrauensindex*
Ministerpräsident (Putin)	52	31	9	8	42
Präsident (Medvedev)	50	34	9	7	41
Kirche, religiöse Organisationen	49	25	10	16	39
Armee	37	36	13	14	24
Massenmedien	30	47	16	7	14
Regierung	30	45	17	8	13
Staatssicherheit, Geheimdienste	26	37	16	21	10
Regionalbehörden	28	40	22	10	6
Banken	24	39	18	19	6
kleine und mittlere Betriebe	23	39	18	20	5
Föderationsrat	22	44	17	17	5
Staatsanwaltschaft	22	37	21	20	1
Staatsduma	21	47	22	10	-1
Lokalbehörden	23	41	26	10	-3
Gericht	19	43	22	16	-3
Miliz	20	40	29	11	-9
Großunternehmen	16	37	26	21	-10
Gewerkschaften	16	31	26	27	-10
Parteien	10	44	30	16	-20

Der Vertrauensindex wird nach der Formel berechnet: Antworten „volles Vertrauen" + ½ „kein volles Vertrauen" minus ½ „kein volles Vertrauen" + „absolutes Misstrauen". Geordnet nach dem Vertrauensindex. Hervorgehoben sind Institutionen, bei denen der Vertrauensindex positiv ist. Levada-Zentrum, Oktober 2011, N=1600. (Angaben in Prozent)

Die Haltung, die in dieser Gemengelage zum Ausdruck kommt, bildet die gesellschaftliche Dominante für das Verhalten der meisten Menschen im postsowjetischen Russland. Die entsprechende Einstellung ist äußerst stabil; sie hat sich seit über zwei Jahrzehnten, seit wir die Entwicklung der Öffentlichen Meinung systematisch beobachten, kaum verändert.

Es gibt einige Regeln: Je jünger und schlechter gebildet die Befragten sind, desto mehr setzen sie Vertrauen in die Machtstrukturen und in Putin. Der Anteil nimmt unter den 30jährigen Befragten ab, wenn sie reifer und gebildeter sind. Ähnliches gilt mit Blick auf den Wohnort. Bewohner kleiner und mittlerer Städte der Provinz setzen das größte Vertrauen in die Machtinstitutionen und in Putin. Dagegen ist das Misstrauen gegenüber der Macht unter den Moskauern am ausgeprägtesten. Dasselbe Gefälle ist festzustellen zwischen den schlecht oder gar nicht informierten Gruppen sowie jenen Bürgern, die Zugang zu allen Informationskanälen haben und umfassend informiert sind, zwischen den sozial depravierten Gruppen der Gesellschaft und jenen, die über alle erforderlichen Ressourcen verfügen. Das reicht von der Bildung, und der beruflichen Qualifikation über die Fähigkeit, zu gesellschaftlichen Fragen Stellung zu beziehen und die Umwelt zu interpretieren, bis zu der Erfahrung, in einem komplexen gesellschaftlichen Umfeld zu leben. Diese Unterschiede halten sich hartnäckig und haben sich im Lauf der Zeit sogar vertieft.

Die institutionellen Grundpfeiler der herrschenden gesellschaftlichen Ordnung gründen auf einem antimodernen Paternalismus, auf einem posttotalitären und rückständigen Großmachttraditionalismus. Ausdruck davon sind der „nationale Führer", der plebiszitär bestimmte Präsident, die orthodoxe Kirche, die Armee und die Geheimdienste. Die Repressionsorgane sind die zentrale Ressource und wichtigster Typus des Sozialkapitals des autoritären Regimes.

Diese Institutionen funktionieren auf eine solche Art und Weise, dass sie beim überwiegenden Teil der Bevölkerung Indifferenz und Entfremdung gegenüber den Organen des Staats auslösen, der nicht vom Willen und den Wünschen der Bürger abhängt, ihnen nicht untergeordnet ist und von ihnen nicht kontrolliert wird. Die daraus resultierende spezifische „Apathie" und die verbreitete unpolitische Haltung sind das tragende Gerüst des autoritären personalisierten Putin-Regimes.

Der Polizeistaat beschwört kollektive Werte und setzt auf Symbole der nationalen Einheit. Danach haben die „Interessen des Staates" Priorität, was zwangsläufig zur Begrenzung der Freiheit des Einzelnen oder der Freiheit sozialer Gruppen führt. Initiativen Einzelner und Aktivitäten der Zivilgesellschaft stehen unter Kontrolle, um zu verhindern, dass sich vom Regime unabhängige autonome Räume herausbilden und Gruppensolidarität entsteht. Der repressive Staat ist überall; er äußert sich auf unterschiedliche Weise: Die Steuerpolizei setzt kleine und mittlere Unternehmen unter Druck; das Justizsystem reagiert auf jede Artikulation von Individualinteressen nachgerade feindlich, besonders wenn sie den Interessen der Bürokratie widersprechen; das Handeln der Behörden ist von Willkür geprägt; der der Gesellschaft verordnete Paternalismus bleibt artifiziell; unaufhörlich versucht der Staat, in das Leben seiner Bürger einzugreifen. All diese Erscheinungen, deren Aufzählung sich unschwer fortsetzen ließe, geben den Menschen das Gefühl, jederzeit angreifbar und grundsätzlich sozial ungeschützt zu sein.

Der ständige staatliche Zwang und die Gewalt wirken sich auch auf das Alltagsleben der Bevölkerung aus. Sie äußern sich in einer diffusen Aggressivität, die mit einem niedrigen Vertrauen der Menschen untereinander einhergeht. Zwischenmenschliches Vertrauen stellt sich nur in Kleingruppen wie der Familie, der Verwandtschaft oder unter Nachbarn, Freunden und Arbeitskollegen ein. Verhaltensregeln beziehen sich hier auf die ethische Verpflichtung des Einzelnen, auf soziale Kontrolle und gegenseitige Verantwortung. Das behindert die Rezeption universeller Normen und moralischer Vorstellungen wie die Herausbildung einer bürgerlichen politischen Identität.

Internationale vergleichende Sozialforschung ermittelt regelmäßig, wie in unterschiedlichen Ländern „gesellschaftliches Vertrauen" ausgeprägt ist (Tabelle 2).[10]

---

[10] Im Rahmen des *International Social Survey Programme* erhob ein wissenschaftliches Konsortium aus 24 Ländern 2007 das „Vertrauen" in der jeweiligen Gesellschaft. In Russland führte das *Levada-Zentrum* die repräsentative Umfrage durch (N=1000).

Tabelle 2: Interpersonales Vertrauen, in Prozent der Befragten
„Mit welcher Ansicht stimmen Sie am ehesten überein?"

A – Man kann den anderen Menschen fast immer vertrauen.
B – Gewöhnlich kann man den anderen Menschen vertrauen.
C – Den meisten Menschen gegenüber muss man vorsichtig sein.
D – Man muss bei anderen Menschen fast immer auf der Hut sein, anderen Menschen darf man nie voll vertrauen.

Länder	A+B	C+D	(A+B) / (C+D)
Norwegen	81	19	4,26
Schweden	74	26	2,84
Neuseeland	69	31	2,22
Schweiz	68	32	2,12
Finnland	67	33	2,03
Australien	64	36	1,77
Japan	61	39	1,56
Belgien	48	52	0,92
Tschechien	48	52	0,92
Südkorea	46	54	0,85
Israel	43	57	0,75
Slowenien	39	61	0,63
Taiwan	39	61	0,63
Frankreich	39	61	0,63
Südafrika	37	63	0,58
Lettland	34	66	0,51
Polen	30	70	0,42
Uruguay	29	71	0,40
Russland	28	72	0,38
Dominikanische Republik	27	73	0,36
Mexiko	26	74	0,35
Kroatien	19	81	0,23
Philippinen	17	83	0,20
Chile	13	87	0,14
Durchschnitt	42	58	0,73

Umfrage des International Social Survey Program aus dem Jahr 2007, N = 1000

In Russland ist das Vertrauen unter den Menschen schwach. Damit geht einher, dass das Prinzip der individuellen Verantwortung und der bürgerschaftlichen Solidarität kaum Akzeptanz findet.[11] Dazu passen auch das Misstrauen, das die Bevölkerung der Politik und gesellschaftlichem Engagement entgegenbringt, die erwähnte Entfremdung gegenüber der Politik, die negative Haltung zur Regierung, den Abgeordneten, aber auch zur Lokalverwaltung. Die Menschen in Russland sind sich dessen bewusst, dass sie auf die politischen Entscheidungen, auf welcher Ebene auch immer, keinen Einfluss haben. Dementsprechend sind sie auch nicht bereit, an öffentlichen Angelegenheiten mitzuwirken, die über die Alltagsprobleme hinausreichen, es sei denn, es geht um die eigenen Partikularinteressen.

Privatunternehmen, NGOs oder andere nichtstaatliche Einrichtungen, die in den vergangenen zwei Jahrzehnten entstanden sind, fallen aus dem gewohnten Bild der zentral geplanten staatlichen Verteilungswirtschaft heraus. Sie stoßen daher auf ein profundes Misstrauen der Bevölkerung, vor allem jener Menschen, die in der verarmten und trostlosen Peripherie leben, wo Marktbeziehungen entweder noch nicht entstehen konnten oder lediglich in primitiver, krimineller Form existieren.[12]

---

[11] Das wesentliche Hindernis für die Entwicklung der Unternehmen Anfang der 1990er Jahre waren übrigens nicht fehlende Kredite oder der mangelnde Zugang zu neuen Techniken, auch nicht die Willkür der Verwaltung oder die Korruption, sondern das Vertrauensdefizit unter Geschäftspartnern sowie die Nichteinhaltung von Verträgen; Denis Dragunskij (Hg.): Obščestvennyj dogovor: Sociologičeskoe issledovanie. Moskva 2001.

[12] Das hartnäckige Misstrauen, das der Durchschnittsbürger zivilgesellschaftlichen Organisationen entgegenbringt, und die kategorische Weigerung, sie zu unterstützen, lässt sich möglicherweise als historische Überempfindlichkeit der Bevölkerung erklären. Sie speist sich aus der sowjetischen Praxis, Menschen zur Mitarbeit in vermeintlich unabhängigen gesellschaftlichen Organisationen des totalitären Regimes zu nötigen. Das sollte den freien „Volkswillen" und die Loyalität zum Regime unter Beweis stellen. Dieses Engagement war „erzwungen freiwillig". Zu erinnern ist an die erzwungen freiwillige Mitarbeit bei den Pionieren, im Komsomol', in der „Freiwilligengesellschaft zur Unterstützung von Armee, Luftwaffe und Flotte" (DOSAAF), der Feuerwehr oder der Wasserwacht. Entsprechend skeptisch verhalten sich die Menschen heute gegenüber Organisationen wie der *Gesellschaftskammer*, die sie für Surrogate gesellschaftlicher Selbstorganisation halten. Zwar gibt es einige NGOs, so die *Soldatenmütter* oder *Memorial*, die Ansehen in der Gesellschaft besitzen. Die meisten aber sind von der politischen Führung diskreditiert und haben in der Bevölkerung ein negatives Image. Weniger als ein Prozent der Bevölkerung engagiert sich in NGOs, auch wenn bis zu zehn Prozent der Volljährigen in Russland Mitglied einer gesellschaftlichen Organisation sind.

Privatunternehmer gelten als illegitim, als betrügerisch und halbkriminell, selbst wenn sie sich innerhalb des rechtlichen Rahmens bewegen. Das richtet sich vor allem gegen die großen Konzerne, die bekanntlich mit den höchsten Kreisen der politischen Führung des Landes verbunden sind. Anders ausgedrückt stoßen vor allem jene Strukturen auf Zweifel in der Bevölkerung, denen die traditionelle und bekannte Legitimation durch die sowjetische Ideologie fehlt.

Was die Einstellung zu Putin betrifft, der die politische Machtspitze verkörpert, so wird ihm kein persönliches Charisma zugesprochen: Er ist nicht der „nationale Führer", als den ihn die Hofschmeichler von Edinaja Rossija eilig ausriefen, sondern er ist das Ergebnis einer bürokratischen Intrige und eines rechtlich fragwürdigen Manövers zur Machtübergabe. Hier sei daran erinnert, dass der Mechanismus, mit dem die Kandidaten für das höchste Amt im Staat ausgewählt werden, gerade nicht politischer Natur ist. Weder gibt es einen freien Wettbewerb mehrerer Kandidaten, noch eine breite öffentliche Befassung mit den politischen Fähigkeiten des Kandidaten, noch ist eine transparente Darlegung der Kriterien vorgesehen, nach denen seine Auswahl erfolgt. All dies ist der Grund, weshalb in der Figur Putins Kernelemente des Politischen und damit eines politisch Tätigen fehlen.

Die Anerkennung als „nationaler Führer" setzt eine Autorität voraus, über die niemand sonst verfügt und die ihren Träger jeder Verantwortung gegenüber der Gesellschaft enthebt. Er wird zum Symbol unbeschränkter Souveränität. Es ist insofern höchst bedeutsam, die Implikationen dieses konservativen Weltbilds explizit darzulegen. Die gesamte staatliche Sphäre und insbesondere das Verhältnis zu den Inhabern höchster Ämter ist extrem mystifiziert. Im öffentlichen Bewusstsein bleibt die politische Führung von zahlreichen Tabus umgeben. Das erschwert es, die Machtbeziehungen rational zu durchdringen und ihre Funktionen zu begreifen. Bis heute wirken unterschwellig zahlreiche tief verankerte Denkverbote. Der Gedanke, auf die Herrschenden Einfluss nehmen oder sie gar kontrollieren zu können, muss nach dieser Logik nachgerade als aufrührerisch und unsinnig gelten. Damit wird die Vorstellung, der durchschnittliche Bürger könne sich in der Politik betätigen, ad absurdum geführt.

Wie Tabelle 3 zeigt, ist die positive Einstellung gegenüber Putin nicht übermäßig ausgeprägt. Am höchsten war sie in den Jahren vor der Krise 2007/2008, doch von einem breiten Enthusiasmus oder einer Euphorie, wie es bei Untertanen eines tatsächlich charismatischen Führers anzunehmen wäre, kann keine Rede sein. Danach nimmt die Sympathie schnell ab, während die Ablehnung und Gegnerschaft zunimmt.

Selbst nach den Demonstrationen gegen Putin im Winter 2011/2012 bleiben die vorherrschenden Merkmale in der Haltung der Bevölkerung zum „nationalen Führer" unverändert. Die Abweichungen in der Rubrik „gleichgültig" übersteigen nicht die statistisch zulässigen Grenzen (im Durchschnitt 48 Prozent +/-3,4 Prozent). Der Anteil der mit Putin Unzufriedenen war in der letzten Dekade relativ niedrig und lag im Durchschnitt bei zehn bis elf Prozent. 2011/12 stieg er bis auf 28 Prozent. Unter ihnen stechen die Moskauer sowie Unternehmer und Leute aus dem mittleren Management hervor. Allerdings sind keineswegs die meisten Angehörigen dieser Berufsgruppen unzufrieden mit Putin. Die Unterstützer kommen vor allem aus den Kreisen der siloviki, also der Angehörigen der Gewaltministerien, sowie der Rentner.

Der gleiche Effekt der vermeintlichen Alternativlosigkeit, der sich aus der erwähnten Entfremdung und Passivität speist, ist auch in der Haltung zu einzelnen Figuren des politischen Lebens und politischen Systems festzustellen. Fragt man danach, wie die Bevölkerung führende Politiker beurteilt, so ist das Rating der Spitzenleute Putin oder Medvedev, deren „Charisma" und „Vertrauenswürdigkeit" allein vom Fernsehen und von der Propaganda verliehen werden, dreimal höher als das der nächstplatzierten Parteichefs oder einflussreichen Minister. Das Rating basiert weder auf einer Beurteilung der – ja vergleichsweise bescheidenen – Leistung der Staatsspitze nach pragmatischen Kriterien, noch auf der reinen Zustimmung, noch auf persönlicher Sympathie oder anderen positiven Gefühlen. Entscheidend ist vielmehr der bloße Status, die höchste soziale Stellung in der bürokratischen Hierarchie. Das ist Ausdruck einer „sakralen" Einstellung zur Macht, die bis heute anhält, obwohl auch sie erodiert.[13]

---

[13] Auf den Vorschlag, fünf, sechs Politiker zu nennen, „denen man am meisten vertraut", nannten 2012 42 Prozent Putin und 28 Prozent Medvedev. 2008 waren es 60 bzw. 42 Prozent; <www.Levada.ru/25-04-2012/aprelskie-reitingi-odobreniya-doveriya-i-polozheniya-del-v-strane>.

Tabelle 3: Einstellung zu Putin

„Wie würden Sie Ihre Einstellung zu Vladimir Putin beschreiben?"

2001–2012	'01	'02	'03	'04	'05	'06	'07	'08	'10	'11	'12
Begeisterung	4	5	4	4	4	6	9	9	4	3	3
Sympathie	34	37	38	30	32	32	38	40	31	28	20
Ich kann über ihn nichts Schlechtes sagen.	38	37	39	35	36	36	34	31	38	36	33
neutral, gleichgültig	11	9	10	14	11	13	9	10	11	18	19
beunruhigt	8	6	4	7	5	4	4	3	7	4	10
Ich kann über ihn nichts Gutes sagen.	3	3	3	7	8	5	2	3	6	5	8
Antipathie und Abneigung	1	1	1	3	2	1	2	1	2	3	10
Summe „nichts Schlechtes" und „gleichgültig"	49	46	49	49	47	49	43	41	49	54	52
+/-	3,2	4,2	5,2	2,0	2,4	3,8	5,9	7,0	2,4	2,6	0,8

Angaben in (in Prozent der Befragten, N=1600)

Tabelle 4: Haltung zu den Demonstrationen

Unterstützen Sie die Forderungen „Russland ohne Putin" und „Putin muss gehen"?

	definitiv / eher ja	**eher nicht / überhaupt nicht**	+/-
Durchschnitt	19	65	0,29
nach sozialem Status und Berufsgruppe			
Unternehmer	*36*	50	*0,72*
leitender Angestellter	*30*	62	*0,48*
Facharbeiter	21	69	0,30
Armeeangehöriger	0	100	–
Angestellter	10	65	0,15
Arbeiter	19	64	0,30
Schüler	*23*	64	0,36
Rentner	18	69	0,26
Hausfrau	21	67	0,31
Arbeitsloser	19	56	0,34
nach Wohnort			
Moskau	*28*	46	*0,61*
Großstadt	15	67	0,22
Mittelstadt	22	62	0,35
Kleinstadt	20	66	0,30
Land	17	73	0,23

Umfrage vom April 2012, Angaben in Prozent der Befragten, N = 1600

Um sich an der Macht zu halten, blockiert das herrschende Regime nicht nur systematisch jene Prozesse, die auf eine funktionale gesellschaftliche Differenzierung gerichtet sind. Indem es die Autonomie der wichtigsten sozialen Gruppen und Institutionen wie der Gerichte, Universitäten, Medien, Kunst, Wissenschaft, Wirtschaft, NGOs ständig beschränkt, lähmt es die aktivsten Gruppen, die intellektuell herausragen und über besondere Qualifikationen und produktives Potential verfügen. Anstatt diese Schichten zu fördern, stützt sich das Regime auf jenen Teil der Bevölkerung, der in gleichmütiger Passivität verharrt und keine besonderen Erwartungen an das eigene Leben stellt. Von dieser Schicht hat das Regime auch nicht zu befürchten, dass sie etwas von den Herrschenden erwartet, weder was die moralischen Grundlagen, noch die politischen Ziele und Mittel anbelangt, von der Idee, dass Politiker und Funktionäre Verantwortung für die Entscheidungen tragen, die sie treffen, ganz zu schweigen.

Die Konservierung des Status quo bedeutet auch, dass die Entscheidungsträger in jeder Situation, die eine Entscheidung und die Wahl eines Ziels erfordert, die „einfachste" und „offenkundige" Variante bevorzugen. In der Regel stellt sie sich dann allerdings als die schlechteste aller Optionen heraus. Sie hat aber den Vorteil, den konservativen Interessen der herrschenden Kreise zu dienen. Die Öffentlichkeit ist sich der repressiven, konservativen Natur des Regimes durchaus bewusst; doch ruft das keinen übermäßigen Widerstand hervor: Das der Gesellschaft aufgezwungene und internalisierte Gefühl der Ohnmacht lässt es als ausgeschlossen erscheinen, daran etwas zu ändern, da die Machtspitze, so die verbreitete Wahrnehmung, ohnehin die Interessen der verchuška und načal'stvo, der Oberen, der Oligarchen und herrschenden Klans vertritt, nicht aber die der Gesellschaft (Tabelle 5).

Der Kreml verfolgt ebenso bewusst wie konsequent eine Politik, mit der er das gesellschaftliche Leben auf ein niedriges, ja primitives Niveau zu drücken versucht; damit überdeckt das Regime bewusst die Probleme, die die Gesellschaft an sich beschäftigen. Das hat nahezu zwangsläufig dazu geführt, dass von der Existenz einer politischen Sphäre kaum mehr die Rede sein kann. Das hat zwei Folgen: Zum einen belebt das Regime zunehmend die verbrauchten und abgegriffenen Klischees der sowjetischen Ideologie wieder. Zum anderen stärkt es die Stellung der Russischen Orthodoxen Kirche (ROK). Ihre öffentlichen Einlassungen und die kirchliche Praxis zeigen, dass ihre Werte und ihre Fähigkeit zur Empathie nicht weniger kümmerlich sind als die des Regimes. Und die Kirche macht mobil gegen den Westen, gegen Individualismus, gegen Liberalismus, gegen die Moderne an sich.

Tabelle 5: Meinungen zu Putin: „Die Interessen welcher sozialer Kreise vertritt Ihrer Meinung nach Vladimir Putin?"

	2000	2001	2002	2003	2004	2005	2006	2007	2009	2010	2011	2012
die der *Siloviki*	32	36	33	30	32	41	34	39	27	34	31	37
die der „Oligarchen"/ Banker/Großunternehmer	21	18	25	16	24	23	23	18	22	26	26	36
die der „Mittelklasse": (mit überdurchschnittlichen Einkommen)	18	23	23	23	16	21	24	31	24	27	26	27
die der Staatsbeamten und Bürokraten	12	19	23	14	22	22	21	19	16	24	24	26
die der Direktoren/Leiter großer Unternehmen	11	16	18	11	13	13	12	13	14	18	18	21
die der „einfachen Leute": der Angestellten, Arbeiter und Landarbeiter	21	18	17	17	15	18	18	24	21	20	20	18
die der ehemaligen Vertrauten aus El'cins Umfeld	24	22	21	17	18	14	13	13	9	11	10	15
die der kulturellen und wissenschaftlichen Elite	8	9	7	8	6	8	7	10	8	10	10	9
die der Intelligenz	10	9	6	10	6	6	7	10	7	10	10	8
die aller ohne Ausnahme	10	11	10	13	8	10	10	11	10	7	10	7
schwer zu beantworten	19	14	12	16	13	11	12	13	13	13	13	9

Angaben in Prozent der Befragten, N=1600

Der Patriarch und die Kirchenleitung unterstützen offen das Putin-Regime und rechtfertigen alle seine Handlungen, sei es den Krieg im Kaukasus, sei es die Verfolgung der Opposition. Die ROK genießt unterdessen größere Möglichkeiten denn je und übt nicht nur im Bildungswesen Einfluss auf die Gesellschaft aus. Die Kirche versteht sich als „staatsbildende Kraft" und versucht, der Gesellschaft ihre extrem konservative Ideologie zu oktroyieren: die „russische orthodoxe Zivilisation", die auf dem Einzigartigkeitsanspruch des russischen Volkes und seiner Überlegenheit über andere Völker gründet.

Hinter diesem Denken verbirgt sich nicht nur die prinzipielle Feindschaft gegenüber der Kultur des Westens und der Moderne, sondern eine explizite Ablehnung des Prinzips der Menschenrechte sowie des Rechtsstaates und der Demokratie. Gleichzeitig zeigt sich die ROK weitgehend gleichgültig gegenüber ihrer eigentlichen religiösen Aufgabe: der Verkündung des Evangeliums, der ethischen Fassung der modernen Welt, der Vermittlung moralischer Grundsätze. Stattdessen wird den Menschen der Glaube an die Magie von Ritualen eingepflanzt, werden die Gläubigen dem Willen des Priesters und der kirchlichen Hierarchie untergeordnet. Der aggressive Obskurantismus der ROK ist so zum passenden Surrogat der kommunistischen Ideologie geworden, insbesondere im Bildungsbereich, der Kultur und der traditionellen Moral, die man der Gesellschaft aufdrängen möchte.[14] Insofern erstaunt es nicht, dass die ROK ihren Einfluss am schnellsten in jenem Milieu hat verankern können, das durch antimodernes Sozialkapital gekennzeichnet ist.[15]

---

[14] Tatsächlich ist hier die Religiosität begrenzt. Mehr als die Hälfte der Befragten, die sich als „orthodox" bezeichneten, besucht niemals den Gottesdienst. 80 Prozent der im Jahr 2001 Getauften und bis zu 65 Prozent der im Jahr 2011 Getauften nehmen nie am Abendmahl teil; 86 bis 87 Prozent beteiligen sich nicht an Aktivitäten der Gemeinde oder der Kirche, den Gottesdienst nicht eingerechnet. Nur 21 Prozent der Befragten glauben an das „ewige Leben". An die Existenz von Hexen, Engeln und des Teufels dagegen glauben zwischen 31–45 Prozent, an Vorzeichen und Omen 58 bis 63 Prozent. Im Grunde handelt es sich um ein semiheidnisches Bewusstsein, das religiöse Heiligenbilder und Riten zum Schutz benutzt, als Talisman und andere magische, dem Zauber zuzurechnende Instrumente, die auf die Geister, das Schicksal und ähnliche elementare und böse Gewalten einwirken sollen, über die der gewöhnliche Mensch keine Macht hat. Der Kirche ist das recht; dazu: Obščestvennic mnenic 2011. Moskva 2011, Tab. 13.3. und 13.4. – Glaubenssache. Kirche und Politik im Osten Europas. Berlin 2009 [= OSTEUROPA, 6/2009].

[15] Svetlana Solodovnik: Dva naroda, dve cerkvi, in: Pro et Contra, 3/2012, S. 32–46.

Ideologische Orientierungen

Die Möglichkeiten zu einer öffentlichen Diskussion sowie die Bedingungen für eine rationale Auseinandersetzung mit der politischen Macht sind in Russland äußerst begrenzt. Dies begünstigt die Konservierung politischer und ideologischer Vorstellungen. Das gilt insbesondere für den Teil der Bevölkerung, für den antimodernes Sozialkapital charakteristisch ist. Deutlich wird dies in den Antworten auf die Frage, welches Wirtschaftsmodell und welches politische System den Interessen der Menschen am besten gerecht wird. Der überwiegende Teil der Bevölkerung spricht sich für das bekannte Modell aus: die staatliche Verteilungswirtschaft. Während des Jahrzehnts der Putin-Herrschaft bewerten durchschnittlich 54 Prozent der Befragten dieses System positiv. Diese Verteilungswirtschaft unterscheidet sich nicht wesentlich von der, die in der Sowjetunion existiert hatte. Aber nur ein Drittel der Befragten macht sich für die Rückkehr zum Sowjetsystem stark (Tabellen 6 und 7).

Bemerkenswert ist nicht nur, wie hartnäckig sich diese Auffassungen halten, sondern auch, dass aktuelle Entwicklungen durch das Prisma der Vergangenheit betrachtet und bewertet werden. Dagegen werden machtpolitische Verschiebungen oder ideologische Veränderungen weniger kategorisch beurteilt. Das ist insofern nachvollziehbar, als etwa eine Veränderung im politischen Machtgefüge nicht dieselben Auswirkungen auf die Wirtschaftsstruktur und den eigenen Lebensstil hat. Es waren der Einbruch des Lebensniveaus und die weit verbreitete Enttäuschung über die Reformen, die in der zweiten Hälfte der 1990er Jahre dazu führten, dass die konservative, rückwärtsgewandte Stimmung in der Bevölkerung sowie der Wunsch wuchsen, zu den gewohnten Formen des sowjetischen Sozialismus zurückzukehren. Als dann aber die Löhne stiegen und das generelle Einkommen wuchs, zeigte der wesentliche Teil der Bevölkerung größere Loyalität zur politischen Führung und war nunmehr geneigt, die bestehende Ordnung, die Putin symbolisierte, als optimales Staatsmodell zu akzeptieren, obwohl es die Mehrheit zuvor noch abgelehnt hatte. So erreichte der Putinismus die höchste Zustimmung am Ende jener „Stabilitätsphase" – nach fünf bis sieben Jahren stetiger Verbesserung des Lebensstandards und vor Beginn der Finanz- und Wirtschaftskrise: Im Februar 2008 hielten 36 Prozent der Befragten die bestehende Ordnung für die beste. Gleichzeitig nahm die Anziehungskraft des sowjetischen Systems und der westlichen Demokratie ab. Die Zahl der Unterstützer sank von 48 auf 35 Prozent bzw. von 32 auf 15 Prozent.

Tabelle 6: Einstellung zum Wirtschaftssystem

„Welches Wirtschaftssystem finden Sie besser: eines, das auf staatlicher Planung und Verteilung basiert oder eines, das sich auf Privateigentum und Marktverhältnisse stützt?"

	Mai 2001	Jan. 2002	März 2003	März 2004	Nov. 2005	Nov. 2006	Nov. 2007	März 2008	Febr. 2009	Febr. 2010	Jan. 2011	Jan. 2012
staatliche Planung und Verteilung	56	53	56	53	51	55	54	51	58	57	54	49
Marktwirtschaft, Privateigentum	30	36	34	34	36	31	29	31	28	30	30	36
schwer zu sagen	14	11	10	13	13	12	17	18	14	13	16	15

(Angaben in Prozent der Befragten, N=1600, bei der Umfrage im Jahr 2002: N=4500)

Tabelle 7: Einstellungen zum politischen System

„Welches politische System finden Sie besser: das sowjetische, das gegenwärtige System oder die Demokratie nach westlichem Vorbild?"

	März 1996	Febr. 1997	Dez. 1998	Febr. 2000	März 2003	März 2004	Nov. 2005	Nov. 2006	Nov. 2007	Febr. 2008	Febr. 2009	Febr. 2010	Febr. 2011
das sowjetische	39	45	43	45	48	41	42	39	35	24	34	34	35
das heutige	8	9	5	13	18	19	23	27	27	36	19	27	26
das westliche	28	26	32	29	22	24	20	18	19	15	23	20	20
ein anderes	7	7	7	5	6	5	5	6	7	7	8	7	8
schwer zu sagen	18	13	13	8	6	12	10	10	12	18	16	12	16

(Angaben in Prozent der Befragten, N=160)

Die Krise 2008 ließ Zweifel an Putins „gelenkter Demokratie" aufkommen. Gleichwohl besaß sie zum Jahreswechsel 2010/2011 immer noch für 34–35 Prozent der Befragten Anziehungskraft, wenn auch die Zahl derjenigen zunahm, die sich ratlos zeigten und Schwierigkeiten mit ihrer Antwort hatten. Zur selben Zeit gewann die westliche Demokratie an Unterstützung, besonders als Reaktion auf die Krise: von 15 auf 23 Prozent im Jahr 2009 und 20 Prozent im Jahr 2011.

Da vor Ort nichts passiert, in der Provinz kein politischer Wandel zu spüren ist und die Lebensverhältnisse prekär bleiben, ist es nicht erstaunlich, dass auch das Weltbild der meisten Einwohner Russlands weitgehend unverändert bleibt. Wenn etwas anders geworden ist, dann handelt es sich eher um die Erosion von Stereotypen der kommunistischen Ideologie, als um das Aufkommen neuer Ideen und Ansichten. Der entsprechende Wandel ist letztlich nichts anderes als eine teilweise Ersetzung der missionarischen Elemente der kommunistischen Ideologie durch rückwärtsgewandte Großmachtbilder und nationalistische Mythen.

Doch ist auch eine gewisse Abschwächung des staatlichen Paternalismus zu bemerken. Das lässt ein differenziertes Bild vom sozialen Staat entstehen, in das allmählich Marktvorstellungen einfließen, wobei sich der Markt und die Wirtschaft weitgehend unter der Kontrolle des Staates befinden. Die unterdessen zu vernehmende rhetorische Figur der „sozial verantwortlichen Wirtschaft" legitimiert partiell die Mechanik der Korruption und unterspült die Grundlagen des Rechtsstaates.

Immerhin bedeutet ein solches Abrücken vom sowjetischen Modell, dass der Staat bereits als weniger repressiv gedacht wird und sich stärker an den sozialen Bedürfnissen der Menschen ausrichten soll. Eine derart abgeschwächte Variante des autoritären Regimes ohne Militarismus, ideologische und militärische Expansivität, Repression und Zensur scheint zumindest jenem Teil der Bevölkerung annehmbar zu sein, der es bei den letzten Wahlen unterstützt hat. Allerdings ist zu unterstreichen, dass die größte Gruppe unter den Respondenten – zwischen 40 und 50 Prozent – sich mit keiner der existierenden Parteien oder Bewegungen identifiziert (vgl. Tabelle 8). Die Wähler unterstützen also die von der Regierung zugelassenen Parteien keineswegs wegen ideologischer Präferenzen. Das hat natürlich auch damit zu tun, dass die ideologische Ausrichtung der Bevölkerung in Russlands Parteiensystem nur schwach zum Ausdruck kommt.

Tabelle 8: Einstellung zu politischen Parteien, in % der Befragten,
"Welcher Partei oder politischen Kraft neigen Sie gegenwärtig zu?"

	1997	1998	1999	2000	2001	2002	2003	2004	2005	2006	2007	2012	2012
Kommunisten	24	28	27	27	27	25	20	14	16	14	15	16	13
Demokraten	16	17	14	25	16	14	16	17	17	11	16	22	17
Patrioten	4	4	4	4	4	3	3	5	7	5	3	5	5
Regierungspartei	2	3	1	9	5	9	8	13	14	14	17	18	18
Zentristen	2	2	3	1	2	1	3	1	2	1	1	3	1
andere	3	4	3	1	2	2	2	1	3	2	1	2	3
keiner	40	28	36	26	38	37	40	40	35	46	37	24	31
schwer zu sagen	10	15	12	7	8	10	8	9	6	8	10	11	11
Summe "keiner" + "schwer zu sagen"	50	43	48	33	46	47	48	49	41	54	47	35	42

(Die Umfragen wurden jeweils im April durchgeführt, N=1600)

Tabelle 9: Haltungen zu Russlands politischem System, Oktober 2008, in % der Befragten

„Welchen Staatstyp soll Ihrer Meinung nach Russland künftig haben?"

ein Imperium und eine Monarchie, wie Russland es bis 1917 war	3
ein sozialistischer Staat mit kommunistischer Ideologie	10
ein Staat mit Marktwirtschaft und Demokratie, der die Menschenrechte achtet; wie die Länder im Westen, jedoch mit eigenem Zuschnitt	34
ein Staat mit einem völlig eigenen Aufbau und Entwicklungsweg	19
Russlands Staatstyp ist mir egal, wichtig ist, dass meine Familie und ich gut leben werden.	29
schwer zu beantworten	5

$N = 1600$

Mehr als die Hälfte der Befragten hat überhaupt keine Vorstellung davon, in welchem Staatstyp – westlich, marktwirtschaftlich oder was auch immer – sie gern leben würde (Tabelle 9). Da es ihnen an Wissen und Informationen darüber fehlt, existiert dieses Problem für sie schlicht nicht.

Dagegen sind die Auffassungen der Moskauer und der Angehörigen der gebildeten Schichten, die über soziale Kompetenzen und einen breiteren Informationshorizont verfügen, klarer strukturiert. Mehrheitlich geben sie dem westlichen Demokratiemodell den Vorzug. Es sind genau jene Menschen – Unternehmer und Geschäftsleute, leitende Angestellte, Facharbeiter sowie Studenten –, die im Winter 2011/2012 an den Protesten in Moskau teilnahmen. Ein ganz anderes Bild bietet sich auf dem Lande und in den Kleinstädten, unter Arbeitern, Arbeitslosen und Rentnern sowie generell unter Menschen mit geringer Bildung. Hier herrscht entweder völlige Gleichgültigkeit über das politische System (Tabelle 10) oder Treue zum Sowjetsozialismus.

Tabelle 10: Haltungen zu Russlands politischem System, Oktober 2008, in % der Befragten

„Welchen Staatstyp soll Ihrer Meinung nach Russland künftig haben?"

	sozialistischer Staat mit kommunistischer Ideologie	ein Staat mit Marktwirtschaft und Demokratie wie im Westen	Egal, wichtig ist, dass meine Familie und ich gut leben werden
Durchschnitt	3	34	29
	Wohnort		
Moskau	5	*57*	18
Großstadt	12	40	18
Mittelstadt	9	34	26
Kleinstadt	10	28	36
Land	12	28	34
	Sozialer und beruflicher Status		
Unternehmer	2	44	17
leitender Angestellter	7	57	18
Facharbeiter	8	43	23
Armeeangehöriger	*15*	27	19
Angestellter	8	36	29
Arbeiter	10	31	35
Schüler	11	42	12
Rentner	*18*	21	27
Hausfrau	2	44	29
Arbeitsloser	3	35	37
Oberschicht	9	45	21
Mittelschicht	8	38	27
untere Mittelschicht	*15*	22	35

Der Charakter der Massenproteste

Die Unzufriedenheit großer Teile der Gesellschaft war bis zur Krise 2008 mit administrativen Mitteln und polizeilichem Zwang unterdrückt und durch die Zensur aus dem öffentlichen Bewusstsein herausgehalten worden. Heute tritt sie umso stärker zutage. Die Proteste in Moskau zeigen, dass der Bedarf an einem anderen System wächst, das auf moralischen Werten gründet. Aus der Sicht der Protestierenden bedeutet dies: An die politischen Führer des Landes werden hohe Anforderungen gestellt; für ihre Handlungen sollen sie Verantwortung übernehmen und den Maßstäben entsprechen, die die Gesellschaft aufstellt, nicht aber die korporative, sich selbst genügede Macht; schließlich soll für soziale Gerechtigkeit und unabhängige Gerichte gesorgt werden. Hinter diesen Vorstellungen steht der klare Wille, die Willkür der Macht nicht länger hinzunehmen.

Dabei geht es nicht nur darum, die Kluft zwischen dem aufgeklärten Teil der Gesellschaft und dem Regime zu demonstrieren oder sie in einer neuartigen Weise zum Ausdruck zu bringen. Es geht auch um eine größere Aufmerksamkeit für die Probleme in der Provinz. Früher brach die chronische Unzufriedenheit immer mal wieder in diversen lokalen Konflikten auf. Hier standen sich Teile der örtlichen Bevölkerung sowie die Leiter der Kommunalverwaltung und des Unternehmens gegenüber, bei dem das Gros der Einwohner beschäftigt war. Die Unzufriedenheit und die Proteste waren in der Regel eine Reaktion darauf, dass sich staatliche Stellen geweigert hatten, ihre sozialen Verpflichtungen zu erfüllen. Dazu akkumulierten sich noch aus der Sowjetzeit stammende sozioökonomische Probleme, welche die politische Führung nicht lösen konnte.

Aus diesen sozialen Verpflichtungen setzt sich der Minimalbestand an sozialen Grundrechten zusammen, der bis heute gilt. Dazu gehören ein Arbeitsplatz und eine Wohnung, medizinische Versorgung, Bildung sowie soziale Beihilfen. In ihrer Gesamtheit kompensierten diese Leistungen das individuell niedrige Niveau von Löhnen, Einkünften und Renten. Die verbreitete Armut und der erzwungene alltägliche Bedürfnisverzicht schienen unter der Sowjetmacht erträglich. Einerseits, so hieß es damals, „leben alle so", andererseits wurde ein beträchtlicher Teil der Bedürfnisse der Daseinsvorsorge staatlich abgedeckt. Heute ist von dieser Fürsorge des Staates in der Wahrnehmung der überwiegenden Mehrheit der Bürger Russlands kaum noch etwas zu sehen.

Die Gründe liegen zum einen darin, dass der Staat den Umfang der Leistungen, zu denen er gesetzlich verpflichtet ist, beträchtlich verringert hat.[16] Zum andern ist es eine Folge der zunehmenden Einkommensspreizung unterschiedlicher Gruppen: Sie führt bei großen Teilen der Bevölkerung, die sich mit dem offen zur Schau gestellten Wohlstand der „neuen Russen" (nicht der Oligarchen!) nur schwer abfinden können, zu Sozialneid und zu Ressentiments. In der Sozialpolitik ist ein innerer Widerspruch zu konstatieren: Die soziale Verpflichtung des Staates und die Darstellung Russlands als „Großmacht" gehören zu den wichtigsten Komponenten des Narrativs, aus dem die Herrschenden Legitimität zu schöpfen versuchen. Sie stellen den Staat als paternalistischen, sozialen, gesellschaftlich verantwortlichen Staat dar. Aus dieser Perspektive ist soziale Gerechtigkeit Bedingung für die Loyalität der Beherrschten. Die ungeschickten Versuche der Regierung im Januar 2005, diese paternalistischen Beziehungen zu verändern und die sozialen Verpflichtungen des Staates zu verringern, lösten an der Basis der Gesellschaft eine Reaktion aus – den „Aufstand der Schwachen" (Jurij Levada).

Dieser Protest nahm einen Umfang und eine solche Dynamik an, dass die politische Führung von ihrem Plan Abstand nahm, Sozialleistungen in Naturalform wie freie Gesundheitsversorgung, unentgeltliche Telefonanschlüsse oder unentgeltliche Nutzung des Öffentlichen Nahverkehrs abzuschaffen und durch Geldzahlungen auszugleichen. Stattdessen hob die Regierung die Zahl der sozialen Vergünstigungen erheblich an und leitete damit ein Wachstum

---

[16] Vergleicht man die Spätjahre der Sowjetunion mit den späten 2000er Jahren, so ist das Rentenniveau – das Verhältnis zwischen einer Standartrente und dem Durchschnittseinkommen – von etwa 68–70 Prozent auf 30–39 Prozent gefallen. Es wird ungeachtet aller populistischen Programme weiter sinken. Umfragen dokumentieren eine verbreitete Unzufriedenheit, die viele Ursachen hat. Eine ist der Niedergang des sowjetischen Gesundheitswesens und der Übergang zu medizinischer Versorgung auf rein kommerzieller Basis. Die Preise für Medikamente und medizinische Leistungen steigen derart, dass ein erheblicher Teil der Bevölkerung – vor allem in der Provinz – sie sich schlicht nicht leisten kann, obwohl eine Krankenversicherung eingeführt wurde. Eine andere Ursache ist die prekäre Lage bei der Kinderbetreuung. Es gibt einen gravierenden Mangel an Kindertagesstätten. Das gleiche gilt für den Wohnungsmarkt: Neuer Wohnraum ist für die breite Masse unerschwinglich, die Nebenkosten für Strom, Müllabfuhr, Wasser steigen unaufhörlich. Die einst staatlichen Wohnungen und Häuser, die in den 1990er Jahren Eigentum ihrer Bewohner wurden, werden allmählich baufällig, weil die Bewohner nicht die Mittel haben, um sie zu unterhalten, und der Staat die entsprechenden Subventionen radikal gekürzt hat.

von Sozialleistungen ein, das durch Haushaltsmittel nicht gedeckt ist und damit das Haushaltsdefizit noch vergrößern könnte.
Indessen stellt die breite Unzufriedenheit keine ernsthafte Bedrohung des gegenwärtigen politischen Systems dar. Das Vertrauen in die Grundpfeiler des Systems bleibt davon unberührt. Überdies hat die Staatsspitze bis zu einem gewissen Grad vermocht, die Spannungen im öffentlichen Bewusstsein aufzulösen, indem sie die Verantwortung, die sozialpolitischen Verpflichtungen umzusetzen, vom Präsidenten und dem Ministerpräsidenten auf andere Ebenen verlagert hat: auf die Oligarchen, auf die Verwaltungen vor Ort sowie auf die Unternehmen. Die Fähigkeit, die allgemeine Unzufriedenheit in Bahnen zu lenken, die für das Regime ungefährlich sind, demonstriert die Stabilität des autoritären Putin-Regimes: Ohne die Erwartungen der Bevölkerung zu befriedigen, setzt das Regime einen Mechanismus, sich kollektiv in Geduld zu üben, in Gang, der das für sowjetisch geprägte Menschen bekannte Gefühl der Alternativlosigkeit, Hilflosigkeit und allgemeiner Apathie noch verstärkt.
Anders als die Streiks und Straßensperren im Juni 2009 in Pikalevo oder rund um die größte Kohlemine Russlands „Razpadskaja" haben die Proteste der vergangenen Monate keine unmittelbar wirtschaftlichen Motive. Vielmehr waren es die Wahlen im Jahr 2011, die – obwohl nicht weniger fair und frei als die vorausgegangenen Wahlen 2003/2004 und 2007/2008 – den Anstoß zur Artikulation breiter Unzufriedenheit gaben, die ihrem Charakter nach völlig neu war. Alle Erscheinungen, mit denen sich die russländische Gesellschaft unter Putin abgefunden hatte, wurden Gegenstand heftigster Kritik und Diskussion in der Presse und im Internet: die Verantwortungslosigkeit des Staates und seine mangelnde Kontrollierbarkeit, das Fehlen politischen Wettbewerbs, die Willkür der Verwaltung, die Korruption, die Zensur des Fernsehens, der begrenzte Zugang oppositioneller Kräfte zu den Massenmedien, die Wahlfälschungen. Das alles kam plötzlich auf den Tisch! Auch wenn Demonstrationen und öffentliche Aktionen in über 140 Städten Russlands stattfanden, handelte es sich doch nur um Aktionen, an denen in der Regel nicht mehr als einige Hundert Aktivisten von Oppositionsparteien und informellen Gruppierungen teilnahmen. Moskau stellt in dieser Hinsicht eine Ausnahme dar: Hier brachten die Demonstrationen, deren oppositioneller Charakter von Mal zu Mal deutlicher wurde, Zehntausende auf die Straßen. In der Hauptstadt stimmten die meisten Wähler sowohl bei der Duma- als auch bei der Präsidentenwahl gegen Putin. Sie weigern sich, die Legitimität der Wahlen und damit auch die Rechtmäßigkeit der aktuellen Herrschaft

anzuerkennen. In Moskau spielen soziale und wirtschaftliche Forderungen an die politische Führung eine viel geringere Rolle, als dies in anderen Städten des Landes der Fall ist. Der hauptstädtische Protest ist deutlich moralisch fundiert und richtet sich gegen die Usurpation der Macht durch das Putin-Regime. Dementsprechend werden hier auch Forderungen nach einer Reform des politischen Systems und des Rechtssystems laut.

Lange Jahre galt Moskau als Speerspitze aller Entwicklungen beim Übergang vom sowjetischen Totalitarismus zur Demokratie, als Stadt, die eine Führungsfunktion innehat, auf die in gewissem Abstand die übrigen Millionenstädte des Landes, die Zentren in den Regionen mit niedrigerer Einwohnerzahl und schließlich die Siedlungen an der Peripherie folgen und die jeweils die Verhaltensmodelle und Standards der Hauptstadt übernehmen, das Konsumverhalten, die Mode, die Weltbilder und Realitätswahrnehmung. Theorien der Urbanisierung, aber auch Vorstellungen der Sozialanthropologie sprechen von Nachahmung; danach vollzieht sich Modernisierung durch Diffusion, durch Entlehnung neuer Lebensmuster, wie sie in Zonen soziokultureller Vielfalt entstehen. Diese Deutung ist so verständlich wie überzeugend: In Moskau konzentrieren sich verschiedene Gruppen mit der höchsten beruflichen Qualifikation im ganzen Land – über die Hälfte der wirtschaftlich aktiven Bevölkerung hat Hochschulbildung. Dementsprechend verfügen sie auch über das höchste Pro-Kopf-Einkommen. Moskau ist das Zentrum der Finanzströme und der Informationsflüsse. Die Stadt verfügt nahezu über alles: über die größten gesellschaftlichen und kulturellen Ressourcen im Lande, über die entwickelte Infrastruktur einer Marktwirtschaft, hier existiert ein Pluralismus der Werte, der Kultur und des Konsums. Moskau ist ein Magnet, dessen Kraft gar nicht zu überschätzen ist: Beständig und unaufhörlich zieht die Stadt die Bewohner der Provinz an und integriert die Dynamischsten und Fähigsten: 17–18 Prozent der Bevölkerung Moskaus sind vor nicht mehr als einem Jahrzehnt gekommen.

Das Zentrum-Peripherie-Modell, nach dem Moskau die Lokomotive der Modernisierung ist, hat jedoch seine heuristische Bedeutung zur Analyse und Prognose sozialer Prozesse verloren. Unterdessen nämlich sind zwischen „Moskau" als dem Symbol für das soziokulturelle Zentrum, und den anderen Siedlungstypen in der Peripherie prinzipielle Unterschiede zutage getreten. Dort begreift man sich zunehmend als Antipode Moskaus. Dabei geht es nicht mehr darum, dass sich diese Räume in einer anderen Phase der Entwicklung befinden, sondern ihre Repräsentanten vertreten andere Wege zur Entwicklung des Landes. Die sozialen Gebilde in den Industriestädten und Vororten, die durch Industrialisierung entstanden und von denen man früher glaubte, dass sie ein integraler Bestandteil einer einheitlichen Modernisierung, nämlich der sowjetischen Modernisierung seien, sind heute zumindest in politischer Hinsicht zu Kraftzentren der Gegenmodernisierung geworden.

Sechs Thesen zur Zukunft

Die Daten der quantitativen Sozialforschung erlauben Annahmen zur künftigen Entwicklung der russländischen Gesellschaft. Da in Umfragen die in einer Gesellschaft überwiegend vertretenen Ansichten und ihres Wandels ermittelt werden, zeigen sie natürlich ein eher konservatives Bild. Auch kann selbstverständlich keine Entwicklung prognostiziert werden, die auf externe Faktoren zurückgeht, etwa eine globale Wirtschaftskrise und ihre Folgen für Russland. Blickt man alleine auf die Strukturen der russländischen Gesellschaft, so lassen sich sechs Thesen entwickeln.

Erstens: Die Repressionsorgane werden mit großer Sicherheit auch in Zukunft die entscheidenden Stützpfeiler der Staatsgewalt bleiben. Sie haben sich im Verlaufe der letzten fünf Jahrzehnte kaum verändert. Auch die Einstellungen der Bevölkerung und deren Wahrnehmung der Welt hat sich nur unwesentlich gewandelt. Das spricht dafür, dass das herrschende System durch die institutionelle Routine auch künftige Generationen in gleicher Weise sozialisieren wird. Ihre sozialen Interessen wie ihre Weltanschauung binden die meisten Menschen in Russland an das gegenwärtige System und wirken einem Wandel entgegen.

Zweitens: Die politische Ordnung wird sich in den verschiedenen, stark voneinander separierten Räumen Russlands unterschiedlich entwickeln. Dies hängt damit zusammen, dass in diesen Räumen sehr unterschiedliche Typen von Sozialkapital dominieren, die politische Kultur sowie das institutionelle System also stark variieren. Etwa 20 Prozent der Bevölkerung Russlands gehören dem modernen Milieu der Großstädte an, 35 bis 40 Prozent einem antimodernen Milieu und 20 bis 25 Prozent dem prämodernen, traditionalistischen Russland.

Drittens: In den „prämodernen" Räumen Russlands sind keinerlei positive Veränderungen zu erwarten: Hier existiert weder die Motivation, noch gibt es Ressourcen für einen Wandel aus eigenem Antrieb. Alle Veränderungen gehen vielmehr auf Ereignisse und Impulse von außen zurück. Niedergang und Abwanderung werden die Zukunft prägen. Gelegentlich wird Moskau vielleicht in einzelnen stagnierenden Räumen eine partielle Modernisierung stimulieren, wenn dies den übergeordneten Interessen der Hauptstadt entspricht. Ein solches Beispiel sind die Investitionen rund um Soči vor den Olympischen Spielen von 2014.

Viertens: In den modernsten Milieus und Räumen hingegen – also in Moskau und den anderen Millionenstädten mit ihren Ballungsräumen – wird das autoritäre Regime die langsame Emanzipation der Gesellschaft nicht verhindern können. Die Unzufriedenheit und der Protest gegen das herrschende Regime werden zunehmen. Das zentrale Problem für die Träger dieses modernen Sozialkapitals ist, dass die Mehrheit der Gesellschaft weiter in einem Zustand von politischer Infantilität und Apathie lebt. Sollen der Übergang von einer amorphen gesellschaftlichen Bewegung zu aus der Zivilgesellschaft heraus entstehenden Parteien sowie institutionelle Reformen gelingen, müssen unabhängige Kommunikationsstrukturen geschaffen, ein alternatives politisches Programm entwickelt werden. Nur mit erfahrenem Personal wird es in Zeiten einer ernsthaften Krise des Regimes und einer Spaltung der Machtelite möglich sein, die Leitung des Landes zu übernehmen. Andernfalls dürften selbst im wenig wahrscheinlichen Fall fairer Wahlen und dem Sieg eines oppositionellen Kandidaten die Schlüsselpositionen im Staat rasch erneut von den bisherigen Bürokraten besetzt werden. Betrachtet man den Generationenzyklus, so kann bis zum wahrscheinlichen Abtreten im Jahr 2024 eine solche Expertise und Organisationskapazität aufgebaut werden. Doch dieser Aufbau dauert mindestens zehn Jahre und bislang gibt es keine Anzeichen, dass er begonnen wurde.

Fünftens: Die dramatischsten Ereignisse werden sich jedoch nicht in Moskau oder in vergleichbaren Großstädten vollziehen, sondern in den antimodernen Räumen. Hier werden sich die sozialen Widersprüche zweifellos verschärfen. Dies wird verschiedenste, je individuelle Formen der Adaption nach sich ziehen – hier und da könnten neue Wirtschaftszweige entstehen und die Zivilgesellschaft sich entwickeln, andernorts wird sich die Schattenwirtschaft ausbreiten, die örtliche Verwaltung mit den mafiösen Strukturen verschmelzen. Unabhängig von der konkreten Entwicklung in einzelnen Regionen blockiert aber diese je individuelle Anpassung die strukturelle Modernisierung des gesamten Landes. Denn dieser Partikularismus unterminiert die Voraussetzungen für die Schaffung eines Rechtsstaats mit universal gültigen Normen sowie für die Entstehung eines von der gesamten Gesellschaft geteilten Regelsatzes.

Gleichzeitig wächst die Gefahr einer Eskalation der Konflikte, da das Putin-Regime immer dreister versucht, die Grundlagen seiner illegitimen Herrschaft (selektive Justiz, Korruption, Polizeistaat statt Rechtstaat) zum allgemeinen Gesetz zu erheben.

Sechstens: Die Form und die Phasen der politischen Entwicklung in Russland werden stark durch die Wahlkämpfe auf regionaler Ebene geprägt. Was in den Regionen passiert, ist auch für die Einwohner Moskaus und anderer Millionenstädte von großer Bedeutung, da nur dort die Voraussetzungen für neue gesellschaftliche und politische Strukturen entstehen können. Radikale Veränderungen sind jedoch in absehbarer Zukunft wenig wahrscheinlich: weder ein Regimewechsel durch eine Art Revolution noch eine Spaltung der Eliten, in deren Folge eine Gruppierung an die Macht gelangt, die demokratische Reformen beginnt. Dazu fehlt es in Russland bislang an den sozialen Voraussetzungen, die Gesellschaft ist noch nicht in der Lage, sich eine neue Form der Selbstorganisation zu geben.

Aus dem Russischen von Falk Bomsdorf, München

Meinung zur Meinung: Die erste Studie des Levada-Teams von 1990

Die Fesseln des Sieges
Russlands Identität aus der Erinnerung an den Krieg

Nach dem Ausklang des 20. Jahrhunderts, des „Jahrhunderts der Massen" oder „der totalitären Regimes und Bewegungen", stellt sich die Frage nach der Möglichkeit, das Vergangene zu verstehen, und generell nach der Rolle der Vergangenheit auf grundsätzlich neue Art. Wurde die Idee des „Verstehens" noch Ende des 19. Jahrhunderts vor allem als ein hermeneutisches Problem gedacht, als Interpretation schriftlich aufgezeichneter Texte eines Individuums durch ein anderes Individuum, so kommen in der zweiten Hälfte des 20. Jahrhunderts, nach den katastrophalen Ereignissen zweier Weltkriege, nach gewaltigen gesellschaftlichen Transformationen und Massenterror, ganz andere Betrachtungsebenen zum Vorschein. Erstens haben die Zeugnisse von der Vergangenheit schlagartig an Zahl und Vielfalt zugenommen, zweitens hat sich die soziale und kulturelle Reproduktion typologisch gewandelt. In vormodernen, vortotalitären Epochen wurde die Aufgabe des Begreifens und Erklärens der Taten und Zustände von Menschen der Vergangenheit im Großen und Ganzen von einer kulturellen Schicht oder einem Stand erfüllt, der die „gesamte" Fülle der historischen Tradition beherrschte und dessen Deutungsmittel nicht über die Erfahrung und den Vorstellungskreis entsprechend gebildeter Menschen hinausgingen. Nach 1945 hat die Frage nach den Typen, der Angemessenheit und den Grenzen des „Verstehens" seinen vormals untrennbaren Zusammenhang mit dem einmalig-individuellen Charakter des Verstehens, der Erinnerung und des Mitempfindens eingebüßt. Viele Autoren, von den Existentialisten der Nachkriegszeit bis zu den Vertretern der Postmoderne der Gegenwart, sprechen von der Nichtnachvollziehbarkeit der Erfahrung derjenigen, die Auschwitz, andere NS-Vernichtungslager oder Stalins Lager des GULag überlebt haben. Das traumatisierte Schweigen der Überlebenden bzw. ihre Unfähigkeit, den nicht dort Gewesenen oder einer anderen Generation all das zu vermitteln, was sie fühlten und dachten, wird von Philosophen und Intellektuellen als Beleg für die Transzendentalität, die Unmöglichkeit, die

Unaussprechlichkeit von „Zeugnissen" dieser Erfahrung interpretiert. Es wird behauptet, die Alltagssprache und alltägliche Denkformen seien für eine solche Beschreibung und ein Verständnis durch andere völlig und grundsätzlich inadäquat.

Die ethische Verabsolutierung der Nichtreproduzierbarkeit und Verschlossenheit extremer Zustände hat andere Aspekte dieses Problems verstellt, zum Beispiel die offensichtliche Ineffektivität des Modells eines individualistischen, personalistischen, unmittelbar persönlichen Verstehensakts als „psychisches Einfühlen" oder „Einblick" in das Bewusstsein von Menschen, die extreme Qualen überstanden haben. Das Modell des „tragischen Begreifens und Verstehens" verliert dadurch an Wert, dass Ereignisse dieser Art Millionen von Menschen betroffen haben; dass der Tod und das Leben angesichts alltäglichen Sterbens trivialisiert wurden; dass die Individualität, die Einzigartigkeit der Persönlichkeit durch den Umstand des massenhaften entpersönlichten Verschwindens, der Reduktion des sterbenden „raffinierten" Bewusstseins auf das Niveau derjenigen, die sozial und intellektuell ein halbvegetatives Dasein fristeten, wert- und sinnlos wurde. Das massenhafte Sterben war ebenso monströs routiniert und fließbandmäßig kalkuliert wie der Tod hochgebildeter Individuen. Die Banalität des massenhaften Bösen erfordert andere Mittel zur Erforschung der kollektiven Erinnerung und verlangt nach einer anderen ethischen oder metaphysischen Position, die Historiker früher nicht einforderten, nicht einfordern konnten. Dadurch stellt sich die wichtige Frage: Inwieweit kann die Erfahrung von Menschen, welche die tragischen Erschütterungen dieses Jahrhunderts überlebt haben, begriffen, angeeignet und übermittelt werden? Was bleibt im Gedächtnis (wenn überhaupt etwas bleibt) von Ereignissen, die gleichzeitig das Leben einer Masse von Menschen erfasst und umgestülpt haben – Kriege, Revolutionen, Repressionen, die Kollektivierung und die gewaltigen Transformationen der gesellschaftlichen Ordnung?

Es ist völlig offensichtlich, dass sich die aufgezeichnete „Geschichte" des 20. Jahrhunderts sowohl von den mittelalterlichen Chroniken als auch von den im 19. Jahrhundert geschriebenen „Allgemeinen Geschichten" grundsätzlich unterscheidet – und sei es nur, weil sich erstens die mit der Aufbewahrung und Reproduktion der „Vergangenheit" beschäftigten Gruppen verändert, differenziert und vielfach ausgedehnt und sich zweitens auch die Technik des Festhaltens und der Aufbewahrung der Vergangenheit gewandelt hat. Jetzt sind dies nicht mehr nur Archive, Museen, Galerien voller historischer und Schlachtengemälde, vielbändige Ereignisübersichten bzw. Memoiren und Familienurkunden der oberen oder gebildeten Schichten. Heute wirken hier gleichberechtigt mit professionellen Historikern Filmarchive, Massenmedien und Belletristik, Schule, Armee, politische Demagogie, nationale Rituale, symbolische und ideologische Ortsnamen und vieles mehr. Wenn daher in öffentlichen Diskussionen von historischer „Erinnerung" die Rede ist, von den aufbewahrten Erinnerungen noch lebender Menschen oder ihrer ersten Weitergabe an eine andere Generation bzw. von der Reproduktion von Erzählungen über Erzählungen darüber, wie es „war", muss man sich darüber klar werden, um welche „Vergangenheit" es geht, wer ihr Inhaber ist, wie sie organisiert und strukturiert ist, mit welchen Mitteln sie zum Ausdruck gebracht wird. Insbesondere gilt dies für solch symbolische Ereignisse wie „den Krieg". Wenn in Russland oder der UdSSR von „Krieg" die Rede ist, meint man nur einen Krieg, den Krieg: den Großen Vaterländischen Krieg, wie er in der UdSSR genannt wurde und im offiziellen Kontext in Russland bis heute bezeichnet wird, oder den Zweiten Weltkrieg, wenn auch die internationale Diskursebene berücksichtigt wird.

Außerdem muss grundsätzlich zwischen individuellen, privaten Erinnerungen an den vergangenen Krieg und kollektiven, also institutionellen oder gruppenspezifischen Vorstellungen unterschieden werden, wobei man sich im ersteren Fall über die Motive klar werden muss, die Menschen zur privaten Übermittlung des Erlebten veranlassen, und insbesondere über die Situationen, in denen erinnert wird. Weder das eine noch das andere stellt eine Objektivierung des real Geschehenen dar, eine Art noch nicht gedrehten „Dokumentarfilm" über die tatsächlichen Ereignisse. Erinnerungsarbeit ist nicht nur ein Prozess der Selektion von Ereignissen und Details, sondern auch eine bestimmte (inhaltliche oder wertende) Konstruktion dieser Ereignisse gemäß einem expliziten oder latenten Interpretationsschema. Die Frage nach der Bedeutung oder dem Wert von Erinnerungen besteht darin, wer dieses Schema vorlegt: der sich Erinnernde selbst oder, was viel häufiger der Fall ist, direkte oder abstrakte Partner; sowie an wen diese Erinnerungen gerichtet sind. Mit anderen Worten hat der Forscher, erst recht der Kultursoziologe, die kommunikative Struktur der Erinnerungen offenzulegen, beziehungsweise, um genauer zu sein, die Erinnerung als soziale Interaktion darzustellen, indem sich der sich Erinnernde implizit an einen für ihn bedeutsamen Anderen wendet. Dies gilt selbst dann, wenn dieser Andere nicht mehr ist als ein verallgemeinertes, diffuses Bild der „jungen Generation", eines „moralischen Gerichts", des „Publikums" oder der „Gesellschaft", das nur eine soziale und anthropologische Eigenschaft besitzt, nämlich eine

Projektion des Erzählers zu sein, aber in der Modalität des idealen Verständnisses existiert, also als ein Zuhörer, der „Anfang und Ende" kennt.
Der Prozess des „Erinnerns" ist immer eine Interpretation. Sie wird konstruiert in einer mehr oder weniger expliziten Auseinandersetzung mit den verbreiteten Darstellungen, durch eine Ergänzung oder Illustration ihres Inhalts oder ihrer Bedeutung. Für den Soziologen ist es sowohl methodologisch als auch inhaltlich sehr wichtig, die Merkmale dieses Schemas sowie seine Orientierungsfunktion für verschiedene Akteure als kollektive oder institutionelle Norm der „Geschichte" oder des „historischen Ereignisses" zu erkunden. Ohne eine Offenlegung der Bedeutungssemantik dieses Schemas ist ein Übergang zum Verständnis der Erinnerung als soziale Interaktion unmöglich. Wenn individuelle Erinnerungen als Ketten von biographischen oder familiären Umständen geknüpft werden, sind sie an die persönliche Geschichte mit ihren Schlüsselwerten und Wertungsmaßstäben gebunden. Dagegen werden kollektive Vorstellungen über bestimmte Werte der gesamten Gemeinschaft gebildet und mit anderen Mitteln reproduziert als die Erzählungen von Privatpersonen. Für gewöhnlich sind sie der Spuren ihrer Herkunft und Produktion entledigt und werden als selbstverständliche, „irgendwann" entstandene Meinungen aufgefasst. Das Massenbewusstsein oder das einer spezifischen Gruppe hat kein Interesse an der Genese dieser Vorstellungen. Die Träger dieses Bewusstseins geben sich Mühe, die rationale Aufarbeitung dieser Vorstellungen zu unterbinden, Spuren ihrer ideologischen Erzeugung zu verdrängen und ihren geheiligten Status als Symbole der kollektiven Identität zu tabuisieren. Daher dürfen kollektive Vorstellungen nicht als Summe individueller Erinnerungen und konkreter Details des Geschehenen angesehen werden; es handelt sich immer um völlig anders gestaltete „Rekonstruktionen" historischer Prozesse und Ereignisse, deren Funktion entweder mit den Ritualen kollektiver (nationaler oder Gruppen-) Solidarität zusammenhängt oder mit einer Darlegung kollektiver Mythen und Ideologeme, die dazu dienen, bestimmte soziale Institutionen und Praktiken oder politische Handlungen zu legitimieren. Daher ist der Soziologe, der die Massen-„Erinnerung" erforscht, gezwungen, sich und andere mit Maurice Halbwachs ständig zu fragen: Welche Institutionen, welche Gruppe oder welches soziale Milieu bewahrt diese „Vergangenheit" im Gedächtnis auf, wie wird es aufbewahrt (reproduziert), welche bildlich-symbolischen und technischen Mittel werden dabei benutzt? Welches sind die „sozialen Bedingungen des kollektiven Gedächtnisses"?

Der vorliegende Artikel untersucht, welche kollektive „Erinnerung an den Krieg" in Russland existiert und welche Rolle diese Vorstellungen vom Krieg in der nationalen Identität der Bürger Russlands spielen.[1]

Zwiedenken und Erinnerung

Eines sei vorausgeschickt: Das Massenbewusstsein, also das nichtspezialisierte, „allgemeine" oder „grundständige" Bewusstsein hat kein Gedächtnis. Die öffentliche Meinung behält die Erfahrung von Einzelpersonen nicht, bewahrt sie nicht auf, vermittelt sie nicht; diese lagert sich nicht ab. Alles, was der einzelne Mensch erlebt, vor allem das nichtreflektierte Leiden, verschwindet spurlos, wenn es nicht institutionell oder fachlich aufgearbeitet oder in kultureller Produktion kanalisiert wird, wenn also Privatmeinungen nicht durch irgendeine überindividuelle Instanz sanktioniert werden. Daher können wir heute weniger von der Erinnerung als von der Reproduktion von „Erinnerung" sprechen: Zeitzeugen des Kriegs machen heute nicht mehr als sechs bis sieben Prozent der Bevölkerung aus. Dies sind vor allem alte Frauen mit niedrigem Bildungsniveau, die größtenteils keine Mittel und Möglichkeiten, vor allem aber keine Motivation haben, ihre Erfahrung zu vermitteln.

Das Verhältnis der breiten Bevölkerung zum Krieg unterscheidet sich kaum von der Wahrnehmung traditionell als Naturkatastrophen und biblische Plagen geltender Phänomene: Hungersnöte, Seuchen, Überschwemmungen oder Erdbeben, deren Ursachen unklar und die in ihren Auswirkungen schrecklich waren.[2] In solchen amorphen und extrem unbestimmten Kategorien, die nur eine sehr allgemeine Wertung der inzwischen viele Jahre zurückliegenden Vergangenheit einschließen, lebt die unbearbeitete und gedanklich nicht verarbeitete Erfahrung des Kriegs in der breiten Bevölkerung fort. Für die Menschen ist der „Vaterländische Krieg" (ausgehend von der Häufigkeit

---

[1] Der Beitrag basiert auf Resultaten der monatlichen landesweiten, repräsentativen Umfragen unter der Bevölkerung Russlands, die seit 1991 vom Allrussländischen Zentrum für Meinungsforschung (VCIOM), seit 2003 vom Levada-Zentrum durchgeführt werden. Befragt wurden, wenn nicht anders angegeben, jeweils 1600 Erwachsene.

[2] Im Mai 2001 beantworteten 68 Prozent der Befragten die Frage „Können wir die Wahrheit über den Vaterländischen Krieg?" mit „ich glaube nicht" (25 Prozent antworteten „ich denke, ja" und sieben Prozent hatten keine bestimmte Meinung).

der genannten Attribute in unseren Umfragen) in erster Linie „groß", danach „blutig", „tragisch" und „schrecklich"; viel seltener wird er als „heldenhaft" oder „langwierig" bezeichnet, und noch seltener als „niederträchtig".
Der alltägliche Krieg ohne Hoffnungsschimmer sowie die Nachkriegsexistenz mit Fronarbeit, chronischem Hunger, Armut und gezwungener Gedrängtheit ist aus der kollektiven Erinnerung (dem Massenbewusstsein) praktisch herausgefallen und verdrängt worden.[3] All dies hat sich ebenso zerstreut wie die Erinnerung an die verkrüppelten Invaliden oder „Samoware", wie man sie in der Nachkriegszeit nannte, Menschenstummel auf Rädchen, die noch in der ersten Hälfte der 1950er Jahre verbreiteter Teil des Straßentreibens waren. All dies erscheint im Nachhinein peinlich und unnütz, wie auch die ihrem Schicksal überlassenen Invaliden in der Nachkriegszeit überflüssig waren: Man schämte sich ihrer, man wandte sich von ihnen mit einem unangenehmen Gefühl der Schuld und der „Hässlichkeit des Lebens" ab, man versteckte sie, damit sie bloß nicht das offizielle Bilderbuch des friedlichen Lebens störten.[4] Von alledem ist im Gedächtnis der Gesellschaft nur eine unterbewusste Furcht geblieben, die oft als Angst vor einem neuen (Welt- oder Bürger-)Krieg ausgedrückt wird. Diese Angst bildet den Horizont, vor dem die breite Bevölkerung Lebensqualität bewertet, sie bedingt den schwachen Widerstand gegen Versuche der Heroisierung von allem, was über die Kriegsthematik hinausgeht, und ist Grund für die allgemeine geduldige Passivität – kurzum, sie ist der Ursprung all dessen, was in der Sowjetzeit mit dem gewohnten Seufzer ausgedrückt wurde: „Alles, bloß kein Krieg!" Aber als kollektives „Unterbewusstes" verschwinden diese Komponenten des

---

[3] Die Weigerung, sich an den Krieg zu erinnern, war bis Mitte der 1960er Jahre eine charakteristische Reaktion der ehemaligen Frontsoldaten. Vgl. die Erinnerungen des Mitglieds der Akademie der Wissenschaften Aleksandr Jakovlev: Omut pamjati. 2. Bde. Moskva 2001; deutsch: Die Abgründe meines Jahrhunderts: eine Autobiographie. Leipzig 2004. – Vgl. auch Alexander Jakowlew: Ein Jahrhundert der Gewalt in Sowjetrußland. Berlin 2004. – Dieses Phänomen war nicht nur typischer Ausdruck eines posttraumatischen Syndroms, sondern auch des Mangels an rhetorischen Mitteln, Kriegserfahrung zum Ausdruck zu bringen. Erst nachdem Kriegsprosa (wie die Romane von Konstantin Simonov) und *Leutnantsprosa* (Viktor Astaf'ev, Grigorij Baklanov, Jurij Bondarev, Konstantin Vorob'ev) entstanden war, Kriegs- und Schlachtenfilme wie *Letjat žuravli* („Wenn die Kraniche ziehen") gedreht und Ende der 1950er, Anfang der 1960er Jahre Simonovs Zweiteiler verfilmt sowie die Lieder der Kriegszeit rehabilitiert worden waren und auch Memoiren von Generälen erscheinen durften, begann sich allmählich eine entsprechende Sprache der „Frontgefühle" auszubilden.

[4] Vgl.: Beate Fieseler: Arme Sieger, in: OSTEUROPA, 4–5/2005, S. 207–217.

Massenbewusstseins auch heute nicht, obwohl sich ihre Bedeutung allmählich verringert.
Als totaler Kontrast zu eben diesem diffusen Zustand der Erinnerung tritt das äußerst strukturierte soziale Verhältnis zum Krieg auf, das im wichtigsten Integrationssymbol der Nation verkörpert und verankert ist: dem Sieg im Krieg, im Großen Vaterländischen Krieg. Dies ist nach Meinung der Bürger Russlands das wichtigste Ereignis in seiner Geschichte, der Grundstein des nationalen Bewusstseins. Kein anderes Ereignis ist ihm vergleichbar. Der Sieg im Großen Vaterländischen Krieg ist für durchschnittlich 78 Prozent der Befragten das wichtigste unter den Ereignissen, die im 20. Jahrhundert Russlands Schicksal geprägt haben. Zudem ist die Bedeutung des Sieges in den letzten Jahren, vor allem seit dem Amtsantritt Putins als Präsident, noch gewachsen. Waren es 1996 noch 44 Prozent der Befragten (und damit die meisten), die den Krieg auf die Frage nannten „Worauf sind Sie persönlich in unserer Geschichte am stolzesten?", waren es 2003 bereits 87 Prozent. Sonst gibt es heute nichts mehr, worauf man stolz sein könnte: Der Zerfall der UdSSR, der Misserfolg der postsowjetischen Reformen, die merkliche Abschwächung der verbreiteten Hoffnungen und das Ende der Illusionen der Perestrojka haben zu einer traumatischen Erfahrung nationaler Schwäche geführt. Eine Wechselwirkung ist zu beobachten: In dem Maße, in dem ehemalige Objekte des Stolzes der Sowjetmenschen herabgewürdigt werden – die Revolution, der Aufbau einer neuen Gesellschaft, die Entstehung eines „neuen Menschen", die Vorzeigeleistungen der sowjetischen Industrialisierung, die militärische Supermacht und die damit verbundenen Erfolge von Wissenschaft und Technik, deren symbolischer Ausdruck die sowjetischen Erfolge im All und vor allem der erste Weltraumflug Jurij Gagarins waren –, wächst das symbolische Gewicht des Sieges. Vor seinem Hintergrund werden sowohl das imperiale Kulturerbe (einschließlich der „heiligen" russischen Literatur) als auch die ideologischen Symbole des Sozialismus (die nur noch bei den älteren Generationen als Nostalgie nach einer idealisierten Vergangenheit erhalten bleiben) abgewertet. Die Erosion bemächtigt sich aller Komponenten der positiven Einheit des „Wir".
Der Sieg ragt heute wie eine nach der Verwitterung eines Felsens zurückgebliebene steinerne Säule in der Wüste hervor. Auf den Sieg laufen alle wichtigsten Interpretationslinien der Gegenwart zu. Der Sieg gibt den Wertungsmaßstab und die rhetorischen Ausdrucksmittel vor. Hier seien nur ein paar Beispiele genannt. Ein Fernsehbild aus jüngster Zeit: die Plakate auf der Putin-Solidaritätsdemonstration nach Beslan auf dem Vasil'evskij spusk am

Roten Platz: „Wir haben 1945 standgehalten und wir werden auch jetzt standhalten."[5] Im Tschetschenienkrieg nahmen 1996 die Truppen der Föderation mit großer Mühe den Palast des tschetschenischen Präsidenten Džochar Dudaev ein, das ehemalige Gebäude des Gebietskomitees der KPdSU in Groznyj; über ihm flattert die Fahne Russlands. Die Anspielung auf das Siegesbanner über dem Reichstag 1945 ist unverkennbar. Schließlich können auch die komisch anmutenden wütenden Äußerungen Vladimir Žirinovskijs zu den Motiven des Juryfehlers auf der Winter-Olympiade in Salt Lake City (der Dopingskandal 2002) erwähnt werden: „Das ist Rache an Russland für den Sieg im Vaterländischen Krieg."[6] Žirinovskijs Narretei markiert wie immer exakt die wunden Punkte des kollektiven Bewusstseins, einer geschlossenen, paranoiden, mobilisierten, militaristischen Gesellschaft, in der die Staatsgewalt den Hass ihrer Bürger auf innere und äußere Gegner aufrechterhält sowie Feindbilder und Angst vor dem Feind kultiviert, um die Notwendigkeit ihrer eigenen Existenz zu begründen.

In den ersten Nachkriegsjahren (Ende der 1940er, Anfang der 1950er) gab es noch eine starke Diskrepanz zwischen Kriegserfahrung und Kriegsdarstellung. Auf der einen Seite die nichtkodifizierte, noch allzu frische, unmittelbare und persönliche Massenerfahrung des Krieges und der Kriegszeit, die so wenig Heroisches aus dem Bilderbuch enthielt. Im Vordergrund standen der Alltag, Hunger, Evakuierung, Kriegs-„Arbeit". Gegenüber den Frontsoldaten und anderen Kriegsteilnehmern verhielt sich die Stalinsche Führung mit charakteristischer Ambivalenz und Widersprüchlichkeit: Auf der einen Seite wurde die Rhetorik des Sieges über den Faschismus zu einer der wichtigsten ideologischen Komponenten der Legitimation des Regimes. Auf der anderen Seite fürchtete das Regime die Frontsoldaten wegen des Eindrucks, den der Alltag in den eroberten Ländern bei den Siegern hinterlassen hatte, wegen ihrer Hoffnung auf Auflösung der Kolchosen und eine Abschwächung der Repressionen. Bereits zwei Jahre nach Kriegsende wurden diverse Privilegien für ehemalige Frontsoldaten gekürzt oder aufgehoben, unter anderem an Orden und Medaillen geknüpfte Prämiengelder; der 9.

---

[5] Aufzeichnung des Autors; Reportagen über die Demonstrationen wurden am 7. und 8.9.2004 in fast jeder Nachrichtensendung im Ersten Programm und vom Sender „Rossija" gezeigt.

[6] Aus einem Fernsehkommentar von Vladimir Žirinovskij am 22.2.2002 nach einer lautstarken Debatte über die Olympischen Spiele 2002 in der Staatsduma (Aufzeichnung des Autors). Über die öffentliche Diskussion zur Olympiade siehe <http://newsru.com/arch/22feb2002/index.html> 22.2.2002 sowie den Kommentar von Il'ja Mil'štejn: <www.zeka.ru/olympics/articles.ura>, 18.2.2002.

Mai, der Tag des Sieges, wurde zu einem gewöhnlichen Arbeitstag. Auf der einen Seite stand die mobilisierende Galaversion der Kriegsereignisse.[7] Mit der Besetzung öffentlicher Positionen durch eine Generation, die Ende der 1920er, Anfang der 1930er geboren war und nicht Krieg geführt hatte, gewann diese Version der Kriegsereignisse Oberwasser. Es war Brežnev, der eine Propagandakampagne zur Sakralisierung des Kriegs und zur Konservierung des Regimes begann, um sich nach dem Umsturz in der Führungsspitze und der Ablösung Nikita Chruščevs die Unterstützung der Armee und des KGB zu sichern. Diese Kampagne schloss die Rehabilitierung Stalins ein, wurde aber vom offiziellen Kult der Kriegsveteranen und vor allem der Marschälle sowie der Generalität verdeckt. Der 9. Mai wurde zu einem Festtag, der sich an Feierlichkeit mit dem 1. Mai vergleichen konnte. Und die Vorstellungen über den Krieg im Massenbewusstsein wurden nun standardisiert. Offizielle, demonstrative Ehrenbezeugungen an „die Veteranen" wurden eingeführt, in Kriegsbeschreibungen, vor allem in Erinnerungsberichten kam eine „lyrische" Tonart auf, die zuvor als Spießbürgertum und Deideologisierung gegolten hatte und als Verlust von Wachsamkeit, parteilicher Prinzipienfestigkeit und Klasseninstinkt aufgefasst worden war. Dazu kamen diverse staatliche Rituale. Das alles führte zu einer Stereotypisierung der kollektiven Erfahrung. Die Ausarbeitung „verallgemeinernder" Klischees, rhetorischer Formeln und einer normativen, „gehobenen", offiziellen Sprache über die Kriegsereignisse, die von der Publizistik aufgegriffen, in der Poetik der offiziellen Geschichtsschreibung sowie der Rhetorik der Massenkommunikation und -kultur verankert wurde, ging einher mit ent-

---

[7] Die Kritik an der offiziellen, „schönlackierten" Version des Kriegs bezog sich zunächst nur auf seine künstlerische Verarbeitung. Am schärfsten war die Kritik an Filmen wie *Padenie Berlina* („Der Fall von Berlin", 1950) von Michail Tschaureli oder die ironische Haltung gegenüber der *Stalingradskaja bitva* („Schlacht um Stalingrad", 1949) von Vladimir Petrov, der *Podvig razvedčika* („Heldentat des Aufklärers", 1947) von Boris Barnet. Die spätere Linie des „psychologischen" oder „realistischen" Kinos *Letjat žuravli* („Wenn die Kraniche ziehen", 1957) von Michail Kolotozov, *Ballada o soldate* („Die Ballade vom Soldaten", 1959) von Grigorij Čuchraj und die Verfilmung von Simonovs Romanen durch Aleksandr Stolper („Živye i mertvye", „Die Lebenden und die Toten", 1964) entwickelte sich als Reaktion auf diese Galaversion des Kriegs. Eine Kritik der offiziellen Geschichte des Kriegs, die für jeden neuen Landeschef, Verteidigungsminister oder sogar, wie der Militärhistoriker und Armeegeneral Machmut Gareev schreibt, „jeden Leiter der Politischen Hauptverwaltung" [der Armee – Anm.d.Ü.] neu geschrieben wurde, war erst während Gorbačevs Perestrojka möglich. Vgl. Machmut A. Gareev: Ob izučenii Velikoj Otečestvennoj vojny, in: Novaja i novejšaja istorija, 1/1992, S. 3–24.

sprechenden Konzeptionen der Staatsgeschichte und der nationalen Kultur sowie moralischen Wertungen des Privatlebens und Vorstellungen von den Grenzen seiner Autonomie.[8]

Indem die Nachkriegsinterpreten die Kriegserfahrung von der affektiven Radikalität der Frontwahrnehmung befreiten, veralltäglichten sie diese und machten sie zu einem Teil des allgemeinen Vorstellungshorizonts einer geschlossenen, militaristisch-bürokratischen Gesellschaft. In dieser Zeit beginnt die Veröffentlichung der vielbändigen offiziellen „Geschichte des Großen Vaterländischen Kriegs der Sowjetunion, 1941–1945" (der erste Band erscheint 1960) und von Memoiren sowjetischer Marschälle, die schnell zu Mangelware wurden und es bis in die 1980er Jahre hinein blieben.[9] Es sind diese Stereotypen, die ungeheuer vielen Menschen eine Sprache für „edle kollektive Gefühle" geben – die Sprache einer lyrischen Staatlichkeit, die sich Mitte der 1960er Jahre unverrückbar fixierte und noch heute für die Mehrheit der Bewohner Russlands die einzig mögliche Form darstellt, über den Krieg zu sprechen.

Das Verhältnis, das die meisten russländischen Bürger zum Krieg haben, ist durch die gesamte sowjetische Kultur bedingt: Es ist ein Produkt der Propaganda, der Funktionsweise der Massenmedien, der Schulbildung, der Staatsrituale, der verstaatlichten Kunst, vor allem des Kinos und der Literatur, aber auch der von Illustrierten verbreiteten stets identischen Produkte der Mitglieder des Künstlerverbands, der im Radio gespielten Kriegslieder usw. Die Vorstellungen, Emotionen und Kenntnisse einer gesamten Generation wurden ideologisch von professionellen Interpreten wie Parteifunktionären, Literaten, Regisseuren, Redakteuren, Historikern und Kommentatoren bearbeitet, verpackt und rhetorisch ausgestaltet. Erst danach wurden die entsprechenden Bedeutungsmuster von maßgeblicher Seite sanktioniert und

---

[8] In diesem Zusammenhang sei an den beeindruckenden Erfolg von Marlen Chucievs Filmen *Zastava Il'iča* („Ich bin zwanzig Jahre alt") und *Ijul'skij dožd'* („Juliregen") und ihre paradigmatische Rolle für das Bewusstsein der Intelligencija in den 1960er Jahren erinnert.

[9] Besonders wichtig waren die zerstückelten und mehrfach redigierten „Erinnerungen" von Georgij Žukov (1969), in die ganze Seiten über die Rolle von Parteifunktionären u.ä. eingefügt wurden, wie später auch bei der Veröffentlichung anderer Feldherrnmemoiren üblich. Interessanterweise werden heute selbst auf russischen „patriotischen" Websites, wo Žukov „das Symbol des Siegs des sowjetischen Volkes" genannt wird, seine Erinnerungen als „nicht eindeutig" bezeichnet und davon gesprochen, dass sie „oft in antisowjetischer Propaganda benutzt werden". Siehe z.B.: <www.patriotica.ru/authors/zhukov_.html>.

erhielten den Status einer „allgemeingültigen" und „zweifellosen" Realität, der sich die persönliche Erfahrung einzelner Menschen unterordnete. Menschentode in einem Ausmaß, das durch individuelle Wahrnehmung nicht erfasst werden konnte, und die Zerstörung sozialer Verhältnisse und des täglichen Lebens, wie dies während des Kriegs geschah, werden nicht „automatisch" zu Faktoren, welche das Massenbewusstsein verändern. Wie jede andere Erfahrung reproduziert sich diese „private", individuelle Erfahrung von Menschen im Krieg und während des Krieges nicht, selbst wenn es die ungemein vieler Menschen ist. Sie verwandelt sich erst recht nicht in eine kulturelle oder soziale Tatsache, wenn sie nicht eigens bearbeitet wird. Erst nachdem sie institutionell ausgestaltet und festgelegt, reproduzierbar geworden und in den kollektiven Rahmen vergangener und gegenwärtiger Ereignisse eingefügt oder zumindest mit ihm verbunden worden ist, kann die Erfahrung der Kriegszeit zur historischen „Erinnerung" der Gesellschaft oder einzelner Gruppen sowie der Kriegsteilnehmer werden. Ohne diese Mechanismen und eine zielgerichtete Medienpolitik, „Erinnerung" zu erhalten und zu organisieren, ohne Rituale, Inszenierungen und Aufführungen des Kriegsthemas, zerstreut sich und verschwindet selbst eine so bedeutende Vergangenheit. Genau deshalb sind in den wichtigsten Fernsehprogrammen täglich sechs bis acht Prozent der Sendezeit dem Thema Krieg und den Ereignissen des Zweiten Weltkrieges gewidmet: in Form alter sowjetischer Filme oder spezieller Sendungen über den Krieg und die Armee. Dieser Anteil nimmt während Gedenkveranstaltungen zu diversen Jubiläen wie den Jahrestagen der Gefechte bei Moskau, der Schlacht um Stalingrad, der Befreiung Leningrads, der Schlacht bei Kursk und der Maifeiertage drastisch zu.

Der Krieg als Symbol

So handelt es sich also bei jeder Erwähnung des „Siegs" um ein Symbol, das für die überwältigende Mehrheit der Befragten, für die gesamte Gesellschaft, das wichtigste Element der kollektiven Identifikation darstellt. Er ist ein Referenzpunkt, ein Maßstab zur Bewertung der Vergangenheit und teilweise auch zum Verständnis von Gegenwart und Zukunft. Der Sieg 1945 ist nicht einfach der zentrale Bedeutungsknotenpunkt der sowjetischen Geschichte, die mit der Oktoberrevolution begann und mit dem Zerfall der UdSSR endete; er ist faktisch die einzige positive Stütze für das nationale Selbstbewusstsein der postsowjetischen Gesellschaft. Der Sieg krönt den Krieg nicht nur, er reinigt und rechtfertigt ihn. Gleichzeitig tabuisiert der Sieg das Thema Krieg und verhindert so, die Kehrseiten des Krieges rational aufzuarbeiten, etwa die Kriegsursachen und den Kriegsverlauf zu erklären oder die Handlungen der Staatsführung und die Natur eines Regimes zu analysieren, das alle gesellschaftlichen Sphären den Kriegsvorbereitungen unterordnete. Der Triumph der Sieger maskiert die Zweideutigkeit des Symbols. Der Sieg im Krieg legitimiert im Nachhinein das sowjetische totalitäre Regime als Ganzes, die unkontrollierte Macht als solche, indem er retrospektiv die „Kosten" der sowjetischen Geschichte einer forcierten militärisch-industriellen Modernisierung – die Repressionen, den Hunger, die Armut, das Massensterben nach der Kollektivierung – rechtfertigt und eine alternativlose Version der Vergangenheit mitsamt dem zugehörigen einzig möglichen historischen Interpretationsrahmen erschafft. Deshalb gibt es heute keine andere zusammenhängende und systematisch ausgearbeitete – und dementsprechend durch alle Institutionen der Sozialisierung reproduzierte – Version der Geschichte. Es fehlt heute eine Elite, die eine andere, ebenso systematische Sichtweise des Kriegs und überhaupt eine andere Beurteilung und moralische Position der Vergangenheit anbieten könnte.

Es ist kein Zufall, dass im selben Maße, wie die Symbolkraft des Sieges zunimmt, auch die Autorität des Genossen Stalin (als Oberster Befehlshaber und als Führer des Volkes) wächst. Stalin kehrt nicht einfach wieder (im Vergleich zur Perestrojka), auch seine Rolle ändert sich. Je höher der Status des Kriegsgeschehens, das teleologisch als eine zum vorbestimmten Sieg hinführende Ereigniskette organisiert ist, desto mehr schwindet die Erinnerung an die Stalinschen Repressionen: Ihre Bedeutung für die russländische Geschichte ist in den vergangenen zwölf Jahren nach unseren Umfragen von 29 Prozent auf unter ein Prozent gefallen. Hingegen haben positive Bewertungen von Stalins Rolle zwischen 1998 und 2003 von 19 Prozent auf 53 Prozent zugenommen; auf die Frage „Wenn Stalin heute am Leben wäre und für das Amt des Präsidenten Russlands kandidieren würde, würden Sie dann für ihn stimmen?" antworten 26–27 Prozent heute mit „Ja".[10]

Der Tag des Sieges ist nicht zu einem Tag des Andenkens, der betrübten Erinnerung an die Umgekommenen, die menschlichen Qualen und die materielle Zerstörung geworden. Es ist ein Siegestag, der Tag des Triumphs der sowjetischen Armee über Hitlerdeutschland. Dabei ist der intentionale Sinn

---

[10] Die Antworten auf die im Januar 2005 gestellte Frage „Wie ist Ihre Einstellung zur Idee, zum 60. Jahrestag des Sieges ein Stalindenkmal aufzustellen?" verteilten sich wie folgt: 29 Prozent „positiv", 37 Prozent „negativ" und 28 Prozent „gleichgültig".

des Sieges für die Russen ausschließlich selbstbezogen, er hat nur innerhalb der russländischen Selbstdefinition eine Bedeutung. Beinahe niemand fühlt heute noch Hass auf die ehemaligen Feindesländer: auf Deutschland oder erst recht nicht auf Italien, Japan oder Rumänien. Noch vor kurzer Zeit war ein solcher Negativismus bei der älteren Generation, an der gesellschaftlichen Peripherie, zu beobachten. Heute sind antiamerikanische Stimmungen viel stärker ausgeprägt als zum Beispiel antideutsche, die für acht bis zehn Prozent der Bevölkerung charakteristisch sind (vor allem für ältere Menschen). Die Hälfte der Russen wäre sogar einverstanden, wenn man in Russland ein Denkmal für die Gefallenen auf beiden Seiten des Zweiten Weltkriegs aufstellen würde (wenngleich auch diese Bereitschaft unter Putin etwas zurückgegangen ist, von 57 Prozent auf 50 Prozent, wogegen sich die Ablehnung dieser Idee verstärkt hat, von 26 Prozent im Jahre 1991 auf 35 Prozent im Jahre 2003).

Ihren Triumph wollen die Russen mit niemandem auf der Welt teilen. 67 Prozent der Befragten (2003) gehen davon aus, dass die UdSSR diesen Krieg auch ohne Hilfe der Verbündeten gewonnen hätte. Mehr noch, mit dem zu beobachtenden Anstieg des ethnisch-russischen Nationalismus und mit wachsendem zeitlichem Abstand fügt sich der Krieg allmählich in den traditionellen Rahmen der russischen messianischen Idee und der Rivalität mit dem Westen ein. Parallelen zwischen der jüngsten und der älteren Geschichte sind ein Gemeinplatz der nationalistischen Rhetorik sowohl in der spätsowjetischen als auch in der postsowjetischen Zeit: „Indem sie den Faschismus zerschlug, bewahrte die UdSSR die europäischen Völker vor der Vernichtung" – ebenso wie „die Rus', indem sie die tatarisch-mongolischen Horden zerschlug, sich wie ein Schutzschild vor Europa stellte". Eine zusätzliche Tönung erfährt dieses Verständnis durch die Idee, dass die Russen einen Gegner besiegt hätten, dem keines der entwickeltsten, reichsten und „zivilisiertesten" Völker Europas standgehalten habe.

Gleichzeitig wird eine Reihe unangenehmer Tatsachen aus dem Massenbewusstsein verdrängt: Erstens der aggressive Charakter des sowjetischen Regimes, der kommunistische Militarismus und Expansionsdurst, aufgrund derer die UdSSR nach dem Angriff auf Finnland aus dem Völkerbund ausgeschlossen wurde; zweitens der Beginn des Zweiten Weltkriegs als gemeinsamer Angriff auf Polen durch Hitlerdeutschland und die Sowjetunion, die damals noch verbündet waren; drittens der menschliche, soziale, wirtschaftliche und metaphysische Preis des Kriegs sowie viertens die Verantwortung der Führung des Landes für den Ausbruch und den Verlauf des Kriegs sowie die Auswirkungen des Kriegs auf andere Länder.

Erinnerung, die nicht vergeht: OSTEUROPA, *4–6/2005*

Der Krieg und das Tabu einer rationalen Aufarbeitung

Seine für das kollektive Gedächtnis strukturbildende Rolle erhielt der Sieg durch die langjährige Arbeit der offiziellen gesellschaftlichen Institutionen in der UdSSR – der Schule, der Armee, der Medien, des Propagandasystems und der ideologischen Erziehung. Heute haben wir es im Grunde genommen mit der Stalinschen Version des Krieges und der Geschichte der Sowjetzeit, also auch der Geschichte des 20. Jahrhunderts zu tun. Diese Interpretation des Kriegs wurde durch Stalins Generalstab und den Agitprop des Zentralkomitees der KPdSU geschaffen.

Verschiedene Gruppen von Ideologen konkurrierten miteinander um die Kontrolle über die Deutung des Kriegs – eine Konkurrenz, die bis heute fortbesteht. Auch heute noch erheben verschiedene politische Parteien – von der „Partei der Macht" Edinaja Rossija[11] bis zu ihren Opponenten, den Kommunisten, Patrioten oder Populisten, Anspruch auf die Deutungshoheit über das Kriegserbe, indem sie ihre eigene Legitimation auf den Sieg zurückführen. Alle Varianten, Nuancen und Wertungen dieser Deutung entstanden ausschließlich innerhalb der Bürokratie (der gebildeten Schicht) als Reaktionen auf die offizielle Position. Alle existierenden und potentiellen Varianten sind nur Ergänzung, Kritik, Widerlegung, Parodie darauf. Sie können nichts anderes sein. In diesem Sinne kann man das Entstehen einer neuen bzw. präzisierenden Interpretation oder einer originellen Perspektive auf den Krieg und den Sieg als Signal einer Störung oder gar eines Defekts der sozialen und kulturellen Reproduktion des sowjetischen Systems auslegen; hingegen kann die Restauration der Grunddeutung des Kriegs und der natio-

---

[11] So legte der Dumavorsitzende Boris Gryzlov, Ex-Innenminister und einer der Führer der regierenden Partei Edinaja Rossija, der die derzeitige Politik der polizeistaatlichen Festigung der „Machtvertikale" befürwortet, am 21.12.2004 Blumen am Stalindenkmal auf dem Roten Platz nieder und rief dazu auf, Stalins historische Rolle neu zu bewerten: „Übertriebene" Handlungen Stalins sollten die „Einmaligkeit" seiner Persönlichkeit nicht verdecken, der „als Führer des Landes vieles für den Sieg im Großen Vaterländischen Krieg getan" habe und „auch bei den Verbündeten respektiert wurde." Gryzlov sagte nicht offen, dass Russland einen autoritären Diktator brauche, sehr wohl aber seine Kritiker und Opponenten, die ihn – wie andere Mitglieder der Putinschen Regierung – beschuldigen, die Rentner und Kriegsveteranen beraubt zu haben. Der Sekretär des Zentralkomitees der „Allrussländischen Kommunistischen Partei der Zukunft (VKP(b)", Aleksandr Kuvaev, nannte Stalin „einen herausragenden Mann des Staates" und den „Politiker, der Russland heute fehlt". Russland sei „heute in einem kläglichen Zustand" und brauche deshalb „einen neuen Stalin", <http://12-04.olo.ru/news/politics52445.html>.

nalen Geschichte als Wiederherstellung und Konservierung der Grundlagen des sowjetischen Regimes und der sowjetischen Gesellschaft betrachtet werden.

Die dominante Konstruktion des Kriegs oder der Interpretation der Kriegsereignisse wurde 1970–1972, also unter Brežnev, mit dem fünfteiligen Kinoepos *Osvoboždenie* („Befreiung") von Jurij Ozerov und Jurij Bondarev geschaffen. Dieses Kriegsepos wurde als Geschichte des Sieges, des totalitären Triumphs gestaltet. Die ersten, dramatischsten Kriegsjahre und erst recht die Vorgeschichte des Kriegs oder auch soziale, moralische und menschliche Zusammenstöße fehlen in diesem aus dem Blickwinkel des Oberkommandos angeordneten Schlachtenpanorama.[12] Alle anderen Versionen waren lediglich Variationen dieses Themas in anderen Genres – von der Komödie über den Abenteuerfilm oder Thriller bis hin zur hohen Tragödie mit der dafür charakteristischen existentiellen oder ethischen Tonart.[13] Sie fungierten als Ergänzung oder Bearbeitung des Themas der heldenhaften Selbstaufopferung, der Treueprobe und der Überprüfung echter menschlicher Werte und Beziehungen, so etwa *Proverka na dorogach* („Straßenkontrolle") von Aleksej German, boten aber kein zur herrschenden Interpretation des Krieges alternatives Verständnis an.

Lange wurde in der UdSSR alles, was mit dem Krieg zu tun hatte, einer extremen Sakralisierung unterzogen, die alle Versuche blockierte, die Vergangenheit rational zu betrachten. Jede Version, die sich von der Interpretation der militärischen und staatlichen Führung unterschied, jede von der allgemeingültigen abweichende Analyse der Ereignisse und Folgen des Kriegs wurde als Frevel, als Beleidigung des Andenkens an die Gefallenen, als Lästerung der höchsten nationalen Werte aufgefasst. Dies gilt weitgehend bis heute. Dadurch erfolgte statt einer moralischen, intellektuellen, politischen oder andersartigen rationalen Aufarbeitung der negativen, traumatischen Erfahrung deren „Vernarbung". Jeder Versuch, einzelne Aspekte des Krieges oder ihn in seiner Gesamtheit umzudeuten, wurde von der sowjetischen Obrigkeit mit aller Entschlossenheit und Brutalität unterdrückt. Die

---
[12] Die Filmtitel lauten: *Ognennaja duga* („Der Feuerbogen"), *Proryv* („Der Durchbruch"), *Napravlenie glavnogo udara* („In der Hauptstoßrichtung"), *Bitva za Berlin* („Die Schlacht um Berlin") und *Poslednij šturm* („Der letzte Sturm").
[13] Hier seien Andrej Tarkovskijs Film *Ivanovo detstvo* („Ivans Kindheit", 1962) oder die Erzählungen von Konstantin Vorob'ev *Ubity pod Moskvoj* („Bei Moskau getötet", 1963) und Vasil' Bykaŭ, z.B. *Mertvym ne bol'no* („Die Toten haben keine Schmerzen", 1966), *Krugljanskij most'* („Die Brücke von Kruhljany", 1969) und *Sotnikov* (1970) genannt.

private, individuelle Erfahrung (und entsprechend auch ihr Wert) wurden in die Sphäre des „kollektiven Unterbewussten", des kulturell Namenlosen, des Unreflektierten vertrieben. Es ging dabei weniger darum, eine psychologische Abwehr gegen die Notwendigkeit der rationalen Bearbeitung entstehen zu lassen, als um die Erhaltung eines bestimmten „Wertekurses", eines Verhältnisses zwischen dem Privaten und dem Total-Kollektiven oder Staatlichen. Der Schriftsteller und Liedermacher Bulat Okudžava brachte dies in einfachen Worten zum Ausdruck: „Wir brauchen einen Sieg, einen für alle, den Preis werden wir schon zahlen." Das moralische Gefühl von Menschen, die sich nicht einfach gegen eine Aggression verteidigten, sondern gegen einen Feind, der, wie man meinte und wie offiziell behauptet wurde, einen nationalen und ethnischen Vernichtungskrieg gegen die Völker der UdSSR führte, steigert nicht nur den Triumph des Siegers. Das Selbstverständnis als Opfer einer Aggression gab den Menschen eine unerschütterliche Überzeugung von ihrer Schuldlosigkeit und menschlichen Überlegenheit, die durch den Sieg in diesem Krieg verfestigt wurde. Um diese Gewissheit zur Routine werden zu lassen, diente die außermoralische, sozial primitive, archaische, nahezu tribalistische Dichotomie „die Unsrigen vs. die Fremden" (naši i nenaši) als Grundlage der sozialen Solidarität und der Bereitschaft, jede aggressive oder repressive staatliche Politik gegenüber anderen Ländern oder Territorien, die der UdSSR oder Russland Widerstand leisteten, zu rechtfertigen (nicht aber zu unterstützen!). Zu erinnern ist an die Invasionen in Ungarn 1956, der Tschechoslowakei 1968 und in Afghanistan 1979. In jüngster Zeit kann dasselbe Phänomen anhand der kriegerischen Rhetorik gegenüber Georgien und den baltischen Ländern verfolgt werden (vgl. den Film *Naši* („Die Unsrigen") von Aleksandr Nevzorov). Die Auswirkungen lassen sich heute am Beispiel der Einstellung zu Tschetschenien, zu den Filmen *Brat* („Der Bruder"), *Brat-2* („Der Bruder, Teil 2"), *Vojna* („Der Krieg") und ähnlicher Produkte von Aleksej Balabanov und seiner zahlreichen Epigonen beobachten.[14] Das Recht auf Gewalt wird als Kraft des Gerechten aufgefasst. Die Willkür wird zum Legitimationsprinzip der Sozialität, wie in den Fällen *Jukos* und Vladimir Gusinskij bzw. während der Geiseldramen im „Nord-Ost"-Theater oder in Beslan zu sehen war. Im Alltag und im öffentlichen Diskurs ist diese Entwicklungslinie der Entmoralisierung des Kriegs zu beobachten.

---

[14] Vgl. Christine Engel: Kulturelles Gedächtnis, neue Diskurse. Zwei russische Filme über die Kriege in Tschetschenien, in: OSTEUROPA, 5/2003, S. 604–617.

Mehr Erinnerung: OSTEUROPA, *6/2008*

Der Krieg als Kultur

Der Krieg ist für Russland zum Surrogat der „Kultur" geworden – zu einem Bedeutungsfeld für die wichtigsten Themen und Sujets der Gegenwart. Der Krieg liefert die Modelle für die wertende Darstellung der wichtigsten Konflikte und dramatischen Beziehungen. Der Krieg liefert Muster für Rituale der Gruppen- und nationalen Solidarität, der Prüfung von Menschen auf Authentizität, wie in den Filmen Germans oder Tarkovskijs.

Unter diesen Umständen können die höchsten gesellschaftlichen oder gesamtnationalen Werte nur im Stil des Außergewöhnlichen ausgedrückt werden: in überdrehten, überspannten Situationen (Heldentaten, Rettung, Selbstaufopferung, Mission, Durchbruch in eine neue Realität und Lossagung vom Alltäglichen, vom „normalen Leben"). Die Außergewöhnlichkeit wird Produktionsmodus und -bedingung dieser Werte und also auch dieser Gemeinschaft. Der Alltag hingegen ist nicht nur kulturell und ideologisch nicht sanktioniert.[15] Lange wurde er sogar als ein niederes, zersetzendes oder sogar feindliches Prinzip ausgelegt. „Kleinbürgertum", „Spießertum" etc. waren universelle Schreckgespenster aller ideologischen Kampagnen der Sowjetzeit. Selbstverständlich war es vom sozialen und politischen Kult des Notstands nur ein kurzer Schritt zur Rechtfertigung des endlosen Massenterrors.

Die machtstaatliche Interpretation des Sieges von 1945 diente nicht nur der Rechtfertigung des sowjetischen Regimes in Vergangenheit und Zukunft. Lange Zeit erlaubte sie es den Herrschenden, ihren Antifaschismus als eine Art Antithese zum westlichen Kapitalismus und Liberalismus („sowjetische Demokratie") auszubeuten. Die Siegessymbolik verdeckte und „sühnte" über lange Zeit hinweg die „Fehler" des Regimes durch chronische Mobilisierung, indem sie die Existenz einer riesigen Armee, die zum Modell für alle anderen sozialen und politischen Institutionen wurde, die Entstehung und Aufrechterhaltung des „sozialistischen Lagers", die militarisierte Staatswirtschaft und das rasende atomare Wettrüsten bei gleichzeitigen Aufrufen zur „friedfertigen Konkurrenz" mit dem Westen rechtfertigte.

---

[15] Dieser Umstand veränderte auch die Bedeutung und den Wert anderer Existenzebenen, die in der Sprache nichtkollektiver, nichtkultivierter Bedeutungen ausgedrückt wurden. Der „Krieg" (als Themenvielfalt) war „Kultur" geworden, und die private Existenz schuf ein negatives Gegengewicht, das kaum eine kulturelle Gestaltung in der Literatur oder der Kunst erfuhr. In der sowjetischen Zeit fand der Alltag vielleicht erst mit Jurij Trifonovs Erzählungen zu einer eigenen Sprache: *Obmen* („Der Tausch", 1969), *Predvaritel'nye itogi* („Zwischenbilanz", 1970), *Drugaja žizn'* („Das andere Leben", 1975).

Dadurch, dass das Verständnis des Krieges und das Verhältnis zu ihm tabuisiert ist und nicht rational aufgearbeitet wird, sind die nichtsiegreiche, nichtstaatliche Seite des Krieges, seine Beschwerlichkeit und die dazugehörige menschliche Angst in eine Art „Unterbewusstsein" der Gesellschaft abgetaucht, zu einem „blinden Fleck" der offiziellen Erinnerung geworden. Die Siegessymbolik ist in Konstruktionen des machtstaatlichen Bewusstseins eingeschlossen. Danach gilt, dass alle „staatlichen Interessen" Priorität haben und die Bevölkerung über die „Bereitschaft" verfügen muss, alle Erschütterungen passiv zu erdulden, indem an die Erfahrungsressourcen einer extremen Existenz appelliert wird. Diese Symbolik beschwört die Möglichkeit, dass sich Situationen des „Krieges" wiederholen können, ob lokal oder global, aber immer der privaten, häuslichen, familiären Welt entzogen und mit ihren Mitteln nicht lenkbar. So sind diese beiden allgemeinen Ebenen des Kriegs mit den beiden Ebenen der nationalen Befindlichkeit verbunden: Auf der einen Seite staatspatriotischer Enthusiasmus und Mobilisierung (und dementsprechend die Motivation der „Bereitschaft, die Forderungen von Partei und Regierung als inneres Bedürfnis eines jeden zu erfüllen", wie es in den Aufrufen der sowjetischen Propaganda hieß), auf der anderen Seite der Wunsch nach „Ruhe", der Wert einer stabilen Existenz. Da es die nicht gibt, herrschen eine kollektive Asthenie, Müdigkeit sowie die Angst, den relativen Wohlstand des Privatlebens zu verlieren. Dem Patriotismus und der Mobilisierung entspricht die allgemeine Überzeugung, dass „die Russen ihren Nationalcharakter und ihre seelischen Eigenschaften in ihrer ganzen Fülle in Zeiten des Umbruchs, in Jahren des Kriegs und angesichts von Schicksalsschlägen an den Tag legen", unter außergewöhnlichen, katastrophalen Umständen (in „Heldentaten" und „massenhaftem Heldentum" an der Front und bei der Arbeit) und nicht in „ruhigen und glücklichen Zeiten". Diese Überzeugung teilt eine absolute Mehrheit der Russen (77 Prozent der Befragten). Sie ist zu einer Norm der symbolischen Identität geworden.

Fast die Hälfte der Befragten (45 Prozent) gibt sich nüchtern Rechenschaft darüber, dass der Krieg „mit Zahlen statt Können" geführt wurde, dass der Sieg um den Preis einer gewaltigen Anzahl von Opfern und Verlusten unter Militärs und Zivilbevölkerung errungen wurde, dass der extrem niedrige Wert des einfachen menschlichen Lebens eine seiner Bedingungen war. Aber all dies hat wenig Einfluss darauf, wie sie die Handlungen der Staatsführung beurteilen. Die Vorstellung, dass massenhafte Verluste unvermeidlich und Millionen Opfer quasi „selbstverständliche" Notwendigkeit seien, ist Bestandteil des allgemeinen semantischen Feldes, das Begriffe wie „nationale Heldentat" und „allgemeines Heldentum" umgibt. Bezeichnenderweise werden diese Vorstellungsnormen vom Krieg auch auf die Armeen der Alliierten und sogar der Deutschen übertragen.[16] Das Massenbewusstsein der Russen ist einfach nicht imstande, sich Kriege vorzustellen, in denen die Militärführung es sich zum Ziel setzt, das Leben ihrer Untergebenen mit allen Mitteln zu bewahren.

Die moralische, intellektuelle und politische Unfähigkeit der russländischen Gesellschaft, die traumatischen Umstände des Kriegsausbruchs und der Kriegsführung sowie die Erbarmungslosigkeit gegenüber der Zivilbevölkerung und der Armee zu verarbeiten, hat dreizehn Jahre nach dem Zusammenbruch des Kommunismus dazu geführt, dass ein beträchtlicher Teil der Bevölkerung unter Putin allmählich zur offiziellen Sicht auf die Kriegsursachen und den Preis des Sieges zurückfindet. Die Mythen von der Unvermeidlichkeit des Kriegs, der „Plötzlichkeit" der Aggression des Deutschen Reichs usw. werden wiederbelebt. Der Anteil solcher Antworten ist um mehr als die Hälfte gewachsen, von 21 Prozent auf 38 Prozent. 2001 war fast die Hälfte der Befragten (47 Prozent) der Ansicht, dass es Ende der 1930er Jahre unmöglich gewesen wäre, den Krieg zu verhindern; 35 Prozent waren anderer Meinung (nach der bereits zitierten Umfrage).[17] Diese Unbestimmtheit und Widersprüchlichkeit des Massenbewusstseins ist für uns in diesem Fall von

---

[16] Der Vergleich der in verschiedenen Umfragen genannten Verlustzahlen mit den offiziellen Angaben zeigt, dass die Befragten die Verlustzahlen in allen Fällen deutlich zu hoch ansetzten: im Schnitt um 21 Prozent für die Sowjetunion, die ja ohnehin schon eine ungeheure Zahl an Menschen verlor, um 100 Prozent für Deutschland und am meisten für die USA, für die 30fach überhöhte Zahlen genannt wurden.

[17] Auf die Frage, warum Millionen von Rotarmisten während des Großen Vaterländischen Kriegs in Gefangenschaft gerieten, antworteten gleich viele Respondenten (jeweils 58 Prozent; Mehrfachnennungen waren möglich) „wegen der Plötzlichkeit des deutschen Angriffs auf die UdSSR" und „wegen Fehlern der Führung der Roten Armee". Drittrangig folgen bezeichnenderweise sowohl die alten, menschenfeindlichen und noch von Stalin stammenden Erklärungen („aus Feigheit und Verrat") als auch rein antisowjetische Interpretationen („wegen der Hoffnungen der Bevölkerung, dass Hitler die Menschen von der Sowjetmacht befreien würde"); beide Begründungen sind eher für marginale Gruppen von Bedeutung (sie wurden von acht bzw. fünf Prozent der Befragten genannt). Ebenso unfähig ist das Massenbewusstsein, sich für eine Position zu entscheiden, warum die Rote Armee in den ersten Kriegsmonaten zerschmetternde Niederlagen erfuhr: 41 Prozent erklären dies mit dem traditionellen „Die Rote Armee war von der Plötzlichkeit des Angriffs überrascht", fast ebenso viele jedoch (40 Prozent) damit, dass „die Führung der Roten Armee durch die Stalinschen Säuberungen Ende der 30er Jahre ausgeblutet" gewesen sei; 37 Prozent sind der Meinung, die UdSSR habe keine Zeit gehabt, sich auf den Krieg vorzubereiten, und 32 Prozent denken, die Rote Armee sei viel schlechter ausgebildet und ausgerüstet gewesen als die deutschen Truppen, trotz aller prahlerischen Verlautbarungen Ende der 1930er Jahre („Wir werden den Feind auf seinem Territorium schlagen" u.ä.). (Umfrage im Januar 2005).

großer Bedeutung. Es spiegelt nicht etwa eine Spaltung der Gesellschaft in „Parteien" mit deutlichen Positionen und klaren Überzeugungen wider, sondern ist symptomatisch für ein „unreines Gewissen" und ein latentes Schuldgefühl oder Unzufriedenheit mit der allgemein anerkannten Haltung zum Krieg. Hier seien zwei weitere Beispiele genannt, die den Charakter dieses nationalen „Unterbewusstseins" offenbaren: 68 Prozent der Befragten sind der Ansicht, dass „wir nicht die ganze Wahrheit über den Vaterländischen Krieg kennen", und 58 Prozent denken, dass die Idee von der „Plötzlichkeit" des deutschen Angriffs auf die UdSSR am 22. Juni 1941 erfunden wurde, um „Stalins politische Fehlkalkulationen zu verdecken", die Grund für die mangelnde Kriegsbereitschaft des Landes gewesen seien. Solche scheinbaren Widersprüche in der öffentlichen Meinung sind Ausdruck von Passivität und Ergebenheit gegenüber der offiziellen Auslegung bei einem gleichzeitigen tiefsitzenden Argwohn ihr gegenüber. Dies bedeutet, dass es der Gesellschaft an einer moralisch, intellektuell oder auch nur sozial autoritativen Gruppe oder Instanz fehlt, deren Position von einer Mehrheit der Bevölkerung akzeptiert werden könnte. Je komplexer also die Fragen zum Kriegsverständnis oder zur Kriegserinnerung, desto wirrer und unklarer ist die Reaktion der öffentlichen Meinung. So weiß etwa die Hälfte der Bürger Russlands (52 Prozent) von den Diskussionen über die Geheimprotokolle des Molotov-Ribbentrop-Paktes, die eine Teilung Polens und eine Aufteilung der Einflusssphären in Europa vorsahen (von ihnen glaubt übrigens ein Viertel, dass sie eine Fälschung sind). Aber nur etwas mehr als die Hälfte derer, die vom Molotov-Ribbentrop-Pakt wissen, ist der Ansicht, dass „Hitler durch dieses Abkommen für seine Pläne zum Zweiten Weltkrieg Handlungsfreiheit bekommen hat" (54 Prozent), während die übrigen eher Großbritannien und Frankreich sowie dem „Münchner Abkommen" die Schuld zuschreiben. Mehr noch, heute sind sogar mehr Befragte bereit, den Molotov-Ribbentrop-Pakt zu billigen, als überhaupt wissen, worin er bestand (40 Prozent der Befragten gegenüber 23 Prozent). Hier wirkt die altsowjetische Deutung des sowjetisch-deutschen Vertrags als erzwungener Schritt Stalins nach, der Zeit gewinnen wollte, um das Land auf den Krieg vorzubereiten.

Die Legitimationsfunktionen des Krieges

Der Krieg und die Kriegsopfer haben in den Augen der russländischen Gesellschaft nicht nur die Armee als eine der zentralen, grundlegenden sozialen Institutionen, als tragendes Gerüst des gesamten sowjetischen und postsowjetischen Regimes sakralisiert, sondern auch das Prinzip eines „vertikalen" Aufbaus der Gesellschaft, das Kommandomodell einer hierarchischen gesellschaftlichen Ordnung, die die Autonomie und den Selbstwert einer privaten Existenz und von nicht vom „Ganzen" abhängigen Gruppeninteressen nicht anerkennt. Russlands Gesellschaft hat die Zeit der kritischen Umwertung ihrer Vergangenheit, unter anderem der militärischen Vergangenheit, hinter sich gelassen und die Diskussionen über den „Preis" des Sieges sowie die Bewertung der Vor- und Nachkriegspolitik ins Abseits befördert. Heute wird die Erinnerung an den Krieg und den Sieg in erster Linie durch Mechanismen geschaffen, die auf die Konservierung des gesellschaftlichen Ganzen zielen und die Gesellschaft vor wachsender Komplexität und Differenzierung bewahren. Die Erinnerung an den Krieg nützt vor allem der Legitimation der zentralisierten und repressiven sozialen Ordnung, sie ist in das allgemeine Gefüge der posttotalitären Traditionalisierung der Kultur in einer Gesellschaft eingefügt, die mit den Herausforderungen der Verwestlichung und Modernisierung nicht fertig wird; einer Gesellschaft, welche die Anstrengungen der begonnenen sozialen Veränderungen nicht ausgehalten hat. Daher ist die russländische Staatsmacht gezwungen, ständig zu denjenigen traumatischen Umständen der Vergangenheit zurückzukehren, um Schlüsselmomente nationaler Mobilisierung zu reproduzieren. Der nicht ausgelebte Krieg führt zu Rückfällen staatlicher Aggression – zum Tschetschenienkrieg und zur Restauration eines repressiven Regimes.

Die „Erinnerung" an den Krieg als einer ganzen Epoche, an eine Zeit, mit der eine Vielzahl privater und kollektiver Ereignisse verbunden ist, wird in Russland heute nur in diversen Erscheinungsformen staatlicher Institutionen oder mit der Macht verbundener gesellschaftlicher Gruppen bewahrt, die Anspruch auf sozialen oder politischen Einfluss erheben oder als Ideologen und Vollzieher staatlicher Aufträge in Erscheinung treten.

Die prunkvollen staatlichen Feiern zum 60. Jahrestag des Sieges werden für die russländische Gesellschaft nicht zum Anlass für eine rationale Auseinandersetzung mit der Vergangenheit und Gegenwart. Das angekündigte Programm feierlicher Veranstaltungen wird zu einer Routinebekundung der Verbundenheit mit den Symbolen der vergangenen Größe des Staates – Symbolen, die ihre Kraft und Bedeutung verlieren. Es handelt sich um eine Zwangsimitation kollektiver Solidarität mit der Staatsmacht, hinter der nichts anderes steht als bürokratisch-polizeilicher Patriotismus und politischer Zynismus.

Aus dem Russischen von Mischa Gabowitsch, Berlin

СОВЕТСКИЙ ПРОСТОЙ ЧЕЛОВЕК

Опыт социального портрета на рубеже 90-х

Komplexe Analysen zum einfachen Sowjetmenschen. Moskau 1993

Instrumentalisieren, klittern, verdrängen

Russlands unerwünschtes Revolutionsjubiläum

Versteht man mit Hannah Arendt die Revolution als Befreiung vom alten Regime und Gründung einer neuen politischen Ordnung der institutionalisierten Freiheit, so erscheint die postsowjetische Epoche als eine Zeit, in der in Russland Sinn und Wert der revolutionären Ereignisse von 1917 systematisch verdrängt wurden.[1] Daran arbeiteten Politiker unterschiedlichster Richtungen. Heute ist das Interesse an der Oktoberrevolution in vielen Staaten der Welt größer als in Russland – zumindest gemessen an der Zahl der wissenschaftlichen Konferenzen. Historiker, Politikwissenschaftler und Philosophen analysieren den radikalen sozialen Wandel nach 1917 sowie die Folgen der Entstehung der Sowjetunion und der internationalen kommunistischen Bewegung. In Russland findet dergleichen nicht statt. Die Menschen zeigen sich zum 100. Jahrestag gleichgültig. Natürlich finden auch in Russland Seminare statt, es gibt Ausstellungen, das Fernsehen behandelt die Revolution. Doch entweder handelt es sich um Pflichtübungen und Propagandasendungen oder um Veranstaltungen für einen äußerst kleinen Kreis von Historikern. Die geplanten Feierlichkeiten stehen in keinerlei Verhältnis zu der riesigen Propagandashow, die am pompös gefeierten 9. Mai veranstaltet wird.

Es wäre falsch zu behaupten, dass das Regime den Jahrestag vollständig ignoriert. Doch es ist spürbar, dass er bei der obersten Führung des Landes gemischte Gefühle hervorruft, denn ihr gehören vor allem Kommunisten und „orthodoxe Tschekisten" an, die nicht so genau wissen, was sie „dem Volk" zu diesem Anlass erzählen sollen. Das Gefühl, dass man sich zu dem runden

---

[1] Hannah Arendt: Über die Revolution. München 1974. – Russisch: O revoljucii. Moskva 2006. – Arendts Bestimmung der Revolution als Institutionalisierung der Freiheit ist im Falle Russlands problematisch, denn die nach 1917 errichtete Ordnung war alles andere als freiheitlich. Die Gründer des sowjetischen Staates nannten nicht Freiheit als Voraussetzung für eine neue Staatsordnung, sondern sprachen von einer „Diktatur", mit der eine prinzipiell neue Gesellschaft geschaffen werden sollte.

Jahrestag äußern muss, rührt nicht von einem inneren Bedürfnis der Gesellschaft her, historische Ereignisse und ihre Folgen aufzuarbeiten. Eher handelt es sich um eine unfreiwillige Reaktion der Staatsbürokratie auf äußere Umstände, konkret auf die Erwartung, dass ein „zivilisiertes Land" mit einer „großen", für die gesamte Menschheit bedeutsamen Geschichte, den Anstand bewahrt.[2]

Der Begriff „Revolution" weckt in Putins Russland mehrdeutige, meist negative Assoziationen. Sogar Anhänger der Kommunistischen Partei sprechen heute ungern von der Revolution als einem Sieg des Proletariats oder als Triumph der Marxschen Ideen. Sie ziehen es vor, an die Errungenschaften und die Größe der Sowjetunion zu erinnern und diese als Wiedergeburt des Russischen Imperiums darzustellen. Niemand – weder das Putin-Regime noch die nationalistische und auch nicht die demokratische Opposition – strebt heute eine Revolution an, in welcher Form auch immer. Alle fürchten, dass sie nur Unglück, Chaos, Bürgerkrieg und andere Katastrophen über das Land bringen würde.

Bis zum Zusammenbruch der UdSSR war der Begriff „Revolution" ausschließlich positiv konnotiert. Sie galt als Wert an sich. Wenn das Wort „Revolution" fiel, war jedem klar, dass darunter nur die „Große Sozialisti-

---

[2] Putin rief im Dezember 2016 per Dekret eine Regierungskommission für die Feierlichkeiten ins Leben, der sowohl Repräsentanten des Staates als auch Wissenschaftler angehören, <http://rushistory.org/images/documents/000120161220017.pdf>. Die Jubiläumsveranstaltungen werden von der Russländischen Historischen Gesellschaft unter Leitung des ehemaligen Duma-Sprechers und heutigen Direktors des Auslandsnachrichtendiensts Sergej Naryškin koordiniert. Über 100 Aktivitäten wie Ausstellungen, Diskussionen, Publikationen sind vorgesehen. Den Auftakt macht seit dem 1. März 2017 eine Ausstellung der Ikone „Bogomater' Deržavnaja", ein Bild der Gottesmutter mit Reichsinsignien, die ein Symbol für den Untergang des Russischen Reichs (1917) und die Hoffnung auf dessen Wiedergeburt ist. <http://rushistory.org/images/documents/plan100letrevolution.pdf>.
Bei diesem Plan handelt es sich vordergründig um eine rein bürokratische Verteilung von Aufgaben an staatliche Einrichtungen wie die Institute der Akademie der Wissenschaften, Museen oder Bibliotheken, die ihre Aktivitäten vorstellen sollen. Doch die Polittechnologen des Kreml geben vor, wie die Revolution zu verstehen ist und wie sie der Bevölkerung vermittelt werden soll: im Lichte der konservativen Weltsicht, die Putins politischem Kurs zugrunde liegt. Nach Patriarch Kirill trägt die Intelligencija „nicht nur die wesentliche Verantwortung für die Revolution von 1917", sondern auch „für alles, was im 20. Jahrhundert geschehen ist". Sie habe „furchtbare Verbrechen gegen den Glauben, gegen Gott, gegen ihr Volk, gegen ihr Land begangen"; Patriarch Kirill našel vinovatych v Revoljucii v 1917 goda, 29.3.2017, <www.interfax.ru/russia/555912>.

sche Oktoberrevolution" zu verstehen ist. Die „Große Sozialistische Oktoberrevolution" war in der sowjetischen Lehre ein Schlüsselereignis, wenn nicht sogar das wichtigste Ereignis der Weltgeschichte. In der Logik des historischen Materialismus war sie das Pendant zum Erscheinen Christi, der Anfang einer neuen Zeitrechnung. Aus diesem Ereignis leitete die Sowjetmacht ihre Legitimität ab und sämtliche Institutionen der Sowjetunion – von der Schule über die Armee und die Miliz bis zu den Planungsbehörden – reproduzierten diese Vorstellung.

So war auch der Jahrestag der „Großen Sozialistischen Oktoberrevolution" bis 1991 der wichtigste staatliche Feiertag gewesen. Bereits 1918 war der 7. November zum Feiertag erklärt worden, ab 1927 waren der 7. und 8. November arbeitsfreie Tage. Jedes Jahr fand am 7. November auf dem Roten Platz eine große Militärparade statt, ebenso – allerdings in kleinerem Ausmaß – in den übrigen Millionenstädten und den regionalen Zentren. In allen Städten wurden unter Leitung der örtlichen Repräsentanten von Partei und Staat riesige Demonstrationszüge organisiert und Kundgebungen abgehalten. Am Abend folgten Konzerte, Salutschüsse, Volksfeste, Bankette.

Mit dem Ende der kommunistischen Herrschaft wurden auch diese Rituale eingestellt. Die letzte Militärparade fand am 7. November 1990 statt. Nach dem Putschversuch im August 1991 wurde die KPdSU verboten, der Staatsfeiertag abgeschafft und nur der 7. November verblieb als arbeitsfreier Feiertag. 1996 wurde dieser Feiertag gegen den Widerstand der Kommunisten, die sich als Kommunistische Partei der Russländischen Föderation wiedergegründet hatten, in „Tag der Eintracht und der Versöhnung" umbenannt.[3] Ende Dezember 2004 schaffte Putin auch diesen Feiertag ab. Der 7. November ist seitdem in Russland ein normaler Arbeitstag. Als Ersatz schuf das Regime den „Tag der nationalen Einheit", der auf den nahe am gestrichenen Revolutionstag gelegenen Feiertag der Ikone der Kazaner Gottesmutter gelegt wurde, den die Russische Orthodoxe Kirche am 4. November zum Gedenken an die „Befreiung des Moskauer Kreml von den Polen im Jahre 1612" begeht. Historisch ist dieses Datum nicht verbürgt.

Umfragen aus dem Jahr 1990 zufolge verliefen die letzten offiziellen Feiern zum 7. November in diesem Jahr im Wesentlichen „so wie in den Jahren zuvor". Die Menschen nahmen die Degradierung des Feiertags unter El'cin und seine Abschaffung unter Putin zwar zunächst mit ambivalenten Gefühlen

---

[3] In dem Dekret von Präsident El'cin aus diesem Anlass hieß es: „Um Konflikte zu mildern und die unterschiedlichen Schichten der russländischen Gesellschaft zu versöhnen."

auf, doch schon bald setzte sich die Ablehnung des Revolutionstags durch. Die Gegner einer Abschaffung hatten argumentiert, dass man „die Erinnerung an ein so großes Ereignis nicht aus dem Bewusstsein des Volks eliminieren" dürfe. Diese Auffassung hielt sich einige Jahre: Noch im Oktober 2011 war das Verhältnis von Befürwortern und Gegnern der Abschaffung 50:30. Aber die Fakten waren geschaffen und zum wichtigsten identitätsstiftenden Staatsritual war ohnehin bereits einige Jahre zuvor der Tag des Sieges am 9. Mai gemacht worden. Die Erinnerung an die „Große Sozialistische Oktoberrevolution" bleibt zwar bestehen. Fast zwei Drittel der Befragten gaben im November 2011 an, sie würden sich die Ereignisse in Erinnerung rufen. Doch immer weniger Menschen gehen zu öffentlichen Versammlungen, um den Tag wie in früheren Jahren zu begehen: 2012 gaben noch 18 Prozent der Respondenten an, dies zu tun, 2016 waren es nur noch 12 Prozent – die meisten von ihnen in hohem Alter, überzeugte Anhänger der Kommunistischen Partei.[4]

Die Verdrängung der Revolutionen von 1905 und vom Februar 1917

Unter den drei russischen Revolutionen – der Revolution des Jahres 1905, der Februarrevolution 1917 und dem Oktoberumsturz 1917 – wurde in der Sowjetunion nur der „Großen Sozialistischen Oktoberrevolution" echte Bedeutung zugeschrieben. Die Revolution von 1905 galt als Vorübung für den Oktober. Im öffentlichen Bewusstsein ist sie nahezu völlig verschwunden. Zwar hatten sich die Ereignisse von 1905 in den ersten Jahren der Sowjetunion in der Benennung von Straßen, Plätzen oder Fabriken niedergeschlagen, doch bereits in den 1960er Jahren war der historische Zusammenhang dieser Toponyme vollkommen verloren gegangen. Als die Sowjetunion zusammenbrach, begann eine erneute Umbenennungswelle, vorrevolutionäre Namen wurden wieder eingesetzt und so nicht nur die Spuren des Jahres 1905, sondern sogar jene des Jahres 1917 beseitigt.[5] Die einzige historische Gestalt des

---

[4] Obščestvennoe mnenie, 2004, S. 167, Tab. 21.12.1 und 21.12.2. Schon 2005 war der Anteil derer, die die Abschaffung des 7. November als Feiertag befürworteten, auf 27 Prozent gestiegen, und die Zahl der Gegner proportional gesunken, in: Obščestvennoe mnenie 2005, S. 183, Tab. 24.7.

[5] Kaum jemand ist heute in der Lage zu sagen, warum ein bestimmter Platz seinen Namen trägt. Jenseits der großen Städte blieben die sowjetischen Namen und die Denkmäler für Lenin oder Kirov allerdings nahezu unberührt. Selbst in Moskau und

Jahres 1905, den die Polittechnologen des Kreml auf ihren Schild hoben, ist Petr Stolypin. Der Name Stolypin steht zwar für die Unterdrückung der Revolution von 1905, für die Auflösung des ersten russischen Parlaments, für Militärgerichte und Hinrichtungen. Doch aus aller Politiker Munde tönen Stolypins Worte: „Sie (die Opposition) wollen große Erschütterungen, wir wollen ein großes Russland." Dies ist das Motto des „Stolypin-Clubs", in dem sich konservative Politiker und Ökonomen zusammengefunden haben.

Die Februarrevolution führte zwar zum Sturz der Autokratie und zur Proklamation der Republik, so dass sie die einzige echte Revolution war. Doch sie wurde in der Sowjetzeit auf alle erdenkliche Weise klein- und schlechtgeredet, allenfalls zur einem Vorspiel für die Machtergreifung der Bolschewiki erklärt. In den sowjetischen und postsowjetischen Schulbüchern beginnt die Geschichte der Oktoberrevolution im April, mit Lenins Reise nach Petrograd, nicht mit der Abdankung Nikolajs II. Generell galten die Ereignisse im Frühjahr 1917 als Aktion der Partei Lenins, die die Revolution vorbereitet habe. Diese habe, wie der Marxismus wissenschaftlich belege, unausweichlich kommen müssen. Im sowjetischen Geschichtsunterricht sowie in historischen Vorlesungen und Seminaren wurden nahezu ausschließlich die Bolschewiki erwähnt. Die Rolle Lev Trockijs und der anderen alten Bolschewiki, die Stalin später ermorden ließ, blieb unerwähnt oder wurde verfälscht. Wie die Revolution darzustellen war, hatte Stalins „Kurzer Lehrgang der VKP/B" vorgegeben. Das Geschichtsbild dieser Schrift ist in verwischter Form bei vielen Menschen in Russland bis heute erhalten.

Doch es geht nicht nur um historische Fakten. Die Sowjetunion hat auch die Gedanken und Ideen des Februar 1917 zerstört. Im kollektiven Gedächtnis ist das Bewusstsein verloren gegangen, dass die Menschen im Zarenreich im Februar 1917 euphorisch den Anbruch einer neuen Zeit gefeiert hatten, einer besseren Zukunft für Russland und für sie selbst. So verstrich der 100. Jahrestag der Februarrevolution von 1917 nahezu unbemerkt. Lange hatte es die Kremlführung nicht für nötig gehalten, Vorbereitungen für dieses Jubiläum zu treffen. Als die Agitationsmaschine dann schleppend anlief, verbreitete sie unterschiedliche Versionen: Von einer Verschwörung von Freimaurern gegen den Zaren war ebenso die Rede wie von

---

Petersburg wurden nur im Stadtzentrum in großer Zahl vorrevolutionäre Bezeichnungen wiedereingesetzt. Und sogar in Moskau sind Namen wie „Krasnaja Presnja", „Ploščad' Vosstanija" oder „Oktjabr'skaja ploščad'", die Metrostationen „1905 goda", „Baumanskaja", „Barrikadnaja" und „Ploščad' Revoljucii" erhalten geblieben, ebenso der Leninprospekt oder der Leningrader Bahnhof.

einem Verrat der Eliten. Der Klerus der Orthodoxen Kirche stimmte ein Wehklagen über den heiligen Märtyrer-Zaren an. Für den Zusammenbruch des Imperiums wurde die sündige, entwurzelte, gottlose Intelligencija verantwortlich gemacht, auch oder vor allem der Westen habe eine böse Rolle gespielt. Generell sei der allgemeine moralische Niedergang Ursache der Revolution gewesen.

Die wenigen liberalen Historiker werteten die Abdankung des Zaren entweder als „Morgenröte der russländischen Demokratie" oder aber als Anfang einer Kettenreaktion, die das Land in „Chaos" stürzte und in die „Tragödie eines Volkes" mündete.[6] Doch so wie die Konservativen ein apologetisches Bild von der Monarchie verbreiteten, neigten auch die Liberalen zur Idealisierung – in ihrem Fall der Oktobristen und der Kadetten. Sie übertrieben deren Verdienste und dämonisierten die Monarchisten ebenso wie die Sozialrevolutionäre und die Bolschewiki. Vorsichtiger argumentierende Historiker und Publizisten legten Wert auf die Feststellung, dass der Staat dem Untergang geweiht war, da die Reformen, die aufgrund der Entwicklung in anderen Staaten unausweichlich waren, nicht rechtzeitig eingeleitet worden waren. Sie hoben hervor, wie schwach der Zar war, ein politischer Dilettant, der die Vorgänge, die zum Zerfall des Imperiums führten, nicht begriff. Schließlich machten sie deutlich, dass die Niederlage in dem mit imperialistischen Motiven geführten Krieg zwangsläufig die Treue zum Zarenreich hatte erodieren lassen und die Gesellschaft aufgrund der ungelösten sozialen Probleme erschöpft war.

Doch niemand stellte die entscheidende Frage: Warum waren jene, die nach der Februarrevolution an die Macht gekommen waren – ungeachtet all ihrer Qualitäten und obwohl solche Euphorie geherrscht hatte, nachdem die Freiheit verkündet und die Republik ausgerufen worden war –, warum waren die Februarrevolutionäre so schwach, dass sie die Macht fast widerstandslos den Bolschewiki überließen?[7] Eine ernsthafte Diskussion fand daher nicht statt.

---

[6] Exemplarisch für diese Position: Vladimir Buldakov: Ot utopii k katastrofe: kak Rossija prel'stilas' revoljuciej. RBK, 10.3.2017, <www.rbc.ru/opinions/politics/09 /03/2017/58bec41e 9a7947094e610fb9>. – Die erste Sicht vertritt hingegen Aleksej Kara-Murza: Dejateli Fevralja skoree pytalis' pogasit' revoljuciju, neželi razžeč' eë, in: Ėkspert, 10/2017, S. 46–49, der zur Bewertung der Februarrevolution feststellt: „In der These, dass ‚die Liberalen Russland zerstört haben' trafen sich die Anhänger der Monarchie, die versuchten, ihre Schuld an der russischen Katastrophe abzuwälzen, mit den Bolschewiki." Ebd., S. 47.

[7] Kara-Murza, Dejateli [Fn. 6]. Die Februarrevolution war eher ein Versuch, die Revolution zu ersticken, als sie zu entfachen. Ebd., S. 47.

Dass sie auch all die Jahre zuvor nicht geführt worden war, zeigt sich daran, dass die Mehrheit der Menschen in Russland es weiter mit der sowjetischen Deutung der Februarrevolution hält.

Tabelle 1: Zu welcher der folgenden Einschätzungen neigen Sie?
(Januar 2017)

Die Februarrevolution eröffnete einen Weg zu einem bürgerlich-demokratischen Russland, auf dem es zu einem Land wie alle anderen in Europa hätte werden können.	21
Die Februarrevolution von 1917 war für sich genommen bedeutungslos, sie ist lediglich die erste Etappe auf dem Weg zur Oktoberrevolution.	45
Keine Antwort	35

Angaben in Prozent der Befragten, N = 1600

Bereits unter Präsident El'cin, der zur Suche nach einer neuen „nationalen Idee" anstelle der kommunistischen Ideologie aufgerufen hatte, war die Zahl der Menschen gewachsen, die die Ursache für den Niedergang in der Zerstörung der Monarchie sahen. Schon Ende der 1990er Jahre war der Anteil der Menschen, die bei Umfragen diese Sicht vertraten, größer als der jener, die in sowjetischer Tradition im Sturz des Zaren einen Fortschritt sahen. Indirekt weist darauf auch die wachsende Zahl der Befragten hin, die den Sturz der Autokratie negativ, den letzten Zaren dagegen positiv sehen und ihn als Märtyrer, als unschuldiges Opfer der Revolution betrachten. Das Verblassen der sowjetischen Stereotype führte keineswegs dazu, dass sich demokratische Vorstellungen durchsetzten. In Russland hat heute die Mehrheit der Menschen kein Interesse daran, eine Wahl zu treffen, in welche Richtung sich das Land entwickeln soll. „Stabilität" ist für sie die zentrale nationale Idee. Immer mehr Menschen halten das herrschende politische Regime für besser als das sowjetische und besser als die westliche Demokratie.

Tabelle 2: Am 15. März 1917 (nach dem alten Kalender am 2. März) dankte Zar Nikolaj II. ab. 100 Jahre sind seitdem vergangen, aber die Menschen sind sich bis heute uneinig in der Beurteilung dieses Ereignisses, das der Monarchie in Russland ein Ende setzte. Welchem der folgenden Standpunkte würden Sie am ehesten zustimmen?

	1997	2012	2017
Der Sturz der Monarchie war ein Fortschritt.	16	9	13
Durch den Sturz der Monarchie verlor Russland seine nationale und staatliche Größe.	23	25	21
Die positiven und negativen Folgen des Sturzes der Monarchie halten sich die Waage.	19	18	23
Darüber habe ich nie nachgedacht.	29	36	32
Keine Antwort	14	12	11

Angaben in Prozent der Befragten, N = 1600

Das Bild der Oktoberrevolution – ein soziologischer Indikator

Die sowjetischen Machthaber hatten zur Frage der „Revolution" – nicht zuletzt in Sachen Verbreitung sozialistischer Ideen in der Dritten Welt – stets eine extrem ideologisierte, durchweg positive Haltung. Ging es jedoch um Reformen im sowjetischen System selbst, so vertraten die Machthaber eine fundamental andere Position. Wer das sklerotische Herrschaftssystem der Kommunistischen Partei „optimieren" wollte, stieß auf Feindseligkeit. Dennoch verbreitete sich nach Stalins Tod und Chruščevs Rede auf dem XX. Parteitag 1956 in der Intelligencija die romantische Vorstellung, dass die Bolschewiki wahre Revolutionäre gewesen seien, opferbereite Idealisten, die „nur das Gute" für die einfachen Menschen gewollt hätten.[8] Einzig zaghafte Versuche, den Marxismus zu erneuern oder zum „frühen Marx zurück-

---

[8] Erinnert sei an den Tauwetter-Film *Kommunist* (1958), an Bulat Okudžavas *Lied über die Kommissare in staubigen Helmen* und Filme wie *V ogne broda net* (Kein Weg aus dem Feuer, 1967) oder Abenteuerfilme über die Revolution wie *Neulovimye mstiteli* (Die geheimnisvollen Rächer, 1966).

zukehren", schienen die Grenzen einer „realistischen Ethik" nicht zu sprengen, in der man sich Illusionen von einem „Sozialismus mit menschlichem Antlitz" machte und dem „schlechten Stalin" den „guten Lenin" entgegensetzte. Die gesamte Kultur der Intelligencija der 1960er Jahre war von Anspielungen auf die „Revolution" und einer inneren Auseinandersetzung mit ihr durchdrungen, von der Frage, welcher moralische Preis für sie zu zahlen war und ob der Weg von der Revolution in den Gulag unausweichlich gewesen war. Die meisten Dissidenten und auch jene ihrer Anhänger, die nicht Teil der Bürgerrechtsbewegung waren, bejahten diese Frage. Sie gingen davon aus, dass Kommunismus und Gewalt unauflösbar zusammengehören, dass die Partei der Bolschewiki, welche die „Diktatur des Proletariats" proklamiert hatte, der Kern einer Gesellschaft und eines Staats ist, der ohne Terror und Massenrepressionen nicht funktionieren kann. Wo aber der Ausweg lag, konnte niemand sagen. Wer hingegen an den Kommunismus glaubte oder selbst der sowjetischen Nomenklatura angehörte, hielt Änderungen und eine Humanisierung des kommunistischen Regimes nur im Rahmen des Systems für möglich. Der einzige Weg sei seine allmähliche Transformation zu einem humaneren Staat oder gar eine allmähliche Konvergenz mit der kapitalistischen Demokratie. Weiter gelangte das politische Denken dieser Generation, die schließlich auch die Perestrojka initiierte, nicht.

Die Perestrojka förderte die unterschiedliche Bewertung der Geschichte der Sowjetunion zutage, lieferte aber keine Erkenntnisse über Natur und Ursachen des totalitären Systems. In den von Gorbačev zugelassenen öffentlichen Debatten konnte sich die traditionelle sowjetische Auffassung, dass die Revolution in jeglicher Hinsicht „human und moralisch" gewesen sei – und dies daher auch für die gesamte Sowjetunion gelte – nicht mehr halten. Diese Debatte hatte einen Einfluss auf das Denken der Menschen, wie eine Umfrage vom Oktober 1990 zeigt. 73 Prozent der Befragten erklärten, dass sich ihre Ansichten zur Revolution seit der späten Brežnev-Periode geändert hätten. Die Ereignisse und das Handeln der Bolschewiki bewerteten sie nun anders. 57 Prozent hielten weiterhin die gewaltsame Machtergreifung der Bolschewiki für historisch unausweichlich, 23 Prozent hingegen distanzierten sich von dieser Auffassung. Scheinbar in Widerspruch zu der immer noch von einer Mehrheit vertretenen These von der Zwangsläufigkeit der Revolution stand, dass ein bedeutender Anteil – 30 Prozent – der Befragten erklärten, die Auflösung der Konstituierenden Versammlung durch die Bolschewiki sei nicht gerechtfertigt gewesen; nur 29 Prozent billigten

Lenins Vorgehen, 41 Prozent konnten sich nicht für eine Antwort entscheiden. 53 Prozent der Respondenten verurteilten die Zerstörung der freien Presse, 73 Prozent die Erschießung der Zarenfamilie, 51 Prozent die Verstaatlichung des Privateigentums, 62 Prozent die Unterdrückung der Bauernaufstände. 66 Prozent der Befragten erklärten, die Liquidierung der „Bourgeoisie" als Klasse, also die gewaltsame Verdrängung der Unternehmer aus dem Wirtschaftsleben, habe einen „erheblichen Verlust" für das Land bedeutet. Während der Perestrojka pflegte also eine Mehrheit der Menschen Ansichten, die der traditionellen sowjetischen Heroisierung der Revolution sowie der proletarischen Ideologie zuwiderliefen (Tab. 3).

In dieser kurzen Zeit der Perestrojka blickte man mit anderen Augen auf die sowjetische Vergangenheit und versuchte zu bestimmen, welchen Preis Russland für das sozialistische Experiment, die Revolution und die totalitäre Diktatur zu zahlen gehabt hatte. Doch obwohl die Menschen in Russland nun einzelne Aspekte der Diktatur der Bolschewiki verurteilten, konnten sie sich insgesamt nicht dazu durchringen, die Ereignisse von 1917 grundlegend anders zu bewerten, nämlich als radikalen Bruch und Ursprung einer nationalen Katastrophe, auf die, wie Iosif Brodskij es ausdrückte, eine „anthropologische Katastrophe" folgte. Die Vorstellungen der Šestidesjatniki – jener Generation, die das kulturelle Leben der vergleichsweise liberalen 1960er Jahre geprägt hatte – verhinderten einen anderen Blick auf die Revolution und eine Einsicht in den Charakter des sowjetischen Staates. Die Mehrheit der Menschen in Russland glaubte weiter, dass ein „menschlicher Sozialismus" ohne Terror und ohne totalitären Staat errichtet werden könne. Dies blieb nicht ohne Folgen für die weitere Entwicklung des Landes. Nur eine Generation später pflegen – wie eine Umfrage von 2017 zeigt – viele Menschen in Russland wieder die sowjetischen Vorstellungen (Tab. 4).

Die Menschen in Russland lehnen die „Extreme" der proletarischen Diktatur ab: die Ermordung des Zaren und seiner Familie, die gewaltsame Auflösung der Konstituierenden Versammlung, die Abschaffung des Privateigentums und der Pressefreiheit, die Repressionen gegen die Kirche, den Krieg gegen die Bauern, die Widerstand leisteten, als sie ihrer Lebensgrundlage beraubt werden sollten. Ein bedeutender Teil der Befragten hält jedoch die kommunistische Herrschaft für eine notwendige oder unvermeidliche Phase der Geschichte Russlands. Die Zahl jener, welche die revolutionäre Machtergreifung durch die Bolschewiki rechtfertigen, geht zwar zurück, ist jedoch immer noch beträchtlich.

Tabelle 3: Mussten Ihrer Meinung nach die Bolschewiki zwangsläufig ...?

	1990	2017	Veränderung
gewaltsam die Macht ergreifen			
Ja	57	42	-15
Nein	23	37	+14
Keine Antwort	20	21	+1
die Konstituierende Versammlung auflösen			
Ja	29	39	+10
Nein	30	34	+4
Keine Antwort	41	27	-14
die Zeitungen anderer politischer Parteien verbieten			
Ja	23	28	+5
Nein	53	46	-6
Keine Antwort	24	26	+2
die Zarenfamilie erschießen			
Ja	13	10	-3
Nein	73	76	+3
Keine Antwort	14	14	+1
das Privateigentum verstaatlichen			
Ja	24	33	+9
Nein	51	45	-6
Keine Antwort	25	22	-3
die Bauernaufstände gewaltsam niederschlagen			
Ja	11	19	+8
Nein	62	58	-4
Keine Antwort	27	23	-4

Angaben in Prozent der Befragten, N = 1047 (Okt. 1990), 1600 (Mai 2017)

Tabelle 4: Teilen Sie die Meinung, dass die Revolution verheerende Folgen hatte für ...?

	Oktober 1990	März 2017	Veränderung
die russische Kultur			
Ja	69	49	-20
Nein	17	41	+24
Keine Antwort	14	10	-4
Russlands Bauernschaft			
Ja	68	48	-20
Nein	20	42	+22
Keine Antwort	12	10	-2
Religion und Kirche			
Ja	85	69	-16
Nein	6	20	+14
Keine Antwort	9	12	+3

Angaben in Prozent der Befragten, N = 1047 (10/1990); 1600 (3/2017)

In Moskau, Petersburg und den anderen Millionenstädten sowie in der Gruppe mit höherem Bildungsgrad vertreten überdurchschnittlich viele Respondenten die Ansicht, die Errichtung der Sowjetmacht habe negative Folgen gehabt. Eine unkritische Wiedergabe sowjetischer Stereotypen und Vorstellungen über die Revolution und ihre Ursachen ist in höherem Maße bei wenig gebildeten sowie bei älteren Personen anzutreffen, bei Einwohnern kleiner und mittlerer Städte sowie unter der Landbevölkerung. Dieses Bevölkerungssegment war von Perestrojka und Glasnost kaum je berührt worden. Unter den 18- bis 24-Jährigen, die erst kürzlich die Schule oder Hochschule abgeschlossen haben, ist der Anteil derer, die sich zu keiner Haltung entschließen können, deutlich höher. Dies weist indirekt auf ein

geringes Interesse an der Geschichte und auf die schlechte Qualität und den Charakter des Geschichtsunterrichts hin.
Unmittelbar nach dem Zusammenbruch der UdSSR distanzierte sich die neue politische Führung Russlands klar vom sowjetischen System und versuchte, jene ideologische Basis zu zerstören, auf der die Legitimität des totalitären Staates beruht hatte, vor allem also die Idee der Revolution. Die Reformer versuchten, eine Verbindung zum vorrevolutionären Russland herzustellen und die sowjetische Periode gleichsam aus der Geschichte zu streichen. Sie wollten zeigen, dass das postsowjetische Russland an das vorsowjetische anknüpfen kann, dass nur eine evolutionäre Modernisierung, wie sie im Zarenreich im späten 19. und frühen 20. Jahrhundert begonnen worden war, Russland zu einem „normalen" europäischen Land machen kann, nicht aber eine forcierte, auf totalitärer Gewalt beruhende Modernisierung, wie sie Stalin erzwungen hatte. Sie wollten den Weg einschlagen, den die ostmitteleuropäischen Staaten genommen hatten – und setzten doch in der ersten Hälfte der 1990er Jahre wieder auf eine Modernisierung von oben.[9] Grundlegende institutionelle Reformen führte die Staatsspitze gegen den offenen Widerstand der verbliebenen sowjetischen Nomenklatura und der regionalen Bürokratie durch, hinter der große Teile der in Passivität verharrenden Bevölkerung standen.[10] Sie konzentrierte sich auf Wirtschaftsreformen und ließ grundlegende Institutionen wie die Schule, die Justiz, die Strafverfolgungsbehörden und die Geheimdienste unangetastet. Dabei reproduzierten genau diese Institutionen jene weit verbreiteten Vorstellungen, die – neben den Erwartungen der Bevölkerung an einen paternalistischen Staat – den ökonomischen Reformen entgegenstanden.
Wie diskreditiert die Idee der Revolution im Russland der 1990er Jahre war, zeigt sich daran, dass sich die Bewertung der Ereignisse vom August 1991 radikal änderte – des gescheiterten Putschversuchs gegen Gorbačev, auf den die Auflösung der gesamtsowjetischen Institutionen und bald danach die

---

[9] Siehe zu dieser Kontinuität in der Geschichte Russlands den Text von Carsten Herrmann-Pillath: Modernisierungsblockaden 1917–2017. Utopische Eigentumsrevolutionen in Russland, in: OE, 6–8/2017, S. 133–143.

[10] Es ist kein Zufall, dass „Vybor Rossii" – die Partei Egor Gajdars – den „Ehernen Reiter" zum Parteiemblem erkor: das Reiterstandbild Peters I., der als Zar und „Europäer" gewaltsam westliche Institutionen und Sitten implantierte. Der Versuch, die Februarrevolution zu einem Symbol zu machen, das für eine Demokratisierung nach westeuropäischem Vorbild steht, scheiterte. Selbst die Reformer verkannten meist die Bedeutung der Februarrevolution und bezogen sich eher auf Aleksandr II., der 1861 die Leibeigenschaft abgeschafft hatte. Siehe dazu Kara-Murza, Dejateli [Fn. 6].

Auflösung der UdSSR folgten. Der Sieg über die Anhänger der kommunistischen Revanche wurde für eine kurze Zeit als letzte, nun demokratische Revolution aufgefasst. Er wurde neben die „samtenen Revolutionen" in Ostmitteleuropa gestellt und galt als das Ereignis, mit dem die lange Phase des Totalitarismus und der utopischen Umgestaltung von Mensch und Gesellschaft beendet wurde. Doch bereits drei Jahre später, nach der Eskalation des Konflikts zwischen Präsident El'cin und dem Obersten Sowjet der RSFSR, der mit der Beschießung des Weißen Hauses im Oktober 1993 endete, verlor der Sieg El'cins im Jahr 1991 diesen Glanz. Im Jahr 2016 nannten bei Umfragen nur zehn Prozent der Respondenten den Sieg über die Putschisten eine „demokratische Revolution". Im Jahr 2015 – 25 Jahre nach den Ereignissen – konnte die Hälfte der Befragten nicht angeben, was im August 1991 geschehen ist. In den 15 Jahren der Herrschaft Putins haben diese Ereignisse ihre Bedeutung verloren, sie sind allenfalls noch eine kleine „Episode im Kampf um die Macht".[11] Schlimmer noch: 90 Prozent der Respondenten in der Altersgruppe von 18–24 Jahren wissen nichts über diesen zentralen Wendepunkt in der neueren Geschichte Russlands.

Stabilität, starker Staat, Paternalismus

In der russländischen Gesellschaft werden heute zwei einander ausschließende Ansichten zu der Frage vertreten, welche Folgen die Oktoberrevolution hatte: Die eine entspricht der spätsowjetischen Deutung, in der die Revolution als Teil des besonderen Wegs Russlands in die Moderne galt. Die Formel lautet: „Die Revolution leitete eine neue Ära in der Geschichte Russlands ein", oder – in abgeschwächter Form: „Sie gab der sozialökonomischen Entwicklung des rückständigen und armen zarischen Russland einen Anstoß". Den entgegengesetzten Standpunkt vertraten und vertreten alle Gegner der Sowjetmacht, gleich welche politischen Ansichten sie sonst hegen: Die Revolution bedeutete eine Katastrophe, bzw. in der gemäßigten Fassung: Die Revolution hat die normale Entwicklung Russlands unterbrochen oder sie erheblich gebremst. (Tab. 5) Dies war zunächst die Sicht der Emigranten, die vor dem Bürgerkrieg und dem roten Terror aus Russland geflohen waren. Heute reicht das Spektrum derjenigen, die diese Auffassung teilen, von orthodoxen und monarchistischen Nationalisten bis zu Liberalen,

---

[11] Obščestvennoe mnenic 2016. Ežegodnik. Moskva 2016, S. 253.

die den Sieg der Bolschewiki als antimoderne Kehrtwende begreifen, mit dem Russland vom Weg nach Europa abgekommen sei.

Die Umfragen ergeben, dass ungefähr doppelt so viele Menschen die positive Sicht auf die Revolution pflegen wie die negative. In Dörfern und Kleinstädten sowie in der Gruppe der gering gebildeten und einkommensschwachen Menschen ist das Verhältnis noch eindeutiger. Die Transformationskrise der 1990er Jahre und der sinkende Lebensstandard trugen erheblich dazu bei, dass die sowjetische Sicht der Revolution, in der sie als Befreiungskampf der ausgebeuteten Klassen galt, ebenso erhalten blieb wie paternalistische Ansichten zur Rolle des Staats.

Wenn somit die Zahl der Menschen, die die Revolution positiv sehen, weiter deutlich überwiegt und sogar zunimmt, so heißt das nicht, dass die marxistisch-leninistische Deutung der Revolution als entscheidender Schritt zur Überwindung der Ausbeutung sich in gleichem Maße erhalten würde. Vielmehr nimmt der Anteil der Menschen deutlich zu, die – ganz im Fahrwasser der Putinschen Rhetorik – „Stabilität" als wichtigstes Gut und einen starken Staat als Garanten für dieses sehe. So ist seit 1990 der Anteil der Menschen um ein Viertel gestiegen, die glauben, eine schwache Regierung, Extremismus politischer Abenteurer oder eine Verschwörung von Feinden des russischen Volks seien Auslöser der Oktoberrevolution gewesen. Die Vorstellung, es sei vor allem die Schwäche des Regierung gewesen, die eine – als Katastrophe betrachtete – Revolution ausgelöst habe, geht auf die Angst des Putin-Regimes vor einer „Farbrevolution" zurück. Seit der Rosenrevolution in Georgien (2003) und der Orangen Revolution in der Ukraine (2004), angefacht durch den Arabischen Frühling, vor allem aber seit dem Euromajdan in der Ukraine, sind die Aktivitäten angeblicher „subversiver Elemente" in den Reden Putins ständig präsent.

Tabelle 5: *Was brachte die Oktoberrevolution den Völkern Russlands?*

1997–2017	'97	'01	'03	'04	'05	'07	'09	'10	'11	'17
Sie leitete eine neue Ära ein.	23	27	20	30	26	24	28	29	25	25
Sie gab einen sozialen und wirtschaftlichen Anstoß.	26	32	32	27	31	31	29	29	27	36
Sie bremste ihre Entwicklung.	19	18	19	16	16	17	16	14	19	21
Sie war eine Katastrophe.	15	12	14	14	15	9	10	9	8	6
Keine Antwort	17	11	15	13	13	19	17	19	21	12
Summe positiver Bewertungen	49	59	52	57	57	55	57	58	52	61
Summe negativer Bewertungen	34	30	33	30	31	26	26	23	27	27

Angaben in Prozent der Befragten, Umfrage jeweils im Oktober des Jahres, 2017 im März, N = 1600

Tabelle 6: Was hat die Oktoberrevolution in Ihren Augen in erster Linie ausgelöst?

	1990	1997	2001	2007	2011	2017
Die schwierige Lage der Arbeiter	66	57	60	57	53	50
Die schwache Regierung	36	40	39	35	34	45
Eine Verschwörung von Feinden des russischen Volks	6	11	11	13	12	20
Der Extremismus politischer Abenteurer	16	14	15	17	15	19
Eine spontane Aggression des Mobs	15	15	14	12	15	15
Anderes	2	1	<1	1	2	2
Keine Antwort	12	11	9	9	12	7

(Mehrfachantworten möglich, Reihenfolge nach häufigster Angabe im März 2017. Angaben in Prozent der Befragten, Umfrage jeweils im Oktober des Jahres, 2017 im März, N = 1600)

Besonders starken Zuwachs erfuhr die Vorstellung, eine geopolitische Verschwörung äußerer Mächte – der USA, Deutschlands, Großbritanniens und anderer, die ein starkes und großes Russland gefürchtet hätten – habe die Revolution ausgelöst. Das Motiv, Feinde des russischen Volks hätten sich gegen Russland verschworen, entstand Anfang des 20. Jahrhunderts unter Monarchisten und Angehörigen der Schwarzen Hundertschaften. Es spielte nach der Revolution eine große Rolle unter russischen Emigranten. Heute sind solche Ansichten fast Mainstream.

Allen Erklärungen – ob eine Verschwörung des Auslands, Extremismus, eine spontane Aggression des Mobs oder eine schwache Regierung verantwortlich gemacht werden – ist die Botschaft gemein: Veränderungen führen zu Revolution und Revolution bedeutet Chaos. Das Putin-Regime trichtert den Menschen täglich ein, dass solche Erschütterungen jederzeit möglich seien, wie die 1990er Jahre und der ukrainische Majdan gezeigt hätten. Menschenrechtsorganisationen, unabhängige Nichtregierungsorganisationen und oppositionelle Politiker werden als Extremisten diffamiert, die im Verbund mit dem Ausland einen Umsturz anzetteln wollen. Dies dient auch der Rechtfertigung einer verschärften Kontrolle der Medien und des Internets.[12] Den Menschen wird suggeriert, nur eine „starke Hand" könne sie vor einer „spontanen Aggression der Massen" und dem „Extremismus politischer Abenteurer" schützen, vor einer „fünften Kolonne", vor der subversiven Tätigkeit „ausländischer Agenten".[13]

Zwar vertreten heute immer noch die Hälfte der Menschen die sowjetische Auffassung, die Ausbeutung der Arbeiter sei der Auslöser der Revolution gewesen.[14] Doch auch für die Anhänger dieser Erklärung sind Stabilität und ein starker Staat die politischen Leitlinien. Wer sich mit den ärmsten Klassen des vorrevolutionären Russland identifiziert und sich selbst als Opfer der Perestrojka sieht, kann die Oktoberrevolution positiv sehen und gleichzeitig „Stabilität" als oberste politische Priorität haben. Dazu tragen auch die paternalistischen Einstellungen bei. Gerade weil das Putin-Regime die sozialen Erwartungen nicht erfüllt, die viele Menschen in Russland an es richten, wird der Wunsch nach einem starken Staat, der die Erwartungen erfüllt, umso größer. Als ein solcher Staat präsentierte sich die Sowjetunion und als solcher erscheint sie heute, gut 25 Jahre nach ihrem Ende wieder. Dies hat jedoch nicht nur mit der Beständigkeit des den Menschen eingetrichterten

---

[12] Andrej Soldatov: Überwachen und Strafen. Verschärfung der Internetkontrolle in Russland, in: OE, 11–12/2016, S. 3–14.

[13] Indem der Kreml die Freiheit unterdrückt, vernichtet er nicht nur den intellektuellen und politischen Pluralismus. Er sterilisiert auch das Entwicklungspotential des Landes, macht die Gesellschaft eindimensional und wenig strukturiert. Deshalb ist es im postsowjetischen Russland ein nahezu zwangsläufiger Vorgang, dass eine Schicht oder Gruppen verschwinden, die ein anderes Verständnis oder Kenntnisse von der Revolution vermitteln, um die Natur des gegenwärtigen Regimes zu erfassen.

[14] Richtig ist, dass sich die Versorgungslage Ende 1916/ Anfang 1917 in Petrograd aufgrund des Krieges und der Inkompetenz der Verwaltung des Zarenreichs drastisch verschlechterte. Gleichwohl ist die Vorstellung, die „schwierige Lage der Arbeiter" habe zur Revolution geführt, in der Sowjetunion zur Phrase geworden, wurden doch die Monatseinkommen und der Lebensstandard der Bevölkerung in den Jahren 1912–1913 erst wieder in der zweiten Hälfte der 1950er Jahre erreicht; siehe dazu exemplarisch V.P. Polevanov: Rossija. Cena žizni, in: Ėkonomičeskie strategii, 1/1999, S. 102–103, <www.inesnet.ru/article/rossiya-cena-zhizni/>. Siehe auch die auf den Seiten von Ėcho Moskvy dazu geführte Debatte, <http://echo.msk.ru/blog/fedor/929486-echo/>.

sowjetischen Selbstbilds zu tun. Vielmehr reproduziert sich Russlands Gesellschaft mit dem Selbstbild einer Gesellschaft armer Menschen. Die Vorstellung, die Menschen aus der Armut führen zu müssen, lag ebenso der Verstaatlichung nach der Oktoberrevolution zugrunde wie der Privatisierung nach 1991. Auch ist nahezu das einzige, was vom Marxismus übriggeblieben ist, sein ökonomischer Determinismus. Auch den Reformern der frühen 1990er Jahre ging es nahezu ausschließlich darum, die Marktwirtschaft in Gang zu bringen. Demokratie und Rechtsstaatlichkeit, bürgerliche Freiheiten und Menschenrechte werden sich, so die Erwartung, dann zwangsläufig ergeben.

Dem entspricht, dass den Revolutionären von 1917 oft Mitgefühl mit den ausgebeuteten Klassen unterstellt wird. Dieses angebliche Mitleid, der vermeintliche Wunsch Lenins, die soziale Ungerechtigkeit auf radikale Weise zu beenden, rechtfertigt heute in den Augen vieler Menschen in Russland die Gewalt und den Terror der Bolschewiki.

Die moralische Auflehnung gegen den Terror wird mit der Behauptung außer Kraft gesetzt, die Gewalt habe dem Schutz der „Mehrheit" gedient, sie sei nur gegen „Minderheiten" eingesetzt worden, gegen „sozial Fremde", „Mitläufer", „Kulaken" oder „parasitäre Elemente". Allenfalls werden die Verbrechen der Sowjetunion noch als geringeres Übel oder Kollateralschaden präsentiert. Die Verbrechen werden daher wie unter Anästhesie wahrgenommen oder komplett aus dem Bewusstsein verdrängt.

Fatalismus als Programm: Die Unvermeidbarkeit der Revolution

Seit Putins Machtantritt hat der Staat jeglichen Versuch eingestellt, die Bedingung dafür zu schaffen, dass die Gesellschaft sich über sich selbst aufklärt, indem sie rationale Antworten auf die Frage gibt, wie sie zu jener geworden ist, die sie heute ist oder warum die Versuche, das Land zu modernisieren, immer wieder scheiterten. Gesichertes historisches Wissen wird verdrängt, an seine Stelle rücken Mythen über die Vergangenheit. Der Bevölkerung wird suggeriert, Demokratie entspreche nicht den geistigen Traditionen Russlands, Russland ginge schon immer einen Sonderweg in der Geschichte; die Vorstellung sei illusorisch, Russland könne ein ebenso „normales" europäisches Land werden wie jene, die den Übergang vom Totalitarismus zu einem modernen Rechtsstaat bereits vollzogen haben.

Entsprechend ist der Anteil der Menschen gewachsen, die glauben, die sowjetische Phase sei keine „Anomalie" gewesen, kein tragischer Bruch in der Geschichte Russlands, sondern habe sich organisch in seine Geschichte gefügt. Dies ist nicht nur ein Anzeichen dafür, dass ein ohnehin weitverbreitetes konformistisches Geschichtsbild – etwa dieser Art: „Hätten nicht die Bolschewiki gesiegt, so wären andere Abenteurer und Diktatoren an die Macht gekommen, was noch schlimmer hätte werden können als mit Lenin" – immer mehr Zustimmung findet (Tab. 7). Vielmehr glauben immer weniger Menschen, dass eine demokratische Entwicklung für Russland generell unmöglich sei. Seit 15 Jahren geht der Anteil der Menschen, die Demokratie in Russland nicht nur für richtig, sondern auch für möglich halten, kontinuierlich zurück (von 22 auf 16 Prozent). Die patriotische Mobilisierung nach der Annexion der Krim und die antiwestliche Propaganda haben diesen langfristigen Trend nur verstärkt.

Tabelle 7: Was wäre mit unserem Land passiert, wenn die Bolschewiki 1917 nicht die Macht hätten ergreifen bzw. sich nicht an der Macht hätten halten können?

	2002	2017
Die Monarchie wäre wiedererrichtet worden.	22	19
Andere Extremisten und Abenteurer hätten die Macht an sich gerissen und den Völkern noch mehr Unglück zugefügt.	26	32
Das Land hätte den demokratischen Weg des Westens eingeschlagen.	22	16
Russland wäre zerfallen und hätte seine Unabhängigkeit verloren.	14	14
Keine Antwort	16	11

Angaben in Prozent der Befragten, Umfrage im Oktober 2002 / März 2017, N = 1600

Fast die Hälfte der Menschen in Russland pflegt heute ein fatalistisches Geschichtsbild und glaubt, dass die Oktoberrevolution unvermeidlich war. Für „legitim" halten die Machtübernahme der Bolschewiki hingegen nur 35 Prozent. Dieses Doppeldenken ist ebenso für die Bewertung der sowjetischen Vergangenheit wie der Putinschen Gegenwart charakteristisch. Gleichzeitig neigen die Menschen, die die gegenwärtige Situation als alternativlos betrachten, dazu, sie positiv zu bewerten. Für viele Menschen ist es unmöglich, das sowjetische System als kriminell anzuerkennen, da dies ihr gesamtes Selbstverständnis untergraben würde. Die Mehrheit der Menschen in Russland ist sich durchaus bewusst, dass der sowjetische Staat unter Stalin Dutzende Millionen Menschen tötete, hungern ließ, sie aller Rechte, ihrer Freiheit, ihrer Existenzgrundlage und ihrer Familie beraubte. Doch viele von denen, die dies wissen, können nicht einräumen, dass Stalin ein „Staatsverbrecher" war.

Gerade jene sozialen Gruppen, die am stärksten unter den Repressionen und der staatlichen Willkür, unter Gewalt und Erniedrigungen zu leiden hatten, beurteilen heute die Sowjetunion wie das Putin-Regime positiv. Es handelt sich um Menschen, die sich räumlich wie sozial am Rande der Gesellschaft befinden: die gering gebildete, verarmte Bevölkerung der Dörfer, der Klein- und Mittelstädte. Ihre Vorfahren waren oft Bauern und hatten in den 1920er und 1930er Jahren die Requisitionen von Getreide, Vieh und Geräten erlebt, gesehen, wie in den Kolchosen und Fabriken eine neue Form der Leibeigenschaft etabliert wurde. Sie selbst haben in den 1950er und 1960er Jahren erlebt, wie die zum Überleben notwendigen kümmerlichen Zusatzeinkommen aus dem Verkauf auf dem Kolchosmarkt den Bauern durch ruinöse Steuerforderungen wieder genommen wurden. Doch es sind vor allem ältere Leute vom Land, die heute denken, dass die Revolution mehr Nutzen als Schaden gebracht hat, dass sie – obgleich „illegitim" – „unvermeidlich" war. Dies hat damit zu tun, dass die Gewalt und der Zwang, sich an den totalitären Staat anzupassen, eine Mentalität geprägt haben, die von Passivität und Angst gekennzeichnet ist. Diese Menschen haben sich an eine ärmliche Existenz gewöhnt, haben niedrige Ansprüche und konzentrieren sich auf das physische Überleben. Auch wenn diese Prägung sich in den stagnierenden, dem Niedergang preisgegebenen Dörfern und Kleinstädten am stabilsten hält, so ist sie keineswegs nur für Menschen abseits der großen Städte charakteristisch. Bis heute sind 80 Prozent der Menschen in den Großstädten Russlands erst in erster oder zweiter Generation Städter. Die erzwungene Identifikation mit dem Staat vernichtete nicht nur die historische Erinnerung

an die Verbrechen des Staates, sondern auch jede andere Auffassung von Vergangenheit und Gegenwart, ja die Idee von der persönlichen Würde und vom Wert des Menschen. Sie zerstörte die Fähigkeiten zu einer unabhängigen Beurteilung des Geschehens.
Die Traumata der Vergangenheit spiegeln sich bis heute in der Generation, die nach dem Ende der Sowjetunion geboren wurde. Sie zeigen sich an dem Wunsch, „gefährliche" Themen und Fragen zu meiden. Ein Wunsch, den sie als Gleichgültigkeit gegenüber der Vergangenheit erleben.

Entweihung Lenins, Heroisierung Stalins, Sakralisierung des Zaren

Der Wandel von kollektiven Geschichtsbildern zeigt sich unter anderem am Verhältnis der Menschen zu bestimmten historischen Personen, die symbolisch für bestimmte Ereignisse und Epochen stehen. Am stärksten verändert hat sich zwischen 1989 und 2017 die Einschätzung zur Person Lenins. Vor 25 Jahren wurde ihm noch große Bedeutung als Revolutionär, Bolschewik, Theoretiker des Marxismus, Urheber der Doktrin von der „Diktatur des Proletariats" und Initiator des Roten Terrors wie des Bürgerkriegs zugeschrieben. Heute gilt er zwar immer noch als Gründer des ersten proletarischen Staats der Welt – ein Staat, den die meisten Menschen in Russland vor allem mit der Nachkriegszeit in Verbindung bringen, als die Sowjetunion Supermacht war. Gleichwohl ist Lenin von Rang 1 (Nennung durch 72 Prozent der Befragten) während der Perestrojka auf den vierten Platz (32 Prozent) zurückgefallen. Sowjetische Idole wie Marx und Engels sind von der Liste der für bedeutend gehaltenen Personen verschwunden. Die in den 1930er Jahren gerühmten Größen aus der Zeit der Revolution und des Bürgerkriegs waren bereits viel früher vergessen. Nach den Stalinschen Schauprozessen und den Säuberungen sind sie aus dem Gedächtnis getilgt worden.

Tabelle 8: Nennen Sie die zehn bedeutendsten Personen aller Zeiten und Völker.

	1989	1994	1999	2003	2008	2012	2017
Stalin	12	20	35	40	36	**42**	**38**
Putin	–	–	–	21	32	22	34
Puškin	25	23	42	39	**47**	29	34
Lenin	**72**	34	42	**43**	34	37	32
Petr I.	38	**41**	**45**	**43**	37	37	29
Gagarin	15	8	26	33	25	20	20
Tolstoj	13	8	12	12	14	24	12
Žukov	19	14	20	22	23	15	12

Offene Umfrage, Mehrfachantworten möglich; Angaben in Prozent der Befragten, die den jeweiligen Namen genannt haben, Reihenfolge nach der Umfrage im März 2017, aufgenommen sind nur Namen, die von mindestens zwölf Prozent der Befragten genannt wurden. Der im jeweiligen Jahr am häufigsten genannte Name ist fett markiert.

Die wachsende Indifferenz gegenüber Lenin spiegelt das sinkende Interesse an der Geschichte der Revolution und der Sowjetunion. Seit dem Jahr 2001 ist die Zahl der Menschen, die auf die Frage: „Wie stehen sie generell zu Lenin" mit „Verehrung", „Sympathie", oder „Begeisterung" geantwortet haben, von 60 auf 44 Prozent zurückgegangen. Mit „Feindseligkeit", „Angst", „Ablehnung" blickten unverändert ca. 12 Prozent auf Lenin. Der Anteil der Gleichgültigen nahm von 30 auf 46 Prozent zu und war 2017 sogar größer als der seiner „Verehrer". Gleichgültigkeit ist die überwiegende Haltung (53 Prozent) in der Altersgruppe zwischen 20 und 40 Jahren.

An die Stelle von Marx und Lenin versuchten die liberalen Reformer der 1990er Jahre Zar Petr I. zu setzen. Mit ihrem Verschwinden von der politischen Bühne war auch dieses Projekt vorüber. Hatten in der zweiten Hälfte der 1990er und Anfang der 2000er Jahre noch knapp die Hälfte der Befragten Peter dem Großen – und mit ihm der Idee einer „Revolution von oben" Bedeutung zugeschrieben, so sind es heute weniger als ein Drittel. Gleichzeitig verschwanden auch Feldherren wie Suvorov und Kutuzov aus den oberen Rängen des nationalen Pantheons. Die politischen und moralischen

Autoritäten der Perestrojka wie Gorbačev oder Sacharov waren ebenfalls schnell vergessen.[15]

Immer mehr Bedeutung wird hingegen Stalin zugeschrieben. Während der Perestrojka galt er nur wenigen als bedeutende historische Gestalt. Bereits in den 1990er Jahren wurde Stalins Name auf die Frage nach bedeutenden Personen immer häufiger genannt. Doch erst die Heroisierung als Oberbefehlshaber der Roten Armee im Zweiten Weltkrieg und als „effektiver Manager", der mit harten Methoden eine schnelle Industrialisierung des rückständigen Agrarlandes Russland zuwege gebracht hätte, sowie die Verdrängung seiner Verbrechen unter Putin führten dazu, dass seit 2012 Stalin so häufig wie keine andere Person von den Befragten zu den zehn bedeutendsten Persönlichkeiten der Weltgeschichte gezählt wird.

Ein ähnliches Bild liefert die Frage nach der Bewertung wichtiger Bolschewiki aus der Revolutionszeit (Tab. 9 und 10). Stalin wird von immer mehr Menschen positiv gesehen. Die Zahl der Menschen hingegen, die Trockij oder den unter Stalin erschossenen Wirtschaftstheoretiker Bucharin positiv sehen, ist kontinuierlich gesunken. Während der Perestrojka hatten sie manchen als gemäßigte Kommunisten gegolten, die einen Sozialismus ohne Terror und eine Industrialisierung ermöglicht hätten, die nicht auf Kosten der Bauern gegangen wäre. Heute schreiben ihnen nur noch betagte Personen, die Mitte der 1960er Jahre politisch sozialisiert wurden, als in der sowjetischen Mittelklasse die Idee des „Sozialismus mit menschlichem Antlitz" populär war, überhaupt noch eine Bedeutung zu. Das gleiche gilt für den Gründer der sowjetischen Geheimpolizei Feliks Dzeržinskij[16] sowie für Tuchačevskij, Bljucher, Jakir und andere Kommandeure der Roten Armee im Bürgerkrieg: Da sie während der stalinistischen Säuberungen in den 1930er Jahren erschossen worden waren, galten sie vielen Menschen in der Perestrojka-Zeit als Opfer. Je mehr aber über ihre Rolle bei der brutalen Unterdrückung der Bauernaufstände der 1920er Jahre bekannt wurde, desto negativer wurden sie gesehen.

---

[15] Im Jahr 2017 war der erste nicht aus Russland stammende Mann, dem welthistorische Bedeutung zugemessen wurde, mit 9 Prozent auf Rang 17 Napoleon. Einstein, Newton (je ca. 7 %) und Hitler (5 %) befanden sich bei 300 insgesamt genannten Namen im Bereich der Ränge 40–50.

[16] Die sowjetische Propaganda hatte den fanatischen und grausamen Leiter der Tscheka stets in ein menschliches Licht getaucht und ihn als jemanden dargestellt, der sich für obdachlose Kinder eingesetzt habe. Dieses Bild von Dzeržinskij fand Eingang in Schulbücher und in die Populärliteratur.

Tabelle 9: Für welche Person aus der Zeit der Revolution hegen Sie die meiste Sympathie?

	1990	1997	2002	2007	2017
Vladimir Lenin	67	28	36	27	26
Feliks Dzeržinskij	45	25	28	21	16
Nikolaj Bucharin	21	13	9	7	10
Lev Trockij	15	5	8	4	4
Nestor Machno	8	3	4	6	2
Iosif Stalin	8	15	22	15	24
Nikolaj II.	4	17	18	11	16
Aleksandr Kerenskij	3	4	4	3	2
Aleksandr Kolčak	3	8	8	7	16
Petr Miljukov	2	1	1	1	2
Keine Antwort	12	26	19	37	38

Tabelle 10: Welche Person aus der Zeit der Revolution löst bei Ihnen die größte Antipathie aus?

	1990	1997	2002	2007	2017
Stalin	49	36	30	29	21
Kolčak	22	12	15	9	7
Machno	19	22	26	11	21
Kerenskij	19	12	10	8	9
Trockij	10	13	10	13	17
Nikolaj II.	10	7	6	4	5
Lenin	5	12	11	11	13
Miljukov	5	3	3	2	3
Dzeržinskij	4	6	6	7	6
Bucharin	3	4	3	3	5
Keine Antwort	25	25	26	42	39

Angaben in Prozent der Befragten, Reihenfolge nach der Umfrage 1990, Umfrage jeweils im Oktober, 2017 im März, N = 1600

Von 1990 bis 2017 stieg der Anteil der Befragten, die keine Einschätzung zu den Revolutionären abgeben konnten oder wollten, auf fast 40 Prozent an. Die früheren Auseinandersetzungen über die Katastrophe von 1917 sind der jüngeren Generation gleichgültig. Dies liegt auch daran, dass an Schulen und Universitäten – im Einklang mit der Propaganda des Kreml und der von ihm abhängigen Medien – eine „konservative Wende" stattgefunden hat. Die Legitimationsquellen der Sowjetmacht – Revolution und Sozialismus – werden entwertet oder verdrängt und der Restauration imperialer und antirevolutionärer Vorstellungen aus dem antibolschewistischen Milieu der Weg geebnet.

Welchen großen Einfluss die Sozialisierungsinstitutionen und die Propaganda haben, zeigt sich an der zunehmenden Sympathie für Zar Nikolaj II. und die Generäle, die die antibolschewistische Bewegung nach der Revolution anführten.[17] Wenn immer mehr Menschen den letzten Zaren positiv sehen, so ist dies zum einen mit seiner Glorifizierung durch die Russisch Orthodoxe Kirche geschuldet. Diese sprach Nikolaj II. im Jahr 2000 heilig und erkannte ihn als Märtyrer an. Zum anderen stellte aber bereits Präsident El'cin auf der Suche nach einer „nationalen Idee" eine Verbindung zwischen dem postsowjetischen und dem vorrevolutionären Russland her. Heute wird „der neue Geist" – der Neotraditionalismus und die Orthodoxie als „Grundlage der russischen Staatlichkeit und Kultur" – systematisch von oben nach unten und aus dem Zentrum in die Peripherie verbreitet. Dies zeigt sich etwa daran, dass in Kleinstädten und Dörfern mehr als die Hälfte der Befragten sich gleichgültig gegenüber der Person Nikolaj II. zeigen, während es in Moskau und anderen großen Städten des Landes deutlich weniger sind. Ein wichtiger Transmissionsriemen sind vor allem die Staatsangestellten, die sich an dem orientieren, was „heute oben auf dem Programm steht".

Gleichzeitig sind es genau die Kleinstädte und Dörfer, in denen überproportional viele Menschen weiter Lenin verehren. Dort wandeln sich die Einstellungen nur langsam, die Prägung durch die Sozialisierung in sowjetischen Institutionen ist am stärksten. Gleiches gilt für die Altersgruppen. In der Gruppe im Alter von 18–40 Jahren sehen heute nur gut ein Drittel der Befragten Lenin positiv, in der Gruppe über 55 Jahren sind es 57 Prozent.

---

[17] Symptomatisch ist auch das Verhältnis zu Admiral Kolčak, dem Oberbefehlshaber der russischen Armee, der gegen die Sowjetmacht kämpfte und 1920 hingerichtet wurde. Zur Popularität Kolčaks trug nicht zuletzt der Film *Admiral* bei, der im Herbst 2008 in Russland in die Kinos kam und ein Jahr später als 10-teilige Serie im staatlichen Fernsehen gezeigt wurde, Obščestvennoe mnenie 2005, S. 181, Tab. 23, 47.

Verdrängen statt aufarbeiten

Die russische Gesellschaft hat bei dem Versuch, sich vom Kommunismus in den Köpfen zu befreien, einen weiten Weg zurückgelegt. Er führte von der Verehrung und Vergöttlichung der Revolutionsführer und der Sakralisierung der Macht zu einem bereits in der Stagnationsperiode unter Brežnev einsetzenden Zynismus. Immer mehr Menschen hatten für die Ideen der Revolution nur noch Zynismus übrig. Eine kritische Aufarbeitung fand jedoch nicht statt. Vielmehr wurden lediglich die „hohen Ideale" der Vergangenheit durch den Kakao gezogen. Nicht zufällig ist unter Jugendlichen Sergej Kurechins „Lenin ist ein Pilz" so populär.[18] Die Ideologie des totalitären Staates der 1930–1960er Jahre ist erodiert, ohne dass die Mechanismen seiner Herrschaft und der Formierung des „Sowjetmenschen" begriffen worden wären.[19] Es fehlten die sozialen und politischen Voraussetzungen, die intellektuelle und moralische Kraft, um die Geschichte zu verstehen und – wenn dies überhaupt möglich ist – Lehren aus ihr zu ziehen.
Eine Ursache dafür ist die Deformation der akademischen Welt. In seiner Analyse der politischen Geschichte der Russischen Revolution kommt der Historiker Andrej Meduševskij zu dem ernüchternden Befund:

> In der neueren Historiographie der Revolution ist ein generelles Misstrauen gegen Theorie festzustellen, das Bestreben, allgemeinen Fragen auszuweichen. [...] Daraus resultiert [...] ein ständiger „Interpretationskonflikt": Beweisführung wird durch ideologische Interpretationsschemata ersetzt [...] diese Geschichtswissenschaft bringt keine neuen Methoden hervor, sie bleibt in vielerlei Hinsicht in alten sowjetischen Stereotypen gefangen, die sie mithilfe eines anderen Begriffsinstrumentariums reproduziert [...] Russlands akademische Bürokratie ist konservativ und nicht reformierbar.[20]

---

[18] „Lenin-grib" ist eine Satire des Musikers Sergej Kurechin und des Journalisten Sergej Šolochov, die zuerst im Januar 1991 in der Leningrader Sendung Pjatoe koleso (Das fünfte Rad) gezeigt wurde, <www.youtube.com/watch?v=-dp4H8 8ujY4>. Dazu als Hintergrund: Počemu Lenin grib, 5.5.2013, <www.youtube.com/watch?v=JI7IBJQT_LA>.

[19] Dazu detailliert Lev Gudkov: Der Sowjetmensch, in diesem Band, S. 7–34.

[20] Andrej Meduševskij: Političeskaja istorija russkoj revoljucii. Moskva, St. Peterburg 2017, hier S. 12, S. 14 und S. 27.

Auf diese Weise wird ein spezifisches Bild von den geschichtlichen Ereignissen, von den Ursachen eines bestimmten historischen Verlaufs und den Motiven der Handelnden reproduziert, statt dass dieses Geschichtsbild reflektiert und verstanden würde. Dieses Geschichtsbild spiegelt sich in den Einstellungen zu den grundlegenden Institutionen des Staats und der Gesellschaft.
Da die Ideen, die gestern noch als erhaben, bedeutsam, „heilig" gegolten hatten, verspottet, verdrängt oder vergessen wurden – von manchen auch schlicht weiter hochgehalten werden –, nicht aber die Ursache für ihre Entstehung aufgearbeitet wurde, werden die Vorstellungen primitiver, die die Gesellschaft sich von sich selbst macht. Sie immunisiert sich gegen die Offenlegung der Gewalt, der Willkür, der Versklavung der Menschen in den Kolchosen. Indem sie das totalitäre Regime auf diese Weise als alternativlos sieht, betreibt sie eine quasimoralische Rechtfertigung dieses Regimes.
Mit der Einschränkung ihres historischen Horizonts verliert die Gesellschaft auch das Rüstzeug zum Verständnis der Gegenwart. Jede Motivation für Veränderungen wird unterdrückt, die Menschen leben in dem Bewusstsein, dass es unmöglich sei, den Staat und die Gesellschaft zu verändern. Sie sehen für sich nur eine Strategie: sich anpassen, ausharren, überleben bis bessere Zeiten kommen. Diese Bereitschaft zu opportunistischer Passivität wird exemplarisch von den Antworten illustriert, die die Respondenten auf die Frage geben, wie sie sich im Jahre 1917 verhalten hätten.
Im Jahr 1990 erklärte die relative Mehrheit der Befragten, sie hätten die Bolschewiki in gewissem Maße unterstützt oder mit ihnen zusammengearbeitet. Heute sind es nur noch halb so viele. Die meiste Zustimmung findet nun die Antwort, dass man abwarten und sich nicht beteiligen würde (33 Prozent). Rechnet man jene dazu, die angaben, sie würden in die Emigration gehen, sowie jene, die keine Antwort gaben, dann wählte im gesamten Zeitraum seit der Auflösung der Sowjetunion eine absolute Mehrheit (2017: 65 Prozent) eine Strategie des physischen Überlebens. Eine politische Positionierung und die Absicht, entsprechend zu handeln gaben nur zwölf Prozent („für die Bolschewiki") oder gar acht Prozent („gegen sie") an. Mit anderen Worten, es dominiert eine passive Anpassung. Das Motto der Mehrheit lautet: „Sollen doch andere Unannehmlichkeiten bekommen, das geht mich nichts an, ich begehre nicht auf und lehne mich nicht aus dem Fenster."

Tabelle 12: Stellen Sie sich vor, die Oktoberrevolution fände vor Ihren Augen statt. Was würden Sie tun?

	1990	1997	'01	'03	'04	'05	'07	'11	'17
Ich würde die Bolschewiki aktiv unter stützen.	23	15	22	19	15	17	17	14	12
In einigen Punkten würde ich mit den Bolschewiki zusammenarbeiten.	26	16	19	16	18	17	13	17	16
Ich würde gegen die Bolschewiki kämpfen.	5	7	6	9	8	7	6	6	8
Ich würde versuchen abzuwarten und mich nicht an den Ereignissen beteiligen.	12	27	24	22	26	28	23	24	33
Ich würde mich ins Ausland begeben.	7	15	13	14	15	14	18	14	14
keine Antwort	26	18	15	21	19	17	24	25	18

Angaben in Prozent der Befragten; Reihenfolge nach der Umfrage 1990; Umfrage jeweils im Oktober, 2017 im Januar; N = 1600

Die Sterilisierung der Geschichte, die der Staat „von oben" betreibt, wird von der Gesellschaft angenommen und erhält „von unten" ihre eigene Rechtfertigung. Dies zeigt sich an den Antworten auf die Frage, ob es nützlich und wichtig sei, Kenntnisse zur Revolution von 1917 zu haben. Mehr als die Hälfte der Befragten gibt an, man müsse „vorwärts gehen und nicht im Alten herumwühlen"; man sollte „vergessen, was während der Revolution und des Bürgerkriegs" geschehen ist. Die Erforschung der Geschichte jener Jahre schade zwar nicht, sei aber auch nicht notwendig. Zwar vertreten 44 Prozent die Auffassung, dass man mehr über diese Zeit wissen müsse, „um die Fehler der Vergangenheit nicht zu wiederholen." Doch es sind gerade Menschen im Alter unter 25, und unter ihnen insbesondere jene, die aufgrund ihrer sozialen Stellung heute eine Karriere in Aussicht haben, die nichts über die Vergangenheit Russlands wissen wollen.
So verliert die Gesellschaft ihre Fähigkeit, die Ursprünge des Putin-Regimes zu erkennen. Es gibt keinen Bezugspunkt, kein Datum, zu dem die Gesellschaftsordnung begründet wurde, und daher auch kein Referenzsystem, mit dem die Gegenwart im Zeitenlauf verordnet werden könnte. Das Verdrängen des Wissens über die Revolution und über die Bolschewiki sowie der wachsende Neotraditionalismus verschieben den Beginn der Geschichte Russlands in eine mythische Vor-Zeit („seit jeher", „seit unvordenklichen Zeiten" oder in die nicht weniger nebelhafte Zeit der Kiewer Rus').
Die Bedeutung der Revolution von 1917 und die Gründung des sowjetischen Staates sind nahezu vollkommen aus dem Bewusstsein der Gesellschaft gerückt. Nur 13 Prozent der Befragten geben an, dass sie sich für die Geschichte der Revolution interessieren. Es handelt sich im Wesentlichen um die ehemalige Intelligencija in den Großstädten des Landes (bei geringerem Interesse in Moskau), um Menschen im fortgeschrittenen Alter, die versuchen, Ursprünge und Wesen des sowjetischen Totalitarismus und seine Folgen für das heutige Russland zu begreifen. In der Altersgruppe unter 25 Jahren ist das Interesse hingegen minimal.

Tabelle 13: Mit welchem Datum, welcher Epoche, welchem Ereignis nimmt Ihrer Meinung nach die Geschichte unseres Landes ihren Anfang?

	2003	2017
Es existiert seit unvordenklichen Zeiten, seit jeher.	39	36
mit der Kiewer Rus'	19	26
mit der Taufe Russlands	11	12
mit der Herrschaft Peters I.	10	5
mit der Bildung russischer Fürstentümer	3	6
mit der Oktoberrevolution 1917	**4**	**3**
mit der Gründung des Moskauer Zarenreichs	2	2
mit dem Zerfall der UdSSR und der Gründung der souveränen Russländischen Föderation (1991)	1	2
mit der Wahl Vladimir Putins zum Präsidenten	1	2
mit der Verabschiedung der Deklaration über die Souveränität der Russländischen Föderation (1990)	0	0,8
keine Antwort	10	5

(Angaben in Prozent der Befragten; Jahr 2003: N = 2000, Jahr 2017: N = 1600)

So nimmt es nicht wunder, wenn sich die Vorstellung ausbreitet, es gebe seit unvordenklichen Zeiten eine lückenlose Kontinuität der Herrschaft, eine Art mystischer Körper des „tausendjährigen Russland". Die Vorstellung von einem konkreten und sozialen System in Vergangenheit, Gegenwart und Zukunft schwindet, die Einsicht in seine spezifische Sozialstruktur und deren Veränderungen, in die unterschiedlichen Interessen der Stände oder sozialen Gruppen. Stattdessen entsteht die Vorstellung von einer homogenen Gesellschaft (des „Einigen Russland"), die allein durch den seiner Natur nach „totalen" Staat geeint wird. Die sowjetischen Geschichtsbücher hatten anderes gelehrt, dort gab es marxistische Begriffe wie „Formation",

„Stände", „Klassen". Es war von unterschiedlichen Klasseninteressen die Rede und von einer spezifischen Staatlichkeit im jeweiligen Stadium der historischen Entwicklung. Dies alles ist getilgt, verblieben ist eine dem Wesen nach totalitäre Vorstellung von Gesellschaft und Geschichte. Die Ursprünge des Staats verlieren sich in einer mythologischen Vergangenheit, die Geschichte wird als ewiger Kampf zur Abwehr von Feinden präsentiert, zu denen heute auch die ehemaligen „Brudervölker" – Litauer, Letten, Esten, Polen und seit 2014 auch die Ukrainer gezählt werden, gegen die ein realer Krieg im Donbass geführt wird sowie ein symbolischer Krieg um Kiew, der „Mutter der russischen Städte", wo die „Taufe Russlands" stattgefunden und die russische Geschichte ihren „heiligen" Anfang genommen habe.

Mit der Berufung auf eine mythologische Vergangenheit geht automatisch einher, dass man den Aufbau der Gesellschaft ausschließlich vertikal denken kann, die konstitutive Funktion des Staates für das hierarchisch strukturierte Gemeinwesen anerkennt. Das Kollektiv – symbolisiert in der Figur des Monarchen, des Despoten, des Führers oder Präsidenten – hat absolute Priorität vor dem Individuum und konkreten sozialen Gruppen („Minderheiten"). So entsteht die Vorstellung einer sozialen Homogenität und totalen Einheit des Landes, das Wissen über die Komplexität der Gesellschaft, über soziale Interessen und kulturelle Differenzen schwindet. Es ist kein Zufall, dass sich so wenige Menschen in Russland einer spezifischen Gruppe zuordnen können. Mehr als 80 Prozent geben bei Umfragen an, sie würden zur „Mittelklasse" gehören. Dies hängt damit zusammen, dass den Menschen ein Bewusstsein für ihre Autonomie und ihren Wert fehlt, die Grundlage also für Selbstachtung sowie für die Forderung nach Respektierung ihrer Würde.

Die unterkomplexen Vorstellungen von der Gesellschaft sind unmittelbar mit der Ideologie von der „Einheit der Nation" verbunden, des einen und einzigen Vaterlands, des vereinten „Volks". Verständnis für die Bedeutung der Geschichte und Interesse an der Vergangenheit entwickelt sich nur aus dem Geist einer komplexen Gesellschaft, in der Auseinandersetzung zwischen verschiedenen Gruppen. Sie entstehen aus dem Bedürfnis einer Zivilgesellschaft, die sich selbst verstehen möchte, aus der Suche nach Antworten auf die Frage, wer wir sind und woher wir kommen, warum sich etwas so und nicht anders verhält.

Doch solche Fragen wurden in Russland in den vergangenen zwei Jahrzehnten kaum gestellt. In den 25 Jahren, die seit dem Ende der Sowjetunion vergangen sind, wurde keine einzige neue Idee zu Politik und Kultur des Landes entwickelt. Dies gilt in gleichem Maß für die Vorstellungen von der Vergangenheit, von der Revolution und von der Stalin-Ära. Dies ist nicht zuletzt Folge der systematischen Unterdrückung öffentlicher Debatten unter Putin. Die Vernichtung der Geschichte ist Voraussetzung für die Schaffung eines autoritären Systems.

Aus dem Russischen von Vera Ammer, Euskirchen

Л.Д. Гудков

МЕТАФОРА И РАЦИОНАЛЬНОСТЬ

Metapher und Rationalität. Lev Gudkovs Habilitationsschrift

Antiamerikanismus in Putins Russland
Schichten, Spezifika, Funktionen

Die Vereinigten Staaten von Amerika sind das mächtigste und in mancherlei Hinsicht am weitesten entwickelte Land der Welt. Dies ruft heftige Emotionen hervor, insbesondere in Ländern, die eine „nachholende Modernisierung" durchlaufen und in Gesellschaften mit schwachen Eliten, die ihrer Bevölkerung keine überzeugende langfristige Entwicklungsperspektive bieten können. Die USA fungieren als Symbol für die Werte und Leistungen der Länder, die allgemein der „westlichen" Kultur zugeordnet werden, deren Wirtschaft kapitalistisch ist, deren Wissenschaft auf Rationalität gründet, und in denen das Gemeinwesen auf einer spezifischen politischen Ordnung gründet, deren Kernelemente Volkssouveränität, repräsentative Demokratie, Rechtsstaatlichkeit sowie die Idee der universalen und unveräußerlichen Menschenrechte und der bürgerlichen Freiheiten sind.

Im antiamerikanischen Denken werden diese Errungenschaften in idealisierter, gar utopischer Übertreibung anerkannt. Gleichzeitig bringt dieses Denken einen nationalen Minderwertigkeitskomplex und heftigen Neid zum Ausdruck. Daraus erwächst das Bestreben, sich von jener Gesellschaft zu distanzieren, die diese Leistungen erbringt und diese Werte teilt. Denn die Einsicht, dass das eigene Land dieses Niveau an Wohlstand, Freiheit, Demokratie und sozialer Sicherheit auf lange Zeit nicht wird erreichen können, ist extrem frustrierend.

In Russland ist die Utopie des Westens ist der wichtigste, der zentrale Teil der kollektiven Identität. Selbst eine erhoffte Zukunft oder eine wünschenswerte gesellschaftliche Entwicklung, ja sogar die verschiedenen Begriffe von „Moderne" – verstanden entweder schlicht als „gegenwärtige Epoche", oder aber, gehaltvoller, als eine spezifische Form des Bewusstseins und der Kommunikation autonomer Subjektivität und ihrer „Kultur", die als Ergebnis einer reflexiven Modernisierung entstanden ist - lassen sich in Russland nur in Beziehung zu dem jeweils imaginierten und virtuellen „Westen" artikulieren.[1]

Dies ist eine Folge davon, dass in Russland wichtige Mechanismen der politischen Meinungsbildung fehlen oder unterdrückt werden, so etwa ein freier Parteienwettbewerb oder öffentliche Debatten. Gleichzeitig besteht eine starke kulturelle, wirtschaftliche und technologische Abhängigkeit von den entwickelten Ländern des Westens.

Der Antiamerikanismus in Russland ist eine Verschmelzung historischer antiwestlicher Ansichten mit der kommunistischen Ideologie. Er ist Teil eines tiefen Ressentiments und einer kollektiven negativen Identität.[2] Deren Eigenart besteht darin, dass sich ein positives Selbstverständnis, ein „Wir"-Gefühl, nur dann zeigen kann, wenn die Menschen an einen „Feind" oder eine existentielle Bedrohung glauben. Russlands Bürger können ein positives Selbstverständnis nur in Verbindung mit einem nicht enden wollenden Kampf gegen Russlands Gegner artikulieren, die angeblich verhindern, dass man einen erwünschten Zustand erreichen oder sich im Alltag anständig verhalten kann. Jeder Versuch, den „Kern" der russischen nationalen Identität in Vergangenheit oder Gegenwart zu bestimmen, wird daher zu einer Apologie Russlands und seines historischen Schicksals, zu einer Rechtfertigung für die chronische Rückständigkeit des Landes.

Das führt dazu, dass der russische Nationalismus jedes Mal stärker wird, wenn ein weiterer Versuch gescheitert ist, mit den führenden modernen Ländern gleichzuziehen. Dies gilt etwa für das Scheitern des Übergangs zur Demokratie in den 1990er Jahren. Angesichts der vorherigen imperialen Ambitionen sowie des geopolitischen und ideologischen Anspruchs der UdSSR, eine expansive Politik zu betreiben, um eine besondere missionarische Rolle in der Welt zu spielen, wurde dieses Scheitern als besonders schmerzlich empfunden. Und es gilt auch wieder für die aktuelle Lage, in der sich die Weltgemeinschaft weigert, Russland als Großmacht anzuerkennen und ihm besondere Rechte und Interessen im postsowjetischen Raum zuzugestehen.

Der Antiamerikanismus im heutigen Russland besteht aus all jenen Schichten, die sich in den vergangenen Entwicklungsphasen des sowjetischen Totalitarismus im kollektiven Unterbewusstsein abgelagert haben. Die erste Phase

---

[1] Ulrich Beck, Antony Giddens, Scott Lash: Reflexive Modernisierung. Eine Kontroverse. Frankfurt/Main 1996.

[2] Lev Gudkov: Negativnaja identičnost'. Stat'i 1997–2002. Moskva 2004.

war die der massiven Übernahme von ausländischer Technik, die Voraussetzung für Stalins forcierte Industrialisierung war, aber auch die damit zusammenhängenden Kampagnen zur Entlarvung innerer Feinde, die Säuberungen und Repressionen. Die Ausbrüche antiwestlicher und antiamerikanischer Stimmungen sind eine zwangsläufige Begleiterscheinung der politischen Prozesse in Russland. Sie sind auch ein integraler Bestandteil der kollektiven Sozialisation der Bevölkerung. Da es zu keiner nennenswerten Aufarbeitung der Vergangenheit gekommen ist, zeigen Meinungsumfragen immer wieder, dass manche Respondenten negative Einstellungen haben, deren Herkunft die Gesellschaft selbst nicht kennt. Die Ursprünge der antiamerikanischen Vorurteile und Stereotypen liegen unterhalb der Bewusstseinsebene und treten als kollektive, unbewusste, ahistorische und unpersönliche Vorstellungen in Erscheinung, deren Inhalt „jedem schon immer klar" ist.[3]

Die Besonderheit des Antiamerikanismus in Russland besteht also in dem entwicklungsgeschichtlichen Zusammenhang zwischen antiwestlichen Vorstellungen und der kommunistischen Ideologie aus der Zeit Stalins und der späteren Sowjetunion. Die totalitäre und die missionarische Ideologie konkurrierten mit der Idee der Moderne. Lange Zeit wurde diese Idee entweder verdrängt oder ihre Bedeutung grundlegend verändert. Darin unterscheidet sich die antiwestliche und antiamerikanische Haltung in Russland von anderen Formen des nationalen Ressentiments. Sobald das Regime in der Sowjetunion oder im postsowjetischen Russland in eine innere Krise gerät, nehmen die antiwestliche Rhetorik im Allgemeinen und der Antiamerikanismus im Besonderen dramatisch zu. Das war während der Krise des Totalitarismus in den späten 1940er Jahren so, in der Phase des „Kampfs gegen den Kosmopolitismus" bis zu Stalins Tod, während des „Kampfes gegen die Bourgeoisie oder den westlichen Einfluss" Ende der 1950er/Anfang der 1960er Jahre und ist in der gegenwärtigen Krise des Putinschen Autoritarismus so.

Wie auch andere Formen einer relativ rationalisierten und ideologisierten Xenophobie ändert sich auch der Antiamerikanismus in Russland ständig sowohl inhaltlich als auch in seiner Intensität. Er hängt von den Interessen der Machthaber und den propagandistischen Zwecken ab. Inhaltliche Gründe für eine ablehnende oder feindselige Haltung gegenüber den USA können

---

[3] „Ich hatte immer diese Einstellung zu Amerika. Amerika wollte immer die Welt beherrschen, das war allgemein bekannt. Jetzt kommt das einfach nur deutlich zum Ausdruck." So eine Aussage aus einer Diskussion einer Fokus-Gruppe, die das Levada-Zentrum am 28. Januar 2015 durchgeführt hat.

sich ändern, aber die Struktur ist äußerst stabil, da sie dazu dient, die autoritäre Macht zu legitimieren. In ruhigen Zeiten „schlafen" die antiamerikanischen Vorstellungen und sind nur latent vorhanden, aber wenn die Legitimation der Machthaber in besonderer Gefahr ist oder aus deren Perspektive in einer solchen Gefahr zu sein scheint, können sie mit Hilfe einiger polittechnologischer Katalysatoren „aktiviert" werden. Dann dienen sie als Grundlage einer breiten Mobilisierung und Konsolidierung der Bevölkerung gegen äußere und innere Feinde.[4]

Die Nachfrage nach „Feinden" während des Zusammenbruchs des sowjetischen Systems praktisch auf Null zurück: Gerade einmal 13 Prozent der Befragten erklärten 1989 auf dem Höhepunkt der Perestrojka und des „Neuen Denkens" in der Außenpolitik, dass „unser Land Feinde hat". Sie nannten als solche den CIA, westliche Finanzkreise, aber auch Kommunisten, Demokraten, Separatisten, Islamisten, die Mafia oder die Anteilseigner der neuen Kooperativen. Die meisten Befragten erklärten hingegen: „Wozu sollten wir Feinde suchen, wenn die Wurzeln unserer Probleme mit uns selbst zu tun haben".

Mit Beginn der 1990er Jahre, unter dem Einfluss der tiefen Frustration über die Reformen und den sinkenden Lebensstandard, stieß die konservative Propaganda der Kommunisten und ehemaliger Funktionäre bei der Bevölkerung auf größere Resonanz. Gerade diese breite Unzufriedenheit und Orientierungslosigkeit nutzte Putin nach seinem Amtsantritt als Präsident als politische Ressource, um die noch schwachen, gerade erst entstandenen demokratischen Institutionen zu zerstören. Zugleich wurde auch der Antiamerikanismus wieder spürbar, die Angst vor der NATO-Erweiterung und die Antipathie gegen die baltischen Länder, die ihren Willen demonstriert hatten, nicht an der Seite Russlands zu stehen.

---

[4] Zu den Funktionen des Antiamerikanismus Lev Gudkov: „Ich hasse, also bin ich". Zur Funktion der Amerika-Bilder und des Anti-Amerikanismus in Russland, in: OSTEUROPA, 8/2002, S. 997–1014.

Graphik 1: Glauben Sie, dass unser Land Feinde hat?

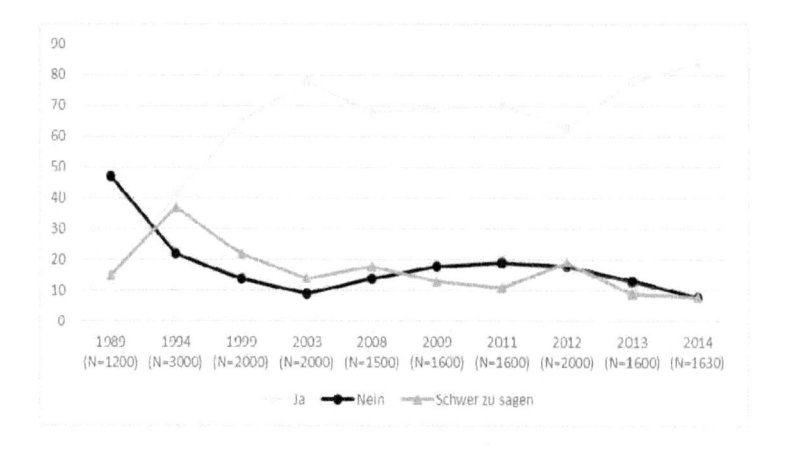

Diese Feindseligkeit ist in der gesamten Putin-Periode hoch geblieben. Lediglich während der Massenproteste 2011/2012 gegen die gefälschten Wahlen und das gesamte Putin-System ging sie etwas zurück. Allerdings können die Objekte wechseln, auf die sich die Feindschaft richtet. Der Antiamerikanismus ist eine Projektion von Motiven und Interessen. Die Ideologie der russländischen Machthaber wird auf „fremde und mächtige" Staaten projiziert. Sofern die Menschen keine andere Möglichkeit haben, das Geschehen zu deuten – und der durchschnittliche Bürger Russlands hat in seinem alltäglichen Leben nichts anderes erlebt, und er kennt keine Politiker, deren Motive und Verhaltensnormen andere wären, als die der eigenen –, übertragen sie ihre Haltung zu den Machthabern, deren Interessen, Weltbilder und Nomenklatura-Ideologie auf die übrige Welt. Deshalb unterstellen die Bürgerinnen und Bürger amerikanischen Politikern jene Motive, die sie von ihren eigenen sowjetischen oder russländischen Machthabern zu kennen glauben: grenzenlosen Zynismus, Habsucht, Expansionismus, Geringschätzung des menschlichen Lebens, humanistischer Werte und der Menschenrechte. Damit diese Übertragung in Gang kommt und funktioniert, müssen einige Voraussetzungen erfüllt sein:

- Es bedarf einer Bedrohung des „kollektiven Ganzen", welche die übliche Skepsis und das Misstrauen der Bevölkerung gegen die Demagogie der eigenen Machthaber überwindet;

- eine intensive Propaganda muss dem einzelnen Bürger das Bewusstsein der Bedrohung oder Gefährdung vermitteln;
- Aktionen der „Feinde" werden in einen breiteren Kontext gestellt, der Feind wird metaphysisch dämonisiert, aus einem Feind der Russen und Russlands wird er zu einem „Feind aller Völker".

Nach dem politischen Kurswechsel in Russland Ende der 1990er Jahre, der durch einen wachsenden Einfluss konservativer Kräfte und der Siloviki gekennzeichnet war, also der Vertreter staatlicher Gewaltapparate wie der Geheimdienste und des Militärs, hat sich das Verhältnis der russländischen Bevölkerung zu den USA kontinuierlich verschlechtert. Diesen Trend geben Meinungsumfragen stabil wieder. Er wird von vier negativen Ausschlägen unterbrochen, in denen sich antiamerikanische Kampagnen niederschlagen. Sie dauern zwei bis sechs Monate. Allerdings ist die letzte, die mit der Diffamierung des Euromajdan und der Annexion der Krim einsetzte, noch längst nicht beendet.

Graphik 2: Die Einstellung zu den USA – Unterschied zwischen positiven und negativen Einschätzungen der USA (in Prozent)

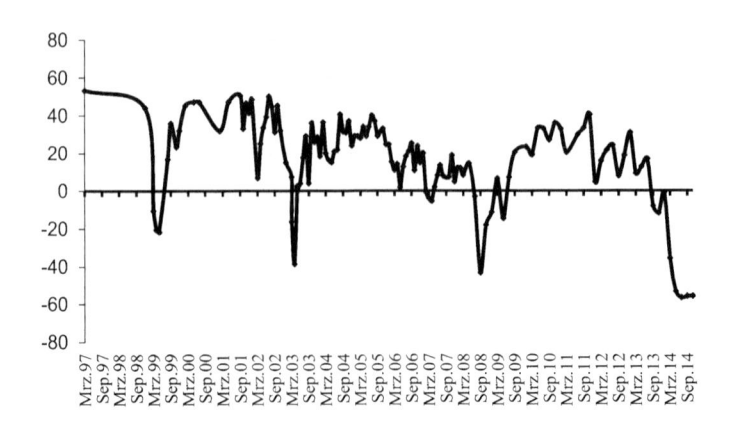

Der erste Ausbruch von Antiamerikanismus begann im Frühjahr 1999, kurz nachdem Evgenij Primakov zum Ministerpräsidenten ernannt worden war, der zuvor die Auslandsaufklärung und das Außenministerium geleitet hatte. Diese Propaganda-Kampagne war die Reaktion auf die Bombardierung Serbiens durch die NATO. Die zweite Welle fällt bereits in Putins Amtszeit. Sie setzt im März 2003 mit dem Beginn des Irak-Kriegs gegen Saddam Hussein ein. Die nervöse Reaktion des Kreml auf amerikanische Versuche, das diktatorische Regime zu stürzen, das einen Krieg im Nahen Osten entfesselt hatte, war bereits ein Vorgriff auf die folgenden Kampagnen zur Abwehr der „Farbrevolutionen" wie der „Rosenrevolution" in Georgien im selben Jahr, der „Orangen Revolution" im Winter 2004 in der Ukraine sowie der „Tulpenrevolution" in Kirgistan 2005.

Die dritte Kampagne begann im Sommer 2008 während des Krieges zwischen Russland und Georgien, den die russländische Propaganda mit der amerikanischen Politik in Verbindung brachte, Russland aus seinen traditionellen Einflusszonen im postsowjetischen Raum zu verdrängen. Die aktuelle setzte 2011 nach den Massenkundgebungen gegen Putin in Russlands Großstädten ein. In diesem Moment erklärte die Putin-Administration der Zivilgesellschaft und der Opposition den Krieg.[5] Da die Parolen der Protestbewegung von einem erheblichen Teil der Bevölkerung geteilt wurden, und zwar nicht nur in den Großstädten, blieben die Bemühungen der Kreml-Agitatoren eine Zeitlang erfolglos.

Dann jedoch brachten Putins Polittechnologen den „Liberalismus", die Menschenrechte, Glaubenstoleranz und Demokratie mit Pädophilie, Homosexualität, gleichgeschlechtlichen Ehen, dem Missbrauch adoptierter Kinder in den USA, dem Verfall der christlichen Moral in Europa in Verbindung.[6] Sie stellten die Opposition sowie gemeinnützige Menschenrechts- und generell Nichtregierungsorganisationen als ausländische Agenten und subversive Kräfte dar, die Russland schwächen, sein politisches System destabilisieren und Regierung und Volk entzweien wollten.[7]

Erst in diesem Augenblick entfaltete die antiwestliche, antiamerikanische Propaganda ihre volle Wirkung. Der Antiamerikanismus wurde Grundlage der repressiven Innenpolitik. Seit 2012 wurden 35 neue Gesetze oder

---

[5] Dazu: Auge auf! Aufbruch und Regression in Russland. [= OSTEUROPA, 6–8/ 2012.
 – Mischa Gabowitsch: Putin kaputt!? Russlands neue Protestkultur. Berlin 2013.
[6] Spektralanalyse. Homosexualität und ihre Feinde. Berlin 2013 [= OSTEUROPA, 10/2013].
[7] Grigorij Ochotin: Agentenjagd: Die Kampagne gegen NGOs in Russland, in: OSTEUROPA, 1–2/2015, S. 83–94.

Novellierungen bereits bestehender Artikel im Straf- und Zivilgesetzbuch verabschiedet, welche die Kontrolle über die Gesellschaft verschärften, die Zensur in den Massenmedien und im Internet wiederherstellten sowie die politische Verfolgung von Andersdenkenden legalisierten.

Seit Vladimir Putins Rede auf der Münchner Sicherheitskonferenz von 2007 wird der Bevölkerung Russlands beharrlich suggeriert, dass das Land von Feinden eingekreist sei. Der „Westen" beabsichtige, Russland zu schwächen und aus den Zonen seiner traditionellen nationalen Interessen – dem Territorium der ehemaligen UdSSR – zu verdrängen. Er wolle seine Rohstoffressourcen unter seine Kontrolle bringen.

Die von Putin deklarierte „Wiedergeburt Russlands", die Überwindung der nationalen Erniedrigung, das „Sich-Erheben des Landes von den Knien" nehmen vor aller Augen Züge einer kollektiven Metaphysik an – der „ewigen Konfrontation" Russlands mit dem Westen als besonderer, geschlossener „Zivilisationen". Die Polittechnologen des Kreml versuchen bewusst, so jenes Vakuum zu füllen, das sich bereits während der Brežnevschen Stagnation unmerklich öffnete, als die Ideologie des Klassenkampfs zu erodieren begann und nach dem Ende des Ost-West-Konflikts überwunden war. Die Funktion dieser „nationalen Idee", einer im Kern reaktionären Utopie, ist es, das alternativlos gewordene Putinsche Herrschaftssystem zu konservieren und zugleich die Begriffe und Prinzipien der „offenen Gesellschaft", des Rechtsstaats, der Modernisierung, der Werte von Demokratie und Liberalismus zu diskreditieren. Denn wer sie ernst nimmt, kommt zwangsläufig zu der Einsicht, dass institutionelle Reformen und Veränderungen im Herrschaftssystem erforderlich sind, um Wirtschaftswachstum, gesellschaftliche Entwicklung und technologischen Fortschritt zu ermöglichen.

Die Politik des Kreml ist ziemlich erfolgreich, wenn man die Einschränkung des öffentlichen Raums durch die allmähliche Verdrängung unabhängiger Massenmedien und deren Liquidierung durch Eigentümerwechsel, Austausch der Redaktionen oder der Schließung von Medien wegen der Veröffentlichung „extremistischer" Materialien in Betracht zieht.[8]

---

[8] Gleb Morev, Maria Stepanova: Im Würgegriff. Russlands Medienlandschaft unter Druck, in: OSTEUROPA, 3/2015, S. 141–150.

Tabelle 1: Welche der folgenden Auffassungen entspricht am ehesten Ihrer Vorstellung vom „Westen"? (in Prozent der Befragten)

Der Westen steht für	
eine andere Zivilisation, eine fremde Welt mit ihren eigenen Gesetzen, anderen Menschen und anderen zwischenmenschlichen Beziehungen	44
Staaten, die immer feindlich zu Russland eingestellt sein werden	25
eine geographische Bezeichnung für alle Länder westlich von Russland	19
eine rationale, kalte, egoistische Welt, in der die Menschen rein formale Beziehungen zueinander haben	19
Sicherheit und Wohlstand, Länder in denen man gut und ruhig lebt	19
die höchsten Errungenschaften der westlichen Kultur: Wissenschaft, Philosophie, Kunst usw.	8
vorbildliche, moderne, demokratische Rechtsstaaten	6
schwer zu sagen	3

N=1600; die Antworten sind geordnet, Mehrfachantworten waren möglich, daher ergeben die Antworten mehr als 100 Prozent; Februar 2015

Der symbolische Hauptgegner in dieser „ewigen Konfrontation" Russlands mit dem Westen sind die USA. Allerdings werden die negativen Projektionen, die mit der vermeintlichen Vorherrschaft der USA verbunden sind, auch auf andere Länder übertragen, die in der Wahrnehmung der russländischen Bevölkerung von Amerika abhängig sind und deshalb als bloße Satelliten oder Marionetten Amerikas fungieren. Deshalb unterliegt die Haltung der russländischen Bevölkerung zur EU denselben Gesetzen wie die Dynamik des Antiamerikanismus. Das verweist auf die funktionale Gemeinsamkeit dieser Perzeptionen. Die Haltung zur EU verschlechtert sich seit 2003 kontinuierlich. Einen vorübergehenden „Einbruch" des Bildes von der EU gab es infolge der heftigen Reaktion der russländischen Politiker und Propaganda auf die Kritik der EU-Staaten an Russland während des Kaukasuskriegs im August 2008. Seit dem Euromajdan ist die Haltung der russländischen Bevölkerung zur EU negativ.

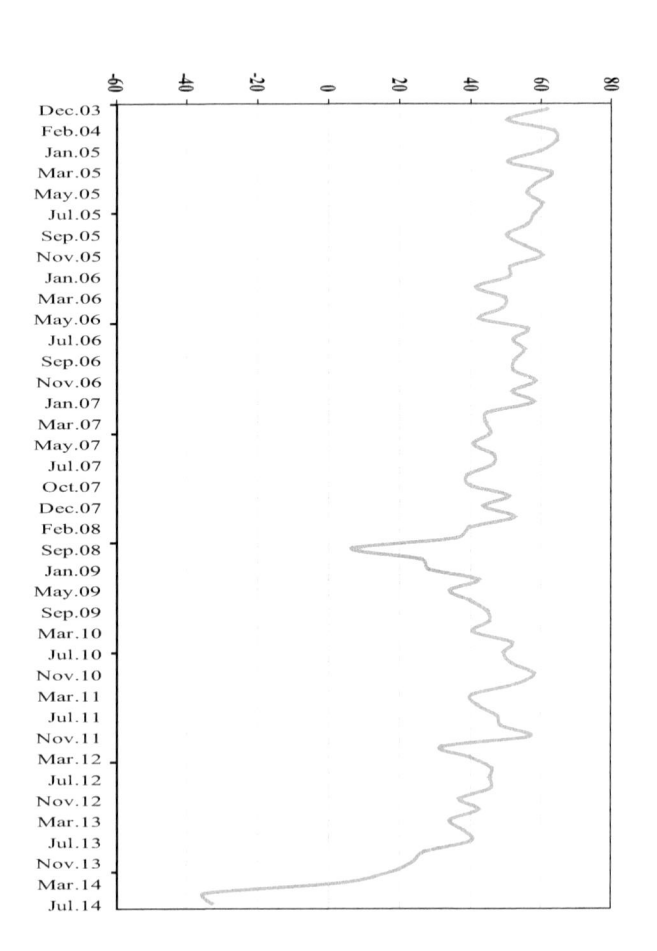

Graphik 3: Verhältnis zur Europäischen Union – Unterschied zwischen positiven und negativen Einschätzungen der EU

Sehr stabil ist die negative Einstellung zu den baltischen Staaten und Georgien, die einst der UdSSR angehört haben oder die, wie etwa Polen, Teil des sozialistischen Lagers waren (Tab. 2). Die Tatsache, dass sie ausschieden, hat im Bewusstsein der breiten Bevölkerung nicht nur die Position des Großen Russland (Velikaja Rossija) geschwächt, sondern gilt als demonstrative Beleidigung Russlands. Die Abwendung von der sowjetischen Vergangenheit und die offene Weigerung der Esten, Letten und Litauer, ein engeres, solidarisches Verhältnis zum heutigen Russland einzugehen, interpretiert der Durchschnittsbürger leicht als Verachtung des ehemaligen Imperiums und als Abneigung gegen Russland und dessen Bevölkerung. Die Schuld daran wird dem Westen zugeschrieben, genauer den USA, die „den anderen Staaten ihre Regeln aufdrängen".

Es geht gar nicht darum, ob diese Vorstellungen in der russländischen Gesellschaft berechtigt sind, es kommt darauf an, dass es sie gibt. Sie entstehen in Reaktion auf innere Spannungen und Komplexe, auf unterdrückte Selbstwertgefühle. Deshalb sieht die Putinsche Propaganda gerade in den ehemals sowjetischen Staaten jene, die Russland am feindseligsten gegenüber eingestellt sind. Dafür ist deren Entscheidung für die Demokratie und den Westkurs verantwortlich. Denn indirekt stellt diese eine Bedrohung für das herrschende autoritäre Regime dar. Daher die ständigen Bemühungen des Kreml und seiner Polittechnologen, die Regierungen dieser Länder zu diskreditieren und sie zu beschuldigen, sie unterstützten ihre „Nazis", betrieben eine antirussische Politik und diskriminierten die russischsprachige Bevölkerung wie in einem Apartheidsystem. Polen wird darüber hinaus die grausame Behandlung gefangener Rotarmisten im Jahre 1920 zur Last gelegt.

Ebenso bezeichnend ist, wie sich die Liste der „befreundeten" Länder in den letzten zehn Jahren verändert hat: An der Spitze stehen autoritäre Regime, westliche Länder sind praktisch verschwunden. Die Ausnahme stellt Deutschland dar, wobei die Sympathie für Deutschland merklich abgenommen hat, die Feindseligkeit ist dafür von drei auf 18 Prozent gewachsen.

Die Tatsache, dass die westlichen Länder zu Putins Politik in der Ukraine eine gemeinsame Position vertreten, ist in der Wahrnehmung der russländischen Bürger lediglich Folge eines amerikanischen Diktats mit dem Ziel, Druck auf Russland auszuüben und seinen Einfluss in der Welt zurückzudrängen.

Tab. 2: Nennen Sie fünf Länder, die Ihrer Auffassung nach Russland gegenüber die feindseligste Einstellung vertreten

	2005	2006	2007	2009	2010	2011	2012	2013	2014
USA	23	37	35	45	26	33	35	38	**69**
Ukraine	13	27	23	**41**	13	20	15	11	**30**
Litauen	**42**	**42**	32	35	35	34	25	17	24
Lettland	**49**	**46**	36	35	36	35	26	21	23
Estland	32	28	**60**	30	28	30	23	16	21
Georgien	38	**44**	**46**	**62**	**57**	**50**	**41**	33	19
Großbritannien	3	5	3	8	6	8	7	9	18
Deutschland	3	2	2	3	1	4	3	3	18
Polen	4	7	20	10	14	20	8	8	12
Kanada	1	1	<1	1	<1	1	1	1	7
Afghanistan	12	12	11	7	14	15	8	10	5
es gibt keine/ schwer zu sagen	20	23	19	18	21	15	28	31	20

Angaben in Prozent der Befragten. Umfrage jeweils im Mai, 2007 im August, 2009 im März. Aufgeführt sind nur die elf Länder, die von mehr als 5% der Befragten genannt wurden. Es folgten Japan und Frankreich (5 Prozent), Irak (3 Prozent), Iran, Israel, Aserbaidschan, Rumänien, Nordkorea, China (je 1–2 Prozent).

Tabelle 3: Nennen Sie die fünf Länder, die Ihrer Meinung nach Russland gegenüber am freundschaftlichsten eingestellt sind

Mai 2005	Prozent	Mai 2014	Prozent
Belarus	46	Belarus	51
Kasachstan	20	**China**	**40**
Deutschland	23	Kasachstan	37
Ukraine	17	Armenien	15
Indien	16	Deutschland	14
Frankreich	13	Indien	13
China	**12**	Kuba	10
Bulgarien	11	Aserbaidschan	9
Armenien	9	Tadschikistan	8
Finnland	6	Bulgarien	8

Levada-Zentrum, N=1600; es werden die zehn Länder angeführt, die in den beiden Befragungen am häufigsten genannt wurden.

Tabelle 4: Sind Ihrer Auffassung nach die größten westlichen Länder (USA, Deutschland, Japan, Großbritannien und andere) Partner oder Gegner Russlands?

	1997 VIII	2003 VII	2007 VII	2010 VII	2014 IX
Partner Russlands, die mit ihm gemeinsame Interessen haben (z.B. in der Bekämpfung von Kriminalität, Terrorismus und ökologischen Katastrophen, in der Entwicklung von Wissenschaft, Kultur, Wirtschaft)	29	42	42	44	8
Gegner Russlands, die ihre Probleme auf dessen Kosten lösen wollen und bei jeder Gelegenheit seinen Interessen schaden	51	42	46	44	79
schwer zu sagen	21	15	13	12	13

(N=1600)

Faktoren und Motive der antiamerikanischen Propaganda

Im Jahr 2014 haben in Russland Aggressivität, Intoleranz und Hass, aber auch Nationalstolz sowie Masseneuphorie in einem beispiellosen Maße zugenommen. Die Politik der Führung stößt auf nahezu komplette Unterstützung. Das ist kein spontaner Prozess, keine spontane Reaktion der Gesellschaft. Es ist vielmehr das Ergebnis einer gezielten, sehr effizienten und gekonnten, aber absolut zynischen antiwestlichen Propaganda des Kreml sowie der Annexion der Krim und des unerklärten Kriegs mit der Ukraine. Im Fokus oder Zentrum dieser Propaganda stehen antiwestliche und vor allem antiamerikanische Rhetorik und Demagogie. Im Dezember 2014 waren 87 Prozent der vom Levada-Zentrum befragten Bürgerinnen und Bürger Russlands überzeugt, dass die Länder des Westens eine feindliche Politik gegenüber Russland betreiben. Lediglich acht Prozent der Befragten waren mit dieser These nicht einverstanden. Im Februar 2015 antworteten 88 Prozent auf die Frage, was sie von den USA hielten: Diese seien ein „Aggressor, der alle Länder der Welt unter Kontrolle bringen will". Lediglich vier Prozent bezeichneten die USA als „Verteidiger von Frieden, Demokratie, Ordnung in der ganzen Welt". Das wesentliche Motiv der kremlfreundlichen Medien besteht in der Behauptung, dass der Euromajdan ein Glied in der Kette der von den USA weltweit inspirierten Massenunruhen und gesellschaftspolitischen Umstürze sei, die mit Hilfe des Internet und sozialer Medien sowie mit Unterstützung von ausländischen Stiftungen und NGOs durchgeführt würden. Von der „Rosenrevolution" in Tiflis 2003 über die „Orange Revolution" in Kiew und die Demos auf dem Tahrir-Platz in Kairo sei es jeweils nur darum gegangen, eine prowestliche Regierung zu installieren.

Diese Idee lieferte der russländischen Bevölkerung eine überzeugende universal gültige Erklärung für die laufenden Ereignisse. Sie ließ sich leicht mit der traditionellen russländischen antiwestlichen Einstellung, der sowjetischen antikapitalistischen Ideologie und den paranoiden Ängsten vor einem Weltkrieg vereinbaren. 83 Prozent jener Befragten, die wenigstens eine ungefähre, wenn auch sehr wirre Vorstellung von den Unruhen in Kiew hatten, stimmten der Auffassung zu, dass die Massendemonstrationen in der Ukraine vom Westen inspiriert, organisiert und bezahlt seien.

Tabelle 5: Was hat Ihrer Meinung nach zur Krise in der Ukraine Ende 2013 geführt? (in Prozent)

das Bestreben der USA, eine „bunte" Revolution in der Ukraine zu organisieren	48
das korrupte Regime des ehemaligen ukrainischen Präsidenten Janukovyč	27
die Hoffnungen einfacher Menschen in der Ukraine, dass eine Annäherung an die EU wesentliche Probleme des Landes lösen werde	25
die hartnäckigen Aktionen der Europäischen Union, die die Ukraine in ihren Einflussbereich holen will	20
die ukrainische Opposition, die bei den Straßenprotesten zu den Waffen gegriffen hat	19
Janukovyčs Versuche, zwischen Russland und der Europäischen Union zu lavieren	15
Russlands Versuch, sich die Loyalität Janukovyčs mit 15 Mrd. US-Dollar und 40 Prozent Nachlass auf den Gaspreis zu „erkaufen"	3
schwer zu sagen	8

Mehrfachantworten waren möglich; Dezember 2014

Die Ereignisse in Kiew, die Proteste auf dem Majdan und der nationaldemokratische Charakter des Aufstands gegen das korrupte Janokovyč-Regime stellten auch für das Putin-System eine ernsthafte Gefahr dar. Die Ähnlichkeit, wenn nicht sogar Identität, beider korrupter Regime lag offen zutage. Der Erfolg des Majdan konnte ein Beispiel für die russländische Opposition sein. Der ganze Sinn der Ukraine-Politik des Putin-Systems besteht darin, die prowestlichen Kräfte der demokratischen nationalen Konsolidierung zu diskreditieren, die Basis für Reformen zu zerstören und die Unzufriedenheit der eigenen Bevölkerung mit der korrupten Bürokratie auf jene zu lenken, die Rechtsstaat, Demokratie und eine Politik der Europäisierung verfechten.

Die Propagandamaschine knüpfte an Altbewährtes an: Die wesentlichen Punkte, auf die sich die Polittechnologen des Putin-Systems konzentrierten, waren bereits zu Beginn seiner Präsidentschaft entwickelt worden. Bereits damals hatte das Regime die baltischen und jene postsozialistischen Staaten zu diskreditieren versucht, die sich von der totalitären Vergangenheit gelöst hatten und sich von Russland abwendeten, da sie das System unter Putin als ein Erbe des Sowjetsystems wahrnahmen. Sie wurden jeder Form der Kränkung Russlands und des Verrats bezichtigt, beschuldigt, Nazis zu rehabilitieren und „russophob" zu sein.

Russlands politische Führung war während der „Farbrevolutionen" in Georgien und der Ukraine in größter Sorge, dass diese Staaten aus Russlands Einflusszone ausscheren könnten. Der Beitritt dieser Länder zur EU oder zur NATO hätte den Zusammenbruch der diktatorischen oder zumindest personalistischen, undemokratischen Regime bedeutet, die im postsowjetischen Raum entstanden sind. Die Angst vor einer „ideologischen Ansteckung" durch westliche demokratische Werte sowie vor einer „Expansion" der NATO nach Osteuropa zwingt das Putin-System geradezu, alle Ereignisse wie die Proteste gegen die gefälschten Wahlen im Winter 2011 über Kritik an Korruption bis hin zum „Arabischen Frühling" als eine Kette von Verschwörungen und subversiven Aktionen wahrzunehmen.[9] Diese seien inszeniert vom State Department, dem CIA oder von anderen westlichen Geheimdiensten, um eine neue Weltordnung, eine „Monopolherrschaft" der USA und ihrer Verbündeten zu errichten.

Es ist völlig irrelevant, ob wir es hier mit einer authentischen Paranoia des „orthodoxen Tschekismus" zu tun haben oder ob es sich eher um eine Art Spiel, eine bloße Maskerade, handelt, die insofern nützlich ist, als sie erlaubt, zusätzliche Maßnahmen zu ergreifen, um den gesellschaftlichen Status quo zu konservieren. Wichtig ist, dass die Polittechnologen des Putin-Systems gerade zu diesem Arsenal an Mitteln greifen, um die Wirklichkeit zu konstruieren, und dass die Gesellschaft in der Regel bereit ist, diese Spielregeln zu akzeptieren.

Im verschwörungstheoretischen Denken der Gesellschaft kommen Ablagerungen und Rudimente des Stalinschen Verdachts sowie der sowjetischen Praxis des „Kampfes gegen Schädlinge, Spione und Diversanten" zum Ausdruck. Derartige Einstellungen, die keine persönliche, sondern eine kollektive Verantwortlichkeit zur Voraussetzung haben, sind sehr langlebig. Sie reproduzieren sich über Generationen, obwohl sich heute niemand mehr an Klassenfeinde, an den „Kampf gegen Kosmopoliten" und andere Phantome der geschlossenen Gesellschaft oder an die Atmosphäre in einem militärischen Mobilisierungsregime erinnert.

---

[9] Il'ja Jablokov: Feinde, Verräter, Fünfte Kolonnen. Verschwörungstheorien in Russland, in: OSTEUROPA, 4/2015, S. 99–114.

Unter den Bedingungen einer solchen Informationspolitik werden die Gründe und Motive des Kriegs in der Ukraine äußerst vereinfacht wahrgenommen. Die Realität erscheint schwarz-weiß. Die USA werden dämonisiert und befinden sich demnach in einer Konfrontation mit Russland, das die traditionellen christlichen Werte und Moralvorstellungen verteidige. In diesem Bild erscheint Putin als Verteidiger der Russen. Die offizielle Propaganda greift zur Darstellung der politischen Lage in der Ukraine auf die Terminologie des *Großen Vaterländischen Krieges* zurück. In den Nachrichtensendungen ist von „Massenerschießungen", ukrainischen „Faschisten", Kiewer „Strafkommandeuren" oder Genozid die Rede. Das macht es den Bürgerinnen und Bürgern Russlands unmöglich, sich mit den „Unmenschen" in der Ukraine zu identifizieren. Denn in der Semantik der sowjetischen Erinnerung sind Faschisten keine Menschen. Diese Propaganda zerstört die bloße Möglichkeit, die Vorgänge in der Ukraine zu verstehen. Sie erzeugt a priori eine feindliche Einstellung, die jede weitere Kommunikation blockiert.

Beständig schüren Russlands Staatsmedien die Angst vor einem drohenden Krieg und einer Verschwörung gegen Russland als Land „normaler Menschen". Der Clou an dem Appell an Russlands Bürger als „normale Menschen" besteht darin, dass sie sich für solche halten und implizit sich weigern, die „Normalität" der anderen anzuerkennen. Auch dahinter steht eine Technik, jegliche Bereitschaft zunichte zu machen, mit anderen zu kommunizieren und westliche Werte zu verstehen. Das hat zu einer schnellen Selbstisolierung der Russen geführt, zu einem Selbstverständnis als exklusive Personen, als „letzte Bewahrer" nicht nur christlicher Werte und Traditionen in der Welt, sondern sogar des „Menschenbildes" schlechthin. Diese archaische Barriere des „Eigenen" gegen das „Fremde" ist auf sozialer Ebene wichtiger als die Differenzen zwischen Ideologien und Parteien. Deshalb erfasst momentan die patriotische Mobilisierung praktisch die gesamte Bevölkerung.

Die latente, weil verborgene oder unterdrückte Empörung über das Verhalten der Ukrainer, die sich Europa zugewandt haben, ist einerseits durch Neid verursacht.[10] Andererseits wird sie dadurch gefördert, dass Aggressivität gegen Ukrainer und Amerikaner durchaus hoffähig sind. Zum Teil wird diese Feindseligkeit durch die Vorstellung gemildert, dass die Ukrainer offenbar dem Einfluss fremder Kräfte zum Opfer gefallen seien. Viele

---

[10] In Befragungen ist immer wieder die Klage zu hören: „Nicht wir bewegen uns auf Europa zu, obwohl wir auch wie im Westen leben wollen, aber nicht können; wir können uns nicht einmal eingestehen, dass wir nicht wie die Menschen im Westen sein können."

Bürgerinnen und Bürger Russlands verweigern ihnen aber Mitgefühl und Solidarität. Sie lehnen es ab, sich in deren Probleme und Interessen sowie deren Sicht des Geschehens hineinzudenken. Für das ukrainische Bestreben, sich an Europa zu orientieren und europäische Werte und Normen zu teilen, haben sie kein Verständnis.

Die Projektion der wachsenden Aggressivität in der eigenen Gesellschaft auf die Außenwelt, wo die Nachbarstaaten als zunehmend „feindselig" wahrgenommen werden, entwickelt sich zu der illusorischen Vorstellung, dass in den letzten zehn Jahren Russlands Ansehen in der Welt gewachsen sei. Wenn das 2012 nur 25 Prozent der Befragten glaubten, so waren es im August 2014 bereits 44 Prozent. Dagegen sank der Anteil jener, die angaben, dass Russlands Ansehen abgenommen habe, von 32 auf 22 Prozent (Graphik 4).

Dieser doppelte Selbstbetrug führt dazu, dass die öffentliche Meinung Russlands jede Verantwortung für die Entfesselung der blutigen Kämpfe in der Ukraine, die von Kreml-Politikern provoziert und unterstützt werden, aus dem kollektiven Bewusstsein verdrängt. Während gerade mal 18 Prozent diese Verantwortung Russlands sehen, bestreiten 75 Prozent der Befragten, dass das eigene Land eine Verantwortung für den Tod von Menschen in der Ostukraine trägt. Noch weniger erkennen eine persönliche Verantwortung an.

Graphik 4: Hat in den letzten zehn Jahren das Ansehen Russlands in der Welt zugenommen, abgenommen oder ist es unverändert geblieben? (in Prozent)

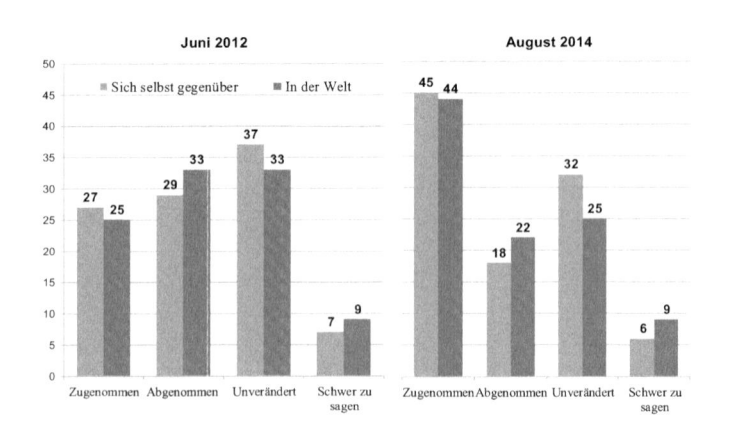

Ohne Zweifel ist es gelungen, die Menschen in Russland davon zu überzeugen, dass die USA Russland Böses wollen,[11] dass im Donbass ein Volksaufstand stattgefunden habe, der den Willen der Mehrheit ausdrückt. Diese „Meinung der Mehrheit" gewinnt den Status einer Norm. Für die meisten Menschen folgt daraus, sich dieser Mehrheit anzuschließen, deren kollektive Vorstellungen zu übernehmen und sich in jeder Hinsicht konformistisch zu verhalten, um nicht als Abweichler zu gelten und deswegen Gruppensanktion ausgesetzt zu sein. Außerdem, so das Bild, haben sich im Donbass „Leute wie wir" erhoben. Die „Identifikation mit der Mehrheit" funktioniert wie die Deutung des allgemeinen Geschehens. Darin ist der Donbass nur ein konkreter Einzelfall.

Dass es dem Putin-System gelungen ist, die Gesellschaft derart zu integrieren und ihren Konsens mit der eigenen Herrschaft zu organisieren, ist ausschließlich dadurch bedingt, dass das kollektive Bewusstsein extrem primitiv geworden ist. Die Gesellschaft ist auf frühere Phasen der sozialen, politischen und kulturellen Entwicklung zurückgeworfen. Der wesentliche Faktor der negativen Solidarität ist das antiwestliche Ressentiment, die massive Zunahme anti-

---

[11] Teilnehmer an den vom *Levada-Zentrum* durchgeführten Diskussionen in Fokusgruppen erklärten: „Das ist so, das weiß ich von Kindheit an, ich kann nicht glauben, dass alles anders ist." – „Als der wichtigste Mensch auf der Welt, Präsident Ronald Reagan, Russland zum Reich des Bösen erklärte und eines der Sicherheitskonzepte des amerikanischen Systems im Kampf gegen Russlands Aggression bestand, als Reagan dies sagte, haben wir alle geglaubt, dass er nicht gegen Russland, sondern gegen den Kommunismus kämpft. Gegen das System. Und jetzt hat sich herausgestellt, dass sie keineswegs gegen den Kommunismus kämpfen, sondern gegen Russland." – „Wir dachten, der Westen hilft uns." „Und wir haben in den 1990er Jahren mit Freuden erwartet, dass jetzt die Amerikaner kommen und uns ein angenehmes Leben schaffen . . . und sie wollten auf uns alle pfeifen. Vor allem auf die, die ihnen Konkurrenz machen konnten, ob nun Russland oder China. Sie sind Pragmatiker. Amerika ist ‚groß', eine exklusive Großmacht, alle anderen sollen . . ." – „Ich weiß nicht, was sich geändert hat. Ich hatte immer diese Einstellung zu Amerika. Amerika wollte immer die Welt beherrschen, das wussten alle. Jetzt kommt das einfach nur deutlich zum Vorschein." – „Amerika hat immer die Weltherrschaft angestrebt, und in den letzten Jahren hat eine aggressive Außenpolitik betrieben, es mischt sich in die inneren Angelegenheiten anderer Länder ein, setzt orangene Kriege in Gang, in Ägypten, in Syrien, dabei sterben Menschen, jetzt in der Ukraine. Sie helfen den oppositionellen Kräften, sie wollen eine Regierung installieren, die ihnen gegenüber loyal ist, um ihren Einfluss zu stärken. Manchenorts gelingt das, mancherorts nicht. In Ägypten hat das zum Beispiel zu einem Chaos geführt." Februar 2015, Moderator: Aleksej Levinson.

westlicher Stimmungen. Eine „negative Einstellung" zu den USA und der EU bekundeten im November 2014 73 Prozent bzw. 63 Prozent der Befragten.[12] Die Logik ist einfach. Wenn Russlands politische Führung um Putin sich in der Wahrnehmung der breiten Öffentlichkeit „richtig" verhält, indem sie „ihre Leute", die Russen auf der Krim und im Donbass verteidigt, braucht man die Kritik des Westens nicht in Betracht zu ziehen. Mehr noch, je stärker der Druck auf Russland ist, desto höher die Anerkennung für Putin, der die feindlichen Aktivitäten der westlichen Länder konterkariert. Auf alle Fälle tragen diese die volle Verantwortung. Die Position, dass die Annexion der Krim und der provozierte Krieg im Donbass dem Völkerrecht widersprechen und dies unverhüllte Gewalttakte gegen Schwächere sind, wird nicht beachtet, da die Menschen a priori von den üblen Absichten der USA und des Westens überzeugt sind.

Tabelle 6: Warum verfolgt der Westen Ihrer Meinung nach gegenüber Russland eine feindselige Politik? (in Prozent der Respondenten, die glauben, dass die westlichen Länder Russland gegenüber feindlich eingestellt sind)

der Westen will Zugriff auf die Naturreichtümer Russlands erlangen	46
der Westen hat Angst vor Russland und seiner Militärmacht	43
der Westen und Russland waren immer unversöhnliche Gegner, die Unterschiede in Religion, Sitten und Kultur sind zu groß	30
die westlichen Länder beneiden Russland	24
anderes	1
schwer zu sagen	2

Mehrfachantworten waren möglich; Dezember 2014

---

[12] Bezeichnend ist, dass die negative Haltung zur Ukraine – wie während des Kaukasuskriegs im Jahr 2008 zu Georgien – etwas schwächer ist. Georgien und die Ukraine gelten der Propaganda als „Marionetten der USA", nicht als selbständige Handlungssubjekte.

Tabelle 7: Worin drückt sich die feindselige Politik der westlichen Länder gegenüber Russland aus? (in Prozent der Respondenten, die glauben, dass die westlichen Länder Russland gegenüber feindselig eingestellt sind)

In Sanktionen gegen die russländische Wirtschaft und Unternehmen	51
Es wird ein Informationskrieg gegen Russland geführt	42
In den Versuchen, die Wirtschaft und die Naturreichtümer Russlands unter Kontrolle zu bekommen	40
Sie wollen Russland aus dem postsowjetischen Raum verdrängen und Kontrolle über die Staaten der Ex-UdSSR und die ehemals sozialistischen Länder gewinnen	31
In den Versuchen, das Regime Putins durch eine andere, ihnen genehmere Regierung zu ersetzen	31
In den Sanktionen gegen die höchste Führung des Landes	30
In den Versuchen, der russländischen Bevölkerung fremde Werte, eine fremde Kultur, Denkweise und Sitten aufzuzwingen	25
Ein großer Krieg um eine Umverteilung der Welt wird vorbereitet, es werden Militärstützpunkte in der Nähe der russländischen Grenze errichtet	23
In der Unterstützung der Opposition und unabhängiger gesellschaftlicher Organisationen, die Putin kritisieren	12
Anderes	<1
schwer zu sagen	1

Mehrfachantworten waren möglich; Dezember 2014

Die Struktur des Antiamerikanismus

Um die Feindseligkeit der USA zu betonen, greift die Propaganda heute wieder auf all jene Elemente zurück, die das sowjetische Amerika-Bild prägten. Bestimmend war die Vorstellung von Amerika als „reichstem Land" der Welt und als größter Militärmacht sowie als Konkurrent der UdSSR um die globale Führung. Reichtum und Militärmacht dienten als Maßstab für die nachholende Modernisierung der Sowjetunion nach dem Ende des Zweiten Weltkriegs. Der ständige innere Vergleich mit Amerika bildete die Grundlage für die Entwicklung der nationalen Identität. Kein anderes Land kam auf dieser Ebene als Messlatte für die Größe des russischen Volkes in Frage, das der Kern der Sowjetunion als Staat und für ihren Anspruch auf eine besondere Mission in der Weltgeschichte war. Der Zusammenbruch der UdSSR löste im kollektiven Bewusstsein der Sowjetmenschen ein heftiges Trauma aus, dessen Ausmaß Beobachter eindeutig unterschätzten. Russland hatte in den Augen der eigenen Bevölkerung seinen Status als Großmacht verloren und war zu einer großen, aber rückständigen Regionalmacht geworden mit maßlosen Ambitionen und Minderwertigkeitskomplexen, dem frustrierten Bewusstsein derer, die im Kalten Krieg als Wettbewerb zweier Atom-Supermächte eine Niederlage erlitten hatten.

Die Folgen dieses Traumas sind erst jetzt offensichtlich geworden, in der Masseneuphorie nach der Annexion der Krim. Ein Teilnehmer an einer der Fokusgruppen im Levada-Zentrum brachte es auf den Punkt: Wir haben ihnen (dem Westen, den USA; L.G.) die Zähne gezeigt, wir haben sie gezwungen, uns zu respektieren."

Amerikas „Modernität" wurde in der Sowjetunion nie als die Moderne einer hoch entwickelten und differenzierten Gesellschaft und Kultur aufgefasst. Vielmehr bestand die „Modernität" aus sowjetischer Sicht darin, dass der Staat über alle notwendigen Ressourcen verfügt, um seine geopolitischen Ziele durchzusetzen und international eine dominierende Stellung zu erreichen. Bis heute gilt in Russland nur das als Attribut einer modernen Großmacht, was als vermeintliches Zeichen der Stärke dienen kann: eine hochentwickelte Industrie, die genügend neue Rüstung für Armee und Flotte produziert, eine Wirtschaft, die sich am Militärisch-industriellen Komplex orientiert, hochqualifizierte Spezialisten, welche die neueste Rüstung produzieren und die Technologie für ihre Produktion schaffen.

Allerdings steht dieses Verständnis von „Modernität" im Widerspruch zu den Grundtendenzen der heutigen Welt – zur Globalisierung, Demokratisierung sowie zur Entwicklung einer Ethik der „offenen Gesellschaft". In Putins Russland, das um die „Wiederherstellung der verlorenen Größe" bemüht ist, hat die Idee enorm an Zuspruch gefunden, dass die Rückkehr zu einer fast autarken Selbstgenügsamkeit notwendig sei, um sich vor dem schädlichen Einfluss „fremder Traditionen", westlicher Moral und Kultur sowie der Ideologie des Liberalismus zu schützen. In der Öffentlichkeit ist immer öfter die paranoide Idee zu hören, dass Russland verletzlich sei. Deshalb sei es erforderlich, die nationale Sicherheit zu stärken. Deshalb müsse alles „von uns" sein – unsere Lebensmittel, unsere Technik, unsere Kommunikationsmittel, unsere Bildungsinhalte, die Programme der NGOs. Russland solle nicht von externen Kräften abhängig sein, am wenigsten vom volatilen globalen Markt.

Deshalb haben unter Putin die Debatten über nationale Sicherheit in Bezug auf Technik, Information, Lebensmittelversorgung nicht nur drastisch zugenommen, sondern der Sicherheitsrat hat auch entsprechende Doktrinen verabschiedet.[13] Alle übrigen Grundlagen der Moderne wie etwa der Zugang breiter Bevölkerungsschichten zu höherer Bildung, die Wissenschaft, die Wirtschaft, Elitenkonkurrenz, der Austausch von Ideen und Menschen sind lediglich als Mittel von Bedeutung, um eine besondere Stellung des russländischen Staats in der Welt zu erreichen, die Autorität der Supermacht wiederherzustellen und die militärische Überlegenheit des Landes zu erreichen. Demokratie, Humanismus, Menschenrechte oder bürgerliche Freiheiten, Rechtsstaat und ähnliche Werte standen nie im Zentrum der staatlichen Politik, weder im vorrevolutionären Russländischen Reich noch in der Sowjetunion noch im postsowjetischen Russland. Darin sind sich Ex-Tschekisten, Ex-Sowjetfunktionäre und alle neuen politischen Führer einig – seien sie etatistische Liberale, russische Nationalisten oder Verfechter einer Wiederherstellung des Imperiums.

Die enorm breite und anhaltende antiamerikanische Propaganda, die mit den nationalen Minderwertigkeitskomplexen operiert, hat dazu geführt, dass sich die Vorstellungen und Komponenten, aus denen sich das Amerikabild zusammensetzt, spürbar verändert haben (Tab. 8). Die Wiedergeburt Russlands, die Putin mit seiner Devise, dass sich Russland „von den Knien erheben" müsse, ging einher mit einer deutlichen Schwächung jener Elemente, die

---

[13] Exemplarisch seien die Dokumente zur „Versorgungssicherheit" und zur „Informationssicherheit" genannt: Utverždena Doktrina prodovol'stvennoj bezopasnosti Rossijskoj Federacii, <www.kremlin.ru/news/6752>. – Doktrina informacionnoj bezopasnosti Rossijskoj Federacii, <www.scrf.gov.ru/documents/6/5.html>.

Amerika für den postsowjetischen Menschen in erster Linie attraktiv gemacht hatten. Der Anteil jener, die auf die Frage, welche Charakterisierung treffe auf die USA zu, antworteten, Amerika sei „ein reiches Land", ist in den letzten zehn Jahren von 61 Prozent auf 16 Prozent zurückgegangen. In einem gewissen Maße hat zu dieser Veränderung natürlich auch der steigende Wohlstand in Russland in den Jahren 2000 bis 2010 sowie die Ideologie der „Konsumgesellschaft" beigetragen. Dies hat die schmerzliche Erinnerung an die „erzwungene Armut im entwickelten Sozialismus" und an die Rückständigkeit gegenüber anderen, „normalen" Ländern gemildert.
Eine noch wichtigere Rolle für die veränderten Assoziationen, die Russlands Bevölkerung mit Amerika verbindet, spielt Putins antiwestliche Politik. Die Propaganda betont, dass Russland zu den eigenen Wurzeln zurückkehren, sich durch die Hinwendung zur traditionellen Orthodoxie geistig reinigen müsse. Der gemeinsame Ton ist der eines aufgeklärten Konservatismus in der Politik sowie die Idee der „souveränen" und „gelenkten Demokratie". Der Bevölkerung wird suggeriert, dass jegliche Veränderungen, auch institutionelle Reformen, vernichtend seien, da das „russische Leben" den Normen der westlichen Demokratie nicht entspreche. Der Westen als „Zivilisation" wird diskreditiert, da diese „dem Geist" und den Grundlagen der „russischen Mentalität" feindlich sei.
Gleichzeitig suggeriert die Propaganda, dass die USA auch anderen Ländern schaden. Dieses Bild von den USA als der gemeinsame Feind aller dient Russlands Bevölkerung als Stütze für die eigene negative Einstellung zu Amerika. Die Logik hinter dieser Perzeption lautet: Nicht nur wir, sondern viele andere Länder, wenn nicht sogar die meisten, haben unter der rücksichtslosen Einmischung der USA in ihre innere Angelegenheiten zu leiden. Menschen in der ganzen Welt sind darüber aufgebracht, dass die USA sich als Hegemon, als Herr der Welt, aufspielen, andere Länder unter Druck setzen, ausbeuten, ausrauben. Das knüpft unmittelbar an die sowjetische Propaganda an. Diese Ausweitung der „Betroffenen" verleiht Argumenten, die inhaltlich schwach sind, mehr Gewicht. Die fehlende Überzeugungskraft soll durch den Appell an „alle", an eine fiktive Weltgemeinschaft, kompensiert werden.

Tabelle 8: Welche Charakterisierung trifft die Vereinigten Staaten von Amerika am besten? Geordnet nach den Angaben 2015

Amerika	2001 X	2003 IV	2015 II
will alle Reichtümer der Welt an sich reißen	40	62	57
mischt sich rücksichtslos in die Angelegenheiten anderer Länder ein, zwingt ihnen eigene Regeln und Werte auf	51	61	56
ist der militärische und politische Hauptgegner Russlands	17	17	**34**
ist der schlimmste Feind der Völker der (arabischen, muslimischen, afrikanischen, lateinamerikanischen) Entwicklungsländer	11	15	**25**
unterstützt reaktionäre Regime und Terrorismus in verschiedenen Ländern	4	5	**19**
ist eine starke Militärmacht	51	43	17
ist ein reiches Land	**61**	**48**	**16**
verbreitet Gewinnsucht, schlechten Geschmack, Unmoral	15	18	16
ist ein Land sozialer Ungleichheit und Ausbeutung	7	5	8
ist im wissenschaftlichen und technischen Fortschritt weltweit führend	**17**	11	5
ist ein demokratisches Land	**19**	10	4
ist ein Verbündeter Russlands im Kampf gegen den internationalen Terrorismus	**17**	10	1
ist der Garant des Friedens auf der ganzen Welt	3	0,9	0,6
schwer zu sagen	2	1	2

Die Nennung der Vorzüge der USA – ein reiches, demokratisches Land, führend im wissenschaftlichen und technischen Fortschritt, ein Verbündeter Russlands im Kampf gegen Terrorismus, Garant des Friedens weltweit – ist deutlich zurückgegangen, im Durchschnitt von 17 auf vier Prozent. Dagegen nimmt der Anteil jener, welche die Fehler der USA hervorheben (Unterstützung reaktionärer Regime, Feind der Entwicklungsländer etc.), im gleichen Maße zu –von vier auf 19–25 Prozent. Der Anteil der Respondenten, die Amerika für den militärischen und politischen Hauptgegner Russlands halten, hat sich verdoppelt: von 17 auf 34 Prozent, und das, obwohl die Auffassung, Amerika sei eine starke Militärmacht, von 51 auf 17 Prozent zurückgegangen ist.

Die kollektive Selbstbestätigung der Bürgerinnen und Bürger Russlands führt zu dem irrigen Gefühl der Überlegenheit und einer Unterschätzung der Stärke des Gegenübers. Aber die wesentlichen abwertenden Urteile über Amerika (es will alle Reichtümer der Welt in die Hand bekommen, mischt sich in die Angelegenheiten anderer Länder ein, zwingt ihnen ihre Regeln und Werte auf) bleiben bestehen und werden von der Mehrheit der Bevölkerung geteilt. Dasselbe gilt für einige weitere negative Charakterisierungen (verbreitete Gewinnsucht, schlechter Geschmack, Unmoral, ist ein Land der sozialen Ungleichheit).

Zwischen der Zuschreibung von Merkmalen der USA und der Wahrnehmung der eigenen russländischen Führung besteht ein Zusammenhang. Es ist jener „kommunizierender Röhren". Je positiver sich ein Befragter in Russland zu den USA äußert, desto kritischer nimmt er das politische System in Russland wahr. Umgekehrt gilt, dass der Ausdruck negativer Gefühle und Einstellungen zu den USA mit der Unterstützung des autoritären Regimes in Russland einhergeht.

Der Antiamerikanismus blockiert in Russlands Bevölkerung die Chance, die Politik der eigenen Führung kritisch zu diskutieren, er macht es unmöglich, auch nur die Frage nach deren Verantwortung zu stellen und ihre Handlungen rational zu beurteilen. Die „Schuld" an der Annexion der Krim, an dem im Donbass entfesselten Krieg oder an anderen zweifelhaften Aktivitäten wird den USA zugeschoben. Dies erfolgt in ganz unpräzisen und verschwommenen Begriffen und Aussagen, in denen Russland als Opfer fremden und bösartigen Einflusses erscheint, während die Aggressivität und Heuchelei der USA betont wird.[14] Um sich als Opfer sehen zu können, bedarf es nicht nur der Dämonisierung des Gegners, sondern auch der Selbstwahrnehmung als Objekt äußeren Drucks und Zwangs. Das bedeutet implizit aber auch, sich selbst nicht für aktiv und handlungsfähig sowie für außerstande zu halten, für seine Handlungen einzustehen.

Tabelle 9: Wodurch sind die USA für die anderen Länder in erster Linie gefährlich? (in Prozent der Befragten, Februar 2015)

durch das Streben nach wirtschaftlicher Vorherrschaft in der Welt	49
durch die NATO-Erweiterung und das Bestreben, Einfluss auf die ehemaligen Sowjetrepubliken auszuüben	32
dadurch, dass unter dem Anschein der Unterstützung nichtkommerzieller Organisationen (NGOs) in verschiedenen Ländern subversive Tätigkeit unterstützt wird	24
durch ihre Militärmacht, die jedem anderen Staat überlegen ist	19
durch ihr Bestreben, ihre Lebensweise, die Demokratie amerikanischen Stils anderen aufzudrängen	19
durch die Möglichkeit eines Militärangriffs auf Russland	13
durch die Möglichkeit, als erste Kernwaffen einzusetzen	12
durch die Verbreitung ihrer Kultur mit den Bildern von Sex und Gewalt	11
durch die Möglichkeit eines Konflikts der USA mit China	3
anderes	2
ich glaube nicht, dass die USA eine Bedrohung darstellen	23
schwer zu sagen	2

---

[14] „Die USA üben ständig Druck auf Russland aus, sie wollen es zwingen zu tun, was sie wollen." – So denken 71 Prozent der Befragten (Das ist der Mittelwert der Antworten, die wir in den letzten sieben Jahren erhalten haben). Die Bewertung, dass die „USA Russland respektieren", teilten nur 15 Prozent der Befragten (Juli 2008–September 2013). 88 Prozent sind davon überzeugt, dass die „USA und die westlichen Länder gegen Russland einen Informationskrieg" führen. Lediglich vier Prozent teilen das nicht (Oktober 2014).

Dieses Sich-frei-Sprechen von moralischer Verantwortung wird erleichtert, indem die Befragten die USA einer besonderen Doppelmoral bezichtigen: „Die USA versuchen heuchlerisch andere Länder zu zwingen, das internationale Recht einzuhalten, obwohl sie es selbst auch nicht immer tun" (so denken 70–76 Prozent). Lediglich zehn bis 14 Prozent sind damit nicht einverstanden („Die USA respektieren immer das internationale Recht"). Dieses Verhältnis ist in den Jahren von 2008 bis 2013 gleich geblieben. Eine derartige Position bedeutet, dass in der Wahrnehmung der meisten Bürger Russlands die Normen und Grundlagen des Völkerrechts eine „Fiktion" sind, da sich das stärkste Land der Welt zu ihnen äußerst zynisch und pragmatisch verhalte. Das internationale Recht sei kein Recht, sondern lediglich ein Deckmantel für die räuberischen Interessen des „Stärkeren", eine Demagogie, die nicht ernst zu nehmen sei. Bestenfalls handele es sich um einen konventionellen Rahmen oder die Sprache des Kompromisses unter den Mächtigen der Welt, aber nicht um die bedingungslose Geltung des Rechts. Das ist die in Russlands Gesellschaft dominierende Auffassung von der rechtlichen Realität.

Tabelle 10: Warum müssen wir die Kritik des Westens nicht beachten?

	2007	2010	2014	2014*
Im Westen hat man kein Verständnis für unser Leben, aber man will uns belehren.	38	36	27	26
Im Westen steht man Russland nicht wohlwollend gegenüber, die westliche Kritik ist feindselig	24	22	43	33
Im Westen wird Russland als Konkurrent wahrgenommen, man will es schwächen	31	35	40	48
Westliche Kritiker kritisieren häufig Handlungen, die sie selbst auch begehen („Doppelstandards")	22	14	22	37
schwer zu sagen	4	3	6	3

*N=800; *Moskau, N=1000*

So lassen sich die USA leicht entlarven und verurteilen. 77 Prozent der Befragten gingen im Februar 2015 davon aus, dass die USA eine Bedrohung für die Sicherheit anderer Länder seien, 94 Prozent sind mehr oder weniger überzeugt, dass sich die USA in die inneren Angelegenheiten Russlands einmischen. Im Oktober 2014 betrachteten 70 Prozent der Befragten den Krieg im Donbass als bewaffneten Konflikt, „den die USA und andere westliche Länder Russland aufgezwungen" haben. 22 Prozent vertraten die Ansicht, der Konflikt sei „Folge des Anschlusses der Krim und der jüngsten Aktionen Russlands in der Ostukraine".

Die Sanktionen gegen Russland gelten nicht als Mittel, um die Führung des Landes dazu zu bewegen, die von ihr verletzten Regeln und Normen des Völkerrechts wieder herzustellen – so denken nur 17 Prozent –, oder als Möglichkeit, „den Krieg, die Zerstörungen und das Sterben von Menschen in der Ostukraine zu beenden". Vielmehr verstehen die meisten (72 Prozent, Februar 2015) der Befragten die Sanktionen als Vorwand, um „Russland zu erniedrigen und zu schwächen".

Die veränderte Einstellung zu den USA kommt auch in Stereotypen über Amerikaner zum Ausdruck. Natürlich haben derartige Zuschreibungen nichts mit irgendeiner Kenntnis der Amerikaner zu tun. Sie sind bloße Projektion. Eigene Komplexe und Motive, die man selbst für inakzeptabel hält, schreibt man den „Fremden" in allen Bedeutungen dieses Wortes zu.[15]

Je wichtiger also für Russlands Bürger Selbstbestätigung, Nationalstolz und Selbstachtung sind, desto weniger attraktiv erscheint ihnen die „Modernität" der Amerikaner. Der Anteil der traditionalistischen Charakterisierungen nahm entsprechend zu. Die Amerikaner büßten also einen gewissen Teil ihrer Anziehungskraft als Entwicklungsmodell ein. Auf kultureller Ebene werden sie immer „fremder". Nach wie vor gelten sie als überheblich und als Menschen, die über andere herrschen wollen.

---

[15] Die Eigenschaften, die auf offene Fragen genannt wurden, sind nach mehreren Achsen aufgebaut: Modernität–Traditionalismus, Herrschaft–Unterordnung, eigen–fremd. Menschen aus fortgeschrittenen Ländern werden gewöhnlich als rational beschrieben, als kultiviert, energisch, freiheitsliebend, würdevoll, aber als fremd, im Unterschied zu Völkern, die den Russen nahestehen und die eher mit sozialen (Gemeinschafts-)Begriffen beschrieben wurden. Der methodische Vorteil dieses Verfahrens besteht darin, dass es latente (häufiger negative) ethnische Stereotype erkennen lässt, die bei konkreten Fragen aus Anstand oder wegen politischer Korrektheit nicht zum Vorschein kommen.

An sich ist eine derartige Distanzierung ein Symptom für das Bewusstsein eines verborgenen Missstands und einer Ambivalenz in Russlands öffentlicher Meinung. Wie stark der Stolz und der triumphale Rausch über die Annexion der Krim, die Erniedrigung der Ukraine und die Demonstration der Stärke gegenüber dem „verhassten Westen" auch gewesen sein mag, so bleibt im kollektiven Unterbewusstsein dennoch ein diffuses Empfinden bestehen, dass das Vorgehen moralisch fragwürdig war. Das gilt auch für die Rückständigkeit der russländischen Gesellschaft, die es nicht vermocht hat, sich aus der Abhängigkeit von ihrer zynischen und korrupten Regierung zu lösen.

Symptome dieses Zweifels zeigen sich in der Einschätzung, wie Russland im Westen wahrgenommen wird. Positive Antworten („mit Respekt", „mit Empathie") gaben im Laufe der letzten 15 Jahre (2000–2015) durchschnittlich 28 Prozent. Negativ („mit Verachtung", „mit Sorge", „mit Angst") antworteten durchschnittlich 34 Prozent. Nüchternere und realistischere Einschätzungen („gleichgültig", „ohne besondere Emotionen") gaben 25 Prozent ab. Dabei geben die Befragten auf die analoge Frage (wie steht man in Russland zu den westlichen Ländern?) weit häufiger positive Antworten (durchschnittlich 37 Prozent, negative 18 Prozent, indifferente – 36 Prozent).

Da diese Liste der Eigenschaften ziemlich umfangreich und es recht kompliziert ist, die Änderungen für jeden Parameter zu verfolgen, ist es sinnvoll, die erhaltenen Beschreibungen zu aggregieren und zu gruppieren. Daraus ergibt sich folgendes typologische Schema der Eigenschaften, die den Amerikanern zugeschrieben werden:

Tabelle 11: Stereotypen über Amerikaner

Eigenschaft	6/2008	9/2014	Differenz	Rang '08 / '14
energisch	38	24	-14	1 /4
freiheitsliebend, unabhängig	35	19	-16	2/ 11
machtgierig	31	36	+5	3/ 1
wollen anderen ihre Sitten aufdrängen	30	36	+6	4/ 2

rational	30	22	-8	5/ 9
mit dem Gefühl für eigene Würde	30	15	-15	6/ 12
arrogant	26	28	+2	7/ 5
heuchlerisch, listig	20	36	+16	8/ 3
verschlossen	20	25	+5	9/ 7
egoistisch	17	26	+9	10/ 6
religiös	15	10	-5	11/ 15
arbeitsam	12	8	-4	12/ 17
kultiviert, erzogen	12	5	-7	13/ 19
geizig	11	12	+1	14/ 13
neidisch	10	24	+14	15 / 8
faul	10	12	+2	16/ 14
grausam	9	20	+11	17/ 10
gastfreundlich	6	2	-4	18/ 22
offen, einfach	6	3	-3	19/ 23
hilfsbereit	5	2	-3	20/ 24
respektvoll im Umgang mit Älteren	5	5	=	21/ 20
unpraktisch	4	8	+4	22/ 18
tolerant	4	4	=	23/ 21
verantwortungslos	4	9	+5	24/ 16
friedliebend	4	2	-2	25/25
zuverlässig, treu	3	2	-1	26/ 26
unterdrückt, erniedrigt	1	2	=	27/ 27
Zahl der Befragten	*2638*	*1600*		

Die Respondenten konnten beliebig viele Merkmale aus einer geschlossenen Liste nennen, die zu jenem „Vokabular" der Beschreibung ethnischer Gruppen in Russland gehören, welches das Levada-Institut seit 1989 verwendet. Die Antworten sind geordnet.

Tabelle 12: Stereotypen über Amerikaner (in Prozent zu allen Aussagen)

	2008	2014
herrschsüchtig	34	32
modern	32	25
fremd	20	26
traditionalistisch	8	12
abhängig	2	2
Summe der Antworten	388	372

Tabelle 13: Wie hat sich Ihrer Meinung nach im letzten Jahr die Einstellung im Ausland zu Russland und den Russen geändert?

Man hat begonnen, uns mehr zu	
fürchten	35
hassen	26
respektieren	16
verachten	11
verstehen	8
lieben	2
nichts hat sich geändert	17
schwer zu sagen	10

N=1600, die Summe der Antworten ist über 100 Prozent; Mehrfachantworten waren möglich; März 2015

Die ursprünglichen Erwartungen des Kreml, dass der Westen sich irgendwie mit der Annexion der Krim und der expansiven Politik Putins abfinden werde, wie es nach dem Krieg mit Georgien und der faktischen Angliederung von Südossetien und Abchasien an Russland im August 2008 der Fall war, haben sich nicht bestätigt. Nachdem die USA und die EU Sanktionen gegen Russland verhängten, hat sich die gesellschaftliche Atmosphäre in Russland drastisch verändert. Die Propaganda einer militärischen Mobilisierung hat hysterische Ausmaße erreicht. Die Politik gegenüber NGOs, der Zivilgesellschaft und der Opposition ist noch härter geworden.

Die Ideologie des Regimes hat immer stärker nazistische Züge angenommen. Wichtigste Komponenten dieser Ideologie sind der Antiamerikanismus, die Idee, dass die russische Nation nicht nur zwischen mehreren geteilt sei, sondern dass dieser Zustand auch überwunden werden müsse, dass alle Russen in einem Staat leben sollen. Das Regime beruft sich auf die metaphysische Vorstellung einer organischen, „traditionellen", „sakralen" Einheit von höchster Macht und Volk. Die Kontrolle der Medien, die das mächtigste Instrument zur Manipulation der öffentlichen Meinung geworden sind, der Druck der Geheimdienste auf alle Verwaltungsstrukturen und die Abhängigkeit der Justiz von der Exekutive haben die Mehrheit der Bevölkerung zu einer gehorsamen Masse gemacht, die weder einen Willen noch besondere Wünsche hat, abgesehen davon, dass sie behalten will, was sie derzeit hat.
Die Welle patriotischer Begeisterung und Enthusiasmus, die sich im Frühjahr 2014 nach der Annexion der Krim erhob, lässt nach, während der von Moskau provozierte Krieg im Donbass andauert und droht, sich zu einer großen Konfrontation mit der EU und den USA auszuwachsen.
Je länger die Sanktionen andauern, desto unverhohlener wird die nukleare Erpressung Putins. Der Horizont eines großen Krieges ändert den Blickwinkel auf alle anderen Fragen. Probleme des Alltagslebens bekommen einen anderen Stellenwert, die Prioritäten verlagern sich. Die Regeln und allgemein akzeptierten internationalen Normen partnerschaftlicher Zusammenarbeit treten in den Hintergrund. Im Vordergrund steht die Selbsterhaltung, man will überleben, auch wenn man seine Ansprüche reduzieren muss (es geht nicht um Luxus, sondern ums Überleben). An einen Übergang des neuen kalten Krieges in einen „heißen" glaubt indes kaum jemand (16 Prozent halten ihn für wahrscheinlich, im Gegensatz zu 68 Prozent). Bisher bleibt es bei einem „Informationskrieg gegen Russland", den die USA und andere westlichen Länder führen (davon sind 88 Prozent der russischen Staatsbürger überzeugt, nur 4 Prozent stimmen nicht zu, Oktober 2014; N=1600).
Ungeachtet der militanten Rhetorik und des Antiamerikanismus rechnet ein Großteil der russländischen Bevölkerung damit, dass die derzeitigen Spannungen in den Beziehungen des Westens und Russlands befristet sind, dass dieses gefährliche Spiel des Kreml nicht von langer Dauer sein wird; Knapp zwei Drittel halten es jedenfalls nicht nur für notwendig, die Beziehungen zu den USA und den anderen westlichen Ländern ins Lot zu bringen, sondern gehen davon aus, dass das in jedem Fall auch so kommen wird (die Gegner einer Entspannung sind nicht so zahlreich – 24 bis 27 Prozent).

Aus dem Russischen von Vera Ammer, Euskirchen

Лев Гудков
Борис Дубин

интеллигенция

Hinter verschlossenen Türen: Diagnosen zur Intelligencija

Fatale Kontinuitäten

Vom sowjetischen Totalitarismus zu Putins Autoritarismus

Die Demokratisierung der osteuropäischen Staaten und Gesellschaften galt nach 1989 als etwas, das mit einer Rezeptur aus ökonomischen, politischen und sozialen Maßnahmen zu bewerkstelligen sei. Vergessen wurde die Möglichkeit, dass eine grundsätzlich konservative Gesellschaft sich allen Veränderungen widersetzen könnte. Gerade Russland galt vielen als eine Gesellschaft, die sich in einem postkommunistischen Übergangsstadium befinde. Diese Sicht unterstellt, dass es einen „revolutionären" Anfang des Wandels im Jahr 1991 sowie Akteure mit entsprechenden Motiven gegeben habe. Tatsächlich zerstörten die Reformen, die nach dem gescheiterten Putsch der kommunistischen Nomenklatura unter Präsident Boris El'cin eingeleitet wurden, anders als es klassische Revolutionstheorien vorsehen, nur einige der Institutionen totalitärer Herrschaft – wenn auch überaus wichtige. Beseitigt wurden zunächst lediglich die beiden Grundpfeiler des sowjetischen Totalitarismus: Zum einen das Machtmonopol der Kommunistischen Partei; damit entfielen auch das bisherige Rekrutierungsprinzip, nach dem nur Angehörige der Nomenklatura Posten im Machtapparat bekommen konnten, und ihre Kontrolle über die Sozialstruktur und die soziale Mobilität der Bevölkerung. Zum anderen wurde die zentrale Planungsbehörde, die Schlüsselorganisation der Kommandowirtschaft aufgelöst.
Jene Institutionen allerdings, die entscheidend für das Machtmonopol des „vertikal" organisierten Machtstaates sind, die Zwangsapparate, waren gegen Veränderungen resistent. Ihr Überdauern wurde lediglich rhetorisch kaschiert, als von Demokratie, Rechtsstaat und Sozialstaat die Rede war.
Auf eine Phase der relativen Freiheit – nicht zuletzt der Medien – zwischen 1991 und 1997 folgte die Wiederherstellung des Zwangssystems. Eingeleitet wurde sie, indem die Putin-Administration all jene Fernsehkanäle, Zeitungen und Radiosender unter ihre Kontrolle stellte, die viele Zuschauer, Leser und Horer an sich gebunden hatten. Zwar übernahmen formal oft Unternehmer Kontrollpakete an diesen Medien oder kauften unabhängige Medien. Da es

sich jedoch um Vertraute Putins – ausgewählte Oligarchen oder Direktoren der größten Staatsunternehmen wic etwa *Gazprom* – handelte, wurden diese Medien faktisch verstaatlicht. Danach kam es zu personalpolitischen Veränderungen, mit denen die Redaktionspolitik der Administration des Präsidenten unterstellt wurde. Diese hatte damit wieder die Deutungsmacht über die Vorgänge im Land. Dadurch scheint es, als spiele das staatliche Zwangssystem heute eine geringere Rolle als zu sowjetischen Zeiten, als sei es diffuser. Dies erschwert das Verständnis dieses Zwangssystems und seiner Folgen.

Drei Problemfelder gilt es, bei der Analyse der postkommunistischen Gesellschaft Russlands zu beachten:

1) *die institutionelle Seite*: Welche sozialen Institutionen sind durch die Transformation verschwunden, welche haben sich erhalten?
2) *die individuelle Seite*: Wie passt sich der „Sowjetmensch" an den repressiven Staat an. Das ist der Faktor, der entscheidet ob sich die Gesellschaft Veränderungen widersetzt.
3) *die zentralen Werte und Symbole:* Die Absage an die kommunistische Ideologie und der Bruch mit der sowjetischen Vergangenheit unter El'cin dürfen nicht darüber hinwegtäuschen, dass die zentralen Werte, welche die sowjetische Identität bestimmten, erhalten geblieben sind. Bis heute dienen sie der Elite und der breiten Gesellschaft als Ausgangspunkt zur Deutung von Russlands Vergangenheit und seiner Gegenwart.

Der Kern der von Traumata geprägten postsowjetischen kollektiven Identität ist die untrennbare Verbindung von nationaler Größe und Gewalt über das Individuum. Das alltägliche Gefühl der Erniedrigung und der Wehrlosigkeit gegenüber der Willkür des Staates wird durch einen Kult der Stärke und der Gewalt kompensiert. Das eine ist ohne das andere nicht ausdrückbar. Die Symbole der kollektiven Einheit – „das riesige Land" – rufen dazu auf, stolz auf die Militärmacht des Imperiums zu sein, sie verlangen Rituale des nationalen Ruhms, festigen das Gefühl der Überlegenheit über andere Völker und fordern Bereitschaft zur Mobilisierung. Gleichzeitig schützen sie vor einer rationalen Kritik am sakralen Status des Machtstaats, der von seinen Untertanen Opfer und Leidensfähigkeit verlangt. Wir haben es mit einer Faszination vom Bösen und der Gewalt zu tun. Es ist kein Zufall, dass die Menschen in Russland bei Umfragen in den vergangenen 25 Jahren auf die Frage nach den bedeutendsten Persönlichkeiten in der Geschichte Russlands, der

Sowjetunion, der Welt fast ausschließlich Gewalttäter nannten: Zaren, mit deren Namen Kriege gegen andere Länder oder gegen das eigene Volk verbunden sind, Generäle und totalitäre Führer: Lenin, Stalin, Peter den Großen, den Generalstabschef der Roten Armee im Zweiten Weltkrieg, Georgij Žukov, den Heerführer Katharina der Großen Aleksandr Suvorov, Hitler, Napoleon, dessen Gegenspieler Michail Kutuzov, Alexander den Großen, Ivan den Schrecklichen, den Gründer der sowjetischen Geheimpolizei Feliks Dzeržinskij und Leonid Brežnev.[1]

Dieses kollektive Bewusstsein erklärt zu einem gewissen Maße, weshalb es in Russlands Gesellschaft so wenig Solidarität gibt, woher der anomische Individualismus kommt,[2] weshalb die Gesellschaft selbst unter repressiven Bedingungen aus fragmentierten Gruppen besteht, aber auch, warum der Wert des einzelnen Menschenlebens so gering und die deklarierte Bereitschaft, die eigenen Interessen jenen des Staates unterzuordnen, so hoch ist – während faktisch alles getan wird, um das eigene „Überleben" und das der Familie sowie der Freunde zu sichern. Die Ambivalenz derartiger Grundhaltungen ist durchaus funktional. Sie erlaubt es, sich auf jede Herrschaft einzustellen, indem man sich innerlich von ihr distanziert, nach außen aber seine Loyalität und Untergebenheit demonstriert.

Dieses kollektive Bewusstsein lähmt die Fähigkeit zu politischen Veränderungen und führt zu einer „Sterilisierung" oder Neutralisierung des autonomen Subjekts angesichts der vom Staat verkörperten nationalen Größe. Diese Mischung aus gesellschaftlich verankerten Werthaltungen und alltäglichen Strategien des Umgangs mit unerträglichen Zumutungen des Staats führt entweder zu einem spezifischen Typ des konformistischen Zynismus und des moralosen Opportunismus. Oder es führt – wie unter den gegenwärtigen Bedingungen eines ideologischen Vakuums und schwindender Legitimität der herrschenden Elite – dazu, dass große Teile der Gesellschaft Zuflucht bei Neotraditionalismus, religiösem Fundamentalismus oder kompensatorischem Nationalismus suchen.

---

[1] Juri Lewada: Die Sowjetmenschen. Soziogramm eines Zerfalls. Berlin 1992, S. 329. – Lev Gudkov: Vremja i istorija v soznanii rossijan. Stat'ja vtoraja, in: Vestnik obščestvennogo mnenija, 2/2010, S. 13–61.

[2] Zum Begriff der Anomie, der Gesetz- und Regellosigkeit, die gesellschaftliche Integration verhindert oder zerstört: Émile Durkheim: Der Selbstmord. Neuwied/Berlin 1973.

Auch die Trägheit der unreformierten Sozialisationsinstitutionen wie etwa der Schulen und der Hochschulen oder der Jugendorganisationen ist in Rechnung zu stellen. Diese setzen in Form und Inhalt das sowjetische Modell de facto fort. Erschwerend kommt hinzu, dass nach dem Zerfall der UdSSR auch die sowjetische Intelligencija abgetreten ist, die – wenn auch nicht mit allzu viel Nachdruck – eine Entstalinisierung und eine moralische Auseinandersetzung mit dem kommunistischen System gefordert hatte. Diese beiden Umstände – sowie die stillschweigende Rehabilitierung Stalins im vergangenen Jahrzehnt – haben dazu geführt, dass die schreckliche Vergangenheit verdrängt und vergessen wurde. An die Stelle des Strebens nach einem „Sozialismus mit menschlichem Antlitz" und einer Verurteilung der Stalinschen Repressionen, wie es für die Gorbačev-Ära charakteristisch war, ist Apathie getreten. War es in der späten Sowjetunion für die gebildeten Schichten ein Akt der Sinnstiftung, wenn sie sich innerlich von dem totalitären System abwendeten oder – viel seltener – sich ihm aus ethischen Gründen offen widersetzen, so will heute kaum noch jemand von dem Großen Terror hören. Es herrscht eine Unfähigkeit zu trauern, die Menschen entziehen sich der moralischen Pflicht, die Natur der Gewalt zu verstehen, sowie der Notwendigkeit, das Geflecht von Ideologie, Staat und Terror zu entzaubern.

Zum Wesen der Gewalt gehört es, dass der, der sie ausübt, seinem Opfer bewusst menschliche Eigenschaften abspricht, seinen Wert als Individuum und Teil der Gemeinschaft, seine Autonomie und Unabhängigkeit. Jegliche Gewalt, sei es psychische, soziale oder physische, bedeutet, dass der Täter das Opfer entweder grundsätzlich entwertet oder entmenschlicht. Daher die verbreitete Diffamierung von Opfern der Gewalt als „Lagerstaub" oder „Material". Es geht hier um mehr als um die bloße Einteilung in Freund und Feind. Der Täter konstituiert sich durch die Gewalt als Subjekt der Gewalt und zementiert durch die Gewalt seine vermeintliche moralische Überlegenheit. Daher ist die Anwendung von physischer und symbolischer Gewalt eine Voraussetzung für das psychische Wohlbefinden all jener, die auf illegitime Weise an die Macht gekommen sind, an einem Minderwertigkeitskomplex leiden, zu Aggressivität neigen, autoritäre Strukturen benötigen oder Wege der extremen Selbstdarstellung suchen. In einer Gesellschaft, in der Gewalt als Zeichen der Stärke verstanden wird, als „angemessenes" Sozialverhalten, ist der Besitz von Gewaltinstrumenten ein Ausweis für einen hohen sozialen Status eines Einzelnen oder einer Gruppe, er verleiht ihm Autorität und Prestige.

Schauen wir uns dies anhand einiger Institutionen – der Armee, des Justizwesens, des Verhältnisses von Staat und Wirtschaft – sowie am Beispiel des Verhältnisses zur Stalinzeit genauer an.

Gewaltinstitutionen waren die Voraussetzung zur sowjetischen Staatsbildung. Sie waren das zentrale Mittel, um den Staat zu konsolidieren und die sowjetische Gesellschaft dem Staat zu unterwerfen. Die Geheimpolizei Tscheka, die Arbeiter- und Bauernarmee, die mit physischer Gewalt zusammengetrieben wurde, die Arbeitsfronten, die Säuberungen, die Entrechtung, die Enteignung der Bürger und der Bauern waren von Anfang an die fundamentalen Institutionen der Sowjetunion. Auch wenn sie natürlich vielfach umgestaltet wurden, blieben sie nicht nur bis zum Ende der Sowjetunion erhalten, sondern bestehen bis heute. Das Sowjetregime rechtfertigte sie ideologisch und propagandistisch stets als Hilfsinstrumente, die beim Aufbau einer „neuen Gesellschaft" und der Schaffung eines „neuen Menschen" unabdingbar seien und nach dem „Sieg des Kommunismus" verschwänden.

Die Geschichte hat jedoch gezeigt, dass die Armee, die politische Polizei, die Geheimdienste und auch die sogenannten Rechtsschutzbehörden (die Staatsanwaltschaft, das Untersuchungskomitee, die Miliz, die Gerichte) bis zum heutigen Tag die stabilsten und am wenigsten reformierten Institutionen sind.[3] 25 Jahre nach Gorbačevs Perestrojka tritt wieder in aller Deutlichkeit zu Tage, welch zentrale Rolle diese Institutionen bis heute für die Organisation und Reproduktion der Gesellschaft spielen. Ihre Aufgabe ist es keineswegs nur, als Exekutivapparate den Staat zu schützen, sie haben eine äußert wichtige Funktion für die symbolische Integration der Gesellschaft.

Das sowjetische Gewaltsystem war extrem zentralisiert, die Ausführung der Parteidirektiven wurde auf allen Ebenen streng kontrolliert. Ideologie und Propaganda arbeiteten mit aller Kraft an seiner Rechtfertigung: Die „Umstände" würden es unerlässlich machen, wegen äußerer Feinde und innerer

---

[3] Seit 1992 sind elf Reformen gescheitert, die Massenmobilisierungsarmee sowjetischen Typs, die auf der allgemeine Wehrpflicht der männliche Bevölkerung über 18 Jahren basiert, durch eine mobile High-Tech-Berufsarmee zu ersetzen. Der jüngste Versuch wurde nach der Entlassung des Verteidigungsministers Anatolij Serdjukov im November 2012 wegen des Verdachts auf Korruption und Amtsmissbrauch eingestellt. Ähnliches gilt für den KGB bzw. seinen Nachfolger, den FSB, dessen Abteilungen mehrfach aufgelöst und dann wieder zusammengefasst wurden, die „Modernisierung" oder „Sanierung" der Polizei, der Staatsanwaltschaft, der Untersuchungsbehörden sowie für die Reform des Gerichtswesens, das bis heute von der Exekutive abhängig ist.

Gegner des Sozialismus sei es unverzichtbar, die „ungebildete" Bevölkerung müsse zum Aufbau einer besseren Zukunft gezwungen werden.
Das heutige Gewaltsystem ist hingegen dezentral und wird von keiner Ideologie mehr gerechtfertigt. Es ist extrem korrupt, was ab und an dazu führt, dass die Bevölkerung aufbegehrt.[4] Dass seine Funktionen die alten sind, ist spätestens deutlich geworden, seit die Unterstützung für das autoritäre Putin-Regime zurückgegangen ist. Entsprechend wurden seit Beginn der Proteste im Dezember 2011 die Ausgaben für die Staatsbürokratie als Ganzes, insbesondere aber für die Gewaltstrukturen – die Armee, die Geheimdienste, das Innenministerium und andere Behörden – deutlich erhöht, sodass heute die Ausgaben für die „nationale Sicherheit" 2,5–2,7mal so hoch sind wie jene für Gesundheit, Bildung und Wissenschaft zusammen. Entscheidend ist nicht nur, dass die zentralen Institutionen der organisierten Gewalt die gleichen wie zu sowjetischen Zeiten sind, sondern vor allem, dass sie die entscheidenden Machtinstrumente sind, ohne die alle anderen Ministerien und Behörden handlungsunfähig sind.[5] Ohne diese totalitären Gewaltinstitutionen funktioniert Russlands Exekutive nicht.

Zu den staatlichen Zwangsanstalten sind auch die Sozialisierungsinstitutionen zu zählen, insbesondere die Schule, die bis heute der Abrichtung immer neuer Schülergenerationen dient, sowie die Propagandaagenturen, die Anhänger des Regimes produzieren sollen, also die staatlichen oder vom Staat abhängigen Medien, insbesondere das von der Präsidialverwaltung kontrollierte Staatsfernsehen. Die Schulen und Hochschulen, denen die Erfüllung ideologischer Funktionen wie die Erziehung zum Patriotismus und zu religiösem Denken aufgezwungen wird, befinden sich in einer Dauerkrise oder sogar in einem Zustand des schleichenden Zerfalls.

---

[4] Etwa bei der sogenannten Monetarisierung von Sozialleistungen 2005, als verschiedene Personengruppen, insbesondere Rentner, die zuvor bestimmte staatliche Leistungen kostenlos erhielten, als Kompensation für die Streichung dieser Vergünstigung direkte Geldzahlungen erhalten sollten; Hans-Henning Schröder: Landesweite Proteste gegen die Monetarisierung von Sozialleistungen sowie Dokumentation: Proteste gegen die Sozialreformen, in: Russland-Analysen, 53/2005, S. 5–13.

[5] Das System reagiert auf die Unfähigkeit zentraler Behörden wie in spätsowjetischer Zeit mit der massenhaften Einstellung von neuen Beamten bei gleichzeitig starker Einschränkung der Aufstiegsmöglichkeiten. Allein zwischen 1994 und 2004 stieg die Zahl der Staatsbeamten um 31 Prozent von einer Million auf 1,3 Millionen. In der Exekutive betrug der Zuwachs 23 Prozent, in der Judikative 80 Prozent, in der Legislative 300 Prozent. Trotz des angekündigten Kampfs gegen die Bürokratie stieg die Zahl der Beamten in den letzten Jahren weiter.

Die Kerninstitutionen des alten Systems konnten nur durch radikale Einschnitte in die staatliche Sozialpolitik erhalten werden. Als der Staat das Ziel der sozialen Umverteilung aufgegeben hatte, bedurfte es keiner Planwirtschaft mehr. Dies führte zu einem Wechsel des Regulierungsregimes: Macht wurde in Geld konvertiert. Die Führung des Landes konnte die Fesseln der Ideologie abstreifen und sich des Parteiapparates, der die staatlichen Behörden gespiegelt hatte, entledigen. Das Regime benötigt keine Ideologie mehr, es beabsichtigt keine totale Umgestaltung der Gesellschaft und keine Schaffung eines „neuen Menschen" mehr. Der Machtstaat ist Selbstzweck geworden und daher ausschließlich mit seiner Selbsterhaltung beschäftigt.

Seit Mitte der 1990er Jahre ist das zentrale Ziel aller staatlichen Politik in Russland der Schutz der herrschenden Elite vor ihren Gegnern – vor unzufriedenen Bevölkerungsgruppen ebenso wie vor einzelnen Fraktionen aus den eigenen Reihen. Wurde in der Sowjetunion Macht durch einen weitverzweigten Kontrollapparat ausgeübt, der über die ideologische Loyalität wachte, so sind es heute die Steuerbehörden, die Strafverfolgungsbehörden sowie die Gerichte, die ökonomischen und juristischen Druck ausüben: Schutz des Eigentums wird nur im Tausch gegen Loyalität gewährt. Zentrale Aufgabe der Staatsanwaltschaft, des Untersuchungskomitees, des Innenministeriums, der Polizei, der Gerichte und der staatlichen Medien ist es, die Gegner des Putin-Regimes zu diskreditieren und sie ihrer Ressourcen zu berauben. Dazu müssen sie nicht umgebracht werden, es genügt, ihnen den Einfluss auf die Gesellschaft zu nehmen – etwa indem man ihnen den Zugang zu den wichtigen landesweiten Fernsehsendern und den auflagenstarken Zeitungen versperrt, sie von Wahlen aussperrt, ihnen ihr Eigentum nimmt.

Dieses halbgeschlossene, ausschließlich auf Selbsterhaltung ausgerichtete autoritäre Regime formierte sich, als einerseits die kommunale und regionale Selbstverwaltung zunächst eingeschränkt und ab 2004 gänzlich aufgehoben und andererseits die Unternehmenspolitik sämtlicher Großkonzerne den Interessen der politischen Führung untergeordnet wurden. Damit wurde auch allen zivilgesellschaftlichen Organisationen, die durch die bloße Tatsache ihrer Unabhängigkeit und ihrer gesellschaftlichen Legitimität eine Gefahr für das Regime darstellten, der Zugang zu einer aus Russland stammenden Finanzierung abgeschnitten.

Dieses Regime befindet sich seit Mitte 2008 in einer Krise, deren Ausgang unklar ist.[6] Während der totalitäre Sowjetstaat seine Macht durch straffe

---

[6] Marija Lipman, Nikolaj Petrov (Hg.): Rossija-2020. Prognoznye szenarii. Moskva 2012. – Auge auf! Aufbruch und Regression in Russland. Berlin 2012 [= OSTEURO-

Kontrolle der Gesellschaft und Lenkung sämtlicher Lebensbereiche aufrechterhalten wollte, verfügt das heutige Regime über wesentlich flexiblere Lenkungs- und Zwangsmechanismen. Der Verzicht auf die Fähigkeit, Ressourcen in großem Maßstab umzuverteilen, hat das Regime wesentlich stabiler gemacht, da mit der Verantwortung des Staates für die Gesellschaft auch seine Abhängigkeit von der Gesellschaft verringert wurde. Der Staat benötigt keine umfassenden Kontrollmechanismen mehr. Bis vor kurzem gewährte das Putin-Regime der Gesellschaft in all jenen Sphären recht viel Freiheit, die nicht unmittelbar sein Selbsterhaltungsinteresse betrafen: insbesondere im Bereich der Kultur und des Konsums. Kleinunternehmen können sich frei entwickeln, sozialer Aufstieg ist möglich. Besonders wichtig ist die Verbreitung dezentraler Kommunikationsmittel wie Handy und Internet sowie die Entstehung unabhängiger kommerzieller Fernseh- und Radiosender, Verlage und Zeitungen. Gleichzeitig stützt sich das Regime auf wichtige Pfeiler zentraler und autoritärer Herrschaft. Von herausragender Bedeutung zur Reproduktion sowjetischer Werte und Praktiken bleiben die Armee und die Gerichte.

Die Armee

Wehrpflichtarmeen haben nicht nur die Aufgabe, die nationale Sicherheit zu gewährleisten und das Land vor Angriffen von außen zu schützen. Eine solche Armee ist auch innenpolitisch eine bedeutende Machtressource. Entscheidend ist jedoch nicht, dass im Falle eines offenen Konflikts zwischen einzelnen Machtcliquen mit dem Einsatz der Armee gedroht werden kann. Auch ist Russlands Armee wie schon die sowjetische weit davon entfernt, eine Prätorianergarde zu sein, die zu einem Militärputsch in der Lage wäre.
Die zentrale Funktion der Armee ist die einer Sozialisationsinstanz. Mit ihrer Hilfe übt die Führung des Landes Sozialkontrolle aus. Die Armee bewahrt und repräsentiert grundlegende Werte einer totalitären Gesellschaft. In der Armee werden Bevölkerungsgruppen, die sich am Rande der Gesellschaft befinden, ideologisch geformt. Jungen Männern aus armen und rechtlosen Bevölkerungsgruppen – insbesondere aus den von sozialem Niedergang gekennzeichneten Kleinstädten und Dörfern –, denen entweder das Geld

---

PA, 6–8/2012]. Hier vor allem die Beiträge von Maria Lipman, Vladimir Gel'man, Lev Gudkov, Boris Dubin, Benno Ennker, Nikolaj Petrov und Natal'ja Zubarevič.

fehlt, um sich mittels Bestechung von der Wehrpflicht freizukaufen, oder die den Wehrdienst als Möglichkeit zu sozialem Aufstieg und beruflicher Qualifikation sehen, wird in der Armee Nationalismus – oder, wie es offiziell heißt: Patriotismus – eingeimpft.[7]
Diese Gewalt- und Zwangsinstitution, die das Prinzip einer streng hierarchischen Gesellschaft reproduziert, in der anstelle der Gleichheit vor dem Gesetz und der Idee universeller Moralvorstellungen die Rechte, die Pflichten und der Wert des Einzelnen von seinem Rang abhängen, in der die Welt auf archaische Weise in Gut und Böse eingeteilt ist, durchlaufen heute trotz der Krise der Armee immer noch ein Drittel aller Männer. Knapp die Hälfte der heutigen Bevölkerung wurde hier sozialisiert und auf jene antimoderne Werthaltung abgerichtet, die sie zur sozialen Basis des Putin-Regimes macht. Die Armee ist wie zu Sowjetzeiten eine Schule der Grausamkeit, sie reproduziert durch das unter Wehrpflichtigen unterschiedlichen Dienstalters verbreitete informelle Herrschafts- und Gewaltverhältnis der Kadettenschinderei (dedovščina) archaische Vorstellungen von Gewalt und Gerechtigkeit.[8]
Anderthalb bis zwei Millionen Männer haben durch ihren Dienst in der Armee an den Kriegen in Tschetschenien und dem Konflikt in Dagestan teilgenommen. Bei ihnen hat sich ein gewaltiges posttraumatisches Aggressionspotential aufgestaut, das sie in die gesamte Gesellschaft hineintragen. Am deutlichsten ist dies in jenen sozialen Schichten zu spüren, die über die geringsten sozialen Ressourcen in Form von Bildung, Berufsqualifikation, Einkommen und Zugang zu unabhängigen Informationen verfügen, vor allem also in den Provinzstädten und Dörfern.

Die Gerichte

Eine ebenso wichtige Rolle wie die Armee spielen die Gerichte zur Aufrechterhaltung institutionalisierter Gewalt. Die Bevölkerung sieht sie wie zu Sowjetzeiten in erster Linie als Straforgane, die mit Repression die herr-

---

[7] Zu den sozioökonomisch marginalisierten Schichten und Räumen in Russland: Lev Gudkov: Sozialkapital und Werteorientierung. Moderne, Prämoderne und Antimoderne in Russland, in: OSTEUROPA, 6–8/2012, S. 55–83. – Natal'ja Zubarevič: Russlands Parallelwelten. Dynamische Zentren, stagnierende Peripherie, in: ebd. S. 263–278.
[8] Aleksej G. Levinson: Škola žestokosti. Sovetskij čelovek o nasilii, in: Čelovek, 1/1992, S. 25–34. – Alexei Lewinson: Kasernenterror. Zur Soziologie der „Dedowschtschina", in: Kursbuch, 103/1991, S. 139–150.

schende Elite schützen sollen.[9] Die Bürger Russlands versuchen um jeden Preis, Gerichtsverfahren zu vermeiden. Selbst eine Zivilklage gilt nur als allerletztes und sehr unangenehmes Mittel. In Fragen des Zivilrechts und des Wirtschaftsrechts – vorausgesetzt, es sind keine Interessen eines Staatskonzerns berührt – glaubt die Bevölkerung immerhin, dass die Wahrscheinlichkeit eines gerechten Urteils bei 50 Prozent liegt. Geht es allerdings um das Strafrecht oder um eine juristische Auseinandersetzung zwischen einem einfachen Bürger und einem Staatsbeamten, so halten 80–85 Prozent der Befragten die Sache für aussichtslos. Der weitaus größte Teil der Bevölkerung fühlt sich der Willkür der Staatsbürokratie wehrlos ausgesetzt und glaubt, dass der Korpsgeist der herrschenden Klasse dazu führt, dass deren Angehörige niemals zur Verantwortung gezogen werden.[10]

Dieser Rechtsrelativismus ist Folge der Anpassung an die Doppelstruktur des russländischen Gemeinwesens. Auf der einen Seite steht der Staatsapparat, der keiner gesellschaftlichen Kontrolle unterliegt, auf der anderen Seite befinden sich die neuen gesellschaftlichen Institutionen, für die es keine adäquaten rechtlichen Regelungen gibt. Das zynische Verhältnis zum Recht wird täglich schon dadurch gefördert, dass die Realität den in der Verfassung deklarierten Prinzipien Hohn spricht und die Praxis der Rechtsanwendung offen den Gesetzen zuwiderläuft. Es handelt sich nicht um einzelne Abweichungen oder kleinere Mängel. Vielmehr hat sich eine politische und juristische Macht etabliert, die außerhalb der Verfassung steht. Dazu gehören das autoritäre Regime im Zentrum und auch die Strukturen des informell dezentralisierten Staates, regionale oder lokale Behörden also sowie die Staatskonzerne, die sich die Mittel und Ressourcen der Staatsmacht angeeignet haben.

Strafverfahren werden von den Untersuchungsbehörden und der Staatsanwaltschaft dominiert. Ursachen sind ein Korpsgeist, personelle Verflechtung – Richter werden in der Regel aus den Untersuchungsbehörden, aus der Polizei oder aus dem Justizapparat rekrutiert – sowie die tradierte Vorstellung, dass die Sicherheitsorgane und die mit der Aufrechterhaltung der „öffentlichen Ordnung" befassten Behörden über der Gesellschaft stehen. Die Folge ist, dass Anklage und Verteidigung nicht gleichberechtigt sind

---

[9] Lev Gudkov, Boris Dubin, Natal'ja Zorkaja: Rossijskaja sudebnaja sistema v mnenijach obščestva, in: Vestnik obščestvennogo mnenija, 4/2010, S. 7–43.
[10] Diese Ansicht vertraten bei einer Umfrage im November 2012 79 Prozent der Befragten; Obščestvennoe mnenie 2012. Ežegodnik. Levada-Centr. Moskva 2012, S. 34, Tabelle 3.6.5.

und praktisch nie Freisprüche ergehen: Weniger als ein Prozent der Strafverfahren enden mit Freisprüchen.[11]

Wenn heute die Hälfte der Bevölkerung Russlands glaubt, sie habe keine Möglichkeit, sich mit Hilfe des Rechts vor der Willkür einflussreicher sozialer Gruppen zu schützen, so ist dies nicht einer Reaktion auf ein bestimmtes Ereignis zuzuschreiben, sondern ist Ergebnis der Erfahrungen, die die Menschen in Russland mit dem Staat gemacht haben.

Das selektive Vorgehen der Gerichte fördert die berühmte Duldsamkeit der Russen, bei der es sich bei genauerer Betrachtung um politische Passivität und eine Taktik des „wegduckenden Anpassens", um eine Adaption an ein aus Sicht der Bevölkerung teilweise irrationales Regime handelt, dessen Handlungen unvorhersehbar sind. All dies dient natürlich auch dazu, die eigene verächtliche Haltung zu den Gesetzen zu rechtfertigen.

Funktional betrachtet stabilisiert der Rechtsrelativismus somit sowohl das tradierte Verhältnis von Bürgern und Staatsmacht als auch die traditionellen Beziehungen zwischen einzelnen Teilen der Gesellschaft. Er ist Voraussetzung dafür, dass sich die Untertanen an die bürokratische Willkür anpassen und diese Willkür als unvermeidlich, ja als „normal" wahrnehmen. Dies ist die typische Mentalität des Homo Sovieticus, die auch nach dem Untergang der Sowjetunion von Generation zu Generation weitergegeben wurde.

Der Verstoß gegen Gesetze gilt in der Folge nicht mehr als kriminell, als Ausweis von Devianz. Vielmehr glauben die meisten Menschen in Russland, dass „alle" gegen das Gesetz verstoßen – vom einfachen Bürger bis zu den Vertretern des Staates –, am häufigsten jedoch die Angehörigen der Bürokratie, die davon überzeugt ist, dass sie über dem Gesetz steht und ein Monopol auf dessen Auslegung hat. Gesetze verlieren somit ihren Wert als öffentliches Gut und verwandeln sich in das Gegenteil: in ein Instrument selektiv angewendeter Gewalt. Dies konnte man an einer Vielzahl von Prozessen beobachten: an den Verfahren gegen Umweltschützer wie Grigorij Pas'ko und Wissenschaftler wie den Atomphysiker Igor' Sutjagin, die wegen Spionage verurteilt wurden, an den beiden Chodorkovskij-Prozessen sowie an den Verfahren gegen Teilnehmer der Moskauer Anti-Putin-Demonstration vom Mai 2012.[12] Umgekehrt verlaufen Verfahren, in der es

---

[11] Geschworenengerichte, auf die die Untersuchungsbehörden weniger Einfluss haben, sprechen die Angeklagten hingegen in 20 Prozent der Fälle frei. Ihre Zuständigkeit wurde in den letzten Jahren jedoch erheblich eingeschränkt.

[12] Jens Siegert: Ökoheld oder Vaterlandsverräter. Der Fall Pas'ko. Ein Lehrstück über Russlands defekten Rechtsstaat, in: OSTEUROPA, 4/2002, S. 405–418. – Grigorij

um organisierte Kriminalität mit Verwicklung lokaler Behörden und der örtlichen Polizei geht, ebenso im Sande wie die Untersuchungen zur Korruption im Verteidigungsministerium, im Landwirtschaftsministerium, im Bildungsministerium, in der Weltraumbehörde, in der Staatsanwaltschaft ...
Besonders deutlich zeigen sich die Folgen dieses Rechtsnihilismus in der Wirtschaft. Jeder sechste Unternehmer Russlands sitzt im Gefängnis, nachdem er in begründeten oder fabrizierten Verfahren verurteilt wurde. Es ist sehr schwierig, die Zahl der fabrizierten Verfahren in diesem Bereich abzuschätzen, da in neun von zehn Prozessen, in denen Anklage auf der Grundlage des Wirtschaftsstrafrechts erhoben wird, kein Urteil ergeht. Solche Verfahren müssen daher als ein Mittel im Kampf gegen Konkurrenten gesehen werden. Diese werden mit Hilfe der Untersuchungsbehörden und der Staatsanwaltschaft erpresst und gekapert. So kommt es unter Beteiligung der staatlichen Behörden zu einer ständigen Umverteilung von Einkommen. Die entstehende Mittelklasse Russlands hat erkannt, dass das Fehlen unabhängiger Gerichte das zentrale Hindernis für die Modernisierung des Landes ist. Ohne diese gibt es keine Garantie des Eigentums, und die Besitzer kleiner und mittlerer Unternehmen, die von den Behörden nicht gedeckt werden und der Willkür ausgeliefert sind, investieren nicht in moderne Produktionsanlagen.
Die Zahl der offiziell registrierten Verbrechen ist von 1,8 Millionen im Jahr 1990 auf 3,6 im Jahr 2008 gestiegen.[13] Mehr als 1,3 Millionen Menschen – 85 Prozent von ihnen Männer – befinden sich in Russland heute in Haft oder Untersuchungshaft.[14] Das Gefängnis bricht viele, die dorthin geraten. Vier von zehn Verurteilen werden rückfällig. Schätzungen gehen davon aus, dass zwischen 15 und 18 Prozent der männlichen Bevölkerung Russlands bereits einmal in der „Zone" war. Die meisten von ihnen kommen aus den unteren Schichten, wohnen in den von sozialem Niedergang gekennzeichneten Dörfern oder Provinzstädten, wo Kriminalität und Alkoholismus zum Alltag

---

Pas'ko: Der Spion, der keiner war. Der Fall Sutjagin ist nicht beendet, in: OSTEUROPA, 1/2005, S. 91–102. – Otto Luchterhandt: Rechtsnihilismus in Aktion. Der Jukos-Chodorkovskij-Prozeß, in: OSTEUROPA, 7/2005, S. 7–37, sowie ders.: Verhöhnung des Rechts. Der zweite Strafprozess gegen Michail Chodorkovskij und Platon Lebedev, in: OSTEUROPA, 4/2011, S. 3–42.

[13] Anerkannte Kriminologen wie V. Občinskij gehen davon aus, dass diese Zahlen viel zu niedrig sind. Insbesondere die Zahl schwerer Verbrechen liege um das anderthalbfache bis zweifache höher, als es die offizielle Statistik ausweist.

[14] Mindestens ebenso hoch ist übrigens die Zahl der Angestellten der Justizvollzugsbehörden, der Mitarbeiter der verschiedenen Abteilungen des OMON, der Polizeibeamten und der privaten Sicherheitsagenturen.

gehören. Dies ist genau jenes Milieu, aus dem ein Großteil der Wehrdienstleistenden stammt, das Reservoir, aus dem die Gewaltinstitutionen für ihre systematische Reproduktion schöpfen und dabei eine von alltäglicher „unmotivierter" Aggression geprägte Subkultur produzieren.

Die Wirtschaft

Der zentrale Motor für die Umwandlung des totalitären sowjetischen Systems in das heutige autoritäre System waren die ökonomischen Interessen der Angehörigen der Staatsbürokratie. Verschiedene Gruppen aus der Bürokratie haben die Kontrolle über die Finanzflüsse übernommen. Putins Machtantritt und die Festigung der Machtposition von Ex-KGBlern in den Jahren 2000–2002 führten dazu, dass jegliche Opposition konsequent erstickt wird, Wahlen in großem Stile gefälscht werden, die Gouverneure der Regionen nicht mehr gewählt, sondern vom Präsidenten ernannt werden und die wichtigsten Medien zu Propagandaorganen und Instrumenten der Polittechnologie umgewandelt wurden. Darüber hinaus verteilten die von ehemaligen Geheimdienstlern dominierten Klans in großem Stile mit Hilfe der staatlichen Gewaltstrukturen Eigentum zu ihren Gunsten um.

Die Verschmelzung des Staatsapparats mit der Wirtschaft bedeutet faktisch eine Dezentralisierung der Macht, die sich von außen betrachtet als Korrumpierung des Verwaltungsapparats darstellt. Heute befinden sich 60–70 Prozent der Volkswirtschaft unter staatlicher Kontrolle. Diese spezifische Form der Privatisierung von Staatseigentum, bei der im Austausch gegen Loyalität zur Staatsführung bedingte Eigentumsrechte vergeben wurden, führte zu Monopolbildung und zu einer Dominanz des Rohstoffsektors. Gleichzeitig hatte sie zur Folge, dass die Bedingungen für kleine und mittlere Unternehmen wegen der Willkür der Behörden und Steuerschikanen extrem schlecht sind.

Das Regime sieht in den kleinen und mittleren Unternehmen sogar in zunehmendem Maße eine Gefahr, da mit ihrem Wachstum unabhängige Wirtschaftssubjekte und eine gesellschaftliche Sphäre entstehen, die Reformen fordern und mehr Freiheit verlangen.[15] Die Staatsmacht hat daher ein objektives Interesse daran, dass die Privatwirtschaft schwach ist. Je größer der Kreis der Privatunternehmer, desto größer wird die Mittelschicht, die eine echte Gewaltenteilung und vor allem unabhängige Gerichte fordert.

---

[15] Sergej Belanovskij u.a.: Bewegung in Russland. Der Aufstieg der Mittelschicht und die Folgen, in: OSTEUROPA, 1/2012, S. 79–99.

Steuerschikanen und administrativer Druck haben dazu geführt, dass allein im Jahr 2012 die Zahl der kleinen Unternehmen und der Ein-Mann-Unternehmen um 300 000 zurückgegangen ist. Die soziale Basis des Putin-Regimes ist das Russland der siechenden Industriezonen, das sich paternalistischen Illusionen hingibt und immer noch hofft, dass der Staat ihm aus der Dauerkrise hilft. Genau in diesem sozialen Milieu sind auch die Gewaltinstitutionen nach wie vor fest verankert.

Da das Regime vor allem auf Einnahmen aus dem Export von Rohstoffen setzt, also auf den Handel mit reichen und hochentwickelten Ländern, ist es nicht darauf angewiesen, dass es der Bevölkerung gut geht. Es achtet lediglich darauf, einen Teil der Überschüsse aus dem Rohstoffgeschäft so zu verteilen, dass kein relevantes Protestpotential entsteht. So hat das Regime die Abhängigkeit des Staates von der Gesellschaft verringert und die politische Repräsentation korporativer Interessen eingeschränkt. Damit wurde auch der wirtschaftliche Reformdruck verringert. Dieses spezifische Verhältnis von Staat und Wirtschaft verhindert Eigenverantwortung der Bürger. Es fördert die Erhaltung oder das Wiederaufleben einer paternalistischen Mentalität, das passive Erdulden von immer neuen Einschränkungen und die Anpassung an die staatliche Willkür.

So wurde der sowjetische Totalitarismus nach der Aufgabe des ideologischen Monopols der Kommunistischen Partei schrittweise in einen Autoritarismus verwandelt. Russland erfüllt heute alle Kriterien eines autoritären Staats, die etwa Juan Linz benannt hat: Das Regime stützt sich auf oligarchische Gruppen, auf Machtapparate, die höhere Bürokratie und die Direktoren der großen Staatskonzerne. Die Ideologie der Schaffung einer neuen Gesellschaft und die weltpolitische Mission sind verschwunden. Stattdessen versucht das Regime, sich mit einem imitierten Traditionalismus (Orthodoxie und russischer Nationalismus) zu legitimieren, propagiert „russische Werte" wie Duldsamkeit, Intellektuellenfeindlichkeit, Feindschaft gegenüber dem Westen, Hörigkeit und die Ablehnung liberaler Vorstellungen, spricht von einem „Sonderweg" oder der „Einzigartigkeit der russischen Zivilisation". Vor allem aber fördert es die politische Apathie der Gesellschaft.

Verdrängung der Vergangenheit – Rückkehr Stalins

Zur Rechtfertigung einer autoritären, niemandem verantwortlichen Herrschaft muss die Bedrohung des nationalen Kollektivs und seiner Werte beschworen, alles Private und Individuelle hingegen herabgesetzt und entwertet werden. Die Menschen sollen von Schuldgefühlen befreit werden, Scham über eine Vergangenheit des Terrors, der Armut und der alltäglichen Erniedrigung wird verdrängt. Dies führt zu jener Passivität, die organisierten öffentlichen Widerstand gegen das Putin-Regime unmöglich macht. Damit wächst der öffentliche Zynismus und eine offene Morallosigkeit. Dieser Mangel an gemeinsamen Werten zwingen das Putin-Regime dazu, auf der Suche nach Quellen der Legitimität auf ein Sammelsurium „nationaler Werte" zurückzugreifen, die „Patriotismus" stimulieren sollen: von der Orthodoxie bis zu den „Helden der Arbeit" und den „Erbauern des Kommunismus", von der Legende über die Vertreibung der Polen aus Moskau im Jahr 1612 bis zum Sieg über Napoleon im Jahr 1812.[16]

Seit dem Machtantritt Putins betreibt das Regime systematisch eine konservative Reideologisierung der Gesellschaft. Höhepunkt waren die Feiern zum 60. Jahrestag des Sieges über Hitler-Deutschland. Der Name Stalins, der während der Perestrojka vor allem mit dem Terror gegen die eigene Bevölkerung verbunden war, wurde zum Symbol für den Sieg im Großen Vaterländischen Krieg gemacht.[17] Schulbücher bringen Stalin heute in Zusammenhang mit Nationalstolz. Diese Propaganda zeigt Wirkung: Bei den regelmäßigen Umfragen des Levada-Zentrums landete Stalin im Jahr 2012 erstmals seit 1989 auf Platz 1 der „größten Persönlichkeiten der Weltgeschichte und der Geschichte unseres Vaterlandes".[18]

Stalin wird als Generalissimus, als Oberkommandierender der Roten Armee, als einer der drei Führer der siegreichen Alliierten und Schöpfer der Nachkriegsordnung präsentiert. So ist Stalin selbstverständlicher Bestandteil eines pompösen Rituals der nationalen Selbstbeweihräucherung, bei der die Überlegenheit Russlands über andere Länder gefeiert wird. Stalin wird als jemand präsentiert, der die Modernisierung eines rückständigen Landes „erfolgreich

---

[16] Dazu: Mythos Erinnerung. Russland und das Jahr 1812. Berlin 2013 [= OSTEUROPA, 1/2013].

[17] Lev Gudkov: Die Fesseln des Sieges. Rußlands Identität aus der Erinnerung an den Krieg, in: Kluften der Erinnerung. Rußland und Deutschland 60 Jahre nach dem Krieg. Berlin 2005 [= OSTEUROPA, 4–6/2005], S. 56–72. – Maria Ferretti: Unversöhnliche Erinnerung. Krieg, Stalinismus und die Schatten der Erinnerung, in: ebd., S. 45–54. – Arsenij Roginskij: Fragmentierte Erinnerung. Stalin und der Stalinismus im heutigen Russland, in: OSTEUROPA, 1/2009, S. 37–44.

[18] 42 Prozent der Befragten nannten Stalin; Thomas de Waal, Maria Lipman, Lev Gudkov, Lasha Bakradze: The Stalin Puzzle: Deciphering Post-Soviet Public Opinion. Washington 2013.

gemanagt" hat. Seine Methoden seien zwar hart gewesen, aber unter den gegebenen Bedingungen ohne Alternative. Zu diesem Bild gehört unabdingbar ein feindlicher und heuchlerischer Westen mit seiner „demokratischen Fassade" und seiner „Menschenrechts-Demagogie". So wie einst Stalin Russland rettete, habe nun Putin das Land vor dem Ausverkauf durch die Liberalen gerettet, die nach dem Zerfall der Sowjetunion zur Befriedigung ihrer Geldgier auch einen Zerfall Russlands hätten herbeiführen wollen. Dies ist das Mantra, das Putins Propagandamaschine täglich verbreitet.

Mit dem Stalinismus und der Stalinzeit verbinden die Menschen in Russland heute auf der einen Seite eine irrationale Angst, auf der anderen Seite ein mythisches Heldentum. Die Angst gehört zum Individuum, das Heldentum zum Kollektiv, zur mobilisierten Gesellschaft, in der der Wert des Einzelnen an seiner Bereitschaft gemessen wird, sich dem Enthusiasmus der Masse hinzugeben und sich für das Ganze zu opfern. Zum heroischen Bild von der Stalinzeit gehört auch, dass diese als eine Epoche gesehen wird, die so tief in der Vergangenheit liegt, dass Mitgefühl mit den Opfern der Repressionen nicht möglich ist. Gemeinsam ist diesen beiden Schichten der kollektiven Erinnerung, der Angst und der Heroisierung, dass die traumatische Geschichte verdrängt wird, dass die Furcht vor einer Wiederkehr der Vergangenheit Widerstand gegen eine Beschäftigung mit der Vergangenheit produziert: „Davon will ich nichts mehr wissen." Somit wird ein moralisches Urteil über die Vergangenheit ebenso wie eine rationale Auseinandersetzung mit der Geschichte verhindert.

Die Angst vor der Geschichte hat auch zur Folge, dass die Menschen nichts von der Gegenwart wissen wollen. Der Vergleich des vergangenen Regimes mit dem heutigen ist tabu, da die Menschen unterbewusst spüren, dass der Einzelne heute ebenso schutzlos der Willkür der Macht ausgeliefert ist wie damals, dass sein Lebensweg und sein Lebensglück ebenso wenig in seiner Hand liegen wie zu sowjetischen Zeiten. Die Beschäftigung mit der sowjetischen Geschichte und das Wissen, dass sie auf die Gegenwart wirkt, sind Voraussetzung dafür, dass das heutige System der institutionalisierten Gewalt verstanden werden kann. Zur Verdrängung der Vergangenheit gehört auch, dass sie im Fernsehen in unzähligen Unterhaltungsshows und Serien zerredet, dass die Stalinzeit in Doku-Soaps wie „Unser Stalin" oder „Die Frauen des Kreml" zu einem Glamour-Thema gemacht wird. All dies fördert die Bereitschaft, die Zumutungen der Gegenwart geduldig zu ertragen, und schwächt den Willen, Verantwortung zu übernehmen und sich politisch zu engagieren.

Die Sinnfabrikanten des Putin-Regimes stellen somit ein äußerst wichtiges soziales Produkt her: Sie produzieren mit ihrer Propaganda eine passive Haltung zur Vergangenheit, ein Geschichtsbild, in dem es keine handelnden Personen gibt, so dass niemand für die Verbrechen des Staates verantwortlich gemacht werden kann. So wie die Menschen in Russland die Vergangenheit betrachten, so sehen sie auch die Gegenwart. Wem der Wille und die Möglichkeit zum Verständnis der Vergangenheit fehlt, der kann auch heute nur passiv sein und allenfalls versuchen, sich selbst und seine Nächsten zu schützen; seine Hoffnungen und Bedürfnisse beschränken sich darauf, in einer Atmosphäre der grundlosen Angst und der ständigen Bedrohung zu überleben.[19]

Es gibt in Russland heute niemanden mehr, der über ausreichend moralische und intellektuelle Autorität verfügt, um der Gesellschaft ein anderes Geschichtsbild zu vermitteln. Von sich aus ist die Gesellschaft angesichts der geschilderten Lage nicht im Stande, das dekorative Geschichtsbild durch ein authentisches zu ersetzen. Bei Umfragen erklären mehr als drei Viertel der Befragten, „die ganze Wahrheit über die Stalinzeit nie zu erfahren", und fast ebenso viele sind der Meinung, es lohne sich auch nicht, diese zu suchen, da es „eine objektive Wahrheit in der Geschichte nicht geben kann". Die einzige Reaktion auf das frustrierende Wissen um die Stalinschen Repressionen ist der Wunsch, all dies zu vergessen. Die Putinsche Herrschaftstechnologie war erfolgreich.

Aus dem Russischen von Andrea Huterer, Berlin

---

[19] Dies erklärt zum Teil auch das große Vertrauen in die Kirche. Es handelt sich um eine Art Magie, um eine Übertragung von Verantwortung, um eine Kompensation für den moralischen Bankrott des postsowjetischen Menschen.

ФОНД

Проблема «элиты» в сегодняшней России
Размышления над результатами социологического исследования

ЛИБЕРАЛЬНАЯ МИССИЯ

Ausgewählte Elitenstudien. Moskau 2007

Russland in der Sackgasse
Stagnation, Apathie, Niedergang

Die einfachste Antwort auf die Frage, wie Russlands Gesellschaft in zehn Jahren aussehen wird, lautet: etwa so wie heute. Darin ähnelt die soziologische Prognose der meteorologischen, für die „unverändert" ebenfalls grundsätzlich das wahrscheinlichste Ergebnis ist. Und doch zeigt unsere Erfahrung, dass es Veränderungen gibt und dass sie sogar zyklischer (saisonaler) Natur sind. Um diese Veränderungen zu erklären, brauchen wir Parameter, die sich nicht nur aus dem Gegenstand der Beschreibung ableiten.
Der akute Bedarf an Prognosen, der heute in weiten Kreisen der Gesellschaft Russlands spürbar ist, geht auf das wachsende Bewusstsein einer Stagnation im Land zurück. Es ist keine Richtung erkennbar, aus der ein Wandel zu erwarten wäre, und es sind keine Kräfte in Sicht, die an der gegenwärtigen Situation etwas ändern könnten. Hieraus erklärt sich die gesteigerte Aufmerksamkeit der Eliten (unabhängig von ihren parteipolitischen oder ideologischen Positionen) für Phänomene des sozialen Protests, die angespannte Erwartung einer sozialen Explosion, oder umgekehrt das Bemühen, Anzeichen einer Spaltung an der Spitze zu entdecken, Widersprüche im regierenden Tandem, aufgrund derer man vom Beginn einer Politik des Wandels sprechen könnte. Eine genaue Untersuchung dessen, was sich innerhalb welcher Grenzen an der institutionellen Struktur, der Morphologie der Gesellschaft, der Werte und Normen tatsächlich ändern könnte, trägt sowohl zum Verständnis der Gegenwart als auch – in geringerem Maße – zu einer Revision der Instrumente politischer Analysen bei.

Die amorphe Gesellschaft

Wesentliche Veränderungen der sozialen Morphologie der Gesellschaft sind in den kommenden zehn Jahren nicht zu erwarten – und zwar nicht nur, weil dieser Prognosezeitraum für tiefgreifende Verschiebungen der Sozialstruktur zu kurz wäre. Die institutionellen Reformen, die einen Wandel der Gesellschaft bewirken könnten, wurden auf Eis gelegt oder existieren nur als Absichtserklärungen. Anders als in den frühen 1990er Jahren sind die realen gesellschaftlichen Veränderungen seit Anfang der 2000er Jahre nicht mehr Ergebnis einer zielgerichteten Politik. Sie haben vielmehr vor allem mit der passiven Anpassung der Bevölkerung an die widersprüchliche Innenpolitik der politischen Führung zu tun, deren Hauptmotiv die Umverteilung des Eigentums sowie der Erhalt und Ausbau der Macht ist.

Die wesentlichsten Veränderungen der letzten fünfzehn Jahre, die sich auf den Alltag eines Großteils der Bevölkerung auswirkten, waren mit dem Niedergang des sowjetischen Militärisch-Industriellen Komplexes und der damit einhergehenden Deindustrialisierung verbunden. Der Anteil der Industriefacharbeiter an der erwachsenen Bevölkerung sank von 32 Prozent Anfang der 1990er Jahre auf 19 Prozent in den frühen 2000er Jahren. In der Sowjetära hatten eben diese „Facharbeiter" die Rolle einer „Mittelschicht" gespielt, deren Einstellungen, Werte, Lebensweisen und Erwartungen von der sowjetischen Propaganda und Pädagogik zur ideologischen Norm erhoben wurden. Ihre Bedürfnisse und Vorstellungen galten als die der breiten Bevölkerung; als solche wurden sie auch anderen Gruppen aufgezwungen und von diesen bis zu einem gewissen Grad übernommen. Die beginnende Deindustrialisierung brachte nicht nur ein starkes Wachstum des Dienstleistungs- und Handelssektors mit sich, wodurch die früheren Mängel der Planwirtschaft kompensiert wurden, sondern beschleunigte auch die Erosion und den Zerfall der sowjetischen Zuweisung von Autorität, Einkommen und Status und somit der gesamten sozialen Ordnung. Besonders schwer traf dies die niedrigen Ränge der sowjetischen Bürokratie, die Bereiche Wissenschaft, Bildung, Gesundheitswesen oder Kultur, deren Arbeit die Integration und Sinnstiftung der Gesellschaft garantierte. Die schnelle Ausbreitung der Korruption und der Wechsel von Arbeitskräften in andere Branchen kompensierten diese Verluste nur zum Teil.

Die rasante Entwicklung von Handel und Dienstleistungen schuf Bereiche intensiven sozialen Austauschs, die es früher nicht gegeben hatte, sie brachte mehr Marktbeziehungen und eine neue soziale Infrastruktur hervor. Gleichzeitig bildeten sich damit neue Prioritäten, gemeinsame Bedürfnisse und Verhaltensweisen aus – allerdings nur „dort, wo das Geld war".

Umgekehrt zog die Reorganisation der Macht zwar die Umverteilung und Privatisierung staatlichen Eigentums nach sich, veränderte aber nichts am geschlossenen Charakter dieser Bereiche. Nach wie vor bleiben sie nichtöffentlich, der gesellschaftlichen Kontrolle entzogen. Die materiellen Interessen der aktivsten und am besten organisierten Gruppen – Beamte und Geschäftsleute – hängen heute in erster Linie von ihrem Kontakt zum Machtapparat sowie dem daraus resultierenden Genuss von Privilegien und Vergünstigungen ab, nicht aber von einem effektiven Funktionieren von Wirtschaft und Verwaltung. Das Ziel dieser Gruppen ist es, die einmal erreichten sozialen Positionen zu wahren und zu festigen. Die Idee eines verdienten oder anerkannten sozialen Aufstiegs und Reichtums wird dadurch im Kern diskreditiert. Die Anerkennung und der Erhalt der erreichten Positionen sind ausschließlich durch die Sanktion der Staatsmacht möglich. Das bedeutet, dass es kaum andere kulturelle, moralische, rechtliche oder ideologische Instrumente gibt, um das Erreichte zu rechtfertigen und zu sichern, wie es in anderen Gesellschaften etwa durch die Unveräußerlichkeit von Eigentumsrechten, die reale Autorität oder die soziale Stellung aufgrund spezifischer Verdienste geschieht.[1] Anders ausgedrückt spiegelt die unklare soziale Stratifikation der russländischen Gesellschaft die schwache Legitimität der zentralen Institutionen wie der Verwaltung, des Eigentums oder des Rechts wider. Dieses Legitimitätsdefizit versucht die politische Führung mit Techniken zur Neutralisierung oder Unterdrückung der kollektiven Unzufriedenheit zu kompensieren. Eben deshalb gilt die soziale Ordnung im kollektiven Bewusstsein als „ungerecht", moralisch sowie rechtlich fragwürdig, und als irrational. Sie gilt als abgekoppelt vom „einfachen Volk" und fördert weder eine höhere Produktivität noch Innovation.

Die gewohnte Unzugänglichkeit der institutionellen Herrschaftsstrukturen und der hierarchischen Ordnung, die Intransparenz der Rekrutierungsmechanismen und der Karrieren verwischen Status- und Gruppenunterschiede. Dies gilt trotz der enormen Einkommensunterschiede zwischen den Führungsschichten im Machtapparat und in seinem Umfeld, sowie den ärmsten

---

[1] Um ihre soziale Position zu verteidigen (und ihren Status generationenübergreifend zu reproduzieren), müssen die einflussreichen oder über besondere Ressourcen verfügenden Gruppen die sie trennenden Barrieren und sozialen Distanzen als „natürliche" oder „gerechte" Unterschiede markieren, die moralisch und juristisch, d.h. institutionell, verankert sind. Geschieht das nicht, so wird der politische Kampf der verschiedenen Gruppen um den Besitz von Gütern, die Verteilung von Ressourcen, um den Zugang zur Macht und die Kontrolle über Umverteilungsmechanismen zu einem Kampf „ohne Regeln". Die Hierarchie von sozialen Positionen und Status, also die soziale Ordnung selbst, verliert dadurch ihre Legitimität. Die Machthaber sind nicht in der Lage, den Verdacht der Begünstigung und der Willkür bei der Verteilung („Eroberung") von Eigentum zu entkräften, sie werden ihren schlechten Ruf als „Usurpatoren" und „Günstlingsherrscher" nicht los.

Bevölkerungsschichten. Dieses Gefälle stellt das in der EU oder in Amerika weit in den Schatten. Die Versuche russischer Soziologen und Ökonomen, „objektive" Kriterien zur Unterscheidung von Klassen, Gruppen oder Untergruppen zu treffen, sind nur von sehr begrenztem Wert, da diese Unterschiede weder institutionell noch kulturell verankert sind.[2] Prognosen, wonach die Modernisierung in Russland von der „Mittelschicht" vorangetrieben werden wird – einer Mittelschicht, in der das gegenwärtige Regime gleichzeitig den Garanten sozialer und politischer „Stabilität" im Lande und einen „Innovationsmotor" sehen möchte –, sind ideologische Behauptungen ohne jede Grundlage, oder bestenfalls Illusionen der liberalen Kräfte. Im allgemeinen Bewusstsein wie in der gesellschaftlichen Realität kommen diese Kategorien oder „kollektiven Kräfte" schlicht nicht vor. Im Gegensatz dazu erscheinen territoriale, darunter auch regionale Unterschiede im Lebensstandard nicht als „soziale", sondern als „natürliche" und damit praktisch unveränderliche Gegebenheiten. Für die Mehrheit der Bevölkerung sind diese Unterschiede von größerer Bedeutung als die Klassen- oder Standeszugehörigkeit des Einzelnen oder seiner Familie, wichtiger mithin als die Position des jeweiligen Individuums oder der Kleingruppe auf dem Arbeitsmarkt und im Hinblick auf seine Besitzverhältnisse.

Starre Institutionen

Das unter Putin entstandene institutionelle Gefüge verschlechtert die sozialen Voraussetzungen für die Entwicklung des Landes und schafft ungünstige Bedingungen für ein langfristiges, stabiles Funktionieren der Wirtschaft. In erster Linie gilt dies für Institutionen wie Gerichte und andere Organe, die das Eigentum schützen sollen. Diese sind unfähig, ihre Aufgabe zu erfüllen. Und es ist unmöglich, jene Beziehungen zu schützen, in denen die Wirtschaft nur als Vermittler agiert, sowie die Autonomie der Bereiche zu verteidigen, die der staatlichen Kontrolle und damit auch der Willkür korrupter

---

[2] Aleksandr Auzan: Rossijskij srednij klass ne rastet i ne javljaetsja innovatorom, in: polit.ru, 15.10.2010, <www.polit.ru/news/2010/10/15auzan_print.html>. Zur Mittelschicht werden je nach Forschungsansatz zwischen sieben und über 40 Prozent der Bevölkerung gezählt. Die Dehnbarkeit der Kriterien (zumal angesichts der von der Führung des Landes formulierten Aufgabe, den Bevölkerungsanteil der Mittelschicht bis 2020 auf 60 Prozent zu steigern) macht aus dieser Frage weniger ein wissenschaftliches oder ideologisches als ein technisches Problem – das der Manipulation statistischer Daten durch die Bürokratie.

Beamter, dem Egoismus der Herrschenden und ideologischen Vorurteilen entzogen sein sollten.

Dieses institutionelle Gefüge schwächt den wirtschaftlichen Wettbewerb und stärkt monopolistische Strukturen. Unternehmer setzen zunehmend darauf, in kürzester Zeit maximalen Profit zu erwirtschaften – schließlich könnten morgen schon andere Kräfte an der Macht sein. Dann werden die Stärken der „Nomenklaturawirtschaft" von heute zur Schwäche von morgen. Staatliche Günstlingswirtschaft sowie Interventionen in die ökonomische Sphäre etwa in Gestalt von Preiskontrollen, hohen Hürden für ausländische Direktinvestitionen und die damit einhergehende unvermeidliche Korruption sind zum Nährboden eines extrem wettbewerbsfeindlichen Klimas geworden.

Auf Russlands Aktienmarkt dominieren spekulative Instrumente und ausländisches Kapital. Die Wirtschaft des Landes wird von einigen wenigen börsennotierten Öl-, Gas- und Energieriesen dominiert. Die Sektoren dagegen, die für den Binnenmarkt produzieren, sind an der Börse praktisch nicht vertreten (zu den seltenen Ausnahmen gehören Hersteller von Mobiltelefonen und vergleichbare Unternehmen). Dasselbe gilt für eben jene High-Tech-Firmen, die die Basis einer langfristigen Entwicklung der Wirtschaft Russlands bilden könnten. Das aber heißt, dass der Aktienmarkt seine grundlegende Funktion der Umverteilung von Kapital und der Umwandlung von Ersparnissen in Investitionen nicht erfüllt.

Ein noch wichtigerer Indikator für das gesellschaftliche Potential der wirtschaftlichen Entwicklung ist die Anzahl der kleinen Unternehmen. Ihre Zahl stieg im Lauf der Putinschen „Blütezeit" um 62 Prozent und betrug 2009 etwas mehr als 1,3 Millionen. Kleinunternehmen beschäftigen heute neun Millionen Menschen, das sind zwölf Prozent aller Arbeitnehmer. Ein solches Wachstum erschiene bedeutend, wäre da nicht ein kleines „aber": 1999, als Michail Kas'janov Ministerpräsident war und sich die Wirtschaft von der Krise erholte, prognostizierten Analytiker der Staatlichen Wirtschaftshochschule (Vysšaja škola ėkonomiki) auf der Basis des zu beobachtenden Trends, dass „die Zahl der registrierten Kleinunternehmen in Russland bis 2005/2006 auf annähernd vier Millionen und die Zahl der in diesen Unternehmen Beschäftigten auf 32–35 Millionen Menschen anwachsen könnte. Ihr Anteil am Bruttoinlandsprodukt dürfte von jetzt 10–12 Prozent auf mindestens 35 Prozent steigen."[3] Das ist jedoch nicht eingetreten.[4] Diese

---

[3] Aleksandr Čepurenko. Maloe predprinimatel'stvo v Rossii, in: Mir Rossii, 4/2001, S. 130–160. – Aleksandr Čepurenko: Maloe predprinimatel'stvo v social'nom kontekste. Moskva 2004.

Tatsache zeugt weniger vom ungerechtfertigten Optimismus der liberalen Ökonomen als davon, dass in Russland weiterhin ein ungünstiges Wirtschaftsklima herrscht.

Während der Restrukturierung der zentralisierten Planwirtschaft von 1993 bis 2002 zog sich der schwache Staat aus der Wirtschaft zurück, besonders aus den großen Unternehmen. Ab 2003 änderte sich dies. Schon kurz nachdem die Reform der Plan- und Verteilungswirtschaft abgeschlossen war und die neuen Marktinstitutionen zu funktionieren begannen, die Produktion stieg und der Konsum wuchs, mischte sich der Staat wieder stärker in ökonomische Prozesse ein.

Solange die Wirtschaft vom Staat dominiert wird, dessen eigene Prioritäten sich im wesentlichen darauf reduzieren, die Macht dauerhaft in den Händen einer kleinen Gruppe zu konzentrieren, kann oder will das private Kapital keine Risiken eingehen. Stattdessen investiert es in solche Branchen, in denen die weitere Entwicklung absehbar ist – Branchen, die durch staatliche Garantien gestützt werden oder unter der persönlichen Protektion, der kryša, führender Politiker stehen. Das schwächt zwar die Effizienz des Staates, nicht aber die Stabilität der Macht, denn diese hängt nicht vom Urteil einer der politischen Partizipation entfremdeten Bevölkerung ab, sondern vor allem von der Beamtenschaft. Die Rationalität des Beamten und des Unternehmers, die Handlungsmotive der Nutznießer einer „administrativen Rente" und des Verbrauchers in Russland haben mit den üblichen marktwirtschaftlichen Beziehungen wenig zu tun.[5]

Eine gewisse Dynamik ist vorwiegend in Bereichen zu beobachten, die auf den Wohlstand der überwiegenden Mehrheit der Menschen keinen Einfluss haben. 70 Prozent der Bevölkerung verfügen über keinerlei Ersparnisse oder Rücklagen. Zwölf bis 15 Prozent haben nur unbedeutende Rücklagen, die gerade einmal ausreichen, um die laufenden Haushaltskosten drei bis sechs Monate zu decken. Mindestens drei Viertel der Bevölkerung leben von einem Gehalt zum nächsten oder einer Rentenzahlung zur nächsten. Mittel zurückzulegen, um die eigene Lage oder den Lebensstil zu verändern, oder

---

[4] Ab 2007 sank die Zahl der eigentlichen „Kleinunternehmen": Social'no-ėkonomičeskoe položenie Rossii. FSGS, <www.gks.ru/bgd/regl/b09_01/Isswww.exe/stg/d08/pred-3.htm>.

[5] Unter einer „administrativen Rente" ist in einer bürokratischen und korrupten Gesellschaft der Vorteil zu verstehen, den der Inhaber einer Stellung im öffentlichen Dienst durch seine Position „nebenbei" abschöpfen kann: politische und materielle Macht durch Amtsmissbrauch. (Anm. der Red.)

in die Zukunft zu investieren, sei es zur medizinischen Versorgung der Familie oder sei es zur Ausbildung der Kinder, ist praktisch ausgeschlossen. Damit fehlen für das Gros der Bevölkerung Russlands die Gratifikationsmechanismen, wie sie für marktwirtschaftliche Verhältnisse typisch sind. Auch gibt es keinen einheitlichen landesweiten Arbeits- und Kapitalmarkt. Das Problem ist nicht nur, dass große Teile der Gesellschaft über keinerlei Vermögen verfügen – sieht man vom bedingten Besitz in Form der Verfügungsgewalt über eine Wohnung, die Datscha und einen Garten ab. Viel bedeutender sind weniger offensichtliche Konsequenzen. Unter diesen Bedingungen können sich komplexe Formen gesellschaftlicher Solidarität kaum entwickeln. Das reicht von der Herausbildung der Zivilgesellschaft und des Rechtsbewusstseins bis zu generationsübergreifender Zusammenarbeit in Form von Rentenkassen und Versicherungen. Die langfristige Lebensplanung, der Kampf um gemeinsame soziale Ziele oder ein besseres Leben, die Unabhängigkeit der Justiz und die Optimierung des Bildungswesens bleiben auf der Strecke.

Die geringe Mobilität der Bevölkerung deutet auf einen unterentwickelten Arbeits-, Wohnungs- und Verkehrsmarkt (einschließlich des Straßennetzes) hin. Dies stellt ein weiteres ernstes Hindernis für den Aufbau von Marktwirtschaft und Rechtsstaat dar. Ein sehr großer Teil der Bevölkerung verfügt nicht über die nötigen Ressourcen zur Veränderung ihrer Lebensweise und kann nicht dorthin umziehen, wo es Arbeitsplätze, bessere Lebensbedingungen und die Aussicht auf einen höheren Lebensstandard gibt.[6]

Etwa zwei Drittel der Bevölkerung leben in Dörfern, Siedlungen sowie Städten mit bis zu 250 000 Einwohnern. Das Leben ist hier ganz anders als in den Megapolen und Großstädten. Der Anteil der Bevölkerung, der in Städten mit einer Million und mehr Einwohnern lebt – dreizehn an der Zahl in ganz Russland –, liegt bei 20 Prozent der Gesamtbevölkerung. Die Unterschiede zwischen dem Zentrum und der sozialen Peripherie haben weniger mit dem Einkommensgefälle zu tun als mit der Art des Sozial-, Kauf- und Freizeitverhaltens, dem Lebensstil, dem Zugang zu Informationen und damit auch mit dem Charakter der sozialen Beziehungen, den unterschiedlichen Bedürfnissen und der unterschiedlichen kulturellen wie politischen Orientie-

---

[6] Nach Untersuchungen des Levada-Zentrums leben 54 Prozent der Einwohner noch am Ort ihrer Geburt. Nach Ansicht von Migrationsspezialisten wie Anatolij Višnevskij ist die Mobilität in Russland heute etwa auf dem Niveau der 1910er Jahre, obwohl die damalige Bevölkerung überwiegend in der Landwirtschaft beschäftigt (85 Prozent lebten in Dörfern) und in der traditionellen Kultur verankert war.

rung. Die arme Peripherie bildet eine Zone der chronischen sozialen Depression, in der stagnationsbedingte Spannungen, soziale Anomie und Pathologien häufiger anzutreffen sind: Die Kriminalität etwa ist hier doppelt so hoch wie im Landesdurchschnitt. Natürlich ist auch diese Peripherie in sich nicht homogen. Verglichen mit den raschen Veränderungen im Leben der großen Städte zeichnet sie sich aber durch einen Mangel an Perspektiven, durch den Niedergang der noch aus der Sowjetzeit stammenden sozialen Infrastruktur, durch starke Abhängigkeit von den Behörden und dementsprechend auch durch das Vorherrschen etatistisch-paternalistischer Orientierung aus. Wer über mögliche zukünftige Entwicklungen spricht, sollte im Blick behalten, dass sich gerade aus diesen Gruppen die Hauptwählerschaft von *Edinaja Rossija*, der Partei der Macht, rekrutiert. Diese Wählerschaft ist weitaus zahlenstärker als die Unterstützer sämtlicher liberalen Parteien. Eben diese Mehrheit an der Peripherie stellt die Basis der konservativen Politik dar.

Die Bevölkerung der mittleren und erst recht der großen Städte ist wesentlich stärker von sozialen Veränderungen betroffen, denn hier haben sich auch Beschäftigungsstruktur und Kaufverhalten deutlich verändert. Dennoch wächst auch hier der Anteil der Beamten, des Verwaltungspersonals, der Angestellten von Polizei und Sicherheitsdiensten, deren etatistisch-patriotische Einstellung sich in den 2000er Jahren stark bemerkbar gemacht hat.

Die Entstehung einer „Klasse" von Unternehmern und einer Schicht „freier Bauern" vollzieht sich dagegen extrem langsam: Die Unternehmer stellen weniger als vier bis fünf Prozent der erwachsenen Bevölkerung. Die Gründe liegen auf der Hand: Marktwirtschaft funktioniert nicht ohne Vertrauen der Bevölkerung in die Finanzinstitute. Diese wiederum funktionieren nicht ohne eine von der Exekutive und Legislative unabhängige Justiz. Doch jeder Versuch, die Gerichtsbarkeit der Kontrolle der Exekutive zu entziehen, gefährdet das gegenwärtige politische System und mit ihr auch das amtierende autoritäre Regime. Angesichts dessen ist mit einer Reform der Judikative in absehbarer Zeit nicht zu rechnen.

Die Schwäche der Marktwirtschaft ist nicht auf die schmale „Klasse" der Unternehmer zurückzuführen, sondern auf soziale Apathie und Opportunismus sowie auf einen „Mangel an politischem Instinkt", den Max Weber bereits den Großunternehmern des vorrevolutionären Russlands bescheinigt hatte: Auch sie hatten es versäumt gehabt, ihre Interessen zu formulieren, eigene Forderungen aufzustellen und sich in die Politik einzumischen. Im übrigen trifft dies heute nicht nur auf die Repräsentanten des Business zu, sondern auf die gesamte posttotalitäre Gesellschaft.

Die „nachholende Modernisierung" in ihrer postsowjetischen Variante zeichnet sich daher durch zwei Tendenzen aus: Einerseits übernehmen bestimmte Segmente der Gesellschaft rasch die primitivsten Formen der westlichen Massen- und Konsumkultur. Das gilt weniger für Technologie und Kommunikation sowie in noch geringerem Maße für die Finanz- und Kreditbeziehungen. Gleichzeitig kommt es zur Rückbildung oder Degeneration sowjetischer oder auch danach entstandener differenzierter Formen des sozialen Lebens. Dies gilt etwa für die Grundlagenforschung und die Kultur. Parallel zum Konsumaufschwung der Jahre 2003–2007, der etwa 25–27 Prozent der Bevölkerung erfasste, schrumpfte die oberste Schicht der einstigen sowjetischen Intelligencija: Unterfinanzierung, brain drain und andere Faktoren führten zu einem Rückgang der Beschäftigungszahlen in der Forschung,[7] den innovativen Bereichen der Industrie und den angewandten Naturwissenschaften.

Das Gros der Bevölkerung lebt mit dem Gedanken, die Menschen hätten durch die sozialen Verwerfungen der letzten zwanzig Jahre etwas Wichtiges verloren, zum Ausgleich dafür aber nichts bekommen (Tab. 1).

Tabelle 1: Zählen Sie sich und Ihre Familie zu den Gewinnern oder Verlierern der Veränderungen in Russland seit 1992? (in Prozent der Befragten, N = 1600)

	Dez. 1999	Nov. 2002	Dez. 2006	Dez. 2007	April 2008	Dez. 2009	Dez. 2010
zu den Gewinnern	10	20	22	29	36	23	19
zu den Verlierern	74	70	57	41	37	50	51
schwer zu sagen	16	10	21	30	27	27	30

Die Einkommensschere in der Gesellschaft öffnet sich immer weiter; der wachsende Wohlstand der oberen 20 Prozent der Bevölkerung hat mit wachsender Effizienz der Wirtschaft kaum etwas zu tun. Er speist sich vielmehr

---

[7] Die Zahl der Beschäftigten in Forschung und Entwicklung hat sich von 1,5 Millionen (1990) auf 760 000 (2008) nahezu halbiert.

aus der Umverteilung „administrativer Renten", also aus der Umwandlung von politischer Macht in bedingtes Eigentum. Entscheidend ist die Position einer Gruppe in der sozialen Hierarchie, ihre Nähe zum Machtapparat. Erfolgreiche Unternehmensführung, Innovation, Effizienz, schlanke Verwaltung und hohe Motivation beeinflussen die Lage einer solchen staatsnahen, ökonomisch erfolgreichen Gruppe weniger als ihre Behördenkontakte auf verschiedenen Ebenen.

Im Kern stehen wir vor einer Situation, in der die Provinz in einem Zustand des Verfalls „eingefroren" ist, während das Zentrum (die Megapolen und großen Städte) eine rasante Entwicklung durchmacht.[8] Im Ergebnis beobachten wir an der Peripherie ein Fortleben sowjetischer Werte und Vorstellungen auch bei jüngeren Menschen, hartnäckigen Sozialneid auf die „reichen" Einwohner der Megapolen, Ressentiments, soziale Apathie, Passivität, Misstrauen gegen alles Neue und Ungewöhnliche sowie eine Zunahme konservativer, neotraditionalistischer und nationalistischer Einstellungen. All dies trägt zur Stärkung der autoritären Staatsmacht bei, insbesondere in Wahlen.

---

[8] Das zeigt das Kulturleben in Zentrum und Peripherie, etwa der Buchmarkt und das Leseverhalten. 75–80 Prozent der Buchtitel werden in Moskau (ca. zwei Drittel) und Sankt Petersburg produziert. Der Zusammenbruch des sowjetischen Vertriebs und die geringe Kaufkraft der Peripherie haben dazu geführt, dass neue Bücher in Städten mit weniger als 250 000 Einwohnern nicht mehr ankommen, von ländlichen Gebieten ganz zu schweigen. Das Spektrum der publizierten Titel ist zwar breiter geworden. Pro Jahr kommen etwa 110 000–120 000 russischsprachige Neuerscheinungen auf den Markt, d.h. zweieinhalb Mal so viele wie zur Sowjetzeit in der RSFSR. Doch die Auflagen haben sich halbiert oder betragen nur noch ein Drittel. Der Informationsfluss erreicht nur die vergleichsweise schmale Schicht der Einwohner großer Städte. Die Zahl der regelmäßig Lesenden sank seit dem Ende der Sowjetunion von 29 auf 22 Prozent, die Zahl der „Nichtleser", die weder Bücher noch Zeitschriften lesen, stieg zwischen 1990 und 2009 von 44 auf 54 Prozent. Der Anteil derer, die regelmäßig Bücher kaufen, sank vom zwölf auf vier Prozent, während der Anteil derer, die keine Bücher kaufen, von 30 auf 60 Prozent stieg; Boris Dubin, Natalija Zorkaja: Čtenie-2008: Tendencii i problemy. Po materialam sociologičeskogo issledovanija Levada-Centra. Moskva 2008. – Obščestvennoe mnenie: 2009: Ežegodnik Levada-Centra. Moskva 2009, S. 134–139. In anderen Bereichen wie der Presse, dem Kino, Radio und Internet ist die Lage ähnlich. Regelmäßig (mindestens einmal pro Woche) nutzt etwa ein Drittel der Bevölkerung das Internet. Die Nutzer sind zumeist jung (bis 35 Jahre), leben in großen Städten, studieren oder haben Hochschulabschluss. Diese Gruppe hat auch Zugang zu anderen Informationsquellen. Sie nutzt regelmäßig acht bis neun Informationsquellen. Auf dem Land ist es nur zwei bis drei. Die Hauptrolle spielen die landesweiten Fernsehsender.

Die träge, im Niedergang begriffene Peripherie erstickt die sporadischen Impulse zu Wandel und Modernisierung, die im Zentrum entstehen.

Der Putinsche Konservatismus

Die schlechte Leistung der staatlichen Institutionen ist in der gegenwärtigen Diskussion in Russland ein Gemeinplatz. Gegner und neutrale Beobachter des Regimes kritisieren gewöhnlich die Ineffizienz und Schwerfälligkeit der Verwaltung, die korrupte Bürokratie, den Mangel an qualifiziertem Personal, die Intransparenz des Haushalts und der Mittelzuweisung, die Diskrepanz zwischen den deklarierten und den erreichten Zielen, oder dass im Verwaltungshandeln das Mittel immer häufiger zum Zweck wird. Bei dieser Kritik bleiben wichtige soziale Aspekte und Funktionen dieser Institutionen außer Acht, insbesondere die Sozialisation neuer Generationen. Sie treten das Erbe der politischen Kultur an. Eine Institution existiert länger als eine Generation; der Einfluss einer Institution – darunter auch der implizite Einfluss, der nicht ihren offiziellen Aufgaben entspricht – erfasst in der Regel mehrere Generationen.
Der deklarative Charakter der russländischen Verfassung und die Praktiken der imitierten Demokratie, welche die Putinsche Administration auf breiter Basis anwendet, verstellen den Blick auf die eigentlichen Ursachen der Trägheit der Institutionen. Die 1990er Jahre waren eine Zeit des erbitterten Machtkampfs zwischen verschiedenen Fraktionen der Ex-Nomenklatura. Diese Fraktionen verkündeten abwechselnd mal die Notwendigkeit konsequenter und systematischer Reformen, mal die Bedeutung des Konservatismus. Im Ergebnis wurden nur die peripheren Verwaltungsstrukturen zerstört, die zentralen Institutionen des Systems dagegen, an denen die Organisation des Staatsapparats und die Legitimität der sozialen Ordnung hingen, erwiesen sich als überaus stabil. Auf die kurze Phase der „El'cinschen Demokratie" (1992–1996) folgte eine in immer stärkerem Maß „gelenkte Demokratie". Anfang der 2000er Jahre wurden die Ränge der Partei- und Wirtschaftsnomenklatura von „Tschekisten", „Siloviki" und „neuen Oligarchen" besetzt. Für sie war die Ideologie vom Aufbau einer „neuen Gesellschaft" ebenso überflüssig wie der Schulterschluss mit den europäischen Demokratien. Als Grundprinzipien ihrer Politik verkündeten sie politischen Konservatismus („soziale Stabilität und starker Staat"), Traditionalismus („Schutz der nationalen Traditionen und Werte", starke Familie, Orthodoxie, antiwestliche Einstellungen, Wiederherstellung von Russlands Großmachtstatus)

sowie die „Einheit von Volk und Staatsmacht", im Klartext: die Unterdrückung der Opposition, manipulierte Wahlen und den Einsatz der Medien zu Propagandazwecken.
Zwar war die Organisation des Machtapparats leicht modifiziert worden, sein selbstbezogenes Wesen jedoch blieb das alte: Kompetenzen werden vertikal zugeteilt. Politische Verantwortung gibt es ebenso wenig wie öffentliche Kontrolle oder Mechanismen eines geregelten Machtwechsels. Überdauert hat auch die mangelnde Ausdifferenzierung der Macht. Die Organe der Legislative und Judikative bleiben abhängig von der Exekutive.[9] Das bedeutet, dass die Gesellschaft als Gesamtheit vielfältiger Interessen und Bedürfnisse am Entscheidungsprozess nicht mitwirkt und auch keine Kontrolle über die Umsetzung von Entscheidungen bis zur Haushaltspolitik hat.
Der Kern der zentralen Institutionen konnte nur dadurch überdauern, dass sich die Verteilungsfunktion des Sowjetstaates radikal verringert hatte. Ohne den Planungs- und den Kontrollapparat wurde die Erfüllung dieser Funktion unmöglich. Das heißt jedoch keineswegs, dass die staatliche Gewalt, wie sie für die Herrschaftspraxis totalitärer Regime in ihrer Spätphase und posttotalitäre Gesellschaften mit autoritärer politischer Ordnung typisch ist, vollständig verschwunden wäre.
Die posttotalitäre staatliche Gewalt unterscheidet sich grundlegend vom rechtsstaatlichen Prinzip des staatlichen Gewaltmonopols, wie es in westlichen Demokratien gilt: Während die Gewaltausübung seitens der Exekutive in einem Rechtsstaat systematisch durch die unabhängige Judikative und die Legislative kontrolliert und korrigiert wird, existiert die Gewaltenteilung in posttotalitären Gesellschaften nur zum Schein; tatsächlich dominieren personalisierte Herrschaftsstrukturen. In Russland ist diese Gewalt nicht ideologisch sanktioniert. Sie existiert in Form einer Unmenge indirekter, häufig widersprüchlicher sozialer Beschränkungen, welche die Initiative und Handlungsfreiheit des Einzelnen ersticken. Legitimiert wird dieses repressive Regime durch einen hergestellten Konsens über „Stabilität und Ordnung", wofür ein „starker zentralisierter Staat" notwendig sei. In der Propaganda des Kremls wiederum wird dieser mit der angeblichen Vielzahl existentieller Bedrohungen für Russland begründet. Sie reichen von einer Wiederholung der politischen Krise von 1992/93 und der Finanzkrise 1998 über terroristische Angriffe, Verschwörungen innerer und äußerer Feinde bis zum Topos, dass der Westen „Russland" erniedrigen wolle. Trotz ihres Misstrauens

---

[9] Olga Kryshtanovskaya: Sovietization of Russia 2000–2008, in: Eurasian Review, November 2009, S. 95–134.

gegenüber den Herrschenden erliegt die Gesellschaft der Suggestion dieser Rhetorik – da es, solange das Fernsehen kontrolliert wird, an anderen Informationsquellen fehlt. Dieses Spiel mit den verbreiteten Ängsten, den kollektiven Komplexen und Traumata, die nach dem Zusammenbruch der Sowjetunion auftraten, ist ein höchst effektives Herrschaftsmittel. Die große Mehrheit akzeptiert bedingungslos jeden von der politischen Führung behaupteten „Ausnahmezustand", mit dem sich rechtfertigen lässt, Rechtsnormen außer Kraft zu setzen und Willkür walten zu lassen.

Neue Manipulationstechniken

Um diesen Effekt aufrechtzuerhalten, setzte das Putin-Regime neue Techniken der Manipulation ein. Ihr Zweck war es, das öffentliche Bewusstsein zu entpolitisieren und entideologisieren, um so den Einfluss jeglicher unabhängiger Gruppierungen, deren Kritik das labile Vertrauen in die Machthaber unterminieren könnte, zu neutralisieren. Die Hauptaufgabe der Kremladministration bestand unter diesen Umständen darin, keinerlei eigenständige Aktivitäten der Bevölkerung zuzulassen, die zu gesellschaftlicher Selbstermächtigung mit Forderungen nach Rechenschaftspflicht der Herrschenden oder gar der Beachtung der Regeln eines Machtwechsels führen könnte. Das herrschende Regime versuchte deshalb, nicht nur jeden Ausdruck sozialer Solidarität zu unterdrücken, sondern auch konsequent die Fragmentierung der Gesellschaft voranzutreiben, die Entstehung von Netzwerken zu behindern und in der Medientätigkeit Propaganda mit Unterhaltung und „Sedierung" zu verbinden. Auf diese Weise wurde das intellektuelle Niveau des Publikums künstlich gesenkt, politische Parteien außerhalb des Kreml-Spektrums wurden von der öffentlichen Bühne verdrängt, und die Gesellschaft versank in Apathie. Verschärft wurde die Lage dadurch, dass die Bevölkerung auf diese Art „Bearbeitung" längst vorbereitet war – die sowjetische Erfahrung, sich an den repressiven Staat anzupassen, hat in der kollektiven Identität der Massengesellschaft sowie in der politischen Kultur tiefe Spuren hinterlassen und wird bei der geringsten Verstärkung der staatlichen Kontrolle und des Drucks sofort wieder aktualisiert.
Anzeichen für einen solchen zunehmenden Druck von Seiten des Staates gab es mehr als genug. Doch in der ersten Zeit ließ sich die Gesellschaft „überreden". Sie akzeptierte die Folgen der Sterilisierung der politischen Konkurrenz und der Knebelung der Medien als notwendigen Schritt zur Stärkung des Staates, die für den Übergang vom Totalitarismus zur Demokratie unab-

dingbar schien. Sehr schnell jedoch erklärte das Putin-Regime die „Defekte" einer unvollendeten Demokratie – etwa, dass die alten Repressions- und Gewaltorgane handlungsfähig blieben – zu Vorzügen einer neuen Ordnung und stellte so eine symbolische Kontinuität zwischen dem heutigen Russland und der Sowjetunion als Großmacht her. Diese Signale der neuen Kreml-Mannschaft richteten sich vor allem an die Menschen in der Provinz und jene frustrierten Teile der Gesellschaft, die der Sowjetunion nachtrauerten. Sie wurden von diesen auch begeistert aufgenommen. Technisch waren für den Erfolg der konservativen Revanche und die Entstehung des Putinschen Autoritarismus mehrere Voraussetzungen nötig: die fortgesetzte Abhängigkeit der Justiz von der Exekutive und die damit einhergehende selektive Anwendung des Rechts; manipulierte Wahlen, Zensur in den wichtigsten Medien, eine konservativ ausgerichtete Bildung, eine Rhetorik des Widerstands gegen äußere und innere Feinde sowie ein imitativer Traditionalismus.

Die Wandlungsfähigkeit totalitärer Institutionen hängt davon ab, wie aktiv die an Veränderungen interessierten sozialen Bewegungen und politischen Gruppen sind. Damit diese Gruppen den aktiven Teil der Bevölkerung auf ihre Seite bringen können, müssen sie breites Vertrauen und Unterstützung genießen. Sie können nur existieren, wenn ein gewisses Maß an Solidarität, Moral und intellektueller Wachheit und eine kritische Reflexion der Geschichte vorhanden ist, was wiederum nur in einer Gesellschaft der Fall ist, welche die Idee der politischen Verantwortung der Führung bejaht. Zu Beginn der Gajdarschen Reformen in Russland waren diese Voraussetzungen zwar teilweise gegeben. Auch heute existieren solche Gruppen durchaus. Aber sie bringen nicht die „kritische Masse" mit, die nötig wäre, um eine politische Wirkung zu erreichen. Das Gros der Bevölkerung bringt die eigenen Lebensverhältnisse nicht mit politischer Partizipation in Zusammenhang.

Die Macht im Urteil der Gesellschaft

Meinungsumfragen in den späten 1990er und frühen 2000er Jahren ließen eine steigende soziale Nachfrage nach „Ordnung", einer „starken Hand" und nach Einhaltung „der Gesetze" erkennen, was in der Praxis von einer starken, personalisierten Staatsmacht umgesetzt werden sollte. Nach Meinung der Respondenten „konnte" und „sollte" diese Macht verschiedene Formen der Willkür – von Seiten der Regierung, der Gouverneure, Unternehmen, lokalen Behörden und der Miliz – sowie Kriminalität eindämmen. Solche Illusionen sind keine zufällige Erscheinung. Sie spiegeln die moralische und intellektuelle Verfassung der russländischen Gesellschaft wider. Dass die Verwirrung und Frustration, die das plötzlich komplizierter, unvorhersehbarer und unkontrollierbarer gewordene Alltagsleben auslösten, früher oder später in verbreitete Unzufriedenheit mit dem politischen Wandel und dessen Initiatoren münden würde, war unvermeidlich. Die tatsächliche Anomie der frühen 1990er Jahren vertiefte sich; dazu kamen Effekte von Demoralisierung und ein flächendeckender Zynismus. Diese Stimmungen waren nicht nur eine Reaktion auf den Verlust der Illusionen der Perestrojka, sondern auch auf den Übergang zu wesentlich härteren Finanz- oder Marktbeziehungen, auf die in sozialpolitischer Hinsicht niemand von den Demokraten vorbereitet war – weder die Politiker noch die demokratische Öffentlichkeit. Die eigene soziale und intellektuelle Hilflosigkeit, Verwundbarkeit, Ratlosigkeit und Desorientierung wurden im gesellschaftlichen Bewusstsein auf das Verlangen nach einem politischen Führer mit Autorität projiziert (Tab. 2). Er würde die Menschen überzeugen, dass eine bessere Zukunft in Reichweite sei und sie sich nur ihm unterordnen und ihm folgen müssten. Auf diese Erwartungen reagierte zumindest teilweise die Putinsche Rhetorik des staatlichen Paternalismus, der Restauration der sowjetischen Vergangenheit und der nationalen Projekte, ohne die die Zentralisierung der Verwaltung und die Einschränkung der Autonomie verschiedener Gruppen und Institutionen schwer durchführbar gewesen wäre.

Tabelle 2: Was sollten der Präsident oder die Regierung in der gegenwärtigen Krise des Landes Ihrer Meinung nach tun? Mit welcher Aussage sind Sie eher einverstanden?

	Januar 2001	Dezember 2010
die „Schrauben anziehen" und streng gegen alle „Freiheiten" in Politik und Wirtschaft vorgehen	53	62
den Leuten die Freiheit lassen, ihren Geschäften nachzugehen, und nur dafür sorgen, dass sie die Gesetze nicht übertreten	33	28
schwer zu sagen	14	10

Angaben in Prozent der Befragten, N = 1600

Die heutige Einstellung der Gesellschaft zu den Machthabern lässt sich im Großen und Ganzen als eingeschränkte Anerkennung der hierarchischen, der Kontrolle entzogenen Staatsmacht beschreiben. Diese Staatsmacht stützt sich vor allem auf neotraditionalistische, vormoderne Institutionen. Die wichtigste Rolle spielen dabei der „nationale Führer", der die Fülle der staatlich-paternalistischen Macht verkörpert, die Orthodoxe Kirche, die den symbolischen Status der Machthaber sanktioniert, die politische Polizei, die mit außerordentlichen, das heißt nicht durch Recht und Gesetz begrenzte Vollmachten ausgestattet ist, eine „technische" Regierung ohne eigenes politisches Gewicht, die nur den Willen der „nationalen Führer" ausführt, und die Armee, die symbolisch für das historische Gedächtnis des Staates und die Technik der flächendeckenden Zwangsherrschaft steht. Die Stabilität des Regimes basiert weniger auf einer breiten Billigung und Unterstützung der Staatsmacht, als vielmehr im Fehlen eines klaren Widerstands dagegen. Bei einer Umfrage im April 2010 erklärten 60 Prozent der Befragten, die „derzeitige Führung verdiene Unterstützung", während die Gegenmeinung, „die derzeitige Führung sollte abgelöst werden, je schneller, desto besser" nur von 24 Prozent vertreten wurde.

Alle übrigen staatlichen und gesellschaftlichen Institutionen sind an sich bedeutungslos. In den Augen der Gesellschaft sind sie entweder „ineffiziente" oder „dysfunktionale" Gebilde, deren Aktivitäten umso negativer beurteilt werden, je näher sie dem Alltagsleben stehen (Tab. 3). Weder die Gerichte noch die Miliz, weder die Gewerkschaften noch die Parteien sind nach Meinung der russländischen Bürger dazu da, die Bedürfnisse und Interessen der Bevölkerung zu erfüllen – ihre Funktion und Bestimmung sei vielmehr, die Kontrolle über die Gesellschaft aufrechtzuerhalten, oder aber für ihre eigenen egoistischen Interessen zu arbeiten.

Der Trend der vergangenen beiden Krisenjahre zeigt, dass das Vertrauen in die Geheimdienste leicht gestiegen ist. Dies ist ein Resultat der intensiven Propaganda, in der die Figur des „Tschekisten" und des „Tschekisten an der Macht" in Putins Umfeld positiv dargestellt wird. Dagegen ist das Vertrauen in die untergeordneten Organe der Staatsmacht gesunken. Im Rating „Vertrauen in staatliche Institutionen" hat der FSB in den letzten Jahren Schritt für Schritt die Medien, die Regierung und sogar die Streitkräfte verdrängt, die früher einen Platz gleich hinter der Kirche einzunehmen pflegten. Anders gesagt: „Vertrauen" und damit symbolische Unterstützung genießen nur jene Institutionen, die alternativlos das nationale Ganze repräsentieren. Das sind Putin und die Russische Orthodoxe Kirche. Oder es sind jene Machtinstitutionen, die legal Zwang ausüben können.

Tabelle 3: Vertrauen in Institutionen

	2009	2010
Premierminister	5,1	4,1
Russische Orthodoxe Kirche	4,0	4,0
Präsident	3,9	3,2
Sparkasse (Sberbank)	2,5	2,4
FSB	1,9	2,0
Regierung	2,1	1,7
Armee	1,7	1,6
Regionale Behörden	0,9	0,9
Massenmedien	0,7	0,7
Gerichte	0,5	0,5
Lokale Verwaltung	–	0,5
Russländische Unternehmer	0,5	0,4
Duma	–	0,4
Miliz	0,4	0,4
Gewerkschaften	0,5	0,4
Politische Parteien	0,3	0,3
NGOs	0,3	0,3
Kommerzielle Banken	0,2	0,2

Der Vertrauensindex errechnet sich aus der Summe aller, die Vertrauen äußern („vollkommenes Vertrauen" oder „eher Vertrauen") und der Summe aller, die Misstrauen empfinden („totales Misstrauen" oder „eher Misstrauen"); unentschiedene Stimmen werden nicht berücksichtigt. Der Index zeigt somit nur den Grad des artikulierten Vertrauens an.

Gerade die asymmetrisch funktionierenden Instanzen staatlicher oder „moralischer" Zwangsausübung genießen größte Autorität. Die Gesellschaft, die nicht nur schlecht organisiert und wenig konsolidiert ist, sondern auch künstlich in diesem kraftlosen und zersplitterten Zustand gehalten wird, verfügt über keine Kontrolle über diese Instanzen.

Das mangelnde Vertrauen in die übrigen Strukturen, die im Prinzip Regeln und Normen für das praktische, alltägliche Miteinander stiften müssten, zeugt nicht nur von einer verbreiteten diffusen Unzufriedenheit mit dem Wirken dieser Strukturen, sondern auch von der Bereitschaft, die von ihnen aufgestellten Forderungen und Normen zu missachten, sofern dafür keine allzu harten Sanktionen oder Strafen drohen. Diese Taktik des Umgangs mit repressiven Institutionen aber fördert den Rechtsrelativismus, perpetuiert Heuchelei, hierarchisches Denken, „fragmentierte" Moral sowie Misstrauen und schwächt das Solidaritäts- und Kooperationspotential der Gesellschaft. Man kann daraus mit Sicherheit schließen, dass der Fortbestand des gegenwärtigen Regimes und der gesellschaftlichen Verfasstheit auf unbestimmte Zeit gesichert ist. Auf welche Kräfte Putin sich nach Meinung der Bevölkerung stützt, zeigt die folgende Tabelle:

Tabelle 4: Auf welche Bevölkerungsschichten stützt sich Vladimir Putin?

	Okt. 2000	Juli 2001	Juli 2003	Juli 2005	Juli 2010
auf die „Siloviki", die Mitarbeiter von Geheimdiensten, Armee und Innenministerium	54	43	51	51	35
auf die frühere engste Umgebung El'cins, die „Familie"	25	22	25	19	11
auf „Oligarchen", Bankiers, Großunternehmer	24	15	27	25	31
auf Staatsbeamte, auf die Bürokratie	12	15	21	26	25
auf „einfache Leute": Angestellte, Arbeiter, Beschäftigte in der Landwirtschaft	12	15	15	18	16
auf die „Mittelschicht", d.h. Leute mit gutem Einkommen	10	16	19	23	21
auf die Intelligencija	5	10	8	12	9
auf die kulturelle und wissenschaftliche Elite	4	8	9	11	8
auf das „Lumpenproletariat": Bettler und Deklassierte	0	0	0	1	0,8
auf alle ohne Ausnahme	5	7	7	5	8
schwer zu sagen	13	18	11	12	12

Angaben in Prozent der Befragten, N=1600

Die Zunahme autoritärer Einstellungen um die Jahrtausendwende war nicht nur eine Reaktion auf eine schwere Krise, sondern ging auch auf eine teilweise Wiederherstellung der alten Kultur des Paternalismus zurück.[10] Das Verhältnis zwischen autoritär-paternalistischen Einstellungen und ihren Gegenpositionen liegt, wie Tabelle 5 zeigt, bei etwa 2:1 oder sogar 3:1.

Tabelle 5: Wirkt sich die Tatsache, dass heute praktisch die gesamte Macht im Land in den Händen von Vladimir Putin konzentriert ist, zum Wohl Russlands aus oder verheißt sie nichts Gutes?

	März 2004	**Dez. 2005**	**Sep. 2006**	**Okt. 2007**	**Juli 2009**	**Juli 2010**
zum Wohl Russlands	68	57	61	66	63	52
verheißt nichts Gutes	20	29	24	20	16	22
schwer zu sagen	12	15	14	14	21	26

Angaben in Prozent der Befragten, N = 1600

---

[10] Im Juni 1997, als sich gerade ein Durchbruch in den wirtschaftlichen Reformen abzeichnete und erste Anzeichen für ein Ende der Transformation und für wachsenden Wohlstand vorlagen, verteilten sich die Antworten auf die Frage „Wessen Interessen vertritt Russlands neue Regierung vor allem?" so: „ihre eigenen Interessen" – 34 Prozent der Befragten, „die Interessen der Reichen und Mächtigen" – 32 Prozent, „die Interessen Russlands/des russländischen Volkes" – 16 Prozent, und „die Interessen des Westens, westlicher Firmen" – acht Prozent.

Da die Entstehung neuer Gruppen mit anderen sozioökonomischen, politischen oder ideologischen Bedürfnissen in absehbarer Zeit nicht zu erwarten ist, wird sich an diesen Einstellungen wenig ändern. Der Machtapparat hat heute genug breite Unterstützung[11], um auch für den Fall eines dauerhaft sinkenden allgemeinen Lebensstandards die Situation im Land mindestens bis zur Mitte des nächsten Herrschaftszyklus des Regimes unter Kontrolle zu behalten, der 2012 beginnt.

Allerdings sollte man, wenn man von „Unterstützung" oder „Zustimmung" spricht, nicht übersehen, dass sich hinter solchen Angaben nicht nur die vehemente Putin-Begeisterung einer kleinen Gruppe verbirgt, sondern auch die wesentlich diffusere positive Einstellung einer großen Gruppe. Hier mischt sich Indifferenz mit mangelnden Alternativen. Das Verhältnis zu Putin ist vor allem durch die Abwesenheit einer ausgeprägten Abneigung gegen ihn sowie durch eine prinzipielle Urteilsunfähigkeit geprägt (Tab. 6).[12] Nach Hannah Arendt ist passiver Gehorsam in totalitären oder repressiven Regimen gleichbedeutend mit Unterstützung und Zustimmung.[13]

---

[11] In den letzten zwei Jahren sprechen 65–70 Prozent der Befragten den führenden Staatsmännern „volles Vertrauen" und Zustimmung aus. Zum Vergleich: Der Anteil jener, die „volles Vertrauen" zu Präsident El'cin hatten, sank von 1994 und 1999 von 16 auf zwei Prozent, der jener, die „totales Misstrauen" empfanden, stieg auf 75 Prozent (1999). Das wirkte sich auf die Organisation des Machtapparats jedoch in keiner Weise aus. Zwar hatten die Medien damals alle Freiheit, die Führung des Landes zu kritisieren. Der Grund für El'cins Rückzug war jedoch weniger seine sinkende Popularität als vielmehr der Druck, den seine nächste Umgebung auf ihn ausübte. Von der öffentlichen Meinung hängt die Spitze im Staat nur dort ab, wo es eine halbwegs reale Gewaltenteilung und unabhängige Medien gibt. Diese Abhängigkeit lässt sich ausschalten, indem die Medien neutralisiert oder Justiz und Parlament gefügig gemacht werden, wie es das Putin-Team kurz nach Machtübernahme tat, oder indem beides geschieht und jede Regung der Gesellschaft unterdrückt wird, wie es das Lukašenka-Regime im Dezember 2010 in Belarus anlässlich der Präsidentschaftswahlen praktizierte. Dazu: Der Fall Belarus. Gewalt, Macht, Ohnmacht, in: OSTEUROPA, 12/2010.
[12] Im August 2010 äußerten sich vier Prozent der Befragten „begeistert" von Putin, 31 Prozent bekundeten „Sympathie" für ihn, 38 Prozent gaben an, sie könnten „nichts Schlechtes über ihn sagen", und weitere elf Prozent verhielten sich „gleichgültig". Die negativen Einschätzungen („kann nichts Gutes über ihn sagen" bzw. „Antipathie und Abscheu") beliefen sich nur auf unbedeutende acht Prozent. Sie widersprächen andernfalls auch dem Bild des charismatischen Führers, als den die offizielle Propaganda Putin zeichnet.
[13] Hannah Arendt: Eichmann in Jerusalem. New York 1963, S. 120.

Tabelle 6: Vladimir Putins Arbeit wird unterschiedlich bewertet. Mit welcher Einschätzung stimmen Sie am ehesten überein?

	August 2010	**August 2011**
Ich bin vollkommen einverstanden mit Putins Ansichten.	22	16
Ich bin bereit, Putin zu unterstützen, solange er bereit ist, demokratische und marktwirtschaftliche Reformen in Russland durchzuführen.	30	28
Früher war ich recht angetan von Putin, aber heute bin ich enttäuscht von ihm.	11	19
Bisher habe ich nicht viel von Putin gehalten, aber ich hoffe, dass er Russland in der Zukunft Nutzen bringen wird.	4	5
Ich unterstütze Putin, weil es keine ernstzunehmenden anderen Politiker gibt.	18	14
Ich bin kein Anhänger von Putin.	8	11
Ich bin der Meinung, dass jeder andere mehr Unterstützung verdient als Putin.	< 1	< 2
schwer zu sagen	6	6

N = 1600, Angaben in Prozent der Befragten

Indem das autoritäre Regime die soziale und politische Debatte und die Informationsfreiheit unterdrückt, sterilisiert und verdrängt es die Idee der politischen Zukunft an sich. Der wachsende Neotraditionalismus geht mit einer konstanten Gleichgültigkeit eines Großteils der Bevölkerung gegenüber den erklärten politischen Zielen des Regimes sowie der Politik an sich einher.[14]

---

[14] Dies gilt etwa für die Haltung zu den sogenannten „nationalen Projekten" oder zu Medvedevs Erklärungen zur Modernisierung. Bei den nationalen Projekten handelte es sich um ein Programm zur Förderung von Bildung, Gesundheit, Landwirtschaft und Wohnungsbau in Russland. Die Zahl der Skeptiker war anderthalb- bis zweimal größer als die derer, die glaubten, die Umsetzung der nationalen Projekte würde zu einer Verbesserung der Lage in den jeweiligen Bereichen führen. Auf die

Die guten Umfragewerte für die ersten Männer im Staat deuten darauf hin, dass das Gros der Bevölkerung keine Zukunftsvision hat und demnach auch nicht bereit ist, das eigene Verhalten zu ändern. Das individuelle Leben lässt sich nur in sehr eingeschränktem Maß planen, denn eine solche – systematische – Planung setzt funktionierende formale (rechtliche) Institutionen voraus. Die paternalistische Orientierung im Lande verhält sich umgekehrt proportional zur Effizienz des heutigen Staates. Die Entfremdung von der Politik, die sich in Russland nicht erst in den letzten fünfzehn Jahren angestaut hat, sondern sich aus der akkumulierten Erfahrung dreier sowjetischer Generationen speist, lässt sich nicht in wenigen Monaten überwinden. Daran würden auch eine mögliche Verschlechterung der sozialen Lage oder gar eine schwere Krise nichts ändern. Wie die Erfahrung zeigt, dauert es selbst unter günstigen Bedingungen und ohne offene Repressionen lange, oft viele Jahre, bis gesellschaftliche Gruppen aktiv werden und Proteste zunehmen. Damit solche Entwicklungen in eine Repolitisierung der Gesellschaft münden, genügt es nicht, dass liberal eingestellte Politiker, Unternehmer, Technokraten und Intellektuelle im Zentrum die Unabdingbarkeit einer radikalen Transformation des Systems begreifen. Es müssen einflussreiche Gruppen innerhalb der Machtstrukturen entstehen, die an einem Regimewechsel interessiert sind, und das bestehende Regime muss an Legitimität und Rückhalt in der Bevölkerung verlieren. Keine dieser Minimalvoraussetzungen ist heute gegeben. Mehr noch, Untersuchungen zeigen, dass die Mehrheit der russländischen Bevölkerung an Politik nur äußerst geringen Anteil nimmt.[15] Lediglich neun Prozent bezeichnen ihr Interesse an politischen Ereignissen als „sehr groß", die Mehrheit (52 Prozent) bekundet „keinerlei", die übrigen 39 Prozent „mäßiges Interesse". 54 Prozent der Befragten sagen von sich, dass sie „von Politik nichts verstehen". Den meisten Bürgern ist klar, welche Hindernisse ihrer Teilhabe an sozialen Belangen und Einflussnahme auf wichtige Entscheidungen entgegenstehen – von diesen Einschränkungen sprechen 83 Prozent der Befragten. Die russländische Bevölkerung ist zutiefst davon überzeugt, dass sie keine Mittel hat, ihre Interessen und Bedürfnisse auszudrücken. Weder die aktiven Parteien, noch die Gewerkschaften

---

Frage „Wie werden die für diese Ziele bereitgestellten Haushaltsmittel ausgegeben?" antworteten 13–14 Prozent „effizient, zum Nutzen der Sache", 68–70 Prozent nahmen an, die Gelder würden „ineffizient" eingesetzt oder „veruntreut"; in: Obščestvennoe mnenie 2008. Moskva 2008, S. 52–53.

[15] Natalija Zorkaja: Interes k politike kak forma političeskogo učastija, in: Obščestvennyj razlom i roždenie novoj sociologii. Moskva 2008, S. 72–86.

noch einzelne Politiker scheinen dafür geeignet. Die NGOs sind durch die offizielle Propaganda diskreditiert, sei es, dass sie als „Agenten des Westens" oder als in Wirklichkeit kommerzielle Strukturen gelten, die unter dem Deckmantel der Wohltätigkeit eigennützige Interessen verfolgen. 85 Prozent der Befragten glauben, die heutigen Politiker seien nicht am Willen der Wähler interessiert, sondern ausschließlich daran, gewählt zu werden (acht Prozent widersprechen dieser Auffassung, weitere sieben Prozent geben keine Antwort).[16] 68 Prozent glauben nicht, dass Menschen wie sie durch Teilnahme an Demonstrationen ihre Ziele erreichen oder wirksam ihre Interessen verteidigen können.

Ein Indikator für den politischen Einfluss oppositioneller Gruppen und das Ausmaß der sozialen Unzufriedenheit ist die soziale Organisation von Massenbewegungen und der Grad, in dem Stimmungen in der Gesellschaft artikuliert werden. Die zentrale und die regionalen Verwaltungen unternehmen jedoch alles, um die Herausbildung derartiger Organisationen bereits im frühesten Stadium zu unterbinden. Ohne soziale Organisation haben Massenproteste den Charakter von isolierten, kurzfristigen Aktionen, von einzelnen Ausbrüchen kollektiver Unzufriedenheit, dem „Aufstand der Schwachen" (Jurij Levada), die unweigerlich zu Appellen an eine paternalistische Macht werden. Es sind Beschwerden über die Obrigkeit bei der Obrigkeit.[17] Die Behörden greifen solche Vorgänge gerne auf, um auf ihrer Grundlage ein „persönliches Eingreifen" oder die „Beseitigung einzelner Mängel und Missstände" zu inszenieren. Ziel der vom Putin-Regime angewandten Herrschafts- und Manipulationstechniken ist es, die Gesellschaft in ihrem atomisierten Zustand zu halten. Gesellschaftliche Solidarität wird nur in dem Rahmen geduldet, den die Staatsmacht selbst vorgibt: innerhalb der Partei der Macht Einiges Russland oder von Veteranenvereinen, im Verband der Filmschaffenden unter Nikita Michalkov oder in anderen gebilligten Institutionen, seien sie traditionalistisch wie die Russische Orthodoxe Kirche oder politisch sterilisierte wie der Russländische Verband der Unternehmer (RSPP), die Gesellschaftskammer oder Fußballfanclubs.

Die Kehrseite solcher Beziehungen zwischen Staat und Gesellschaft ist, dass den Inhabern von Machtpositionen vielfach hartnäckiges Misstrauen, latente Missachtung oder sogar Abneigung entgegengebracht wird (Tab. 8). Die Tatsache, dass in der Duma kremlloyale Parteien vertreten sind, die sich als

---

[16] Umfrage vom April 2010, N = 1600.
[17] Jurij Levada: Vosstanie slabych, in: ders.: Iščem čeloveka. Sociologičeskie očerki, 2000–2005. Moskva 2006, S. 129–139.

„Opposition" ausgeben, verwirrt die (brav für diese Parteien stimmenden) Wähler zwar, die überwiegende Mehrheit der Bevölkerung aber schätzt ihre politische Funktion ganz nüchtern ein (Tab. 9).

75 Prozent der Befragten möchten sich dementsprechend nicht an politischen Aktionen und gesellschaftlicher Tätigkeit beteiligen, selbst wenn es dabei um Probleme der Stadt oder des Bezirks geht, in denen sie selbst leben. 15 Prozent geben an, dass sie „unter bestimmten Bedingungen" stärkeren Anteil am politischen Leben ihrer Stadt oder des ganzen Landes nehmen wollen würden, aber keine Möglichkeit dazu sehen. Die Hindernisse, die der gesellschaftlichen Partizipation im Weg stehen, sind seit langem bekannt und werden im Internet und denjenigen Medien, die sich noch eine relative Unabhängigkeit von Manipulationen, Einschüchterungsversuchen oder behördlichem Druck bewahrt haben, ausführlich diskutiert.[18] Solange es keine fairen und freien Wahlen oder Referenden gibt, solange NGOs unter Druck gesetzt und die Medien mit der größten Verbreitung zensiert werden, bleiben die Gewohnheit des „Stillhaltens", die Taktik der passiven Anpassung an den Staat und die privatistische Redewendung vom Hemd, das einem näher ist als der Rock die charakteristischsten Ausdrucksformen der Volksweisheit. 45 Prozent der russländischen Bürger fühlen sich nicht verantwortlich für das, was im Land geschieht. Nur neun Prozent sehen sich selbst als „fraglos verantwortlich für die Lage der Dinge" und weitere 37 Prozent als „zu einem gewissem Grad" verantwortlich. Allerdings können die Befragten nicht angeben, zu welchem Grad das ist und unter welchen Bedingungen die Verantwortung greift.

---

[18] In der Regel handelt es sich dabei um Publikationen mit vergleichsweise kleinen Auflagen oder Radiosender mit begrenztem Hörerkreis. So haben die *Vedomosti* oder die *Novaja gazeta* Auflagen von 120 000–180 000 Exemplaren pro Ausgabe, die kremltreuen Boulevardzeitung *Komsomol'skaja pravda* über drei Millionen

Tabelle 7: Wie schätzen Sie die Leute ein, die derzeit an der Macht sind? Sie...

a: **kümmern sich nur um ihr eigenes materielles Wohl und ihre Karriere.**
b: sind ehrlich, aber schwach. Es gelingt ihnen nicht, ihre Macht richtig zu nutzen und für Ordnung im Land zu sorgen.
c: sind ehrlich, aber inkompetent, sie wissen nicht, wie sie das Land aus der Wirtschaftskrise führen sollen.
d: sind eine gute politische Mannschaft, die den richtigen Kurs hält.
e: keine Antwort

	1994	1997	2000	2001	2005	2006	2007	2008	2009	2010	2011
A	**47**	**59**	38	**52**	**64**	**51**	**60**	31	31	**43**	**55**
B	16	15	11	11	11	12	9	11	13	11	12
C	18	11	11	12	10	10	11	13	13	10	12
D	4	4	**17**	10	6	12	10	**26**	**23**	**18**	**11**
E	15	11	23	`15	9	15	10	19	20	19	10

N=1600

Tabelle 8: Mit welcher Meinung zum Machtkampf zwischen den verschiedenen politischen Parteien sind Sie am ehesten einverstanden?

Die Konkurrenz zwischen den Parteien ermöglicht es, die Interessen vieler Menschen zu berücksichtigen; dadurch werden Entscheidungen getroffen, die den Volkswillen adäquater abbilden.	29
Die Parteien versuchen nur, ihre eigenen Interessen durchzusetzen, die Meinung der Menschen wird dabei ignoriert, im Ergebnis bringt dieser Kampf dem Volk keinerlei Nutzen.	61
schwer zu sagen	10

Juli 2008, N = 800

Tabelle 9: Was glauben Sie, in welchem Maß kommen die Bürger Russlands derzeit ihren Verpflichtungen dem Staat gegenüber nach (Gesetzestreue, Steuerzahlungen etc.)? In welchem Maß erfüllt der Staat seine Verpflichtungen den Bürgern gegenüber?

	Bürger					Staat	
Jahr	'98	'01	'06	'10	'11	'10	'11
Monat	III	I	II	II	IV	I	IV
erfüllen ihre Verpflichtungen voll und ganz oder größtenteils	19	39	36	45	42	16	21
Erfüllen und Nichterfüllen halten sich die Waage	36	38	38	33	43	36	39
erfüllen sie nicht oder nur zum geringsten Teil	40	19	22	18	12	42	37
schwer zu sagen	5	4	4	4	3	5	3

N = 1600

Niedergang durch Anpassung: der schlaue Mensch

Das Verhältnis zwischen dem Staat und den Bürgern beruht, so die vorherrschende Meinung, auf wechselseitigem Betrug, wobei die Bürger sich selbst daran erheblich weniger Schuld zuschreiben als dem Staat. Das Gefühl, dass die Bürger die wesentlichen Punkte des „Gesellschaftsvertrages" – wenn auch gezwungenermaßen – deutlich mehr erfüllen als der Staat, ist weit verbreitet: In Bezug auf die Bürger beträgt das Verhältnis zwischen Erfüllung und Nichterfüllung der Pflichten nach Meinung der Befragten 2:1, in Bezug auf den Staat ist es umgekehrt, 1:2. Dieses Gefühl wird zur Rechtfertigung von Verstößen gegen das Gesetz oder die soziale Ordnung herangezogen und zersetzt insofern das Rechtsbewusstsein der russländischen Gesellschaft. Eben diesen Effekt pflegte Tat'jana Zaslavskaja als Verhalten des „schlauen Sklaven" zu bezeichnen.

Die Idee des wechselseitigen Betrugs ist für alle Beteiligten vertraut und leicht verständlich; ein entsprechendes Verhalten ruft keine große Empörung oder Abscheu hervor, es erscheint als „normal". Es sind gerade soziale Konventionen dieser Art, die den „politischen" Konsens im sowjetischen wie postsowjetischen Russland aufrechterhalten. Sie erfassen alle Seiten des öffentlichen Lebens, von den Wahlen bis zur Wirtschaft. Die Gesellschaft übt keine Kontrolle über die Staatsmacht aus. Das glauben 80 Prozent der Bevölkerung; neun Prozent sind der gegenteiligen Ansicht, elf Prozent gaben keine Antwort.

Die Machthaber können ihre dominante Position und ihren derzeitigen Führungsstil nur aufrechterhalten, indem sie das intellektuelle, kulturelle und moralische Niveau der Gesellschaft systematisch senken. Das Ziel ist, das Selbstwertgefühl der Bürger zu unterdrücken, d.h. ihre Motivation und ihre Erfolgsorientierung zu neutralisieren und ihr Streben nach mehr sozialer Anerkennung und Gratifikation ihrer beruflichen und gesellschaftlichen Aktivitäten auszuschalten. Die Mechanismen der Auslese der „Besten" werden unwirksam gemacht; an ihrer Stelle legt man den Menschen den Wunsch nahe, „möglichst einfach" oder „wie alle" zu sein. Im Ergebnis verfügt die Gesellschaft praktisch über keine Instrumente der Belohnung und Anerkennung von innovativem oder moralisch hochstehendem Verhalten. In dem längst eingebürgerten Zustand, dass nicht die Gesellschaft, nicht unabhängige und professionelle Gruppen darüber entscheiden, was unter „Eigentum", „Moral", „Kultur", „Gesetz", „Würde" und „Leistung" zu verstehen ist, sondern der korrupte Unrechtsstaat selbst, sieht die öffentliche Meinung ein Zeichen für den Verfall und die Machtlosigkeit der unabhängigen Eliten. Anders gesagt: Der Staat bedient sich nicht der vorhandenen professionellen Eliten, die in der Gesellschaft Autorität und Ansehen genießen, sondern besetzt diese Rollen mit seinen eigenen servilen Untergebenen und diskreditiert so die Idee, dass Kreativität, Wissen, Recht, Produktivität und Innovation einen Wert haben. Dadurch wird das gesamte System von Werten und Gratifikationen in sein glattes Gegenteil verkehrt.

Proteststimmungen als Veränderungsfaktor

Ein erheblicher Teil der Gesellschaft, in der Regel der ohne Hoffnungen, ärmste und am stärksten deklassierte Teil, also die Landbevölkerung sowie die von sozialem Abstieg betroffenen Bewohner kleiner und mittlerer Städte, verspürt kein Bedürfnis nach sozialen, politischen oder ökonomischen Veränderungen, nicht einmal nach einer Rückkehr zu früheren Verhältnissen, trotz der spürbaren Sehnsucht nach der Sowjetzeit. Einschlägige Untersuchungen zeigen, dass diese Bevölkerungsgruppe heute wie auch früher keine gewichtigen Beweggründe hat, ihre Arbeitsleistung zu steigern.

In der Gesellschaft hält sich das gewohnte Gleichgewicht von „Halbzufriedenheit" und chronischer Gereiztheit, das schon in den 2000er Jahren nie eine kritische Schwelle erreicht hat. Immerhin war es selbst in den schwierigsten Zeiten Mitte der 1990er Jahre nicht zu nennenswerten Protesten gekommen; Widerstand von unten war nie Auslöser eines Machtwechsels. Nach der Rezession 2008–2009 ist heute keine wachsende Spannung zu verzeichnen: 36 Prozent der Befragten erklären, mit ihrem gegenwärtigen Leben „im Großen und Ganzen zufrieden" zu sein, 40 Prozent antworten auf diese Frage „teils, teils", unzufrieden sind 24 Prozent. 43 Prozent der Befragten schauen gelassen in die Zukunft, 51 Prozent sehen die Zukunft als ungewiss. Ihre materielle Lage schätzen 59 Prozent als „mittelmäßig" ein, nur dreizehn Prozent als „gut" und 24 Prozent als „schlecht". 49 Prozent der Befragten geben an, dass die Familie in den letzten Jahren „so wie vorher auch" lebt, bei 18 Prozent lebt sie „besser", bei 32 Prozent „schlechter". Die allgemeine Stimmung kommt am ehesten in der Formulierung „es ist schwierig, aber nicht unerträglich" (56 Prozent) zum Ausdruck. Immerhin ein gutes Viertel der Befragten (27 Prozent) findet „alles nicht so schlimm", während nur 15 Prozent meinen, „so kann man nicht leben, das ist unerträglich". 21 Prozent gaben keine Antwort auf diese Frage. Stabil ist das Leben für das Gros der Bevölkerung insofern, als ihre Ansprüche sich in einem gewohnten, wenig veränderlichen engen Rahmen bewegen und daher ver-

gleichsweise leicht zu erfüllen sind. Dieser Teil der russländischen Bürger kennt entweder keinen höheren Lebensstandard oder orientiert sich nicht daran. 44 Prozent finden, dass „die Dinge sich in Russland in die richtige Richtung entwickeln", 33 Prozent halten die Richtung für „falsch", und 23 Prozent gaben keine Antwort.[19]
Die allgemeine, chronische Gereiztheit bewegt sich derzeit auf hohem Niveau, mündet aber nicht in aktives Handeln. Der Staatsapparat indessen lernt, auf offen ausgedrückte Unzufriedenheit so zu reagieren, dass die Spannung etwas nachlässt, ohne dass ihre eigentlichen Auslöser beseitigt würden. Gereiztheit oder Ärger sind nicht zu verwechseln mit sozialem Protest, ihr Wesen und ihre Funktionen sind andere. Ein diffuser Ärger stellt für das Funktionieren des Systems keine Gefahr dar – im Gegenteil, er ist integraler Bestandteil der gegenwärtigen Beziehungen zwischen Staatsmacht und Untertanen. Entgegen der oberflächlichen Annahme spielt die vage, ungerichtete Unzufriedenheit für die Kontinuität und Geschlossenheit des Regimes eine stabilisierende Rolle, da sie nicht auf einen Systemwechsel abzielt, sondern nur den Austausch einzelner Personen verlangt: „Schlechte" Chefs sollen gegen „gute und ehrliche" ausgetauscht werden.
Die „Küchenkritik" oder das „Raucherecken-Palaver" sind latente Stützen des Systems: Sie sind nicht nur ein Symptom der Passivität der Gesellschaft unter autoritären Regimen oder ein Ventil, um Dampf abzulassen, sondern ein Surrogat politischer oder gesellschaftlicher Aktivität, wie es für geschlossene Gesellschaften typisch ist – das Merkmal einer kastrierten Zivilgesellschaft.
Die Rolle der gebildeten Schichten ist ambivalent: Einerseits sind sie zweifellos Träger sozialen Wissens und regen partielle Modernisierung an. Andererseits führt der Opportunismus der sozialen Elite, die jeden Wandel ausschließlich an die Staatsmacht knüpft, in der Gesellschaft zum Verlust an moralischer Autorität und Ansehen. Das Ergebnis ist, dass es keine Autoritäten mehr gibt, die der Bevölkerung helfen könnten, das aktuelle Geschehen zu verstehen und Zukunftsperspektiven zu entwickeln. Gab es in den 1990er Jahren noch eine Art Idealismus oder Romantik für die „Demokratie", so neigen die Bildungsschichten seit Mitte der 2000er Jahre wesentlich stärker als andere soziale Gruppen nationalistischen, klerikalistischen oder traditionalistischen Positionen zu und harmonieren damit ausgezeichnet mit den Stimmungen der politischen Führung. Die Möglichkeiten, unterschiedliche

---

[19] Durchschnittswerte der Jahre 2009–2010 (N=12 200).

Gruppeninteressen und Vorstellungen in der Öffentlichkeit oder im politischen Raum zu äußern und zu vertreten, sind – mit Ausnahme einer begrenzten Zahl relativ unabhängiger Medien und des Internets – äußerst eingeschränkt, oder genauer: gleich null. Der in den letzten Jahren zu beobachtende Rückgang der politischen Aktivität und zivilgesellschaftlichen Solidarität hat seinen Grund in dem Druck, den die Staatsmacht nicht nur auf Parteien ausübt, die nicht zum Kreml-Zirkel zählen, sondern auch auf gesellschaftliche Organisationen. Das Problem ist, dass diese Parteien und NGOs von der Kommunikation mit der breiten Öffentlichkeit ausgeschlossen sind.

Das Verschwinden von Politik als Praxis, die Unmöglichkeit, Gruppenpositionen zu artikulieren, die Unterdrückung oder Einschränkung der Tätigkeit von NGOs und anderen Formen von Bürgerpartizipation lähmen die russländische Gesellschaft. Sie versinkt einmal mehr in Apathie und Stumpfsinn. In einer allgemeinen Atmosphäre des Misstrauens verlieren sämtliche Repräsentationsformen gruppenspezifischer Interessen, Ideen und Vorstellungen ihre Bedeutung, sie werden skeptisch oder gereizt aufgenommen. Glaubt man offiziellen Statistiken, ist die Zahl der zivilgesellschaftlichen Organisationen in den letzten Jahren deutlich gesunken, die Zahl der in NGOs tätigen Angestellten und Freiwilligen dagegen bleibt Umfragen zufolge vergleichsweise stabil, wenn auch niedrig – sie liegt bei 1,5 bis zwei Prozent der Bevölkerung.

Das eigentliche Protestpotential ist gering, deutlich geringer als die engagierte Presse und die Opposition, die damit ihre Hoffnung auf politische Veränderung verbindet, es darstellen. Dennoch fürchtet der Machtapparat Massenkundgebungen und reagiert nervös und bisweilen irrational auf sie. Die Schwächen des Parteiensystems und das Fehlen von anderen Formen der Interessenvertretung führen dazu, dass die weitverbreitete Unzufriedenheit meist nicht an die Oberfläche dringt. Die erklärte Bereitschaft zu Protesten schwankt bei Umfragen zwischen zwölf und achtzehn Prozent der Bevölkerung. Real nahm aber im letzten Jahr weniger als ein Prozent an öffentlichen Aktionen und Versammlungen teil. Zehn Prozent der Befragten geben an, in den späten 1980er und frühen 1990er Jahren an Demonstrationen teilgenommen zu haben, seither aber nicht mehr. In Dörfern und Kleinstädten, bei Gruppen mit geringer Mobilität und schlechter Ausbildung ist die Frustration am größten, doch da diese Personenkreise nicht wissen, wie sie ihre Interessen dauerhaft vertreten sollen und kaum bereit sind, ihre Rechte aktiv zu verteidigen, ist auch ihr Organisations- und Protestpotential äußerst gering. Für das Regime stellen sie keine große Gefahr dar.

Politischen Forderungen schließen sich erheblich weniger Menschen an als wirtschaftlichen. Fast in allen Fällen stufen die Befragten aber die Möglichkeit, dass sie selbst an Protestaktionen teilnehmen könnten – und sei es nur in Form einer Absichtserklärung – deutlich niedriger ein als die Wahrscheinlichkeit, dass solche Aktionen überhaupt stattfinden. Diese Einstellung macht es sehr unwahrscheinlich, dass solche Ereignisse tatsächlich eintreten. Offensichtlich lässt sich von der in Umfragen erklärten Bereitschaft, gegebenenfalls auf die Straße zu gehen, um zu protestieren, keineswegs auf die quantitative Stärke realer kollektiver Aktionen schließen. Sie ist jedoch ein Indikator für die zum jeweiligen Zeitpunkt vorhandenen sozialen Spannungen und insofern ein wichtiger Anhaltspunkt für den Zustand der Gesellschaft.
Ein Beispiel für die schnelle Eskalation sozialer Spannungen sind die Demonstrationen von Fußballfans im Dezember 2010 in Moskau. Bekanntlich arteten diese Protestaktionen, die durch den Tod eines Fans bei einer Schlägerei mit „Kaukasiern" ausgelöst wurden, zu Massenunruhen mit offen fremdenfeindlichen und faschistischen Losungen aus. Diese Kundgebungen wiesen einige Besonderheiten auf, anhand derer sich mögliche zukünftige Massenbewegungen vielleicht besser prognostizieren lassen. Zu diesen Besonderheiten gehört die bloße Existenz einer sozialen Massenorganisation in Gestalt der Fanclubs und ihrer Strukturen im Internet. Diese Organisation kann von den Führern solcher Bewegungen zu verschiedensten Zwecken eingesetzt werden. Der Organisationsgrad ist wichtiger als die Stimmungen und ideologischen Positionen der einfachen Mitglieder.
Zweitens richteten sich diese Aktionen gegen den Staat. Die Emotionen explodierten, weil die Beteiligten nicht an die Möglichkeit glaubten, sich auf gesetzlichem Weg Gerechtigkeit zu verschaffen. Stattdessen nahmen sie an, Strafverfolgungsbehörden und Gerichte seien gekauft und im Land gebe es keine funktionierende Rechtssprechung. Es handelte sich hier demnach nicht um Pogrome im traditionellen Verständnis, bei denen die Menge die Häuser von Juden, Tataren, Usbeken, Armeniern, Deutschen oder anderen Fremden oder vermeintlich Schuldigen angreift. Die Massenproteste richteten sich in diesem Fall vielmehr an die Führung des Landes, die ihre unmittelbaren Pflichten nicht erfüllte.
Schließlich ein dritter Umstand: Die Handlungsfähigkeit konnte nur auf einer fremdenfeindlichen, nazistischen Basis hergestellt werden. Ausschlaggebend waren nicht gemeinsame Worte, nicht die staatsburgerliche Verantwortung oder Gemeinschaft, sondern die Mechanismen der negativen Solidarität. Das Gemeinschaftsgefühl speiste sich aus dem Hass gegen die

Fremden, aus der archaischen Verbündung des „wir" gegen die „anderen". Nach den Anstiftern der Schlägerei oder der Schuld aller Beteiligten wurde nicht gefragt. Man verlangte von der Staatsmacht nur, dass sie die eigenen Leute schützte. Eben darauf reduziert sich das stammesgesellschaftliche Gefühl von „Gerechtigkeit".

Anders als bei den Massenprotesten im Januar 2005, an denen vor allem Rentner teilnahmen, waren bei den Unruhen im Dezember 2010 vor allem junge und eher ungebildete Menschen der unteren Mittelschicht und Unterschicht, aber nicht des Lumpenproletariats beteiligt. Gerade aus diesen Schichten stammt jene Putin-Jugend, deren Sozialisierung in die Entstehungsphase der autoritären Herrschaft fiel. Die damalige Kulturpolitik und Propaganda beruhte auf Ideen wie „Russlands Wiedergeburt" oder dass die Zeit vorbei sei, als Russland vor anderen auf den Knien war, auf einer strengen Unterscheidung zwischen „unseren Leuten" (naši) und „den anderen" (ne naši), auf antiwestlichen Standpunkten, Nationalismus und Pseudotraditionalismus. In dieser Zeit bürgerte sich die Vorstellung ein, eine kollektive Solidarität gebe es nur „dem Blut nach", also nach sogenannten askriptiven Kriterien wie der Geburt, nicht aber aufgrund erworbener Merkmale wie persönlicher Anstrengungen oder individueller Arbeit.

Deshalb sind ihrem Wesen nach außergewöhnliche, massenhafte und organisierte Protestbewegungen in Russland derzeit nur als – um mit Niklas Luhmann zu sprechen – „Komplexitätsreduktion" möglich. Selbst wenn dabei moderne Kommunikationstechniken eingesetzt werden, handelt es sich dabei um eine Rückkehr zu primitiveren sozialen Formen und um einen Ausdruck der Barbarisierung der Gesellschaft. Eben darum sind sie notwendig instabil, sie können nicht auf Dauer bestehen. Sie sind nicht autonom, sondern reagieren lediglich auf das Vorgehen anderer Institutionen.

Fazit

Das heutige Regime versucht, sämtliche Mechanismen der politischen Konkurrenz, die Massenmedien, die Tätigkeit von gesellschaftlichen Organisationen, die Justiz und andere Institutionen unter seine Kontrolle zu bringen. Es unterdrückt damit jede soziale und strukturelle Differenzierung. Eine Systemtransformation im Sinn einer Modernisierung ist dadurch blockiert. In der Folge haben Traditionalismus und kompensatorischer Nationalismus wachsenden Zulauf, etatistisch-paternalistische, antiliberale und antiwestliche Einstellungen bleiben verbreitet und isolationistische Ideen erfreuen sich

großer Beliebtheit. In der Gesellschaft grassieren Konservatismus und politische Apathie – Erscheinungen, die auch aus anderen Ländern mit temporären autoritären Regimen bekannt sind. An die Stelle der ideologischen Herrschaft sind politische Technologien getreten, die die Masse der Bevölkerung in einem Zustand der Passivität, der reduzierten Ansprüche, des Misstrauens gegen jede Art von Parteien und zivilgesellschaftlichen Organisationen und der Resignation halten. Die Anpassung an Veränderungen findet nicht auf dem Weg über eine wachsende Komplexität in Zusammensetzung und Aufbau der Gesellschaft, eine größere kulturelle und Wertevielfalt und ein wachsendes menschliches und intellektuelles Potential statt, sondern umgekehrt: das Potential sinkt. Instanzen, welche die elementaren Regeln für gesellschaftliche Beziehungen definieren, arbeiten gröber statt differenzierter.
In Russlands Gesellschaft entstehen fortwährend neue Gruppen, die nach Modernisierung (im Sinn institutioneller Reformen in den wichtigsten Bereichen – des Rechts, der Strafverfolgung und Rechtsprechung oder der Armee) streben und ein Verständnis davon haben, dass das Land ohne konsequente Entstaatlichung der Wirtschaft unausweichlich einen nicht mehr rückgängig zu machenden Niedergang erleben wird. Doch diese Impulse werden erstickt durch die Selbsterhaltungsinteressen der regierenden Kreise, den Opportunismus der Eliten und die Apathie einer Gesellschaft, deren moralischer und kultureller Horizont sich auf das schiere Überleben und die dafür nötige Anpassung beschränkt. Das Problem posttotalitärer Gesellschaften ist, dass die „Staatsmacht" hier nicht nur ein technischer Apparat zur Steuerung der Massen ist, sondern eine symbolische Instanz. Sie verkörpert und reproduziert fundamentale Vorstellungen von der Natur des Menschen (von Dominanz und Abhängigkeit, Freiheit und Autonomie) sowie Wertmaßstäbe für das kollektive Verhalten. Indem die Gesellschaft diese posttotalitäre Ordnung akzeptiert, also der staatlichen Gewalt zustimmt, nimmt sie auch die systematische moralische Disqualifikation der Bürger hin: Sie haben keine Bedeutung, die Staatsmacht weigert sich, sie als selbständige Subjekte mit eigenen Rechten (etwa auf Leben, Bildung, Schutz ihrer Interessen) anzuerkennen.
Veränderungen werden unter diesen Umständen nur durch die Anhäufung eines gewissen sozialen und kulturellen Kapitals in jüngeren Generationen möglich. Dazu muss ihr Lebensstandard so weit steigen, dass die Angst vor Armut und die Gefahr, wieder in die erzwungene Askese der sowjetischen Mangelwirtschaft abzugleiten, nicht mehr als moralisches Regulativ wirkt.

Erst dann kann die Unzufriedenheit mit der langen Stagnation und den patriotischen Phrasen von der Wiedergeburt Russlands als Großmacht den Anstoß zum Wandel geben. Doch auch eine solche Entwicklung ist – selbst rein theoretisch – frühestens dann zu erwarten, wenn die nächste Generation beginnt, sich von der heutigen „Putin-Jugend" zu distanzieren, also irgendwann in der Mitte der 2020er Jahre.

Die Gesellschaft hat keine wesentlichen institutionellen Bedingungen für Veränderungen hervorgebracht: weder für die Vermehrung der intellektuellen und ideellen, moralischen und kulturellen Vielfalt noch für die Einsicht, dass diese Vielfalt verteidigt werden muss, dass die autoritäre, konservative Staatsmacht für die Gesellschaft eine Gefahr darstellt. Für einen mittleren Prognosezeitraum (2015–2020) sind in Russland mehrere Entwicklungsszenarien denkbar:

1. Die Schwere der globalen Finanz- und Wirtschaftskrise und die Aussicht einer an die Krise anschließenden langen Rezession zwingt die Führung des Landes zu *systematischen Reformen der politischen Sphäre* und wirkt noch autoritäreren Tendenzen entgegen. Politisches System, Strafvollzug und Justiz werden radikal reformiert, die Freiheit der Medien wiederhergestellt, es gibt unabhängige Gerichte und faire Wahlen, Selbstverwaltung und Zivilgesellschaft entwickeln sich. Dieses Szenario ist aus Sicht der nationalen Interessen das wünschenswerteste; es ist angesichts des intellektuellen und moralischen Zustands der russländischen Eliten und der obersten Machtebenen sowie der politischen Kultur der Mehrheit aber das unwahrscheinlichste.

2. Eine Dauerkrise, in welcher der Lebensstandard der Bevölkerung über fünf bis sieben Jahre deutlich sinkt, führt zu einer *anhaltenden Destabilisierung* der Wirtschaft und einer Überlastung des Haushalts. Das Regime wird mit den wachsenden sozialen Problemen nicht fertig, was die Konflikte zwischen den verschiedenen Einflussgruppen, vor allem den regionalen Eliten und dem föderalen Zentrum, verschärft.

3. *Der Staat wird noch autoritärer und repressiver* – eine durchaus wahrscheinliche Variante, wenn auch keine langfristige. Ein zu starres Regime kann nicht mit den wachsenden sozialen Spannungen und den daraus folgenden Dysfunktionen der Verwaltung umgehen. Das gegenwärtige System ist zweifellos schlecht, aber es

hat gelernt, etwas besser, d.h. beweglicher zu sein als das vorangegangene sowjetische System. Die vorübergehende Wahl Medvedevs als Präsident unter Beibehaltung des autoritären Regimes zeugte von dieser Elastizität.
4. Die wahrscheinlichste Variante ist der Übergang zu einer Phase der *chronischen Stagnation oder der schleichenden permanenten Krise*, in der die sozialen Spannungen sich abwechselnd verschärfen und wieder abschwächen. Die Führung des Landes wird gezwungen, einzelne politische und gesetzgeberische Veränderungen vorzunehmen und einen Kurs zwischen Verstärkung und Lockerung der staatlichen Kontrolle über Gesellschaft und Wirtschaft zu verfolgen. Diese Schritte lassen die Grundlage des Regimes aber unberührt: seinen „vertikalen" Aufbau und die Konzentration aller Steuerungsinstrumente in den Händen der derzeit regierenden dubiosen kleinen Gruppierung.

Aus dem Russischen von Olga Radetzkaja, Berlin

НАУЧНАЯ БИБЛИОТЕКА

Лев Гудков,
Борис Дубин

ЛИТЕРАТУРА

КАК

СОЦИАЛЬНЫЙ

ИНСТИТУТ

СОЦИОЛОГИЯ ЛИТЕРАТУРЫ

Interdisziplinär: Literatur als soziale Institution. Moskau 1994

Russlands Systemkrise

Negative Mobilisierung und kollektiver Zynismus

Noch im Jahr 2005 herrschte in Russland Konsens, dass das Putin Regime fest im Sattel sitze. Nach einer langen Phase sozialer Erschütterungen und erfolgloser und abgebrochener Reformen seien die rechten Kräfte – die „Liberalen" und die „Westler" – gescheitert. Die Debatte über die Zukunft Russlands drehte sich alleine um die Frage, ob das autoritäre Regime unter Putin eine Modernisierung Russlands anstrebe oder im Stile einer traditionalistischen Despotie nur auf Herrschaftssicherung aus sei. Die einen argumentierten, die neue Macht würde die Unterstützung der Bevölkerung und der tief verunsicherten, demoralisierten Eliten nutzen, um die für eine Modernisierung unabdingbare institutionelle Reform in die Wege zu leiten. Putin schrieben sie dabei heroische Motive zu: Er wolle als großer Staatsmann in die Geschichte eingehen, der das Land auf den rechten Weg zurückgeführt hat. Die anderen gingen davon aus, dass der neue Führer seine Herrschaft mit den Einnahmen aus Energieexporten absichern und seine Macht mit prophylaktischen Repressionen sowie administrativer Willkür absichern würde.

Niemand sprach aber von der Möglichkeit, dass der Zerfall des sowjetischen Systems weitergehen und Russland zu einem korrupten Polizeistaat mit ineffektiver Verwaltung degenerieren könnte, in dem die Wirtschaft stagniert, die Gesellschaft verelendet und das Gesundheitssystem zerfällt; in dem Wissenschaft, Bildung und Forschung keine Leitbilder mehr sind, so dass das Land immer mehr in die Isolation gerät.

Heute zwingt uns die Krise des Putin-Regimes, die bereits bei der Katastrophe von Beslan unübersehbar wurde, die kulturellen und humanen Ressourcen der gegenwärtigen russländischen soziopolitischen Ordnung zu untersuchen.[1] Nicht nur unzensierte Internetzeitungen, sogar die regierungstreue

---

[1] Die hohe Opferzahl und die chaotische Stürmung der Schule in Beslan stehen symbolisch für das Scheitern der gesamten Tschetschenien-Politik Putins. Beslan offenbarte, wie feige und inkompetent der Kreml ist, dass er den Kopf in den Sand steckt, sich aus der Verantwortung stiehlt und zugleich ohne jeglichen Skrupel ver-

Presse spricht von der Ratlosigkeit und Ohnmacht der Staatsmacht. Die Zustimmung zum Handeln der politischen Elite sinkt seit Sommer 2005 beständig. Die geplante Rentenreform und der Verwaltungsumbau zeitigten sinkende Umfragewerte, ganz zu schweigen vom Fall Chodorkovskij, der einen äußerst negativen Einfluss auf das ökonomische und moralische Klima im Land hatte.[2] Hinzu kommt eine ganze Reihe weiterer Fehltritte. Die Moskauer Außenpolitik erlitt in Georgien, Moldova, der Ukraine und Kyrgyzstan schwere Niederlagen. In der Innenpolitik scheiterte der Versuch, die Vergünstigungen für Rentner, Invaliden, Kriegsveteranen abzuschaffen und durch direkte Geldzahlungen zu ersetzen völlig, unerwartet an Massenprotesten. Die angekündigten überstürzten Kompensationszahlungen lassen sich als Anzeichen einer wachsenden Anspannung und eines zunehmenden Realitätsverlustes, um nicht zu sagen einer Panikattacke der Führung deuten. Sie tat alles, um den allenthalben aufflammenden Volkszorn zu besänftigen, der sich etwa gegen die stetige Verschlechterung des Gesundheitssystem, gegen die ständig steigenden Wohnungsnebenkosten oder gegen die Abschaffung des Privilegs für Studenten richtete, die sich der Wehrpflicht nicht mehr bis nach Abschluss des Studiums entziehen können sollen.

Von Panik zeugt auch der aggressive Ton einiger hoher Kreml-Funktionäre wie Vladislav Surkov, Dmitrij Medvedev oder Igor' Šuvalov, die seit Mitte 2005 erstmals seit dem Zusammenbruch der Sowjetunion wieder öffentlich von Staatsfeinden und Verrätern, von einer „fünften Kolonne" und von subversiven Elementen sprachen. Den Fall *Jukos* bezeichneten sie als „Lehre" und beschworen einen Zerfall Russlands, falls sich Eliten und Gesellschaft nicht geschlossen hinter den Präsidenten stellen. Jede Reform –

    sucht, die schreckliche Tragödie für die Erreichung politischer Kleinstziele zu nutzen. Die Ereignisse von Beslan dienten als Rechtfertigung für die Abschaffung der Direktwahl der Gouverneure, für Rochaden in der Ministerialbürokratie und für die Änderung des Wahlsystems. Die ideologische Verbrämung der Machtzentralisierung scheiterte allerdings trotz massiver Propaganda und ungeachtet der staatlichen Kontrolle über die Medien. – Obščestvennoe mnenie 2004. Ežegodnik. Levadacentr. Moskva 2004, S. 116.

[2] Boris Dolgin bemerkte treffend, dass die Staatsmacht mit Absicht schon allein die Frage sinnlos machte, ob *Jukos*, die Eigentümer des Konzerns oder seine Mitarbeiter rechtmäßig waren oder nicht. Damit habe sie sich selbst entlarvt. Nicht nur die Justiz und die Idee der Rechtsstaatlichkeit sind diskreditiert worden, sondern die Staatsmacht selbst, die das Gericht ja ganz offensichtlich gezwungen hat. Es ist davon auszugehen, dass sich die Ankläger und Organisatoren dieser Prozesse in absehbarer Zeit selbst auf der Anklagebank wiederfinden werden; siehe Boris Dolgin: Ešče ničego ne končilos', <www.polit.ru/analytics/2005/04/15/yukos.html>.

ebenso wie jede Reformverweigerung – wird mit dem immer gleichen Argument begründet: Es drohe eine Destabilisierung, feindliche Mächte seien am Werk – heute der Westen und der Islam, in Zukunft wird es China sein. Das ganze alte ideologische Arsenal einer negativen Konsolidierung wird aufgeboten, um die Stärkung der Machtvertikale zu rechtfertigen. Eine solche gezielte, negative Mobilisierung, die Hass gegen „die Oligarchen", gegen die USA und die NATO, gegen Georgien und die Ukraine schürt, beweist, wie instabil das gegenwärtige Herrschaftssystem ist, dessen Legitimitätskrise sich spätestens bei den nächsten Wahlen offenbaren wird.

Diese Regimekrise erfordert einen neuen analytischen Zugang. Der Machtantritt Putins und die „Stärkung der Machtvertikale", mit der er einen autoritären Führungsstil imitierte, konnten noch mit dem konzeptionellen Rahmen der Transformationsforschung erfasst werden: Um den Übergang von einer totalitären zu einer demokratischen Ordnung zu erklären, eignete sich sowohl ein Modell, das von einer systematischen Transformation durch Liberalisierung und Entstaatlichung ausging, als auch das Modell einer „autoritären Transformation". Putins Populismus und der Führerkult passten noch in dieses Schema. Doch die Krise des Regimes, die vor dem Hintergrund des Pfadwechsels in der Ukraine und teilweise auch in Georgien besonders deutlich wurde, erfordert andere Erklärungsansätze oder doch zumindest eine Verschiebung der Forschungsakzente.

Ein entscheidender Unterschied, den die übliche Transformationsforschung nicht erfassen kann, besteht darin, dass diese Krise keine Folge einer bestimmten Transformationsstrategie oder Reformpolitik ist. Sie ist vielmehr, wie schon die Krise der späten Sowjetunion, auf eine Funktionsstörung des ganzen Regimes zurückzuführen, das Probleme hat, seinen Fortbestand zu sichern.[3] Mit anderen Worten: Die Staatsorgane versuchen, ihre eigenen Probleme oder Probleme der Gesellschaft zu lösen, und schaffen dabei neue Probleme, die bereits Systemprobleme sind und von ihnen gar nicht mehr gelöst werden können. Diese Systemprobleme haben in erster Linie etwas damit zu tun, dass die Führung versucht, die aus sowjetischer Zeit ererbten Institutionen an die neuen Realitäten anzupassen, statt auf eine grundsätzliche Reform des postsowjetischen Staates zu setzen, obwohl die Funktionsstörungen und Steuerungsverluste offensichtlich sind.

Daher ist die herrschende Elite von Schizophrenie befallen. Sie begreift, dass „unmöglich alles bleiben kann, wie es ist". Gleichzeitig hat sie kein

---

[3] Das bedeutet freilich nicht, dass es nicht durch ein ganz anderes Regime auszutauschen wäre.

Interesse daran, „irgendetwas zu ändern". Dies führt dazu, dass die Debatte über die Zukunft des Regimes auf die Frage verschoben wird, wie die Machtübergabe von der Putin-Administration auf die Administration eines Nachfolgers vonstattengehen soll, oder ob es überhaupt einen solchen Wechsel geben soll. Prinzipielle Systemfragen werden diskutiert, als hingen sie von den Personen der gegenwärtigen oder zukünftigen Machthaber ab.

Negative Mobilisierung

Sechzehn Jahre systematische Meinungsforschung haben gezeigt, dass seit Anfang der 1990er Jahre die soziale Spannung in Russland ständig zunimmt. Gleichzeitig sinkt das Vertrauen in den Staat kontinuierlich. Dies zeigen u.a. sozialpsychologische Indikatoren. Immer mehr Menschen sind gereizt, leiden unter Depressionen und Erschöpfung, empfinden alle Arten von Ängsten.[4] Erstmals ließ sich dies 1994 nachweisen, wenngleich in weitaus geringerem Ausmaß als heute. Ein erster Höhepunkt folgte während des Wahlkampfs vor den Präsidentschaftswahlen 1996. Nach einer monatelangen Kampagne für den amtierenden Präsidenten Boris El'cin zeigten sich im Herbst 1996 so viele Menschen wie nie zuvor unzufrieden mit der politischen Führung des Landes. Ab Februar 1997 folgte eine leichte Entspannung. Dann kamen die Massenhysterien vom Frühjahr und vom Herbst 1999 – rund um die Vorbereitung des Zweiten Tschetschenienkriegs und die Bombenattentate auf Wohnhäuser in Moskau. Einen vorläufig letzten negativen Ausschlag verzeichnete der Seismograph des Stimmungsbildes nach der Geiselnahme im Moskauer Musical-Theater *Nord-Ost* im Oktober 2002.
Die Reaktionen der Gesellschaft auf diese unterschiedlichen Ereignisse weisen einige gemeinsame Spezifika auf. Einige – nicht alle – dieser Phasen kollektiver Anspannung gingen mit einer negativen Mobilisierung einher. Negative Mobilisierung meint, dass sich eine diffuse Aggression und Feindbilder ausbreiten und Zukunftsängste vor Statusverlust und Werteverfall wachsen. In einer solchen Situation wächst das Bedürfnis nach einem schützenden Kollektiv. Negativ sind die Mechanismen einer solchen Integration, weil positive Konzepte und Handlungsmotive vollkommen fehlen. Eine Wertschätzung des Menschen, seiner Potentiale, seiner Fähigkeit, sich in eine Gruppe einzubringen und sich dadurch zu entfalten, fehlt vollständig

---

[4] Obščestvennoe mnenie 2004. Ežegodnik. Levada-centr. Moskva 2004, S. 8, 9, 21, 23 (Graphiken 2.1, 2.2, 3.6, 3.7, 3.8).

oder wird sogar grundsätzlich bestritten. Stattdessen wird bei einer negativen Mobilisierung die Gefahr einer Zerstörung des Kollektivs als so groß wahrgenommen, dass die kollektive Identität tatsächlich zerstört wird. Denn eine solche Mobilisierung zerstört jegliche Hoffnung, dass Menschen gemeinsam Ziele erreichen können, sie zerstört den Glauben an eine bessere Zukunft, an die Erreichbarkeit von Idealen. Werte, die lange als verbindlich galten, gelten dann plötzlich als Banalitäten, leere Rhetorik von Demagogen und dummes Geschwätz.

Die allgemeine Orientierungs- und Ratlosigkeit, die Frustrationen und die Aggressivität, die typisch für solche Krisensituationen sind, zeigen sich allerdings erst, wenn die soziale Wut durch symbolische Rollen strukturiert und auf symbolische Objekte gelenkt wird. Unzufriedenheit, Wut und Empörung müssen sich also auf bestimmte Personen oder Gruppen richten, denen die Verantwortung für die Situation zugeschrieben wird. Eine solche Dämonisierung verhindert, dass die Mitglieder der Gesellschaft das spezifische Verhältnis von Staat und Gesellschaft in der posttotalitären Konstellation erfassen. Denn sie verlieren den moralischen Standpunkt, von dem aus eine kritische Reflexion der ideellen Grundlagen und des Menschenbilds möglich wäre, die in der Geschichte Russlands immer wieder zu Gewaltausbrüchen und Selbstzerstörung geführt hat. Die gesamte russländische Realität – Politik, Gesellschaft und Kultur – wird als irrelevant betrachtet, als zufällige oder absichtlich herbeigeführte Abweichung von dem, was „eigentlich" sein sollte. Diese Vorstellung vom „Eigentlichen" setzt sich zumeist aus wirren und unreflektierten Versatzstücken der sozialistischen, staatspaternalistischen und planwirtschaftlichen Ideologie zusammen.

Die soziale Elite überführt die spezifische institutionelle Kontinuität, die sie als „Schwäche" der Demokratie – Abhängigkeit der Gerichte und des Parlaments von der Exekutive – und der Zivilgesellschaft wahrnimmt, in ein prozessuales Deutungsschema. Sie denkt in Kategorien des Übergangs, geht also von einer zielgerichteten Transformationspolitik aus. Daher identifiziert sie auch konkrete Akteure, die an deren Scheitern schuld seien. Entweder sind dies konkrete Personen oder diffuse soziale Kräfte, die anthropomorphologisiert werden: „der Westen", „Amerika", „die Terroristen", „die Oligarchen", „die Demokraten" „die Reformer" – kurz: „die anderen". Die personalisierte Wahrnehmung der sozialen Wirklichkeit erlaubt es der durchschnittlichen Bevölkerung und der Elite – denen beiden die sozialpsychologischen Eigenschaften einer Masse zugeschrieben werden können – das Geschehen kausal zu erklären. Eine Realität, die zunächst als vollkommen irrational wahrgenommen wird, bekommt so einen offensichtlichen und verständlichen Sinn. Wer einen Feind identifiziert und fordert, dass dieser vernichtet werden müsse, wird zum Sinnstifter.[5]

Die negative Mobilisierung löst somit keinesfalls eine soziale Protestbewegung aus. Eine solche verfügt über eine mehr oder weniger straffe Organisation; eine Gruppe von Aktivisten verkündet ein Programm, legt Symbole, konkrete Ziele und Methoden fest und definiert die Gegner und Verbündeten der Bewegung; die Anhänger und Sympathisanten der Bewegung folgen den Aktivisten. Die negative Mobilisierung ist hingegen recht diffus, ihre soziale Basis ist elastisch, ihre politischen Prinzipien sind schwer zu definieren. Eine negative Mobilisierung ist nicht Ergebnis bewussten politischen Handelns oder rationaler Manipulationen. Gleichwohl können die Mechanismen, die eine negative Mobilisierung auslösen, teilweise durch Propaganda in Gang gesetzt werden. Dennoch ist die negative Mobilisierung eine „spontane" Massenreaktion. Viele Menschen, die sich in einem bestimmten sozialen Zusammenhang befinden, hegen scheinbar unabhängig voneinander plötzlich ähnliche Ansichten, interpretieren die soziale Realität auf die gleiche Weise und verhalten sich entsprechend ähnlich.

Im Unterschied zu einer „positiven" Mobilisierung, etwa zum erfolgreichen Wahlkampf einer Partei, verläuft negative Mobilisierung von unten nach oben. Vorstellungen, Ansichten, Ängste oder Stimmungen von unteren Gesellschaftsschichten und Randgruppen werden von Teilen der Mittel- und Oberschicht übernommen oder bewusst eingesetzt. Wenn sie absichtlich aufgegriffen werden, dann ist die Rede davon, dass die Stimme des Volks nicht vernachlässigt werden dürfe, dass dessen Ansichten nun einmal eine objektive soziale Tatsache seien. Derartige Vorstellungen wandern die soziale Stufenleiter hinauf. Sie finden nach und nach auch in der Politik, in den Medien und schließlich in den Bildungseinrichtungen Verbreitung.[6]

Die Dynamik der negativen Mobilisierung hängt nicht nur von dem Ausmaß der angestauten Unzufriedenheit ab. Entscheidend ist, dass diese sich an vorgeformten ideologischen Stereotypen kristallisiert. Meinungsumfragen können klar zeigen, dass ohne solche Kristallisationsmuster Ressentiment,

---

[5] Ein Beispiel ist, dass die große Zustimmung, die Putin nach seinem Machtantritt ausgesprochen wurde, mit einer negativen Einschätzung der Reformen von Egor' Gajdar korrespondierte, dessen Politik mehr Substanz hatte als alles, was seit dem Zusammenbruch der Sowjetunion von anderen Regierungen versucht wurde.

[6] Bei der Krise des Jahres 1998 schlug die massenhafte Unzufriedenheit von den unteren sozialen Gruppen auf die Mittelschicht durch, wenngleich die Warnrufe im Namen der „Armen" und nicht der Mittelschicht laut wurden.

Wut, Angst und Misstrauen gegenüber den Herrschenden unterschwellig bleiben. Sie werden von den Medien nur selten aufgegriffen. Wenn sie die Medien dies tun, dann neutralisieren sie das kritische Potential dieser Stimmung – sogar dann, wenn weite Kreise der Gesellschaft solche Emotionen hegen.
Treffen eine hohe soziale Unzufriedenheit und eingeübte Vorurteile zusammen, so werden die Stereotypen zu allgemein anerkannten Instrumenten der Wirklichkeitsdeutung. Charakteristisch für die russländische Situation ist, dass die Mobilisierung durch Stereotype immer gegen jenen Teil der Regierung, der Präsidialadministration oder der Elite gerichtet war, die für liberale Reformprogramme standen. Zuerst traf es Michail Gorbačev und die „jungen Reformer" um Egor' Gajdar und Anatolij Čubajs. Danach war Boris El'cin selbst an der Reihe, dann die „Oligarchen" – vor allem Boris Berezovskij und Michail Chodorkovskij – und schließlich alle Rechten und Demokraten. So wie der eine Teil der herrschenden Elite diskreditiert wird, soll die negative Mobilisierung durch Stereotype den konservativen gesellschaftlichen Institutionen – der Armee, den Geheimdiensten, der Polizei, dem Bildungswesen – und den Politikern, die sie vertreten, Legitimität verleihen. Ein Teil der Bevölkerung meint dann auch tatsächlich, in ihnen die Verkörperung nationaler Werte und Symbole zu erkennen.
So werden bei einer solchen Mobilisierung negative Emotionen zum Surrogat für politische Programme. Das besondere einer negativen Mobilisierung besteht allerdings darin, dass diese Surrogate, die von einer großen Zahl von Menschen übernommen werden, eine gezielte Abwertung und Beleidigung einer bestimmten Person oder Gruppe enthalten. Dies ist den Sendern wie den Empfängern solcher Surrogate vollkommen bewusst. Es handelt sich also keineswegs um eine Fehlinterpretation der sozialen Realität, die auf primitive Wahrnehmungsmuster zurückgeht. Vielmehr ist die demonstrative, bewusst die Realität verzerrende Vereinfachung Intention. Dies ist den aktiven und passiven Teilnehmern der negativen Mobilisierung im Prinzip auch durchaus bewusst.[7] Der soziale Konsens, die gemeinsame Sprache der Gesellschaft, beruht gerade darauf, dass solche Vereinfachungen akzeptiert werden. Da sie auf einem Konsens beruhen, werden sie dann auch als „nackte Wahrheit" präsentiert, die nicht von höheren Motiven verschleiert sei.

---

[7] Davon zeugt der Umstand, dass Parolen wie „Russland den Russen" bei Meinungsumfragen dann große Unterstützung finden, wenn sie etwas eingeschränkt werden, wenn es etwa heißt, eine solche Politik solle „in vernünftigen Grenzen" betrieben werden.

Die „orangene" Revolution in der Ukraine stieß nur bei wenigen Menschen in Russland auf Sympathie. Nicht Neid oder nostalgische Erinnerungen an das Jahr 1991 bestimmten die Wahrnehmung der Ereignisse. Viel mehr Menschen äußerten bei Meinungsumfragen Misstrauen und Ablehnung. Die meisten reagierten aber mit der Apathie von Menschen, denen angewöhnt wurde zu glauben, dass sie ohnehin keinerlei Einfluss auf Politik haben.[8] Die Skepsis der meisten Menschen in Russland gegenüber dem enthusiastischen Massenaufbruch gegen die ukrainische Nomenklatura, die durch das Scheitern der Moskauer Einmischung noch verstärkt wurde, hat nicht nur damit etwas zu tun, dass der „kleine Bruder" den imperialen Stolz kränkte. Es spielte auch etwas von jener finsteren Gereiztheit mit, mit der ein erfolgloser alter Zyniker auf die romantische Glut der Jugend reagiert. Die Moskauer Journalisten kolportierten bereitwillig die denunziatorischen Gerüchte der Polittechnokraten des Kreml: Die ukrainischen Demokraten seien von Amerika gekauft, die Massen manipuliert worden. Alles sei nur eine Frage politischer Demagogie. Hinter den Ereignissen stünden die Klan-Interessen ukrainischer Oligarchen und eine Verschwörung gegen Russland. Und die Gesellschaft tat so, als glaubte sie all dies.

Diese weitverbreitete Unfähigkeit, andere Menschen zu verstehen, besonders ihren Enthusiasmus und ihre Hochgefühle, ist von zentraler Bedeutung für die Anthropologie des posttotalitären, postsowjetischen Menschen. Sie ist ein konstitutives Element der nationalen Identität der Russen. Die Ursache ist natürlich nicht, dass der posttotalitäre Mensch in Russland grundsätzlich tumb wäre und die Fähigkeit, sich in andere einzufühlen, nicht entwickelt hätte. Vielmehr hängt die Unfähigkeit zur Empathie mit der Neigung zusammen, anderen Menschen – Freund wie Feind – niedrigste Motive zu unterstellen. Dazu gehört auch die Bereitschaft, den unsinnigsten Gerüchten Glauben zu schenken, die auf der Behauptung aufbauen, dass menschliche Niedertracht die „rationale" Grundlage jeglichen menschlichen Zusammenlebens sei.

Die meisten Menschen wählen ein Erklärungsmuster für soziales Handeln, das davon ausgeht, dass alle traditionellen Vorstellungen und Beschränkungen verschwunden sind. So wird etwa das ökonomische Modell einer uneingeschränkten Rationalität auf außerökonomische Bereiche übertragen und davon ausgegangen, dass es kein freiwilliges politisches oder gesellschaftliches Engagement ohne Eigennutz gebe, ja selbst in der Familie hinter jeder

---

[8] Ausführlicher Boris Dubin: Rossija i sosedi. Problemy vzajmoponimanija, in: Vestnik obščestvennogo mnenija, 1/2005, S. 32–33.

Moral Kalkül stehe. Dies ist auch die Ursache dafür, dass russländische Politiker, Politiktechnologen und Politikwissenschaftler so auf die Geopolitik fixiert sind: „Wir" – Russland – sind ebenso „demokratisch", „zivilisiert", „modern" wie die anderen, wir haben auch unsere nationalen „Interessen", die wir durchsetzen wollen, und daran ist auch nichts Ungewöhnliches, denn Politik funktioniert nach den Prinzip des Hegemoniestrebens, des Machtgleichgewichts und des Nutzens von Vorteilen. Alle anderen philosophischen Anwandlungen gelten als heuchlerische Versuche, räuberische Absichten mit schönen Worten zu verschleiern.

Die Feindbilder, die so wichtig für die negative Mobilisierung sind, schöpfen aus archaischen Ängsten und tradierten ideologischen Phobien vergangener Epochen. Genauer noch: Sie werden nach dem Muster solcher Ängste und Phobien konstruiert. Der heute eher passive Antisemitismus dient als Paradigma für andere xenophobe und rassistische Stereotypen. In die negative Mobilisierung fließen Versatzstücke der nationalistischen Konstrukte aus der zweiten Hälfte des 19. Jahrhundert ein; sie sind auf bizarre Weise mit den Schablonen der sowjetischen Propaganda verschmolzen, die zunächst Klassenhass schürte und die Aggression auf den „inneren Feind" richtete, später dann gegen den Westen agitierte. Heute vermischen sich Elemente des russischen Großmachtdenkens und der imperialen Kultur – die Schwarzen Hundertschaften (černosotency), die national-religiöse Wiedergeburt, das dekadente Silberne Zeitalter, der Marxismus – mit Elementen der geschlossenen sowjetischen Mobilisierungsgesellschaft mit ihrem Isolationismus, der Überheblichkeit, den Ressentiments, der Empfindlichkeit, der Angst vor innerer und äußerer Bedrohung, der Passivität, dem Schwarz-Weiß-Denken – Russland gegen den Rest der Welt, insbesondere gegen den reichen Westen – zu einem konspirologischen Gemenge.

Scheinbar gibt es eine Anstandsgrenze, die es verbietet, diese Bruchstücke aus verschiedenen ideologischen Steinbrüchen öffentlich auszusprechen, denen eine konservative oder restaurative Funktion gemein ist. Die Rolle des Zynikers, der diese Grenze überschreitet, spielt eine kleine Gruppe prominenter Politiker: von Vladimir Žirinovskij, seinen Epigonen Dmitrij Rogozin und Alekej Mitrofanov und anderen agents provocateurs. Tatsächlich existiert diese Grenze jedoch gar nicht. Demagogie, Lüge und Provokation gehören zu den gängigen rhetorischen Mitteln der russländischen politischen Kultur. Zu ihnen greift der Präsident ebenso wie der Leiter einer mediokren Polit-Talkshow. Das Phänomen ist so verbreitet, dass die Gesellschaft es gar nicht mehr mit ethischen, religiösen oder ästhetischen Maßstäben bewertet.

Dieser aufgestaute Volkszorn genügt jedoch noch nicht für eine negative Mobilisierung. Die apathische Masse passt sich lediglich passiv an das Geschehen an. Der „Speicher" dieser Versatzstücke ist nicht der Machtapparat. Es sind die Vertreter der auf die gesellschaftliche Reproduktion spezialisierten Institutionen: Lehrer, die technische Intelligenz, Journalisten.
Angestoßen wird die negative Mobilisierung von subalternen Provinzbürokraten und jenen Gruppen, für die sich mit dem Zusammenbruch des Kommunismus und dem Zerfall der UdSSR der Zugang zum Umverteilungssystem verschlechterte: die Ministerialbürokratie, die Armee, die Geheimdienste, die Miliz. Sie haben keinen Zugang zur Macht, aber den Anspruch auf einen solchen Zugang. Sie sprechen ein unterbewusstes Gefühl chronischer Unzufriedenheit an, das die Menschen von sich aus nicht aktivieren und artikulieren, das aber im Kampf rivalisierender Elitegruppen instrumentalisiert und vor allem gegen jene verwendet werden kann, die mit einem Modernisierungsprogramm an die Macht gekommen sind. So ist die ressentimentgeladene Bürokratie auch die eigentliche Quelle des kollektiven russischen Fremdenhasses, die viel gefährlicher ist als irgendwelche marginalisierten Skinheads.
Die negative Mobilisierung beginnt damit, dass sich die Überzeugung ausbreitet, die Gesellschaft befinde sich in einer Krise, es sei ein Punkt erreicht, an dem es einfach so nicht weitergehen könne. Dies passiert nicht unbedingt aufgrund einer Verschlechterung der individuellen wirtschaftlichen Situation, auch politische Krisen sind nicht entscheiden. Viel wichtiger für die negative Mobilisierung ist die soziale Krise, eine alle Menschen erfassende Orientierungslosigkeit, ein hartnäckiger Pessimismus und Defätismus, der Verlust aller Zukunftsperspektiven und der Hoffnung auf ein besseres Leben. In einer solchen Situation steigert sich die übliche Skepsis gegenüber Politikern und Institutionen zu einem chronischen Misstrauen, die Unzufriedenheit zum Gefühl der Auswegslosigkeit.
Wenn alle von einer Krise reden, dann bedeutet das, dass auch jene erfasst wurden, die früher nicht von dieser Panik erfasst waren. Typisch für eine Situation, in der die Krisenwahrnehmung und die Feindbilder, die die Krise erklären, zur sozialen Konvention werden, ist, dass es scheint, als würde niemand konkrete Krisenphänomene bestimmen und niemand den Feind benennen. Was früher von einer bestimmten Gruppe, von den Medien, von einem Politiker, vertreten wurde, wird „plötzlich" zum Allgemeingut, kann keiner Quelle mehr zugeordnet werden. Jedes einzelne Individuum der mobilisierten Masse glaubt, die Krisenwahrnehmung entspringe einer ganz

persönlichen Einschätzung der Situation, die Ursachenanalyse sei eine Leistung seines Verstands. Sind die Ursprünge der Krisenwahrnehmung erst einmal verloren, weiß niemand mehr, wie die Feindbilder entstanden und wie sie sich verbreitet haben, dann werden die Stereotypen selbstverständlich, selbstevident, sie werden „objektiv". Genau das passiert heute in Russland. Interessen und Ideen können keiner bestimmten sozialen oder politischen Gruppe mehr zugeordnet werden, die Ansichten und Positionen aller sozialen Gruppen sind diffus und verschwommen.

Ein entscheidendes Element einer solchen Krisenwahrnehmung ist, dass die Menschen sich ständig unfrei fühlen, dass sie glauben, ihr Leben hänge von Umständen ab, die sie nicht beeinflussen können. Dieses Ohnmachtsgefühl dominiert den Alltag ebenso wie die Wahrnehmung zentraler politischer Ereignisse – von den Reformen Gajdars bis zur Politik der Putin-Administration. Zwei Drittel der vom Levada-Zentrum Befragten äußern immer wieder, dass sie nicht an eine bessere Zukunft glauben.[9]

Ein solch chronischer Mangel an Selbstvertrauen lässt darauf schließen, dass die gesellschaftlichen Wertordnungen diffus werden, dass sie erschüttert sind und zerfallen – was nota bene etwas anderes ist als eine Differenzierung der Wertordnungen. Verschiedene Wertvorstellungen werden als immer inkompatibler wahrgenommen. Das führt auch dazu, dass sich ein Gefühl der Hilflosigkeit ausbreitet. Immer mehr Menschen glauben, sie könnten ihre Rechte und Interessen öffentlich und legal nicht durchsetzen, ohne dafür jene übermenschlichen Opfer in Kauf nehmen zu müssen, welche die Menschenrechtler und Streiter für die Zivilgesellschaft von allen verlangen. Keine Spur von „Hier stehe ich und kann nicht anders". Vielmehr umgekehrt: Hier stehe ich, und wo geht's lang? Die Wertvorstellungen verschwimmen, was als erlaubt, erträglich oder akzeptabel gilt, wird immer unklarer. Dieser Zustand, in dem Ethik und Moral amorph und fluide werden, wird durch eine Entsolidarisierung verstärkt. An die Stelle der Solidarität als Wertmaßstab tritt das Modell der Ego-Gesellschaft.

Kollektiver Zynismus

Als die russländischen Soziologen die ersten Anzeichen einer negativen Mobilisierung entdeckten, deuteten sie sie als singuläre Reaktion der öffentlichen Meinung auf bestimmte Ereignisse oder als spezifischen Mechanis-

---

[9] Im Dezember 2004 waren es 68 Prozent, im März 2005 66 Prozent.

mus kollektiver Identitätsbildung. Es schien, als würden diese sporadisch auftauchenden Wellen - etwa der ab und an hochschwappende Antiamerikanismus, das Auf und Ab zwischen blindem Glauben und tiefem Misstrauen gegenüber den „Führern" - ebenso schnell wieder verschwinden, wie sie gekommen waren und keine Spuren im kollektiven Bewusstsein hinterlassen. Mit der Zeit zeigte sich aber, dass diese Wellen Folgen zeitigen: Das Wertesystem der russländischen Gesellschaft erodiert. Die Symptome sind zum einen eine zunehmende Verbreitung von Zynismus, periodisch aufflackernde Aggressivität, Gefühlskälte, Gleichgültigkeit, ein Verlust der Fähigkeit, bestimmte Werturteile zu fällen. Zum anderen treten immer wieder Gruppen auf, die ihre Vorstellungen zum Dogma machen und sie der Gesellschaft aggressiv aufdrängen.

Das heißt nicht, dass die sowjetische Gesellschaft moralischer oder humaner gewesen wäre. Ihr Zynismus war jedoch durch einen verbindlichen deklarativen Wertekanon und ideologische Selbstbeschreibungen verhüllt. Die halboffizielle „Ethik" war von partikularistischen Normen der sozialen Regulierung wie Loyalität, Ehre und Zuverlässigkeit geprägt. Hinzu kam ein nicht rational systematisierter Bestand tradierter Verhaltensmuster, Sitten und verbindlicher Gebräuche, der die Grenzen anständigen und gebührenden Verhaltens definierte.

Da die Menschen auf die totalitäre Repression und die umfassende Sozialkontrolle, auf die vertikale Abhängigkeit, das Spitzelsystem und das Denunziantentum mit einer spezifischen, vielschichtigen Anpassung reagierten – dem doppelten Denken –, wurde die Frage nach der moralischen Beurteilung einer Handlung nicht gestellt. Unter den Bedingungen organisierter Gewalt ist kein Platz für die ethische Einordnung und Rationalisierung individuellen oder kollektiven Verhaltens. Nachdem der Große Terror vorbei war und auch die prophylaktischen Repressionen gegen einzelne Gruppen oder Schichten aufgehört hatten, begann die große Angst zu schwinden. Geblieben ist die kleine Angst - vor Karriereknicks, vor Wohlstandseinbußen, vor dem Vorgesetzten. Besonders verbreitet ist sie bei dem servilen Teil der Bürokratie und den von der Staatsmacht abhängigen Bevölkerungsgruppen.

Am stärksten sind von dem Wertewandel die Gruppen betroffen, die für die gesellschaftliche Reproduktion zuständig sind. Danach kommen die jungen, sozial abgesicherten produktiven Gruppen, deren Innovationspotential beschnitten oder gelähmt wird. Dies zeigt sich indirekt daran, dass sich heute - ganz anders als in den Jahren der Perestrojka - aggressive Haltungen und Vorstellungen unter den jungen und am meisten aktiven Gruppen verbreiten, dass Fremdenfeindlichkeit und Nationalismus bei ihnen wachsen. Auch ihr offeneres Bekenntnis zu Putin, dem personifizierten Symbol des Freund-Feind-Denkens, zeugt davon, dass sich der Werteverfall bei diesen Gruppen ausbreitet. Schließlich ist auch die „Mittelschicht" im weitesten Sinne erfasst, die „normalen Leute", deren Denken und Handeln sich an die vorgegebenen Normen und Regeln hält.

Die Bestimmung des Guten, Edlen und Schönen findet nie in der Mitte der Gesellschaft statt. Die meisten Menschen übernehmen die Normen und Vorschriften von Institutionen, die auf die Normproduktion spezialisiert sind - Kirche, Bildungssystem, der Kulturbereich - oder folgen einer geistigen Elite. Daher könnte die Tatsache, dass Ethik und Moral amorph und fluide werden, von einer Krise dieser Institutionen zeugen. Wenn die Vorstellung von etwas Absolutem schwindet und an ihre Stelle die Bereitschaft tritt, sich mit etwas zufrieden zu geben, das als wenig moralisch oder sogar amoralisch gilt, dann könnte man das als „mangelnde moralische Klarheit" bezeichnen.[10] Doch ist dieser Begriff zu allgemein und sagt nichts über die Ursachen der Diffusität und die sozialen Mechanismen, die zynisches Verhalten hervorbringen.

Die gesellschaftliche Ausbreitung eines sozialen, kulturellen, philosophischen oder ästhetischen Zynismus ist nichts Neues. Das Phänomen ist historisch hinreichend bekannt und ist zu verschiedenen Zeiten immer wieder aufgetreten. Ein „feiner" Zynismus taucht regelmäßig nach großen gesellschaftlichen Umbrüchen auf. Er weist auf die unüberbrückbare Distanz zwischen Anspruch und Sein hin und legt die dunkle Seite der neuen Werte offen, indem er die transzendentale Natur des Idealen verspottet - und sie damit bestätigt:

> Nicht zufällig ist gerade das neuzeitliche England die Heimat des Schwarzen Humors geworden. Der Zynismus war stets die Kehrseite des Liberalismus, dessen Schatten, sein anderes – offiziell nicht anerkanntes, doch untrennbar mit ihm verbundenes – Gesicht.[11]

---

[10] Der Begriff „lack of morality" stammt von Natan Šaranskij: Natan Sharansky, Ron Dermer: The case for democracy. The power of freedom to overcome tyranny and terror. New York 2004.

[11] Vol'fgang Lange: „Elemantarnye časticy" Uel'beka i Menippova satira, in: Innostrannaja literature, 2/2005, S. 240.

Vulgärer Zynismus hingegen, der alles „Hohe", „Prinzipielle" verhöhnt, ist das zweifelhafte Privileg der Gescheiterten, von Epigonen, die von Gesellschaft und Kultur ausgeschlossen bleiben. Dieser Zynismus hat nichts mit Relativismus zu tun. Relativismus weist darauf hin, dass alle Wertordnungen kulturell und sozial bedingt sind. Vulgärer Zynismus aber behauptet, dass alles, was der menschlichen Existenz eine überindividuelle Bedeutung verleiht, entwertet sei.

Die Gewöhnung, Anpassung und Adaption an ein institutionalisiertes Unterdrückungssystem und an unbeschränkte administrative Willkür führt zu einem „auf Niedertracht geeichten" Leben (Saltykov-Ščedrin). Die *conditio humana* wird entwertet, es findet eine allgemeine Anpassung an eine Ordnung statt, die darauf beruht, dass alle anerkennen, dass der Mensch nicht zu Höherem berufen ist und dass ebensolche mittelmäßigen Menschen die sozialen Normen setzen. An der Spitze der sozialen Pyramide einer solchen Gesellschaft steht ein Menschentyp, von dem die Mitglieder der Gesellschaft sagen: „Klar ist er ein Hurensohn. Aber er ist einer von uns."[12]

Daher kann eine negative Mobilisierung dazu führen, dass Figuren aus der zweiten oder dritten Reihe – Angehörige der Sicherheitsorgane oder epigonenhafte Traditionalisten – vorübergehend große gesellschaftliche Unterstützung finden. Denn die Funktion dieser Personen besteht gerade darin, potentielle Führungsfiguren von der Macht zu verdrängen, die ein Modernisierungsprogramm vertreten, das im deutlichen Kontrast zum gesichtslosen und routinierten Zynismus der herrschenden Elite steht.

So konnten die russländischen Demokraten der Feindrhetorik und der nationalistischen Demagogie nicht standhalten. Denn an ihren wahren Intentionen statt an ihren Deklarationen gemessen sind sie ebensolche Zyniker und Etatisten wie die Provinznationalisten und KGB-Patrioten. Als der zweite Tschetschenien-Krieg begann oder als eine Position zur Osterweiterung der EU gefordert war, stellte sich heraus: Die Demokraten haben ebenso wie die Putin-Truppe vor allem die Wiedererrichtung des russländischen Großmachtstatus im Sinne, und der einzige Unterschied zwischen ihnen besteht darin, dass die Demokraten den Markt und die Demokratie als die adäquaten Mittel dazu ansehen.

Im Grunde war es nur eine Frage der Zeit gewesen, bis die Demokraten kapitulieren und ihre Prinzipien aufgeben, denn es mangelte ihnen an starken Argumenten gegen den Zynismus der Sowjet-Epigonen und gegen die geo-

---

[12] Der Ausspruch wird Franklin Roosevelt zugeschrieben, der ihn auf den nicaraguanischen Diktator Anastasio Somoza gemünzt haben soll.

politische Demagogie. Prägt rhetorische Mobilisierung die Gesellschaft, so ist die Staatsmacht weitaus stärker als die demokratischen Organisationen. Sie ist besser organisiert und verfügt über effektivere Mittel zum Schutz vor extremistischen Bedrohungen - zumindest glauben das die meisten Menschen in einer posttotalitären Gesellschaft, die wieder durch Repression und Militarisierung geprägt ist.

Wenn die Macht und die Gesellschaft nach solchen Konvulsionen zu verschwimmen scheinen, so ist dies eine logische Folge und doch nur ein Übergangsstadium. Danach kann nur noch der Polizeistaat kommen, in dem jegliche Macht zerbröckelt, in dem die omnipräsente staatliche Inkompetenz durch posenhaft zur Schau gestellte politische Entschlossenheit verdeckt wird.

Aus dem Russischen von Christian Hufen und Volker Weichsel, Berlin

Лев Гудков

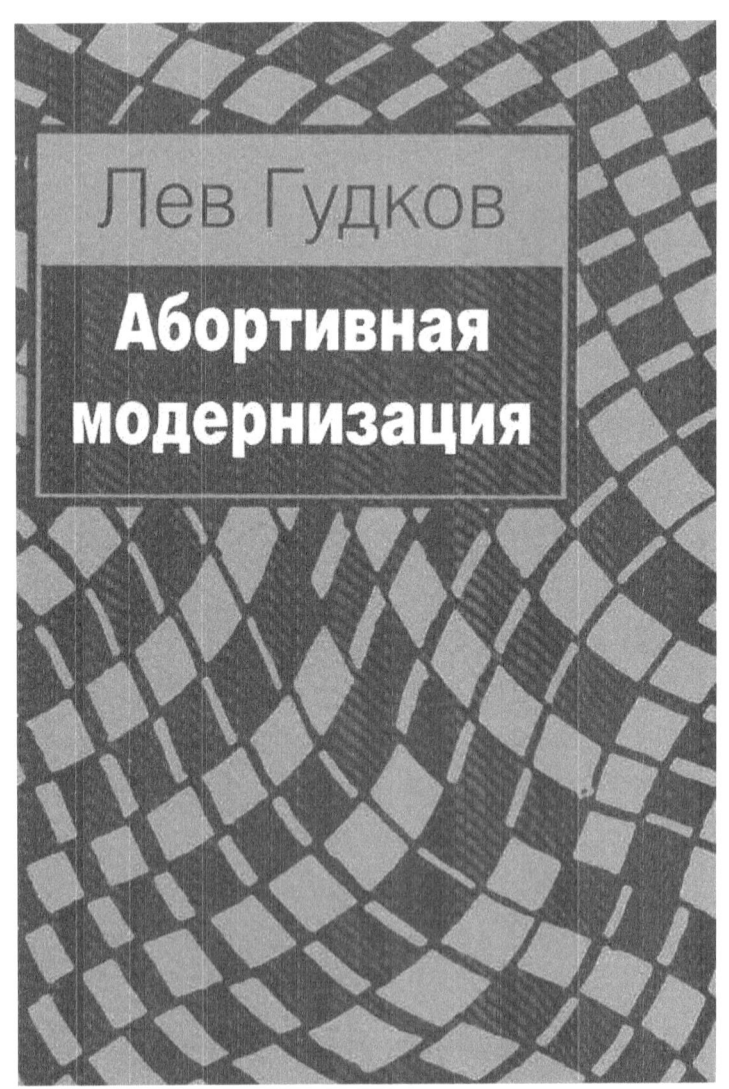

Абортивная модернизация

Modernisierung: Im Keim erstickt. Moskau 2011

Staat ohne Gesellschaft

Zur autoritären Herrschaftstechnologie in Russland

Russland steht vor der Stabübergabe an einen neuen Präsidenten. Überraschungen wird es keine geben. Einen Monat nachdem der amtierende Präsident Vladimir Putin Anfang Dezember 2007 verkündet hatte, dass er den stellvertretenden Ministerpräsidenten und Vorsitzenden des Aufsichtsrats von *Gazprom*, Dmitrij Medvedev, als seinen Nachfolger auserkoren hat, erklärten bei einer repräsentativen Umfrage bereits über 80 Prozent der Stimmberechtigten, sie würden für Putins Wunschnachfolger stimmen.[1] Vielen Beteiligten ist klar, dass bei dem politischen Spektakel mit dem Namen Wahlen nicht gewählt wird. Die Hälfte der Befragten war der Meinung, es hänge einzig und allein von Putin und seiner Präsidialadministration ab, wer auf dem Präsidentensessel Platz nehmen wird.[2] Ganze zwanzig Prozent glaubten, die Wähler bestimmten darüber. Die meisten Menschen kommen also zu den Urnen, um so abzustimmen, wie es die Staatsmacht von ihnen erwartet. Sie glauben dabei keineswegs, dass bei dieser Abstimmung alles mit rechten Dingen zugeht. Auch haben sie kein besonderes Interesse an der Abstimmung. Über 80 Prozent der Befragten erklärten, der Wahlkampf ginge sie nichts an.

Die anstehende Machtübergabe findet somit in einem völlig anderen Klima statt als im Jahr 2000, als Vladimir Putin an die Macht kam. Putin hat den Ausnahmezustand, den er selbst geschaffen hat, dazu genutzt, um die Verfassungsordnung de facto außer Kraft zu setzen. Er brach mit dem zweiten Tschetschenienkrieg einen Krieg gegen Separatisten und den „internationalen Terrorismus" vom Zaun, der ihn zunächst als „Führer des Volks" und „Retter des Vaterlands" erscheinen ließ, dann als Verkörperung aller Hoffnungen

---

[1] Repräsentative Umfrage des Levada-Zentrums: Pervye prezidentskie rejtingi 2008 goda. Durchgeführt vom 18.–22.1.2008. Zahl der Befragten: 1600; <www.levada.ru/press/2008012402.html>.

[2] Umfrage des Levada-Zentrums: Prezidentskaja bor'ba: real'naja i medijnaja. Durchgeführt vom 18.–22.1.2008. Zahl der Befragten: 1600; <www.levada.ru/press/2008012908.html>.

des Volkes auf eine ebenso außergewöhnliche Lösung aller Probleme, mit denen die Menschen in Russland seit der Finanzkrise vom August 1998 täglich zu kämpfen hatten. Doch die Festigung der Macht Putins erforderte bereits andere, weniger außergewöhnliche, vielmehr aus der Geschichte Russlands sehr gut bekannter Mechanismen, die der Staatsmacht Legitimität verschaffen sollten: die simulierte Restauration der alten Ordnung und die gezielte Diskreditierung jener, die diese alte Ordnung überwunden hatten.

Die bereits auserkorene zukünftige Führung des Landes wird bei der Abstimmung mit großer Mehrheit bestätigt werden, da es eine organisierte „Zustimmung" gibt, eine matte, aber, wie es zu sowjetischen Zeiten hieß, „gesamtnationale Gutheißung". Von dem neuen Präsidenten erwarten die Menschen in Russland vor allem, dass er „Russland wieder zur Großmacht macht" (51 Prozent der Befragten), dass er „Recht und Ordnung festigt" (45 Prozent), dass er „die Staatseinnahmen gerecht und gemäß den Interessen der einfachen Leute verteilt" (41 Prozent), dass er „die Reformen, die auf eine soziale Absicherung der Bevölkerung zielen, fortsetzt" (37 Prozent) und dass er „die Rolle des Staates in der Wirtschaft stärkt" (34 Prozent).[3] Wenn die Staatspropaganda, die Putin wiederbelebt hat, diesem die Rolle eines „charismatischen nationalen Führers" zugewiesen hatte, so lässt sie Medvedev nun den Part desjenigen Bewahrers spielen, der den eingeschlagenen Pfad der sozioökonomische Stabilisierung und der Rückkehr Russlands zu nationaler Würde fortsetzt.

Bei dem diffusen Massengehorsam gegenüber der gegenwärtigen Staatsmacht handelt es sich nur scheinbar um eine Legitimität qua Tradition. Im Unterschied zur traditionalen Herrschaft bedarf die Machtvertikale, die sämtlicher Kontrolle enthoben ist, ständig anderer Mechanismen, um den Thronfolger sowie die Normen zu legitimieren, nach denen diese Machtvertikale als „normal", typisch russisch", „rechtens", „besser als die vorhergehende Ordnung" oder zumindest als „erträglich" gilt. Dies ist durchaus möglich, denn was vom Standpunkt formaler Rechtsprozeduren als Willkür und Eigenmächtigkeit des Herrschers erscheint, kann der Mehrheit der Gesellschaft durchaus als vereinbar mit der herkömmlichen Ordnung erscheinen.

Doch handelt es sich bei dem gegenwärtigen Regime nicht um eine Wiederaufnahme der sowjetischen Ordnung. Vielmehr haben wir es mit einer Zerfallserscheinung, mit einer neuen Phase der Erosion der totalitären Mobilisations- und Missionsideologie zu tun. Während der kurzen Zeit der Perest-

---

[3] Umfrage des Levada-Zentrums: Ožidanija ot novogo prezidenta. Durchgeführt vom 18.–22.1.2008. Zahl der Befragten: 1600, <www.levada.ru/press/2008012905.html>.

rojka war die Gesellschaft aufgerüttelt worden. Die Gebildeten und Engagierten waren angesichts der neuen Möglichkeiten gesellschaftlichen Handelns und der erwarteten weiteren Veränderungen geradezu euphorisch. Doch die Ereignisse der frühen 1990er Jahre führten zu einer tiefen Enttäuschung über die Reformen, zu Mutlosigkeit, sozialem Ressentiment und einer allgemeinen Wut, die sich keinen Weg bahnen konnte. Die Folge waren Lähmung und Zynismus, gesellschaftliche Passivität und eine Entfremdung vom Staat. Dieser unternahm immer wieder kurzatmige Versuche, die Gesellschaft „aufzurütteln", doch gelang es ihm nicht, sie zu konsolidieren, sie um einen Führer zu scharen und für seine Politik zu mobilisieren.
Autoritäre Herrschaft funktioniert unter diesen Bedingungen grundsätzlich anders als in den ersten Jahren der Sowjetunion oder im Stalinismus. Zur Technologie der Macht gehören vor allem die Demoralisierung[4] und Atomisierung der Gesellschaft, die Zerstörung aller gesellschaftlichen Beziehungen und damit der Grundlagen gemeinsamen Handelns. Das ist das Gegenteil dessen, was totalitäre Regime tun. Diese mobilisieren die Massen, in dem sie eine neue Gesellschaft oder einen neuen Menschen verkünden und mit diesen Symbolen einer forcierten Modernisierung Enthusiasmus, einen spezifischen, pervertierten Idealismus und Opferbereitschaft wecken.
Posttotalitäre autoritäre Regimes setzen hingegen auf Demobilisierung. Sie schaffen ein Klima der Gleichgültigkeit, simulieren auf der einen Seite die Rückkehr und die Bewahrung von Traditionen – die Stichworte lauten: Vergeistigung (duchovnost'), Gemeinschaftsdenken (sobornost'), völkisches Denken (narodnost') – und fördern gleichzeitig eine Atmosphäre des allgemeinen Zynismus, des Massenkonsums und der ständigen Zerstreuung. Statt Öffentlichkeit gibt es Spektakel, eine unablässige Show, die das Bild eines Landes vermittelt, das ständig „singt und tanzt". Damit einher geht eine kollektive intellektuelle, moralische und sogar religiöse Trägheit, die Voraussetzung ist für die vollkommene Gleichgültigkeit gegenüber der polittechnologische Demagogie und der Errichtung eines autoritären Regimes. Die in der Masse vereinzelten Menschen sind nicht in der Lage, sich eine bessere

---

[4] Meinungsumfragen zeigen, dass die Menschen ein vages Gespür dafür haben. Im Oktober 2007 erklärten bei einer repräsentativen Umfrage 75 Prozent der Respondenten, die Moral der Gesellschaft sei unbefriedigend. Dies beruht nicht nur auf der alltäglichen Aggressivität und Rücksichtslosigkeit, der wachsenden Kriminalität, der Korruption auf allen Ebenen des Staatsapparats, der schamlosen Demagogie der für nichts zur Verantwortung zu ziehenden Politiker und Funktionäre. Ein wichtiger Grund ist auch, dass den Menschen die Kriterien dafür abhanden gekommen sind, was richtig und was falsch ist.

Gesellschaft und ein besseres Leben vorzustellen oder gar daran zu arbeiten. Als „besser" gilt allenfalls eine Konsumsteigerung.
Indem das Regime die Unzufriedenheit der minderbegüterten und armen Bevölkerungsschichten neutralisierte, versenkte es die Gesellschaft in einen Zustand der Apathie und der Entfremdung von der Politik. Der Autoritarismus festigt sich in einer solchen Gesellschaft nicht deshalb, weil er über starke politische Trümpfe – Argumente, Ziele oder Programme zur nationalen Entwicklung – verfügt, sondern weil die Gleichgültigkeit der Gesellschaft diese unfähig macht, sich der Willkür der Staatsmacht zu widersetzen. Der fehlende Glaube an ein besseres Leben und die Erosion aller Werte wirken auf die Moral wie ein HIV-Virus. Sie zerstören das Immunsystem, das vor Gewalt und Demagogie schützt, das Widerstand gegen die Willkür der Behörden leistet, gegen die Eigenmächtigkeit von Beamten, die vorgeben, im Namen des „Staates" und der Aufrechterhaltung von „Recht und Ordnung" zu handeln.
Zudem diskreditierte die Putin-Administration die prowestlichen demokratischen Parteien, indem sie ihnen die Schuld am Zerfall der UdSSR, an der Verarmung weiter Teile der Bevölkerung sowie einer ganzen Reihe von Ereignissen der 1990er Jahre gab – insbesondere an der schweren Krise des Jahres 1998. Damit zerstörte sie die Vorstellung, dass eine demokratische politische Ordnung attraktiv sein könnte, und vernichtete die Wertschätzung von Freiheit und Menschenrechten. An ihrer statt propagierte die Administration „Ordnung", Orthodoxie, Konservatismus, Militarismus und die Rückkehr der Großmacht Russland auf die Weltbühne. Seit Putins Machtantritt sind dies die Elemente der offiziellen Staatsideologie. Seit dem zweiten Tschetschenienkrieg, dessen Grausamkeiten die europäischen Staaten kritisieren, haben sich auch die antiwestliche Stimmung und die Neigung zum Isolationismus deutlich verstärkt.
Die offizielle Ideologie – so man denn das eklektische Sammelsurium alter Klischees und Stereotypen wie die Fremdheit der westlichen Kultur für Russland und diverse geopolitische Theorien als Ideologie bezeichnen kann – entspricht dem Bedürfnis nach kompensatorischen nationalistischen Mythen, nach einem psychischen Trost für die Gesellschaft, die den Zerfall der UdSSR und die Erosion der sowjetischen Identität als Trauma erlebt hat. Vor diesem Hintergrund werden die wachsende Demoralisierung der gebildeten Schichten, der Zynismus der Elite und deren innerer Verfall immer offensichtlicher. Typisch für fast alle Teile der russländischen Gesellschaft sind Konformismus und eine vorgeheuchelte Bereitschaft, sich um die

Staatsmacht zu scharen, die traditionalistische Parolen verkündet und Angst vor militärischer Bedrohung, Terrorismus, fremden Einflüssen und dem Verlust der nationalen Identität schürt. Alle Unterschiede der politischen Ansichten und ideologischen Positionen sind somit praktisch verwischt.[5] Das bedeutet, dass die Staatsmacht kein politisches Programm und keine Ideologie mehr braucht. Nachdem sie die letzten Inseln der Autonomie und alle Einflussmöglichkeiten der regionalen Machteliten, der Wirtschaftseliten, der Expertengremien und der politischen Parteien beseitigt hat, benötigt sie keine Mobilisierung mehr. Die Staatsmacht ist von der Gesellschaft vollständig abgeschottet, kann von ihr in keiner Weise mehr kontrolliert werden. Dies hat auch einen neuen Politikstil zur Folge. Die Staatsmacht setzt ihre Entscheidungen entweder im Stile tschekistischer Sondereinsätze um, bei denen die Gesellschaft als Gegner betrachtet wird, oder sie zelebriert feierliche Kampagnen im Geiste sowjetischer Propagandaaktionen, indem sie das Land mit Plakaten überzieht, auf denen steht: „Putins Plan ist Russlands Sieg".

Die Logik der postsowjetischen Entwicklung

Die Technologie der Zerstörung der Werte, die Entstellung von Begriffen, die formale Übernahme grundlegender Kategorien westlicher Kultur und Wissenschaft, die jedoch zu gänzlich anderen Zwecken verwendet werden, und die systematische Sinnentleerung der zentralen Begriffe sind bereits detailliert beschrieben worden.[6] Es gilt jedoch, die einzelnen Phänomene in

---

[5] Seit den Dumawahlen im Dezember 2007 sind selbst der auf der Konkurrenz der Kremlparteien basierende minimale politische Pluralismus und die letzten Kontrollmechanismen verschwunden. Der Einparteistaat ist quasi wiedererstanden, denn die geschwächte konservativ-populistische Kommunistische Partei stellt kein ernstes Hindernis für das autoritäre Regime mehr dar. Seit der Verdrängung der „demokratischen Fraktionen" aus der Staatsduma und dem Föderationsrat sind sämtliche Debatten über die Modernisierung Russlands von der Tagesordnung gestrichen. Zentrales Thema ist nun die Konservierung des politischen und wirtschaftlichen Machtsystems. Die Duma, deren Mitglieder noch stärker auf ihre Loyalität gegenüber Partei und Bürokratie gesiebt wurden, ist eine politisch degenerierte, als Parlament vollkommen handlungsunfähige Institution.

[6] Boris Dubin: Simulierte Macht und zeremonielle Politik. Elemente der politischen Kultur in Russland, in: OSTEUROPA, 3/2006, S. 19–32. – Galina Zvereva: Postroit' matricu: diskurs rossijskoj vlasti v uslovijach sctevoj kul'tury, in: Vestnik obščestvennogo mnenija, 1/2007, S. 21–33. – Dies.: Russkie smysly dlja novoj Rossii? Opyt prodviženija „Russkoj doktriny", in: Aleksandr Verchovskij: Verchi i nizy russkogo nacionalizma. Moskva 2007. – Natal'ja Zorkaja: „Nostalgija po prošlomu"

den Kontext der Dynamik – genauer: des Verfalls – der posttotalitären Herrschaft zu stellen.
Die äußerst widersprüchliche politische Entwicklung in Russland unter El'cin war im Kern von dem Versuch geprägt, die oberste Ebene des sowjetischen Machtapparates, die zerfallende sowjetische Partei-, Wirtschafts- und Staatsnomenklatura, zu reorganisieren. Zu retten war dieses System nur, indem all seine Elemente, die ineffektiv geworden waren und damit die Interessen der Herrschenden bedrohten, abgeschafft wurden: die Planwirtschaft, das Monopol der KPdSU bei allen Kaderfragen, die ideologische Kontrolle sowie die dominante Stellung des Militärisch-Industriellen Komplexes.
Doch die Versuche, eine neue Herrschaftsstruktur zu schaffen, gelangen nur teilweise. Obgleich die damaligen Machthaber ihr Vorgehen als „demokratische Revolution", gleich jener in Ostmitteleuropa, bezeichneten, waren in Russland die Veränderungen im politischen System und in der Rechtsordnung weit bescheidener. Zwar präsentierten die Ideologen der Staatsmacht die geplanten Reformen in den ersten Jahren nach dem Zusammenbruch der UdSSR als komplette Transformation des totalitären Systems, als Ablösung der sowjetischen Ordnung durch ein Modell, das sich an den Staaten mit repräsentativer Demokratie, freier Marktwirtschaft und einem Wohlfahrtsstaat orientiert. Doch obgleich viele konservative Strukturen beseitigt und die an deren Bewahrung interessierten Gruppen von der Staatsmacht entfernt werden konnten, wurden die Reformen der Armee, der Justiz, des Bildungswesens, der Verwaltung und vieler anderer Bereiche des Staatsapparats nicht vollendet.
Zweimal – 1993 und 1996 – versuchte die konservative Opposition, die Macht zurückzugewinnen. Beide Male war die Gruppe, die sich um El'cin geschart hatte – bzw. von ihm repräsentiert wurde – aufgrund der Schwäche der Parteien und gesellschaftlichen Organisationen sowie der Trägheit der in hohem Maße von der Staatsmacht abhängigen Gesellschaft gezwungen, sich der Unterstützung der „Gewaltapparate" – der Armee, der Geheimdienste, der Polizei und der Sondertruppen – zu versichern. Der Preis war, dass die Reformkräfte ihren Einfluss verloren. An ihre Stelle traten Repräsentanten des zweiten oder dritten Glieds der alten Nomenklatura, die in der ersten Phase der staatlichen Reorganisation von ihren Machtpositionen verdrängt worden waren. Daraufhin wurden die Reformen eingestellt, die Macht-

ili: Kakie uroki mogla usvoit' i usvoila molodež', in: Vestnik obščestvennogo mnenija, 3/2007, S. 35–46. – V.V. Zvereva: Pradzničnye koncerty: Staryj kanon na novom TV, in: Pro et Contra, 4/2007, S. 38–49.

ressourcen umverteilt. Damit einhergehend wuchs auch der Bedarf an manipulativen Polittechnologien. Je schwächer der politische Ideenwettbewerb wurde, desto stärker zeigten sich bei den Herrschenden und den Beherrschten ein Werteverlust und eine allgemeine Orientierungslosigkeit. Entsprechend wuchs die Sehnsucht nach „Ordnung", das Bedürfnis nach einem kompensatorischen Traditionalismus. Dies war die Voraussetzung für den Übergang zu einem autoritären System, für die Machtübergabe an ehemalige Geheimdienstler.

Doch die Restauration der straff zentralisierten Ordnung stieß zunächst auf den Widerstand jener Machtpole, die in der pluralistischen Phase um Einfluss gerungen hatten: der verschiedenen Institutionen des Zentralstaates, regionaler Eliten, der großen Wirtschaftsunternehmen und der gesellschaftlichen Großorganisationen. Diese Institutionen und Gruppen, die im Laufe des Zerfalls des Sowjetsystems entstanden waren, vertraten nicht notwendig liberale und demokratische Reformen. Aber allein ihre Vielfalt sorgte für einen gewissen Pluralismus der Ideen und politischen Konzepte, für einen Wettbewerb, der Verhandlungen, gegenseitige Zugeständnisse, Kompromisslösungen und Konsensfindung notwendig machte. Daraus hätte ein System von checks and balances entstehen können, also von unabhängigen Institutionen, die eine dauerhafte Gewaltenteilung garantieren. Daher begann die Konsolidierung des zweiten postsowjetischen Regimes auch damit, dass diese Machtpole beseitigt oder dem Kreml direkt unterstellt wurden. Wer seinen Status, sein Eigentum oder seine regionalen administrativen Ressourcen behalten wollte, der musste sich absolut loyal gegenüber Putin und seiner Entourage zeigen.[7]

Wie schon zu Beginn der ersten Amtszeit Präsident Putins nutzte seine engste Umgebung außerordentliche Umstände, die das Herrschaftssystem verschuldet hat. Zunächst folgte auf die Bombenanschläge in mehreren

---

[7] Siehe dazu die äußerst interessanten Beobachtungen von Kirill Rogov zum Wesen der politischen Säuberungen der Jahre 1999–2002: „Als Schaffung von ‚Recht und Ordnung' und Einführung eines fairen Wettbewerbs ummäntelt, beraubte der Präsident mit Hilfe der staatlichen Machtapparate die ‚illoyalen' Repräsentanten der Eliten, die zu politischem Wettbewerb fähig und bereit waren, ihrer Posten oder ihres Eigentums und übergab sie ‚loyalen' Personen, die bereit waren, auf diese Konkurrenz zu verzichten. Der politische Charakter dieser Aktionen zeigte sich daran, dass die geltenden Gesetze selektiv angewendet wurden. Da sie jedoch gleichzeitig einen volkswirtschaftlichen Aspekt hatten, konnten die Angriffe als ‚Triumph des Gesetzes' legalistisch verbrämt werden." Kirill Rogov: Nepriemlennyj preemnik, in: Pro et Contra, April–Mai/2007, S. 6–18, hier S. 11–12.

Städten Russlands 1999 der zweite Tschetschenienkrieg, dann die Einführung der Medienzensur, die Gleichschaltung des Föderationsrats und der Duma, die Einsetzung von Bevollmächtigten für sieben neu geschaffene föderale Bezirke, die unter der Regie des Kreml dafür sorgten, dass die Gesetze der föderalen Subjekte „in Einklang mit den Gesetzen der Föderation" gebracht wurden. Im zweiten Fall folgte auf die Ereignisse in Beslan eine „Verwaltungsrevolution". Seitdem werden die Gouverneure und Präsidenten der Föderationssubjekte nicht mehr gewählt, sondern vom Präsidenten „vorgeschlagen" und von den Regionalparlamenten bestätigt. Zudem schaffte der Kreml die Direktmandate ab, über die zuvor unabhängige Politiker in die Staatsduma hatten einziehen können.

Die Zähmung der regionalen Eliten ging sehr rasch und glatt über die Bühne. Mit der Verdrängung der oppositionellen Parteien von der politischen Bühne wurde die Duma ausgehöhlt und zu einer Versammlung von Lobbyisten, Klienten der Regierungspartei und der dem Kreml zuarbeitenden „Opposition" gemacht, welche die Interessen der Staatsmacht legalisiert. Hinter den Bombenanschlägen und der Geiselnahme in der Schule der südrussländischen Kleinstadt stand vermutlich nicht irgendein abstrakter „internationaler Terror". Sie waren vielmehr ein Teil der Moskauer Kaukasuspolitik, die sich an der klassischen Geheimdiensttechnologie von Provokation und Machterhalt orientierte.[8]

Gleichzeitig erheischen die Machthaber eine neue Art der Legitimation. Das Projekt einer Annäherung an den Westen als Voraussetzung für eine Modernisierung Russlands, zu der eine Entstaatlichung von Wirtschaft und Gesellschaft gehören, der Schutz des Privateigentums, die Einhaltung der Menschenrechte sowie eine Verwestlichung der politischen Kultur, ist beendet. An seine Stelle sind eine apologetische Preisung der autokratischen Präsidialmacht und ein eklektischer Traditionalismus getreten, zu dem Großmachtgehabe und deklarative orthodoxe Religiosität gehören. Die Ineffektivität der staatlichen Politik wird durch einen paranoiden Nationalismus kompensiert, der zu einem Anstieg der Xenophobie und zu Konflikten mit den einstigen Sowjetrepubliken, den ehemaligen ostmitteleuropäischen „Bruderstaaten" und den westlichen Ländern geführt hat. Dass Russland dadurch nicht völlig in die Isolation gerät, wird nur dadurch verhindert, dass sich die Führungsclique im Kreml bewusst ist, dass sie ihre Macht dem Export von Energie-

---

[8] Der Verdacht, dass die Geheimdienste an diesen Ereignissen beteiligt gewesen sind, ist bis heute nicht ausgeräumt und wurde durch die Morde an Anna Politkovskaja und Aleksandr Litvinenko weiter genährt.

trägern zu hohen Preisen verdankt und ein völliger Bruch mit der EU oder den USA nicht nur das Ende der jetzigen Präsidialaministration, sondern ein Zusammenbruch des gesamten Regimes bedeuten würde.
Die wichtigsten Kennzeichen des Putin-Regimes, das die autoritären Tendenzen der El'cin-Zeit weiterentwickelt hat, sind somit:

- die verfassungswidrige Konzentration der gesamten Macht in den Hän-den der Präsidialverwaltung. Diese ersetzt faktisch die Regierung. Das Parlament erfüllt die ihm in der Verfassung zugeschriebenen Aufgaben nicht mehr, da die Duma und der Föderationsrat der Administration untergeordnet sind. Somit sind Legislative und Exekutive vom Kreml – und in den Föderationssubjekten von der Administration der Präsidenten und Gouverneure – abhängig. Im Grunde handelt es sich um eine Abschottung der Willkürherrschaft, um eine Rückkehr zu dem archaischen Modell personifizierter autokratischer Macht;
- die Zentralisierung der staatlichen Verwaltung durch die Beseitigung der kommunalen und regionalen Selbstverwaltung;
- die Degenerierung der politischen Entscheidungsfindung durch die Unterdrückung der Konkurrenz zwischen Parteien und gesellschaftlichen Kräften oder sogar deren Verdrängung; politische und soziale Konzepte werden simuliert, Politik verkommt zur Zeremonie;
- eine verschärfte administrative und polizeiliche Kontrolle der Gesellschaft. Die unabhängigen Massenmedien sind beseitigt worden, Nichtregierungsorganisationen werden gegängelt und durch eine imitierte Zivilgesellschaft – etwa die „Öffentliche Kammer" (*Obščestvennaja Palata*) – ersetzt. Zusätzlich hat die Präsidial-Administration verschiedene Jugendorganisationen – *Naši, Molodaja gvardija* und andere Varianten der „Putin-Jugend" – aufgebaut, die politische Gegner des Präsidenten und seiner Entourage erpressen, einschüchtern und diskreditieren sowie die Macht und die Geschlossenheit der Anhänger der Staatsmacht demonstrieren soll;
- eine administrative Kontrolle der zentralen Wirtschaftszweige durch die Besetzung von Führungspositionen in den großen staatlichen und halbstaatlichen Trusts durch dem Präsidenten nahestehende Beamte. Diese Kontrolle schafft nicht gleiche Regeln für alle, sondern dient dem Interesse kremlnaher oder regionaler Klans;
- die Simulation von Demokratie und freien Wahlen;

- eine demonstrativ aggressive Außenpolitik, die Nachbarstaaten – insbesondere die kleinen – erpresst und beleidigt. Gleichzeitig schürt der Kreml in der Bevölkerung Russlands Antipathie gegenüber den Nachbarn, um eine Konsolidierung des Landes durch negative Identifikation und Mobilisierung zu erreichen;[9]
- ein rasches Anwachsen der Korruption, in erster Linie auf der obersten und mittleren Ebene der staatlichen Verwaltung;
- eine Elitenrekrutierung nach dem Prinzip: die Schlechtesten vor; soziale Aufstiegschancen gibt es kaum mehr, der staatliche Verwaltungsapparat erstarrt.

Die rasche Verbreitung des imitierten Traditionalismus ist ein Anzeichen dafür, dass es Russland an Ideen mangelt, mit denen sich die Gesellschaft identifizieren könnte. Es fehlt an innovativen Gruppen, moralische Autoritäten gibt es kaum noch. Selbst die Idee, dass es so etwas wie höhere Werte geben könnte, verschwindet. Statt dessen verbreiten sich esoterische Welterklärungen. Die große Nachfrage nach einer „neuen Mythologie", die plötzlich viele Politologen und politische Philosophen im Munde führen, spiegelt das Bedürfnis nach Sinn, nach einer Legitimierung der entstehenden Gesellschaftsordnung. Solange ein solcher Mythos fehlt, können die Polittechnologen der Staatsmacht lediglich das Repertoire der staatlichen Traditionen ausbeuten. Dabei entleeren sie die Vorstellung von der imperialen Überlegenheit Russlands und seiner historischen Sonderrolle jeglichen Sinnes.
Die intellektuelle Verarmung Russlands liegt nicht so sehr an der steten Ausbreitung der autoritären traditionalistischen Ideologie, sondern vor allem daran, dass die Bedürfnisse der Gesellschaft sehr primitiv sind, dass sie sich mit dem Gegebenen zufrieden gibt, die Behauptung des Regimes, die nationale Größe sei wiederhergestellt, akzeptiert, auch wenn es keine vorzeigbaren Leistungen gibt. Dies rührt vor allem daher, dass der Gesellschaft sämtliche Vorstellungen abhanden gekommen sind, wohin sie sich entwickeln soll und wie eine bessere Zukunft aussehen könnte.[10]

---

[9] Zur negativen Mobilisierung siehe Lev Gudkov: Russlands Systemkrise. Negative Mobilisierung und kollektiver Zynismus, in diesem Band, S. 221–236.
[10] Bereits Juan Linz identifizierte Traditionalismus und Apathie als Merkmale der Massenpsychologie in autoritären Regimen. Juan J. Linz: Totalitarianism and Authoritarian Regimes, in: Fred Greenstein, Nelson Polsby (Hg.): Handbook of Political Sciences, Vol. 3. Reading, Mass. 1975, S. 175–411.

Noch in der ersten Hälfte der 1990er Jahre war das anders. Damals erhofften sich die Menschen von den Reformen eine bessere Zukunft. Heute aber sind an die Stelle echter politischer und sozialer Ziele „nationale Programme" getreten, welche die Obrigkeit verkündet. Ganz gleich ob es um Programme zur Steigerung der landwirtschaftlichen Produktivität oder um die Idee geht, Russland zum Weltmarktführer in der Nanotechnologie zu machen: Der Geist dieser Projekte ist ein sowjetischer. Die Gesellschaft nimmt sie daher auch nicht besonders ernst, denn sie berühren die grundlegenden Fragen der gesellschaftlichen Ordnung nicht.

Zur Theorie der posttotalitären Entwicklung

Das Potential der Totalitarismustheorie ist bei weitem noch nicht ausgeschöpft. Ihre zahlreichen Varianten beschreiben lediglich die Entstehung und die klassischen Formen totalitärer Herrschaft, nicht jedoch die Stadien ihres Verfalls. Diese lassen sich für den Fall der Sowjetunion wie folgt skizzieren: Nach Einstellung des Terrors fand keine Elitenaustausch mehr statt, und es kam zu einer informellen Dezentralisierung des Herrschaftssystem. Dies führte zu einem wachsenden Nationalismus der Eliten, der den Zerfall des Sowjetimperiums zur Folge hatte.[11] Wie lässt sich theoretisch fassen, was seitdem geschehen ist?

Im vergangenen Jahrzehnt wurden keinerlei neue politische oder ökonomische Institutionen geschaffen. Alle Ankündigungen und Pläne wurden fallengelassen. Sowohl der Elite – einschließlich der einstigen „Reformer" – als auch der Bevölkerung fehlte es an Ideen und Vorstellungen von Demokratie und Modernisierung. Niemand hatte ein Bewusstsein für die eigenen Rechte oder gar das Bedürfnis, diese Rechte und die entsprechenden Freiheiten zu verteidigen.[12] Es mangelte nicht nur an der Bereitschaft, sich an der Schaffung demokratischer Institutionen zu beteiligen, es fehlte auch das äußerst wichtige praktische Wissen. Was es gab, waren Parolen, Kundgebungen und Illusionen. Doch weder die Bevölkerung noch die Elite war bereit, politische Verantwortung zu übernehmen.

---

[11] Lev Gudkov, Boris Dubin: Posttotalitarnyj sindrom: „upravljaemaja demokratija" i apatija mass, in: Puti rossijskogo postkommunizma. Očerki. Moskva 2007 [= Moskovskij centr Karnegi], S. 8–63.

[12] Lev Gudkov, Boris Dubin, Jurij Levada: Problema „èlity" v sovremennoj Rossii. Moskva 2007.

Der Großteil jener Wähler, die in den 1990er Jahren für „demokratische Parteien" stimmten, sprach sich nicht so sehr für liberale Werte und Reformen aus als vielmehr für die Demokraten, die – zumindest schien es so – zu diesem Zeitpunkt die „Partei der Macht" waren. Die Menschen hofften, dass diese anständig und verantwortungsvoll sein würden – gemeint war, dass sie sich um die „einfachen Menschen" kümmern würden. Zielgerichtete und konsequente Anstrengungen zur Transformation der alten Strukturen wurden gar nicht oder nur unzureichend unternommen. Vor allem seit Mitte der 1990er Jahre kann von einer gezielten Reformpolitik nicht mehr die Rede sein. Was heute geschieht, lässt sich am ehesten als Verfall des totalitären sowjetischen Systems, als Abkehr von der straffen Kontrolle und zentralen Lenkung ganzer Bereiche des sozialen Lebens beschreiben. Dieser Prozess wird voraussichtlich noch zwei, drei Generationen anhalten. Natürlich ist der Begriff „Verfall" nur eine Metapher, die genauer bestimmt werden muss. Die wichtigsten Merkmale des institutionellen Verfallsprozesses sind:

- Systemveränderungen oder der Umbau einzelner Kerninstitutionen werden ausschließlich negativ beurteilt. Es gibt sehr wohl eine gesellschaftliche Transformation. Doch weder die Gesellschaft als ganze noch einzelne Gruppen sehen diese positiv, sie glauben nicht, dass der Umbau sich an einem Modell oder einem Vorbild orientiert, dass er eine bessere Gesellschaft schafft. Weder die kulturelle und politische Elite Russlands noch außenstehende Beobachter, die Russlands Entwicklung an dem globalen Entwicklungstrend der institutionellen Spezialisierung und Differenzierung messen, in deren Verlauf immer komplexere und flexiblere Vermittlungs-, Kommunikations- und Tauschsysteme entstehen, sind der Meinung, Russland mache „Fortschritte".
- Statt Differenzierung und Spezialisierung findet eine institutionelle Degeneration statt, mit der die Gesellschaft immer einfacher und undifferenzierter wird. Im Extremfall geht die Desintegration sogar bis zum Zerfall der Gesellschaft. Was übrig bleibt, sind dann archaische oder pseudotraditionelle Formen der Vergemeinschaftung.
- Politische Reformen haben Folgen, die den intendierten diametral zuwiderlaufen. Dies führt zu unerwarteten sozialen Spannungen, welche die staatliche Einheit zerstören können.
- Aufgrund der mangelnden horizontalen Integration der Gesellschaft kommt es zu einer Desintegration des Systems.

- Der Konflikt zwischen verschiedenen Wertesystemen, die unterschiedlichen Entwicklungsphasen der Gesellschaft entstammen oder verschiedenen kulturellen Schichten entsprechen, wird so unversöhnlich ausgetragen, dass er zu einer wechselseitigen Lähmung führt. Dabei verlieren die einzelnen Normen der verschiedenen Wertesysteme und die Autoritäten, die sie vertreten, an Bedeutung. Die Folge ist Anomie.
- Korruption breitet sich rasch aus und erfasst den gesamten Staatsapparat. Die Ausbreitung der Korruption ist ein Beleg dafür, dass der Staat eine seiner wichtigsten wirtschaftlichen Funktionen nicht erfüllt: Er legt keine allgemein gültigen Regeln fest, an die sich alle Wirtschaftssubjekte halten und deren Einhaltung er kontrolliert.

Mit diesen Verfallserscheinungen geht eine soziale Desorganisation einher, die sich in der Verbreitung abweichenden Verhaltens äußert: Die Kriminalität nimmt zu, Alkoholismus breitet sich aus, eine allgemeine Erosion der Werte – u.a. etwa der Arbeitsmoral – ist zu beobachten. Die sozialen Beziehungen werden schwächer, es entstehen isolierte Gruppen und Institutionen. Anstelle eines sozialen Systems tritt ein schwach integriertes Agglomerat aus einzelnen Enklaven. Solche Enklaven mit schwachen Bindungen an die soziale Umwelt sind im heutigen Russland nicht nur einzelne Behörden wie das Verteidigungsministerium oder der Inlandsgeheimdienst FSB, sondern auch zahlreiche große staatliche oder halbstaatliche Trusts, die für ihre Binnenorganisation eigene Gesetze, eine eigene Polizei und eine eigene Justiz – einen „Staat im Staat" – geschaffen haben. Gleiches gilt für einzelne Regionen Russlands, etwa für Baškortostan unter Präsident Rachimov, Tschetschenien unter Kadyrov, Dagestan und einige abgelegene ländliche Gebiete.

Die Integration einer Gesellschaft, die aus solchen Enklaven zusammengesetzt ist, erfolgt rein mechanisch. Das in Russland allgegenwärtige Großmachtgehabe und der imitierte Neotraditionalismus zeugt nicht davon, dass es dem Putin-Regime an sinnstiftenden Ideen fehlt. Sie zeigen auch, dass die Entstehung neuer Institutionen – die nicht mit Organisationen zu verwechseln sind! – unterbunden ist. So werden die sozialen Beziehungen immer primitiver. Ein Beispiel ist der vermehrte Einsatz von Zwang und Gewalt zur Unterdrückung von Konflikten. Man denke an die Polizeirazzien zur Durchsetzung von Einberufungsbefehlen oder die Unterdrückung von Rentnerprotesten. Dies sind Hinweise darauf, dass das Wertesystem der Gesellschaft gestört ist und die Aggregation und Artikulation gesellschaftlicher Interessen nicht funktioniert.

Erhalten geblieben sind hingegen die Strukturen der Staatsmacht: die wichtigsten Ministerien, die Armee, die Justiz, die Staatsanwaltschaft, die politische Polizei. Sie unterliegen nach wie vor keiner gesellschaftlichen Kontrolle. Die persönliche Bereicherung ihrer Repräsentanten und die Ausweitung der Macht der Organisation sind weiter ihre wichtigsten Funktionsprinzipien. Die formale Gewaltenteilung, die es in Russland seit anderthalb Jahrzehnten gibt, ist nur ein Feigenblatt, das die administrative Willkür verdeckt.
Die Präsidialverwaltung kontrolliert genau wie seinerzeit das ZK der KPdSU sämtliche Personalentscheidungen bei der Besetzung von Schlüsselpositionen auf der obersten und mittleren Ebene der staatlichen Verwaltung, der Justiz und des Parlaments. Die reale Macht ist im heutigen Russland weder institutionalisiert noch differenziert, sondern bei einem engen Kreis von Personen konzentriert, die einen – oder mehrere – informelle Klans aus ehemaligen oder noch aktiven Geheimdienstlern bilden. Die Macht dieser Personen beruht darauf, dass sie „ihre Leute" auf die Schlüsselposten der staatlichen Behörden und halbstaatlichen Konzerne verteilt haben.
Das zentrale Prinzip autoritärer oder traditioneller despotischer Regime ist weiter in Kraft: Die Legitimität der Macht wird von oben nach unten verteilt. Das gleiche gilt für die Kaderrekrutierung: Nicht Sachkompetenz spielt bei ihr die entscheidende Rolle, sondern die persönliche Loyalität subalterner Beamter gegenüber dem Amtsinhaber der höherstehenden Instanz. Daraus resultiert eine bürokratische Willkür, welche die Modernisierung des Staates blockiert. Sie verhindert die Entstehung einer unabhängigen Justiz und die Autonomie des Parlaments, sie fördert die Verflechtung zwischen den großen Unternehmen und der Bürokratie, und sie sorgt dafür, dass die Massenmedien vollkommen von den einflussreichen Klans abhängig sind.
Zugleich wird die Staatsmacht seit dem Ende der Sowjetunion schwächer. Ungeachtet der scheinbaren „Zentralisierung" und „Stärkung des Staates" unter Putin ist eine eigenartige Entstaatlichung im Gange. Das zeigt sich etwa daran, dass – ungeachtet der Wiederverstaatlichung und der zunehmenden verdeckten staatlichen Kontrolle in den letzten Jahren – die unmittelbare zentralgesteuerte Einmischung in die Wirtschaft abnimmt. In gewissem Maße zeugt davon auch die Schaffung großer, branchenübergreifender staatlicher Trusts, welche die Funktionen der sowjetischen Branchenministerien übernehmen, im Unterschied zu diesen jedoch wie gewöhnliche Wirtschaftsakteure agieren und daher auch „Privat"-Eigentum besitzen. Im Gegensatz zu den anderen Marktakteuren verfügen diese Trusts über eigene bewaffnete Kräfte und geheime administrative Ressourcen und sind gegen

äußere Kontrollen – etwa durch die Steuerbehörden – abgeschottet. Im Grunde handelt es sich um eine spezifische Form der Privatisierung staatlicher Funktionen.
Die Entstaatlichung zeigt sich auch an der rasch anwachsenden Korruption in praktisch allen Bereichen der Gesellschaft und auf allen Ebenen des Staatsapparats.[13] Korruption ist in der spät- und posttotalitären Gesellschaft ein Mechanismus, mit dem sich die apathische und traditionalistische Gesellschaft an administrative Zentralisierung und Machtwillkür anpasst. Sie ist eines der wichtigsten Symptome – und Folgen – der blockierten gesellschaftlichen Differenzierung.

Erzwungene Anpassung und Degradierung

Insgesamt lassen sich die Veränderungen der letzten Jahre als erzwungene Anpassung an den Verfall – nicht aber deren Reform! – der totalitären staatlichen Institutionen betrachten. Im Zuge einer solchen Anpassung verbreitet sich als gesellschaftliche Norm die Zufriedenheit mit dem Mittelmaß. Die gesellschaftlichen Schichten, die nach dieser Norm leben, befinden sich an der geographischen sozialen Peripherie der Gesellschaft, doch sind sie so groß, dass sie die Differenzierungsprozesse, die durchaus im Gange waren, erstickt haben. Es sei daran erinnert, dass weiterhin 60 Prozent der Bevölkerung Russlands in Kleinstädten und auf dem Land leben. Dort ist die staatsfixierte patriarchalische politische Kultur die Norm.
In der Tat können die meisten Menschen in Russland ohne den Staat ihre soziale Lage kaum ändern. Zwar gibt es eine Unzufriedenheit großer Bevölkerungsteile mit der Wirtschafts- und Sozialpolitik der Putin-Administration. Denn mit den rein formalen, nicht aber funktionalen Veränderungen sowjeti-

---

[13] Neun von zehn Bürgern Russlands sind davon überzeugt, dass der Staatsapparat bis in die höchsten Schichten korrupt ist. Bei jüngsten Umfragen glaubten 92 Prozent der Befragten, dass die führenden Funktionäre Konten im Ausland besäßen, 49 Prozent meinten, Korruption und Amtsmissbrauch hätten auf den obersten Machtetagen in den letzten drei, vier Jahren deutlich zugenommen, 32 Prozent äußerten, es habe sich nichts verändert und nur elf Prozent glaubten, in den letzten Jahren sei die Korruption zurückgegangen. 67 Prozent der Befragten meinten, wenn ein Korruptionsfall vor Gericht komme, dann nicht, weil die Staatsanwaltschaft und Justiz auf die Einhaltung allgemeiner Regeln dränge, sondern weil das Gerichtsverfahren jemandem „nützt" oder weil gerade um einen konkreten Posten gekämpft werde. – Siehe dazu den Beitrag von Alexandra Orlova: Korruption in Russland. Markt und Staat als Gegenmittel?, in: OE, 1/2008, S. 21–34.

scher und postsowjetischer Strukturen, geht eine chronische Stagnation oder sogar Degradierung an der sozialen Peripherie einher.[14] Von den Veränderungen in Putins Russland profitiert ungeachtet der anderslautenden Propaganda nur ein sehr kleiner Teil der Gesellschaft: die Spitze des Staatsapparats und die ihr nahestehenden Unternehmer. Wer dieser neuen Nomenklatura angehört, ist natürlich sehr optimistisch und zufrieden mit der Entwicklung Russlands.

Gleichwohl gibt es viele Unzufriedene. Das Protestpotential besteht aber ausgerechnet bei jenen sozial schwachen Gruppen – den Alten, den Armen und anderen Menschen am Rande der Gesellschaft –, die kaum Möglichkeiten haben, ihren Protest politisch zu organisieren. Veränderungen sind daher nur als Folge von Konflikten auf der obersten Machtebene möglich, nur durch einen Machtwechsel. Dieser ist nicht ausgeschlossen, denn überall dort, wo die Zentralisierung des Staatsapparats sozialen Aufstieg unmöglich gemacht hat – bei den regionalen Eliten, in der Wirtschaft, in den Massenmedien – wächst die Spannung.

Das bedeutet, dass der Zusammenhalt der russländischen Gesellschaft zwar symbolisch von einer archaischen Machtvertikale gewährleistet wird, dass ihre Integrität in Wahrheit aber nur um den Preis einer systematischen Komplexitätsreduzierung zu erhalten ist. Die Mechanismen der Primitivisierung sind in unterschiedlichen Bereichen der Gesellschaft andere. Der wichtigste ist das „Modell Python": Wie eine Riesenschlange, die ihre Beute verschlingt und dann mehrere Monate lang regungslos verharrt, während sie die Beute verdaut, so folgt in einer Gesellschaft wie der russländischen auf Innovationen eine Phase der Trägheit. In ihr werden die übernommenen neuen Formen in traditionelle bzw. quasitraditionelle Kategorien uminterpretiert. Diese „Aneignung" des Neuen hält so lange an, bis die neuen Formen in den gewohnten Kontext eingepasst sind.

Besonders gut zeigen sich die Folgen in jenen Bereichen von Wissenschaft und Technologie, die auf ständige Innovation angewiesen sind, etwa die

---

[14] Tat'jana Nefedova: Sel'skaja Rossija na pereput'e. Moskva 2003. – Dies.: Preemstvennost' i izmenenija v organizacii vnegorodskogo prostranstva Rossii, in: Puti Rossii: preemstvennost' o preryvnost' obščestvennogo razvitija 2007, tom XIV, S. 246–260. – Zu beachten ist aber, dass es neben der Kluft zwischen Stadt und Land auch eine Kluft zwischen Land und Land gibt. Der Süden und Westen Russlands hat sich an die neuen Bedingungen angepasst, der Niedergang und die Entvölkerung sind besonders im Umfeld großer Städte gestoppt. Im Osten und Norden Russlands hingegen herrscht soziale und wirtschaftliche Degradation. Hoffnungslose Stagnation oder Abwanderung sind die Alternativen.

moderne Physik oder die Erforschung des Weltraums. Sie sind elementar auf die Autonomie der Forschung und einen freien Informationsfluss angewiesen. In dem Maße aber, in dem sie zu Symbolen für die imperiale Größe Russlands geworden sind, haben sie ihre Innovationskraft verloren. Die zeigt sich anschaulich an der Krise der Russländischen Akademie der Wissenschaften.[15] Eine ebensolche Degradierung findet auch bei der Kaderauswahl statt. Bevorzugt wurden in den letzten Jahren vor allem ehemalige Demokraten und Liberale, die zu Apologeten des nationalen Interesses, zu Großmachtrhetorikern und Geopolitikern geworden sind. Die Liste der Personen, die einem auf Anhieb einfallen, ist lang – von Gleb Pavlovskij[16] und Michail Leont'ev[17] bis hin zu führenden Mitgliedern der Öffentlichen Kammer (*Obščestvennaja palata*). Schlüsselqualifikationen selbst für Posten außerhalb des Staatsapparats sind Servilität und die freiwillige Aufgabe einer eigenständigen moralischen oder intellektuellen Position, konkret: keine Verurteilung des Tschetschenienkriegs, keine rationale Auseinandersetzung mit der sowjetischen Vergangenheit.

Umso mehr musste diese tschekistische Methode der Kaderrekrutierung im Staatsapparat durchschlagen. Dort zog sie eine systematische Senkung der intellektuellen und moralischen Qualitäten des Führungspersonals, von Kompetenz, Verantwortungsbewusstsein und Berufsethos nach sich. Das Putin-Regime bringt es fertig, nicht die Besten, sondern die Schlechtesten anzuziehen und an sich zu binden.

Somit ist das herrschende System der „gelenkten Demokratie" trotz der Konzentration von Macht und Ressourcen äußerst instabil. Es beruht auf der konservativsten Institution der gesamten Gesellschaft[18]: der Staatsmacht. Sie steht wie eine Basaltsäule, um die herum die Erosion im Laufe der Zeit alles andere abgetragen hat. Wir haben es also bei der autokratischen Herrschaft Putins nicht mit einer Resowjetisierung, nicht mit einem Rückfall in die Vergangenheit zu tun. Vielmehr sind die alten totalitären Institutionen und Legitimitätsformen *freigelegt* worden. Mit anderen Worten: Jene Erschei-

---

[15] Siehe dazu den Beitrag von Svetlana Pogorel'skaja: Gleichschaltung oder Modernisierung? Russlands Akademie der Wissenschaften, in: OE, 1/2008, S. 35–47.

[16] Gleb Pavlovskij (1953), Journalist, Politik-Berater, Gründer und Leiter der „Stiftung für effektive Politik" sowie des Internet-Magazins *Russisches Journal*. Pavlovskij ist einer der wichtigsten Polit-Technologen und Apologeten des Kreml.

[17] Michail Leont'ev (1958), Publizist, Fernsehjournalist, Mitte der 1990er Jahre stellvertretender Chefredakteur der liberalen Zeitung *Segodnja*, seit 1999 verantwortlich für mehrere politische Programme des Ersten Kanals des Staatsfernsehens ORT.

[18] Noch konservativer sind nur jene Institutionen, deren zentrale Funktion es ist, die Tradition zu bewahren, etwa die Kirche.

nungen im politischen und sozialen Leben des heutigen Russland, die gegenwärtig als Verstärkung der putinschen Autoritätsherrschaft oder als Rückfall in sowjetische Formen der Staatsmacht interpretiert werden, sollten eigentlich nicht als Rückkehr zur Vergangenheit betrachtet werden.

Um zu verstehen, was passiert ist, muss man sich von der Vorstellung lösen, die Transformation einer Gesellschaft verlaufe parallel in allen ihren Bereichen. Tatsächlich zerfällt ein totalitäres System – sofern die Transformation nicht von außen gesteuert oder unterstützt ist – äußerst ungleichmäßig. Die einzelnen Systeme der verstaatlichten Gesellschaft zerfallen mit unterschiedlicher Geschwindigkeit.

Ausmaß und Tempo der Veränderungen sind dort am größten, wo der Abstand zu den gesellschaftlichen Kerninstitutionen, im Falle Russlands also zur Staatsmacht, am größten ist. Substantielle Veränderungen gab es in jenen Bereichen, in denen es um instrumentelle Adaption geht: in der Wirtschaft und beim Verhalten der Verbraucher.[19] Demgegenüber sind die Veränderungen im Bereich der Staatsmacht und der Institutionen, auf die sie sich stützt – die politische Polizei, die Armee, das Innenministerium, die Staatsanwaltschaft –, minimal, denn die funktionalen Beziehungen zwischen diesen Institutionen und anderen Bereichen der Gesellschaft sind unberührt geblieben. Wenn die Staatsmacht heute eine andere Gestalt hat, so ist dies entweder bloße Dekoration, oder es handelt sich sogar um eine Involution, eine Rückbildung zu einem autoritären Staat.[20] Genau jene Involution, die nur scheinbar eine Rückkehr zu Altbekanntem ist, wird jedoch von der Elite und großen Teilen der Gesellschaft stürmisch als Wende und Durchbruch begrüßt, da diese die durch Involution entstehenden Formen für das vertraute Staatsmodell halten.[21]

Aus dem Russischen von Ganna-Maria Braungardt, Berlin

---

[19] Es sei betont, dass institutioneller Wandel im ökonomischen Sektor nicht allein auf Innovation zurückgeht, auf eine Überwindung der sowjetischen Planwirtschaft und ihrer korrumpierten Variante des administrativen Markts. Zwangsläufig findet auch eine Anpassung an die staatlichen Institutionen statt. Daher gibt es in Russland keine freie Marktwirtschaft, sondern eine Quasi-Marktwirtschaft. Denn eine echte Marktwirtschaft kann sich ohne eine unabhängige Justiz, ohne die Durchsetzung formalen Rechts, ohne transparente Buchhaltung und ohne eine strenge und allgemeine Steuerdisziplin nicht bilden.

[20] Johannes Agnoli: Die Transformation der Demokratie und verwandte Schriften. Hamburg 2004.

[21] Exemplarisch Sergej Karaganov: Novaja ėpocha protivostojanija, in: Rossija v global'noj politike, 4/2007; <www.globalaffairs.ru/numbers/27/8067.html>.

Der Oligarch als Volksfeind*

Der Nutzen des Falls Chodorkovskij für das Putin-Regime

Die Ereignisse um die Firma *Jukos* seit dem Sommer 2003 sind als Messlatte des politischen Wandels in Russland nicht weniger bedeutsam als der Beginn des zweiten Tschetschenienkriegs im Herbst 1999. Die Leitung des größten Privatunternehmens des Landes wurde wegen betrügerischer Handlungen, Unterschlagungen im Zuge der Privatisierung von Staatseigentum und ähnlicher Vergehen angeklagt; im Juli 2003 wurde Platon Lebedev, im Oktober dann Michail Chodorkovskij verhaftet.

Die öffentlichen Reaktionen auf diese Vorgänge hätten unterschiedlicher nicht sein können. Die Ermittlung und der Gerichtsprozess in Sachen *Jukos* waren von rechtswidrigem Druck nicht nur auf die Angeklagten, sondern auch auf deren Geschäftspartner, Angestellte und Verwandte, die somit zu Geiseln wurden. Desweiteren kam es zu angedrohten bzw. tatsächlich eingeleiteten, rechtlich äußerst fragwürdigen Strafprozessen, die dem Zweck dienten, das Unternehmen zu „spalten" und das erforderliche Belastungsmaterial gegen die *Jukos*-Geschäftsführung zu erpressen.[1] Dies erweckte bei dem am besten ausgebildeten und wohlhabendsten Teil der russländischen Gesellschaft Besorgnis und Widerstand. Die in keinem Verhältnis zur Sache stehenden Mittel, die im Zuge des Untersuchungsverfahrens angewandt wurden, die Schwere der den Beschuldigten zur Last gelegten Verbrechen, die strenge Isolierung der Angeklagten und auch des Unternehmens, die offensichtliche Abhängigkeit des Gerichts von der Präsidialadministration

---

* Diesen Text verfasste Boris Dubin gemeinsam mit Lev Gudkov.
[1] So gab es zum Beispiel Verlautbarungen über die Anstrengung eines Gerichtsverfahrens gegen Chodorkovskijs Vater, der plötzlich des Mordes und der Bildung einer kriminellen Vereinigung bezichtigt wurde. Bezeichnenderweise blieb es bei diesen Erklärungen: Niemand, einschließlich der Staatsanwälte, zog ein solches Verfahren ernsthaft in Betracht; hier soll nur auf die Atmosphäre um den Prozess aufmerksam gemacht werden. Gegen andere Personen, etwa technisches Personal von *Jukos*, wurden Verfahren angestrengt, viele von ihnen wurden in Haft genommen und befinden sich weiterhin unter Arrest.

sowie die massive staatliche Propaganda in allen wichtigen Massenmedien (gekoppelt mit einer Fernseh- und Pressezensur, um unbequeme Berichte zu unterbinden) wurden von der Gesellschaft als Signale eines grundsätzlichen Umschwungs im politischen Kurs des Landes aufgefasst, der auch die Resultate der Staatsdumawahlen im Dezember 2003 beeinflusste. Der *Jukos*- oder „Chodorkovskij-Prozess", wie er nach der Verhaftung von Michail Chodorkovskij bezeichnet wurde, war nach Meinung der Bevölkerung eines der wichtigsten Ereignisse des letzten Jahres.[2]

Chodorkovskij erlangte erst Anfang der 2000er Jahre Bekanntheit als Geschäftsführer des am schnellsten wachsenden und florierendsten Ölförderunternehmens – des *Jukos*-Konzerns. Seine Beliebtheit sollte nicht überschätzt werden: Vor Beginn des Gerichtsprozesses war sein Name, abgesehen von Geschäftskreisen, vor allem Experten und Analytikern im Bereich der Wirtschaftspolitik ein Begriff. Binnen weniger Jahre verwandelte Chodorkovskij *Jukos* – Anfang der 1990er Jahre ein verlustbringender Staatsbetrieb unter vielen, übrigens auch im Öl- und Gasbereich – in Russlands effektivstes Unternehmen. Grundlage seines Erfolgs war nicht nur eine Modernisierung der Produktionstechnologie, sondern auch die Schaffung eines völlig neuen Systems des Managements und der Personalausbildung. Allerdings führte ihm gerade der Erfolg des Unternehmens eine einfache Tatsache klar vor Augen: Nach dem postsowjetischen Motto „Greif zu, solange es kein anderer tut" war eine Weiterentwicklung des Konzerns nicht mehr möglich. Die kurze Phase des „wilden Kapitalismus", der „Gründerzeit" und der „ursprünglichen Akkumulation" ging dem Ende entgegen. Neue Aussichten ließen sich nur auf dem Auslandsmarkt und durch eine Transformation des Unternehmens in einen transnationalen Konzern eröffnen, was einen Übergang zu grundsätzlich neuen, in Russland bis dahin unbekannten Formen der Finanzverwaltung und des industriellen Managements sowie ein neuartiges Verhältnis von Staat und Geschäftspartnern erforderte: Der gesamte Umsatz musste legalisiert, Investitionen mussten langfristig geplant werden.

---

[2] Er wurde Ende November 2003 von 20 Prozent der Befragten genannt – nur etwas weniger, als die Staatsdumawahlen (22 Prozent), der politische Umsturz in Georgien (21 Prozent), die Prozesse gegen korrupte Polizeibeamte (die sogenannte Werwolf-Affäre – 25 Prozent) sowie die SARS-Epidemie und die großen Naturkatastrophen (25–27 Prozent). Wichtiger waren nur der Krieg im Irak (41 Prozent) und die Terroranschläge in Russland (29 Prozent). Hier und weiter beziehen wir uns, wenn nicht anders angegeben, auf Ergebnisse unserer regelmäßigen monatlichen russlandweiten repräsentativen Bevölkerungsumfragen (in Prozent der Befragten). Befragt werden jeweils 1600 Menschen über 18 Jahren.

Chodorkovskij war sich darüber im klaren, dass es für ein einzelnes Unternehmen, selbst für ein so großes, utopisch wäre, ein solches Programm umzusetzen. Er erklärte mehrfach, eine solche Umgestaltung sei nur möglich, wenn sich zuvor der sozialrechtliche und kulturelle Kontext wandeln, diese Veränderungen das sozialpolitische Wirtschaftsumfeld erfassen und institutionelle Transformationen stattfinden würden.[3] Er war gezwungen, weitgefächerte politische Beziehungen zu knüpfen und sich als Sponsor einer Vielzahl sozialer, wissenschaftlicher und Bildungsprogramme, von Projekten zur Förderung unabhängiger Medien, der Zivilgesellschaft sowie von Rechtsreformen umfassend gesellschaftlich zu betätigen. Dadurch erlangte er einen hohen Bekanntheitsgrad. Aber eben durch diese Tätigkeit geriet er in Konflikt mit dem Umfeld des Präsidenten, das auf die langsame, aber systematische Verstärkung einer Kontrolle über das gesellschaftliche und politische Leben im Lande, die konsequente Beseitigung der Autonomie verschiedener Institutionen und Gruppen sowie auf die zentralisierte Kontrolle über Wirtschaft und Gesellschaft zielt.

Die Spannungen und Konflikte begannen im Vorfeld der Parlamentswahlen, als Chodorkovskij oppositionelle Parteien finanzierte: die liberalen Parteien *Jabloko* und *Sojuz pravych sil* (Union der Rechten Kräfte, SPS) sowie die Kommunisten. Die ersten Versuche, Druck auf Chodorkovskij auszuüben, waren anscheinend von Tschekisten, also jenen aus dem KGB stammenden Figuren, aus Putins Umkreis improvisiert worden. Als sich Chodorkovskij jedoch allen Drohungen zum Trotz und anders als andere Großunternehmer wie Vladimir Gusinskij oder Vladimir Potanin weigerte nachzugeben und die Herausforderung der Machthaber annahm, eskalierte der Konflikt. Die

---

[3] Dank verschiedener soziologischer Untersuchungen („Russlands Unternehmer: Konkurrenz und Kooperation". 1–2/2004. Levada-Zentrum) ist bekannt, dass in Russland nur Großunternehmen imstande sind, sich gegen Druck des korrumpierten Staatsapparates zu behaupten. Diesen Druck üben vor allem regionale Beamte aus, denen an einer Verflechtung mit der Wirtschaft gelegen ist und die von Abgaben an die Behörden profitieren, was auch „Privatisierung des Staats" genannt wird. Die Großunternehmen verfügen nicht nur über finanzielle Mittel zur Selbstverteidigung, sondern auch über einen beträchtlichen Stab an hochqualifizierten Juristen und sind an einer Entstaatlichung der Wirtschaft, einer Niederhaltung der Korruption sowie einer Legalisierung informeller Netzwerke interessiert. Kleine und mittelständische Unternehmen können sich dies nicht leisten, da sie nicht genügend Kraft haben, um sich der Erpressung durch die staatliche Bürokratie (Exekutive, Ordnungskräfte, Steuerpolizei, Gesundheitsämter, Brandschutz und andere Inspektionen) zu erwehren.

Präsidialadministration fasste einen neuen Plan, der auf das Vermögen des ehrgeizigen Magnaten zielte.[4]

Sofern die Logik der Machthaber nachvollzogen werden kann – dies sind selbstverständlich reine Hypothesen und Mutmaßungen, die auf verschiedensten Quellen und Berichten beruhen –, entstand mit dem Wunsch, Chodorkovskij zu beseitigen, auch der Einfall, das schwerreiche Unternehmen zu enteignen und es mit anderen Konzernen aus dem Rohstoffexportsektor zu einer Hauptfinanzierungsquelle für die entstehenden „grauen Machtstrukturen" zu verwandeln, die sich parallel zu den verfassungsmäßigen Behörden entwickeln. Dabei geht es um die Transformation der Präsidialadministration zum eigentlichen Herrschaftszentrum im Lande.[5] Dies würde bedeuten, dass das unter Putin begonnene massive Eindringen von Geheimdienstmitarbeitern in wirtschaftliche, politische und finanzindustrielle Strukturen sowie das informelle Beziehungsnetzwerk, das eine Kontrolle über Schlüsselpositionen in verschiedensten Branchen und gesellschaftlichen Bereichen gewährleistet, durch eine unabhängige, sichere und dem Parlament nicht unterstellte Finanzquelle abgesichert wird.[6]

---

[4] Als ideologische Begründung dieser neuen Politik der Präsidialadministration diente ein etwa ein Jahr vor Beginn des Chodorkovskij-Prozesses erschienenes provokatives Papier über ein „Komplott der Oligarchen" gegen Putin, das von Iosif Diskin und Stanislav Belkovskij stammte, damals wenig bekannten Politikberatern aus dem Umkreis der Kremladministration.

[5] Es werden nicht nur parallele Verwaltungsstrukturen gebildet, welche die in den Augen der „grauen" Staatsführung schlecht lenkbaren Verfassungsorgane untergraben und ersetzen, sondern jegliche unabhängigen Einflusszentren werden ihrer Autonomie beraubt und neutralisiert. Das reicht von lokalen und regionalen Behörden bis zu Unternehmerverbänden. Presse, Fernsehen, Nichtregierungsorganisationen und Parteien werden unterworfen oder vernichtet. Diese Ziele werden mit eiserner Konsequenz verfolgt, sowohl mit Hilfe „administrativer Ressourcen" wie Wahlzwang und teilweise Fälschung der Wahlen als auch durch Gesetzesänderungen oder Gerichte. Auch diese reichen vom Basmannyj-Kreisgericht bis zum Obersten Gerichtshof, die in allen Konflikten zugunsten der Präsidialadministration entscheiden, ob es sich um einen „Streit unter Wirtschaftssubjekten" oder um eine strafrechtliche bzw. politische Verfolgung handelt. Zum Basmannyj-Gericht und zur Lenkung der Justiz in der Sache Jukos/Chodorkovskij siehe Otto Luchterhandt: Rechtsnihilismus in Aktion. Der Jukos-Chodorkovskij-Prozess in Moskau, in: OSTEUROPA, 7/2005, S. 7–37.

[6] Zum Eindringen von Geheimdienstlern und Militärs in die Machtstrukturen sowie zur Militarisierung von Staatsverwaltung und Wirtschaft: Olga Kryschtanowskaja: Anatomie der russischen Elite. Die Militarisierung Russlands unter Putin. Köln 2005.

Bereits heute leiten hochrangige Mitarbeiter der Präsidialadministration die Vorstände, Aufsichtsräte oder andere Leitungsorgane der führenden und profitabelsten Firmen. Das gilt für *Gazprom* bis zu den größten Banken. Allerdings leistete eine Gruppe weit kompetenterer und besser ausgebildeter Fachleute im Umfeld des Präsidenten den „Tschekisten" Widerstand. Die Rede ist von den „Ökonomen", die bereits unter Egor' Gajdar Ende 1991 in die Regierung gekommen waren, dort blieben und sehr wohl die negativen wirtschaftlichen Konsequenzen staatlicher Willkür verstanden.

Der Beginn der Verfolgung Michail Chodorkovskijs zeugte bereits von einer Veränderung des Kräfteverhältnisses zwischen dem „Wirtschaftsblock" in der Regierung und der Fraktion der „Tschekisten" in der Präsidialadministration, die sich auf Geheimdienstler, Armee und Miliz stützen und deren Interessen vertreten, sowie vom Versuch einer „staatlichen" Übernahme der größten Unternehmen durch Enteignung oder erzwungene Aufteilung des Eigentums.

Die Geschäftswelt reagierte höchst ambivalent und zurückhaltend auf die Verfolgung des „Oligarchen". Als auf die Firma Druck ausgeübt und sie schließlich de facto in den Ruin getrieben wurde, brachte keiner der russländischen Unternehmerverbände den Mut auf, offen zu protestieren, obgleich die Absurdität der vorgebrachten Beschuldigungen offensichtlich war. Gerade in der Geschäftswelt verstand man, dass sich die Staatsgewalt zwei Ziele gesetzt hatte: die Zerschlagung der Firma und die Übergabe ihres Besitzes an staatlich kontrollierte Strukturen. Über eine Erpressung, mit der sich alle Großunternehmen konfrontiert sahen, von der sie sich aber auf die eine oder andere Art loskaufen konnten, ging die Staatsgewalt weit hinaus, indem sie *Jukos* Bußgelder in Höhe des zwei- bis dreifachen Jahresgewinns wegen Steuerhinterziehung auferlegte. Zudem zeugte die Androhung neuer Anklagen (von Veruntreuung bis Mord) während des Prozesses nicht nur vom Willen, psychischen Druck auf die Angeklagten und Mitarbeiter der Firma auszuüben, sondern auch von langfristigen Plänen der Staatsmacht gegenüber anderen Unternehmern. Unter ihnen machten sich daher Angst und Gereiztheit breit, wie dies bei solchen Schauprozessen gewöhnlich der Fall ist.

In Wirtschaftskreisen herrschte die Meinung vor, Chodorkovskij habe „über die Stränge geschlagen" und die Beziehungen zwischen Wirtschaft und Macht gefährdet; letztere werde nun Privatisierungen rückgängig machen, was die gesamte instabile Konstruktion der russländischen Marktwirtschaft einbrechen lassen werde. Nur sehr wenige Unternehmer bekundeten offen ihre Solidarität mit Chodorkovskij. Dies liegt nicht nur daran, dass es, wie schon Max Weber schrieb, der „russischen Bourgeoisie" an politischen

Interessen mangelt und ihre Gruppensolidarität schwach ausgebildet ist.[7] Ein wichtigerer Grund liegt in den Spezifika der Herausbildung der russländischen Unternehmerschaft, die als Teil der Staatswirtschaft entstand und sich größtenteils aus dem Milieu der Staatsbürokratie rekrutiert. Daher nahm das Gros der Wirtschaftskreise, trotz extremer Beunruhigung über die Gefahr, dass eine Rückkehr zu autoritärer staatlicher Kontrolle über die Wirtschaft folgen könne, eine unterwürfige Pose ein. Der Markt reagierte mit Kurseinbrüchen und intensiver Kapitalflucht, die sich innerhalb eines halben Jahres vervierfachte, und schließlich mit einem Rückgang der Wachstumsquote.[8]

Es muss unterstrichen werden, dass lange Zeit in der Öffentlich nichts Konkretes über den Prozess bekannt wurde. Die Anklagepunkte der Staatsanwaltschaft gegen *Jukos* wurden nur sehr allgemein dargelegt (als „Schulden" der Firma, die von Monat zu Monat wuchsen), daher konnte auch die Stichhaltigkeit der Beschuldigungen nicht diskutiert werden; auch waren diese zu speziell, als dass sie jemand hätte erörtern können. Nur elf Prozent der russländischen Bevölkerung verfolgte den Prozess mehr oder weniger aufmerksam, und gerade sie waren der Anklage gegenüber überaus kritisch eingestellt. Etwa die Hälfte der Befragten verfolgte die Medienberichterstattung über den Prozess überhaupt nicht, obwohl genau sie, wie regelmäßige Bevölkerungsumfragen ergeben, dem geächteten Oligarchen gegenüber am negativsten eingestellt waren.

Ein Viertel der Befragten äußerte unmittelbar nach Chodorkovskijs Verhaftung unverhüllte Genugtuung und Freude. Einen Monat später waren es bereits 33 Prozent, 19 Prozent waren befremdet und ebenso viele empört bzw. erklärten, sie hätten Angst vor einer um sich greifenden Willkür der Behörden (allerdings nahm diese Angst bereits einen Monat später merklich ab, von 19 Prozent auf zehn Prozent). Einer recht großen Gruppe (37 bis 38 Prozent) war diese Nachricht jedoch völlig gleichgültig. Kaum verwundern sollte, dass

---

[7] Vgl. die beiden Russland-Schriften von Max Weber: Zur Lage der bürgerlichen Demokratie in Russland, sowie: Russlands Übergang zum Scheinkonstitutionalismus, in: Max Weber Studienausgabe, I/10: Zur Russischen Revolution von 1905. Tübingen 1996, S. 1–104 und 105–328.

[8] Interessanterweise spiegeln sich in Meinungsumfragen diese Reaktionen der Wirtschaft wider. Die Frage „Warum protestieren russische Geschäftsleute/Privatunternehmer nicht gegen das Vorgehen der Strafverfolgungsbehörden gegen Jukos?" (August 2004) wurde so beantwortet: „Sie unterstützen dieses Vorgehen" – 8 Prozent; „Sie haben keine Möglichkeit, das Vorgehen der Staatsgewalt zu beeinflussen" – 24 Prozent; „Sie hoffen, dass dieses Vorgehen sie selbst nicht betreffen wird" – 27 Prozent; „Sie rechnen damit, sich selbst auf Kosten von Jukos zu bereichern" – 20 Prozent.

Genugtuung und Freude vor allem von armen, älteren und wenig gebildeten Menschen empfunden wird, die den Großteil ihres Lebens in der sowjetischen Gesellschaft mit ihrer nivellierenden, anti-bürgerlichen Ideologie verbracht haben.[9] Besorgnis und Empörung löste die Verhaftung in jenen gesellschaftlichen Milieus aus, die bereits soziale und kulturelle Ressourcen erworben haben. Gerade auf sie stützt sich allerdings gegenwärtig der Präsident. Unter den Anhängern der diversen politischen Parteien, also dem engagiertesten Teil der Gesellschaft, traten Billigung bzw. Verurteilung der Verfolgung der *Jukos*-Leitung besonders deutlich zutage: Bei Wählern der Kommunistischen Partei stehen Billigung und Missbilligung in einem Verhältnis von 3:1, unter Anhängern der populistischen Wahlvereinigung *Rodina*, die bei den Dumawahlen mit dem Aufruf zur Verstaatlichung des Ölsektors einen beachtlichen Erfolg erzielte, liegt das Verhältnis bei 10:1. Aber bereits Anhänger der Putin-Partei *Edinaja Rossija* (Einheitliches Russland) waren sich nicht nur nicht so einig, sondern hier überwog eindeutig Unzufriedenheit (4:5); noch stärker war diese bei Žirinovskijs Parteigängern (2:5), bei Anhängern der Parteien *Jabloko* (1:2) und *Sojuz pravych sil* (7:10) und bei Nichtwählern (ebenfalls 7:10).

Die Rückkehr des Zwiedenkens aus dem Geist der UdSSR

Es war für die Bürgerinnen und Bürger Russlands völlig offensichtlich, dass sich Chodorkovskijs Geschäftsgebaren grundsätzlich in nichts von den Handlungen zehn- und hunderttausender anderer Unternehmer unterschied, die sich in den 1990ern selbständig gemacht hatten. Es war eine Zeit, als sich die alte gesellschaftliche Ordnung vor aller Augen aufzulösen begann; als die alten Gesetze jegliche Bedeutung verloren, obwohl sie nicht außer Kraft gesetzt waren, während gleichzeitig viele andere entstanden, deren Normen einander widersprachen; als informelle Vereinbarungen mit Behörden viel mehr zählten als ganze Gesetzbücher, Regierungsentscheidungen oder die Verfassung.

---

[9] Die Verteilung der Antworten auf die regelmäßig gestellte Frage „Was empfinden Sie gegenüber Menschen, die in den letzten 10–15 Jahren reich wurden?" verändert sich kaum: Die größte Gruppe der Befragten (37 Prozent) empfindet nichts Besonderes, eine positive Einstellung (Respekt, Interesse, Zustimmung usw.) findet sich bei etwas unter einem Drittel (29 bis 32 Prozent), eindeutig negative Gefühle schließlich (Hass, Zorn, Verachtung) teilen etwa ebenso viele (28 bis 33 Prozent; nach Meinungsumfragen jeweils im November 2003 und 2004). Letztere Gruppe umfasst diejenigen, die sozialem Ressentiment Ausdruck geben.

Dass Chodorkovskij und seine Partner keine Engel waren – nicht „weiß und flauschig", wie man heute in Russland sagt – versteht sich für alle von selbst. Gleichzeitig steht für den Großteil der russländischen Bevölkerung außer Zweifel, dass es sich im konkreten Fall der Jagd auf *Jukos* um eine selektive Rechtsanwendung handelt, was bedeutet, dass dahinter politische oder wirtschaftliche Interessen stehen. Für diejenigen jedoch, die keinen Zugang zu den Korridoren der Macht haben, waren die Motive der Staatsanwaltschaft undurchsichtig, da unter Putins Präsidentschaft und mit dem Wechsel der Präsidialadministration im Kreml eine Atmosphäre völliger Geheimhaltung eingekehrt ist, wie sie für das sowjetische Politbüro oder die Höfe asiatischer Despoten üblich war. Trotzdem versuchten die Menschen, die Botschaft der Landesführung auf ihre eigene Weise zu deuten.
In den Jahren der Sowjetmacht hatte sich die Bevölkerung, die in einer von Zwiedenken und ideologischer Demagogie geprägten Atmosphäre aufwuchs, daran gewöhnt, dass Worte der Machthaber mitunter entweder gar nichts bedeuten oder aber einen ganz anderen als den vordergründigen Sinn haben und dass demonstrative Aktionen die eigentlichen Absichten der Behörden verbergen oder zumindest tarnen. Für den externen Beobachter, etwa einen westeuropäischen Politologen, der die Erklärungen der russländischen Führung über Demokratie und Rechtsstaatlichkeit ernstnimmt, muss die Diskrepanz zwischen den Verlautbarungen der Politiker und deren öffentlicher Wahrnehmung in der russländischen Gesellschaft von einer beharrlichen gesellschaftlichen Schizophrenie zeugen. Ganz gleich ob von einer Verstärkung des Kampfs gegen die Korruption, von Steuerhinterziehungen oder von der „Diktatur des Gesetzes" die Rede ist (wie dies beim erzwungenen Besitzwechsel von NTV, des beliebtesten Fernsehsenders der 1990er Jahre der Fall gewesen war, der äußerst kritisch über das Vorgehen der Armee in Tschetschenien berichtet hatte): Für den durchschnittlichen Bürger Russlands haben die Worte und Erklärungen von Politikern keine große Bedeutung. Sie gehen davon aus, dass diese ihrer Rolle gerecht werden und sich so verhalten, wie es von einem Politiker erwartet wird, der niemandem Rechenschaft über seine Worte oder Taten schuldig ist. Denn in Russland weiß jeder, dass es eine Diskrepanz zwischen der scheinbaren und der tatsächlichen Bedeutung politischer Aktionen gibt. Diese „Doppik" oder, um mit Orwell zu sprechen, dieses Zwiedenken hatte in den ersten Jahren der Reformen unter Boris El'cin scheinbar nachgelassen, als tatsächlich ein sehr bedeutender sozialer und institutioneller Wandel vor sich ging, doch mit Putins Machtantritt ist die frühere Atmosphäre in vollem Maße zurückgekehrt.

Das Öffentliche des Verschleierten

Für den Soziologen, der die Reaktionen der öffentlichen Meinung auf die *Jukos*-Affäre beschreibt oder analysiert, ergibt sich daraus ein besonderes Interesse: Es geht darum zu verstehen, wie verschiedene gesellschaftliche Gruppen Handlungen der Machthaber wahrnehmen und interpretieren, über die sie offensichtlich unzulänglich informiert werden. Allgemeine soziologische Überlegungen legen nahe, dass die „Entschlüsselung" oder Auslegung der verdeckten Motive der Staatsführung von Gruppeninteressen determiniert werden, wodurch sich letztlich verschiedene Gruppen ein allgemeines Bild vom Geschehen machen, das in der Summe anscheinend nicht weit von der Realität entfernt ist. Der Effekt der scheinbaren Richtigkeit dieser Interpretationen ergibt sich daraus, dass die Vielzahl verschiedener Gruppeninterpretationen das gesamte semantische Feld der möglichen verdeckten Motive abdeckt, wodurch das ausgesprochen wird, was die Machthaber geheimhalten wollen.

Wer also steht hinter dem Gerichtsprozess? Die wenigsten Befragten waren der Meinung, dass das Verfahren tatsächlich von den Gesetzeshütern initiiert wurde. Diese Ansicht teilen 12–15 Prozent (Tab. 1). Am häufigsten wird von „eigennützigen Privatinteressen" gesprochen (44–46 Prozent). Etwas weniger als ein Drittel hatte überhaupt keine Vorstellung davon, was all dies bedeuten möge, d.h. in wessen Interesse der Angriff der Staatsanwaltschaft auf das Unternehmen liegt. Anders gesagt: Im Bewusstsein der russländischen Gesellschaft ist das Gesetz lediglich ein Instrument privater oder Gruppeninteressen in den Händen der Machthaber oder derer, die Einfluss auf die Handlungen der Strafverfolgungsbehörden ausüben können.[10]

---

[10] Ein außerordentlich wichtiger Umstand muss hier unterstrichen werden: Das Verhältnis zur Institution des Gerichts und den Strafverfolgungsbehörden allgemein ist von deutlichem Misstrauen geprägt, was von einer Art „genetischer Erinnerung" an die totalitäre Vergangenheit spricht. „Absolutes Misstrauen" sprechen den Gerichten, der Polizei und der Staatsanwaltschaft zwei- bis dreimal mehr Menschen aus, als „volles Vertrauen" (10–13 Prozent). Davon, dass man in Russland „keinen Schutz vor staatlicher Willkür finden kann", sind 49 Prozent überzeugt, während nur vier Prozent der Befragten meinen, es gebe in Russland keine staatliche Willkür. Daran, dass ein solcher Schutz vor dem Staat vor Gericht gesucht und gefunden werden kann, glauben nur zehn Prozent (März 2001).

Tabelle 1: Auf wessen Initiative und auf wessen Druck wird die Firma Jukos in erster Linie in den Ruin getrieben? (in Prozent)

	7/2004	8/2004
auf Initiative des Präsidenten Vladimir Putin	13	9
auf Initiative der Generalstaatsanwaltschaft	12	15
auf Initiative anderer Vertreter der Staatsmacht, die sich auf Kosten von *Jukos* bereichern wollen	26	27
auf Initiative konkurrierender „Oligarchen"	18	19
keine Antwort	31	31

Seit Beginn des Prozesses im Sommer 2004 bildeten diejenigen, die davon ausgehen, dass die Staatsanwaltschaft als Hüterin des Rechts im Lande in der Affäre Chodorkovskij „selbständig", also nach Geist und Buchstaben des Gesetzes, handle, eine eindeutige, allerdings konsolidierte Minderheit (26 Prozent, vor allem Arbeiter und Rentner). Hingegen war die Gruppe derer, die der Ansicht waren, es gehe um einen eindeutigen politischen Auftrag der Machthaber, viel heterogener und mit 30 Prozent etwas größer. Unter ihnen waren merklich mehr Menschen mit Hoch- bzw. Fachhochschulbildung, in verschiedenen leitenden Positionen sowie Angehörige der Armee und Polizei.
Die unterschiedliche Interpretation des Vorgehens der russländischen Strafverfolgungsbehörden hat damit zu tun, wie informiert die Befragten sind, wie stark sie parteipolitisch gebunden sind und welche politische Meinung sie vertreten: Anhänger des Präsidenten und der ihn unterstützenden Parteien sprachen häufiger von Chodorkovskijs Gesetzesverstößen, während Putins Opponenten öfter auf die politischen Motive der Affäre hinwiesen. Ob die Handlungen der verschiedenen Akteure (Chodorkovskijs, der Staatsanwaltschaft, des Präsidenten) als gesetzmäßig oder gesetzeswidrig eingeschätzt werden, ist somit vom Weltbild der Befragten abhängig, vor allem von ihrer Haltung gegenüber dem Präsidenten, der einen zentralen Platz in der Vorstellungswelt der russländischen Gesellschaft von der sozialen und rechtlichen Realität einnimmt. Dies bedeutet wiederum, dass auch der Begriff des Politischen vor allem mit den Interessen der von der Gesellschaft nicht kontrollierten Staatsmacht zusammenhängt.
Die ambivalente Stellung der Staatsanwaltschaft, ihre Abhängigkeit von der Exekutive, die „Mehrdeutigkeit" ihrer Motive entzieht ihr als Institution in den Augen eines bedeutenden Teils der Bevölkerung die Autorität der Ge-

setzlichkeit.[11] Zweifel an der Integrität als Hüterin des Rechts und ein teilweises Unverständnis gegenüber ihren Absichten sind nicht nur für das Massenbewusstsein kennzeichnend, sondern auch für das der „gesellschaftlichen Elite" – des gebildeteren, besser informierten Teils der Gesellschaft. Die propagandistische Unterstützung der Präsidialadministration durch das Gros der Massenmedien wirkt sich auf die öffentliche Meinung aus, da ein alternatives System der Argumentation oder Interpretation des Geschehens fehlt bzw. in seiner Reichweite nicht mit der offiziellen Auslegung vergleichbar ist.

Die überwiegende Mehrheit der Befragten (65 Prozent) war nach der Verhaftung Michail Chodorkovskijs im November 2003 der Meinung, dass die Affäre einen rein politischen Hintergrund habe, und nur 16 Prozent sahen darin in erster Linie einen Rechtskonflikt. Mehr noch, 55 Prozent nahmen an, dass Chodorkovskijs Gefangennahme mit Wissen des Präsidenten stattgefunden habe (und weitere sieben Prozent hatten keinen Zweifel daran, dass die Offensive gegen *Jukos* auf „Putins persönliche Anweisung" vonstattengehe). Lediglich 13 Prozent hielten es für möglich, dass die Staatsanwaltschaft selbständig, also ohne Putins Wissen, gehandelt, das Recht geschützt und keine Anordnung des ersten Mannes im Staate ausgeführt habe. Obwohl die öffentliche Meinung, insbesondere in den ersten Monaten des Prozesses, offiziellen Stimmen ziemlich skeptisch gegenüberstand, konnte sie sich nicht von den vorgetragenen Auslegungen freimachen.

Deshalb hielten sich in der Gesellschaft einige Zeit die verschiedensten Interpretationen des Geschehens, die einander logisch widersprachen oder zumindest schwer miteinander vereinbar waren. Gleichzeitig vertrat die absolute Mehrheit der Befragten (57 Prozent) die Ansicht, dass die Kampagne gegen *Jukos* rein situations- und konjunkturbedingt gewesen sei und die „Oligarchen" lediglich ein wenig einschüchtern solle.[12] Dass die Behörden

---

[11] Bereits wenig später begann die Zahl derer, die der Ansicht waren, die Staatsanwaltschaft handle aus eigener Initiative, zu steigen und erreichte im Oktober 2003 30 Prozent; gleichzeitig sank die Zahl derer, die davon ausgingen, die Staatsanwaltschaft führe einen Auftrag des Präsidenten aus, von 37 auf 30 Prozent.

[12] Dem entsprach die weitverbreitete Ansicht, die Staatsmacht und Chodorkovskij würden sich einigen und die Angelegenheit löse sich in Luft auf. Noch prägnanter tritt diese Auffassung, welche Interessen die russländische Staatsmacht und die Strafverfolgungsbehörden verfolgen, darin zutage, wie sich die Menschen den Abschluss dieser Affäre vorstellen. Am weitesten verbreitet waren folgende Vorstellungen: 1. Die Staatsmacht und die Oligarchen treffen eine Übereinkunft, die Sache wird abgeblasen (so dachten im Juli 2003 28 Prozent und im November 2003 26 Prozent); 2. Die Behörden und die Staatsanwaltschaft belassen es bei einer

ernsthaft beabsichtigen würden, den Einfluss der Großunternehmer einzuschränken, dachten nur 24 Prozent. Nichtsdestotrotz schätzten 46 Prozent der Befragten diesen Prozess als symbolischen „Beginn einer Neuverteilung" ein und nur 26 Prozent hielten ihn für einen „Sonderfall". Kurz vor der über drei Wochen dauernden Verkündung des Urteils im Mai 2005 näherte sich die Mehrheit der Befragten der Position der Staatsanwaltschaft an.
Dass es tatsächlich um Wirtschaftsdelikte gehe, für welche die Angeklagten entsprechend bestraft werden müssten, glaubten von Anfang an wenige, obwohl es später durch den Einfluss der in der Presse dominierenden offiziellen Auslegung mehr wurden (Tab. 2).
Weiter verbreitet waren Interpretationen der Ereignisse als Clankrieg, Versuch einer Verdrängung von Unternehmerkreisen aus der Politik, populistischer Angriff auf die Reichen oder wiederum persönliches Interesse von Figuren aus Putins Umgebung oder seiner Administration. Letztere Version gewann nach Beginn der Verfolgung von *Jukos* an Beliebtheit (Tab. 3 und 4).

Machtdemonstration (17 Prozent im Juli und 24 Prozent im November 2004). Die nächsten beiden Voraussagen unterscheiden sich diametral: 3. Die Affäre endet mit der Zerschlagung des Unternehmens, der Verstaatlichung des Ölkonzerns und Chodorkovskijs Flucht ins Ausland, wie dies bei Gusinskij und Berezovskij der Fall war (Zuwachs von 8 auf 13 Prozent); 4. Auf Druck russländischer Oligarchen sowie westlicher politischer und finanzieller Kreise geben die russländischen Behörden, das Gericht und die Staatsanwalt auf und verzichten auf ein Verfahren. Die Zahl derer, die diese Ansicht teilen, sank von elf auf sieben Prozent. Zugleich wünschte sich eine bedeutende Anzahl von Menschen ein viel strengeres Urteil: 20 Prozent der Befragten meinten, die Angeklagten sollten zu zehn oder mehr Jahren Haft verurteilt werden. Dass der Prozess mit dem härtestmöglichen Urteil ende, hatte nur eine unbedeutende Minderheit erwartet (sechs Prozent). Interessanterweise erklärte Žirinovskij, der wie immer ein gutes Gespür für die niederen Instinkte der Massen hatte, sofort nach Verkündung des Urteils über Chodorkovskij und Lebedev, sie hätten „zu wenig gekriegt": „Man hätte sie erschießen sollen."

Tabelle 2: Was halten Sie von den Strafverfahren in Sachen „Jukos" und den Verhaftungen von Vorstandsmitgliedern dieser Firma? Welche der folgenden Erklärungen entspricht am ehesten Ihrer Auffassung? (in Prozent)

	7/2003	10/2003	4/2004
Es geht um finanzielle Machenschaften der Geschäftsführung, es besteht kein politischer Zusammenhang	15	26	27
Es handelt sich um eine neue großangelegte Kampagne gegen die „Oligarchen"	11	12	13
Es handelt sich um eine Maßnahme zur Beschränkung des Einflusses „nichtrussischen" Kapitals in Russland	4	3	10
Das Ziel ist, bei den bevorstehenden Wahlen billig Stimmen einzufangen und Geschäftsleute von der Politik fernzuhalten	18	9	13
Es handelt sich um eine Episode im Machtkampf zwischen verschiedenen politischen Clans	18	18	12
nichts davon gehört	17	18	8
keine Antwort	17	14	16

Tabelle 3: Was sind die Hauptmotive für die Verfolgung Michail Chodorkovskijs durch die russländische Staatsmacht? (in Prozent; November 2004)

Chodorkovskijs Eigentum unter die Kontrolle staatlich designierter Personen zu stellen	36
Chodorkovskijs Einfluss auf das gesellschaftliche und politische Leben im Lande einzuschränken	26
persönliche Feindseligkeit konkreter hochrangiger Staatsbeamter gegenüber Chodorkovskij	19
der Wunsch nach Wiederherstellung der Gesetzlichkeit	16
die Sorge um das Wohl des Landes – das erlöste Geld soll für soziale Bedürfnisse Russlands aufgewandt werden	7
keine Antwort	19

Tabelle 4: Was will die Staatsmacht im „Jukos"-Prozess tatsächlich erreichen? (in Prozent)

	11/2004	5/2005	7/2005
die von dem Unternehmen hinterzogenen Steuern eintreiben	31	29	37
das Unternehmen vernichten und seine Vermögenswerte verkaufen	16	17	17
das Unternehmen spottbillig an „die eigenen Leute" verkaufen	33	26	22
keine Antwort	20	28	24

Unter dem massiven Einfluss der immer einheitlicheren und dienstfertigeren Medien passte sich die öffentliche Meinung ziemlich schnell der offiziellen Auslegung an. Die Oligarchen als Volksfeinde zu bekämpfen und „Ordnung in der Wirtschaft zu schaffen" (d.h. sie staatlicher Kontrolle zu unterwerfen) gehörten zu den wichtigsten Forderungen der marionettenhaften „Oppositions"-Partei *Rodina* unter Führung von Sergej Glaz'ev und Dmitrij Rogozin, die der Kreml aus der Taufe gehoben hatte, um die Kommunisten zu spalten. Bereits im November 2003, kurz vor Abschluss der Kampagne für die Staatsdumawahlen, sank die Zahl derer, die nicht antworten wollten oder konnten, merklich (auf 23 Prozent), und bereits 34 Prozent waren nunmehr der Ansicht, Chodorkovskij habe das Gesetz gebrochen – deutlich mehr, als noch im Oktober, allerdings immer noch keine Mehrheit. Ebenso viele Befragte stimmten der Meinung zu, die Verhaftung habe „bezweckt, Chodorkovskijs politischen Einfluss einzuschränken" (20 Prozent), oder die Behörden seien „mit Chodorkovskijs Tätigkeit im Ölbereich unzufrieden" (14 Prozent). Weitere 14 Prozent meinten, alle diese Erklärungen seien gleich bedeutsam. Als zusätzliche Erklärungen des Vorgehens der Staatsanwälte führte die öffentliche Meinung den Wunsch der Strafverfolgungsbehörden an, „eine Aktienflucht ins Ausland zu verhindern" (46 Prozent) und „*Jukos* Schwierigkeiten zu machen" (21 Prozent). Es bildeten sich konkrete negative Einstellungen zum *Jukos*-Prozess heraus, die kaum auf die rein rechtlichen Aspekte der Sache zurückzuführen waren.

Tabelle 5: Was wollen die Strafverfolgungsbehörden in Bezug auf die Großunternehmen und die „Oligarchen" erreichen? (in Prozent; November 2003)

Ordnung in der Wirtschaft schaffen, sie von Kriminellen säubern	41
die Oligarchen auspressen, um Geld in die Staatskasse zu schaffen	15
die Macht der gegenwärtigen Staatsgewalt demonstrieren, die Machtvertikale stärken	13
mit denjenigen abrechnen, die sich der Macht nicht unterwerfen, die zu selbständig sind	8
Eigentum umverteilen	6
keine Antwort	17

Die von den Befragten vorgebrachten Erklärungen des Vorgehens der Generalstaatsanwaltschaft hatten sehr wenig mit der Ideologie der Rechtsstaatlichkeit, aber ebensowenig mit dem „materiellen" Verständnis des Rechts in traditionellen Gesellschaften zu tun, das sich auf Bräuche, Standeszugehörigkeit oder religiöse Vorschriften beruft. Sie passten aber durchaus in den Rahmen des sowjetischen Rechtsverständnisses, wonach das Gesetz eine Ansammlung juristisch ausgestalteter Verhaltensregeln für die Bürger darstellt, die das totalitäre Regime im eigenen Interesse und für seine eigenen Bedürfnisse ausarbeitet und festlegt. Man könnte sagen, dass weiterhin ein Rechtsverständnis gilt, das bereits in der angeblich von Graf Benkendorff, dem Chef der Gendarmerie Nikolaus' I., geprägten Formel Ausdruck fand: „Die Gesetze werden für das Volk geschrieben, nicht für die Regierung." Daher versuchten Staatsanwaltschaft, Regierungsvertreter und Abgeordnete der Staatsduma angesichts der offensichtlich fragilen Rechtsgrundlage der Beschuldigungen das Gespräch auf die Sozialgefährlichkeit der Angeklagten zu lenken und von dem Schaden zu sprechen, den diese dem Land zugefügt hätten. So sprach der stellvertretende Generalstaatsanwalt Vladimir Kolesnikov im Fernsehen nach der Verhaftung Chodorkovskijs nicht von der formellen Seite des Verbrechens, von Verstößen der Angeklagten gegen den Buchstaben des Gesetzes, sondern davon, wie viele Rentner einen Zuschlag zu ihrer Rente bekommen könnten, wenn man das Vermögen der Angeklagten auf alle aufteilen würde.

Selbstverständlich haben solche Beschuldigungen nichts mit dem formal für das Gericht und die Staatsanwaltschaft geltenden Verfahrensrecht zu tun. Folgt man dem Sinn der Verlautbarungen des Staatsanwalts, so ist „Rechtmäßigkeit" (und damit auch die „Legitimität" des Vorgehens der Strafverfolgungsbehörden) nicht mit „Legalität" gleichbedeutend und impliziert keinen Verweis auf formelle Verstöße gegen bestimmte Artikel bestimmter Gesetze, sondern ist eine Berufung auf „inhaltliche" Prinzipien sozialer Gerechtigkeit wie etwa den Anspruch der gleichberechtigten Einkommensverteilung und ähnliche sozialpolitische Deklarationen aus sozialistischen Zeiten. Dies bedeutet, dass es kein allgemeingültiges, universal anzuwendendes Gesetz und auch keinen Rechtsstaat gibt, den die Institution der Staatsanwaltschaft stützen würde. „Politische Zweckmäßigkeit" kann in diesem Fall Rechtsvorstellungen vollständig ersetzen oder sogar mit ihnen verschmelzen, wenn man, wie dies die meisten Bürgerinnen und Bürger Russlands tun, unter „Recht" nicht das Gesetz, sondern die Macht der Staatsgewalt versteht.

Das ideologische Konstrukt des „Oligarchen"

Die negative Haltung zu den „Oligarchen" wurzelt nicht nur im Neid einer armen Bevölkerung gegenüber denen, die in einer Zeit der Wirren plötzlich unvorstellbar reich wurden, zumal sich die russländische Bevölkerung nicht vorstellen kann, wie dies möglich sein soll, ohne zu stehlen – und stehlen kann man, ihrer Ansicht nach, nur aus der Staatskasse. Sie wurzelt auch in einer Rationalisierung dieses Neids als Vorstellung, dass eben die Ausfuhr unehrlich erworbenen Kapitals ins Ausland durch die „Oligarchen" für die Massenverelendung und die chronische Armut verantwortlich sei. Das Wort „Oligarchen" hatte anfangs nur den engsten Kreis der größten russländischen Industriellen und Finanziers bezeichnet, die El'cin und seinen Reformkurs unterstützten. Mit Putins Machtantritt und der von seiner Administration angezettelten breit angelegten Propagandakampagne zur Stärkung der zentralisierten „Machtvertikale" und zum Kampf gegen die vielen Feinde – tschetschenische Separatisten, Terroristen, Korrumpierte, Regionalbarone – hat sich der Begriff allmählich in ein appellatives, wenn auch semantisch leeres Gebilde verwandelt, das in seiner Funktion der Formel von den „Volksfeinden" ähnlich ist. Es begann, die diffusen negativen Vorstellungen über Kräfte, die das Recht auf die Nutzung der nationalen Naturschätze monopolisiert und sich durch ihren Export eine sagenhafte Rente gesichert hätten, in sich aufzunehmen. Dieses Gebilde konnte deshalb eine mobilisierende Kraft entfalten, weil Öl, Gas, Metalle etc. im Massenbewusstsein als Russlands einzige für die Welt bedeutsame Ressource angesehen werden.
Bevor diese ressentimentgeladenen Vorstellungen durch eine dienstbeflissene Gefolgschaft aus Abgeordneten, Journalisten und Polittechnologen verschie-

dener Couleur vervielfältigt wurden, waren sie um zwei weitere Aspekte erweitert worden: Erstens würden die Oligarchen selbst nichts produzieren, sondern nur Rohstoffe nach Westen „pumpen". Zweitens seien sie daran interessiert, den Status quo rechtlicher Instabilität, Unbestimmtheit und Unklarheit aufrechtzuerhalten; als Schlüsselfiguren im unmittelbaren Umfeld El'cins hätten sie diesen völlig unter Kontrolle gehalten. Auch jetzt widerstünden sie den guten Vorsätzen der paternalistischen Staatsgewalt, den Lebensstandard der Bevölkerung zu heben, das Land aus der Krise zu führen und für Wohlstand und Sicherheit zu sorgen.

Putins Regime kam auf einer Welle negativer Mobilisierung zur Macht, die vom zweiten Tschetschenienkrieg 1999 ausgelöst wurde. Daraufhin unterdrückte es Schritt für Schritt die einflussreichen freien Medien, indem es die wichtigsten Fernsehsender unter seine Kontrolle stellte; legte die regionalen Behörden an die Leine, indem es sie finanziell vom föderalen Zentrum abhängig machte; liquidierte de facto das Mehrparteiensystem, beraubte das Parlament, die Gerichte und die Staatsanwaltschaft ihrer Unabhängigkeit und verwandelte sie in eine der Exekutive unterstellte Ausführungsmaschinerie.

Die Masse der Bevölkerung musste den von der Staatsmacht initiierten Prozess gegen Chodorkovskij nicht nur als Aktion zur Distanzierung der „Oligarchen" auffassen, auf die sich das El'cin-Regime gestützt hatte. Sie musste in ihm auch eine Art Absichtserklärung Putins sehen, er werde entschlossen gegen alle Clans und Gruppierungen der „neuen Russen" vorgehen, die in den Augen der Bevölkerung am „Raub der Nationalreichtümer" und der Bildung des korrupten staatlichen Systems beteiligt seien und die sich die Regierung unterworfen und die neue Armut, das Chaos und die Instabilität zu verantworten hätten. „Auf dem Klo kaltzumachen" waren nun nicht mehr die tschetschenischen Banditen, wie es Putin 1999 drastisch ausgedrückt hatte, sondern die finanziell-industriellen Großmagnaten, die es gewagt hatten, sich für unabhängig zu halten.

Somit wurde das Ideologem von den „Oligarchen" zu einem Element der Restauration des fast verschwunden geglaubten Systems ideologischer Massenvorstellungen, die Realität als Kampf zwischen „den Unsrigen und den anderen", den fremden, feindlichen Kräften wahrzunehmen, in der „unsere", heldenhafte und fürsorgliche Staatsmacht gezwungen ist, immer wieder aufs neue Gerechtigkeit und Ordnung zu schaffen. Indem die staatliche Propaganda die Massen gegen die „Oligarchen" aufwiegelt, belebt sie die archaischprimitive Konstruktion des militarisierten Verteidigungsbewusstseins wieder, das von Umtrieben äußerer und innerer Feinde ausgeht. Dies ist eine Bedin-

gung, um die Mobilisationsgesellschaft zu reanimieren, die es „Tschekisten" alten und neuen Stils ermöglicht, ihre Macht zu behaupten.[13]
Diese Stigmatisierung der Oligarchen hat sich im Massenbewusstsein verankert. So antworteten auf die in den letzten drei Jahren regelmäßig gestellte Frage „Wem gehört heute in Russland die Macht?" die meisten Befragten „dem Großkapital, den Oligarchen" (32 Prozent), und erst an zweiter Stelle kam „Präsident Putin" (23 Prozent), gefolgt vom „organisierten Verbrechen" (15 Prozent), den „Beamten" (elf Prozent) und dann erst von den „örtlichen Behörden" (vier Prozent), den „Gouverneuren" und der „Staatsduma" (je drei Prozent – August 2003, 1600 Befragte).
In der Rhetorik der Staatsmacht, in den Massenmedien und politischen Kampagnen wurde Michail Chodorkovskij zur Personifizierung des „Oligarchen", da er sich als Vertreter eines neuen, „zivilisierten", an klaren gesetzlichen Regelungen, dem Abbau der Schattenwirtschaft und der Korruption interessierten Unternehmertyps der staatlichen Willkür und den wachsenden autoritären Tendenzen in der derzeitigen Administration offen entgegenstellte.[14]
Die öffentliche Meinung durchschaut die Absicht der Staatsmacht durchaus: Ihr ist klar, dass es darum geht, einen Unternehmer zu vernichten, der sich eingebildet hat, im heutigen Russland frei und unabhängig sein zu können, und sie ist nicht geneigt, Gesetzesverstöße und politische Zweckmäßigkeit durcheinanderzubringen. Obwohl die Haltung der breiten Masse zu Chodorkovskij überwiegend von Feindseligkeit geprägt ist, qualifiziert die größte Gruppe der Befragten (je nach Monat zwischen 38 und 49 Prozent, Tab. 6) das Vorgehen der Behörden, die das Unternehmen Schritt für Schritt um seinen Besitz bringen, als mehr oder weniger eindeutige Willkür.

---

[13] Die Restauration dieser Vorstellung tritt sogar in den imaginären Charakterzügen der Gestalt des Präsidenten hervor: Das Massenbewusstsein stellt sich diesen als „entschlossen" und „energisch" vor, geht davon aus, dass er sich auf die „Machtministerien" (Armee, Geheimdienst) stützt. Putin will „das Beste tun", vermag aber nicht alles, weil ihn eine korrumpierte und eigennützige Beamtenschaft, die von den Oligarchen abhängige Regierung, tschetschenische Banditen, der internationale Terrorismus, die Demokraten, die Kommunisten und viele andere daran hindern.
[14] All dies erklärt allerdings nicht die Hartnäckigkeit und persönliche Feindschaft, mit der Michail Chodorkovskij verfolgt wird; dies liegt wohl am allzu unabhängigen und überheblichen Auftreten des bis vor kurzem reichsten Mannes Russlands, der es wagte, Putin vor laufende Fernsehkamera ins Gesicht zu schleudern, seine Umgebung bestehe aus „Dieben". Ohne diesen Umstand in Betracht zu ziehen, der den Prozess mit Obertönen persönlicher Rache, demonstrativer Härte und einer ebenso demonstrativen Erniedrigung des „Oligarchen" durch den Präsidenten und sein Umfeld versehen hat, sind die Vorgänge nur schwer zu begreifen.

Tabelle 6: Ist das Vorgehen der Staatsgewalt, das „Jukos" in den Bankrott treibt, rechtmäßig? (in Prozent)

	2004					2005	
	Jun	Aug	Okt	Nov	Dez	März	Apr
rechtmäßig	27	28	20	29	26	24	36
Willkür der Behörden	14	14	18	14	17	15	12
formal rechtmäßig, der Sache nach aber willkürlich	27	30	31	31	24	31	26
keine Antwort	32	28	32	26	33	30	26

Die Haltung der breiten Masse zur Chodorkovskij-Affäre hat kaum etwas mit Vorstellungen von Gesetzlichkeit oder Ungesetzlichkeit zu tun. Steuertricks oder Steuerhinterziehungen, die Nichterfüllung von Verpflichtungen, die Chodorkovskijs Ölriese beim Kauf bestimmter Firmen auf sich genommen hatte – kurzum, alles, was dem Unternehmen formal zur Last gelegt wird, bewegt die Bevölkerung recht wenig. Die öffentliche Meinung tendiert dazu, die Frage, ob die Nutzung jeglicher Mittel zur Steuerminderung, solange sie nicht gegen geltendes Recht verstoßen, ein Finanzdelikt darstellt, mit „nein" zu beantworten (41 Prozent der Befragten im November 2003; „ja" sagten nur 28 Prozent, die anderen, also fast ein Drittel, waren außerstande, die Frage zu beantworten). Ein Drittel der Bürgerinnen und Bürger Russlands geht davon aus, dass es zulässig ist, seine Steuern nicht in vollem Umfang zu bezahlen, wenn man die Möglichkeit dazu hat, obwohl 60 Prozent diese Haltung verurteilen. Nach Meinung der Mehrheit der Befragten umgehen im Schnitt mehr als drei Viertel der Unternehmer auf die eine oder andere Art Steuern (dass dies auch andere Bürger tun, denken nur 46 Prozent).

Die schroffsten Vorurteile der Bevölkerung aber betreffen die Staatsbeamten: 84 Prozent der Befragten gehen davon aus, dass die Praxis der „Doppelbuchhaltung" gerade in diesem Milieu am weitesten verbreitet ist und dass die meisten Beamten ihr Gehalt nicht offiziell überwiesen, sondern „schwarz" in bar bekommen. Ob dies als Verbrechen gewertet wird, hängt davon ab, wer es tut – und nicht, ob ein Verstoß gegen entsprechenden gesetzlichen Normen vorliegt (Tab. 5).

Tabelle 7: Was kennzeichnet Ihr Verhältnis zu steuerhinterziehenden ... ?
(in Prozent; November–Dezember 2003, ohne Nichtantworten)

	Unternehmensleitern	**Durchschnittsbürgern**
Billigung	3	4
Verständnis	25	43
Verurteilung	54	29
Gleichgültigkeit	14	15
Billigung	3	4

Ein und dieselbe Tat wird von einer großen Zahl der Befragten verurteilt, wenn sie von einem „Chef", einer mit Macht bekleideten Person begangen wird, und von relativ wenigen, wenn es sich um einen „Durchschnittsbürger" handelt (das Verhältnis von „Verurteilenden" und „Billigenden" liegt im ersten Fall bei fast 2:1 und im zweiten bei 3:5). Dadurch erhalten auch die Beschuldigungen der Ordnungskräfte gegen die *Jukos*-Leitung im Massenbewusstsein einen ganz anderen Sinn, als jenen, den ihr die Staatsanwaltschaft und die Staatsführung verleihen wollen. Es handelt sich nicht um eine rechtliche Bewertung, sondern um die instrumentelle und politische Kontrolle über einflussreiche gesellschaftliche Gruppen.

Die Verlautbarungen der Strafverfolgungsbehörden werden vor allem von denjenigen Gruppen ernstgenommen, die nur über minimale Ressourcen und Kompetenzen verfügen: von Rentnern, Menschen mit niedrigem Bildungsniveau, Einwohnern abgelegener Städte und Dörfer, Bedürftigen (wenn auch nicht den Allerärmsten), sowie von Gruppen, die vor dem Abschluss ihrer politischen Sozialisierung stehen: Schüler und Studenten. In diesem Milieu staatsabhängiger Menschen erhalten sich eher als anderswo die sozialen Einstellungen und Auffassungen der Sowjetzeit. Im Bewusstsein dieser Menschen bleibt die Illusion erhalten, dass die Staatsgewalt, nachdem sie den Oligarchen ihre unlauter erworbenen Reichtümer abgenommen hat, diese dazu aufwenden wird, um den Ärmsten und Bedürftigsten zu helfen, staatliche Sozialleistungen aufzustocken, die medizinische Versorgung zu verbessern.

Als Mittel zur Einschüchterung oder zur eigenen politischen Werbung hingegen, nicht aber als Rechtshandlungen werden die Repressalien gegen *Jukos* von hochqualifizierten und höhergestellten Gruppen angesehen, die über die meisten Ressourcen, Informationen und Kompetenzen verfügen: Führungskräften, Unternehmern, Fachkräften, Einwohnern von Großstädten, Menschen mit hohem Einkommen. So liegt etwa bei Führungskräften der

Anteil entsprechender Antworten bei 59 Prozent, bei Unternehmern bei 69 Prozent, bei Landarbeitern und Rentnern jedoch zwischen 36 und 38 Prozent. Die *Jukos*-Affäre wird von ihnen nicht als Versuch aufgefasst, im Lande Ordnung zu schaffen, sondern als Teil einer Wahlkampagne, als populistischer Tribut an bestimmte Stimmungen in der Gesellschaft (so denken 44 Prozent der Befragten) oder als politische Eigenwerbung, ähnlich der Kampagne gegen die „Werwölfe in Uniform" im Frühjahr 2003, die in der Presse hämisch als „Schaukampf" bezeichnet wurde. Dabei sehen Wähler, unabhängig von der Partei in diesen Aktionen der Staatsanwaltschaft viel häufiger Wahltricks als Nichtwähler. Anders gesagt ist ein solcher berechnender politischer Zynismus eben für den aktiven und „aufgeklärten" Teil der Bevölkerung charakteristisch, der von sich meint, er sei die „Gesellschaft". Dies ist keine Schizophrenie, sondern eine Identifizierung der Wähler mit den Machthabern, da der Großteil der Wähler seine Stimme eben diesen Machthabern, diesem Präsidenten gibt.

Tabelle 8: Warum haben sich die Behörden gerade jetzt „Jukos" vorgenommen? (in Prozent; November 2003)

Jukos hat mehr verdächtige Geschäfte durchgeführt als andere Unternehmen	31
Die Geschäftsführung von *Jukos* ärgert die Staatsmacht mehr als andere	35
keine Antwort	34

Auch die These, dass *Jukos* stärker die Staatsmacht „geärgert" habe, wird wiederum doppelt so häufig von sehr gebildeten, wohlhabenden Großstädtern vertreten als von alten, wenig gebildeten und armen Einwohnern kleiner, abgelegener Städte und Dörfer. „Mehr verdächtige Geschäfte" vermuten wenig gebildete, ältere, arme Leute.

Die Meinungen über die Motive hinter der Kampagne gegen *Jukos* (der Wunsch nach Gesetzlichkeit und Gerechtigkeit vs. das Streben, „eigene Leute" an die Spitze des mächtigsten und reichsten russländischen Unternehmens zu stellen) verteilten sich so: „Gesetzlichkeit und Gerechtigkeit" – 23 Prozent, „eigene Leute positionieren" – 42 Prozent (34 Prozent gaben keine Antwort, November 2003).

Die Einschätzung der Rechtmäßigkeit, also auch der „Gesetzlichkeit" des Vorgehens der Strafverfolgungsbehörden wird nicht nur von Überlegungen über die Motive der diversen politischen Akteure beeinflusst, sondern auch von durchaus inhaltlichen, mit bestimmten materiellen Interessen verbundenen Gerechtigkeitsvorstellungen, einschließlich der gerechten Verteilung sozialer Güter im Staat. Was ist besser – privaten Ölunternehmen den Großteil ihres Profits abzunehmen und ihn für soziale Bedürfnisse aufzuwenden oder ihn den Unternehmen zu belassen, damit diese ihn investieren und ihre Betriebe modernisieren können? Für die Mehrheit der Bevölkerung ist die Antwort auf diese Frage klar: 60 Prozent der Befragten sind dafür, die Profite abzuschöpfen und umzuverteilen, 24 Prozent wollen sie den Produzenten belassen, die restlichen gaben keine Antwort (Dezember 2003).

Dieselben 60 Prozent halten es für das beste, die privaten Rohstoffunternehmen zu verstaatlichen, 24 Prozent sind dafür, sie den derzeitigen Eigentümern zu belassen, dabei aber den Steuersatz zu heben und die Kontrolle über ihre Tätigkeit und Ausgaben zu verschärfen, und nur drei Prozent sind bereit, alles so zu lassen, wie es ist (13 Prozent gaben keine Antwort, November 2003).

In der sowjetischen Gesellschaft konnte Privateigentum nicht geschützt oder staatlich garantiert werden. Es dominierte das „Volkseigentum", das unklare Hoffnungen darauf erweckte, die Machthaber würden dem Volk endlich eine Wohltat erweisen und ihre eigenen Einkünfte mit ihm teilen. Allerdings wird – und darin liegt das köstliche Paradoxon des zynischen Bewusstseins der Bürgerinnen und Bürger Russlands – trotz Vorstellungen davon, dass die Staatsmacht „gerecht" zu sein habe, die Hoffnung darauf, dass die Regierung die requirierten Reichtümer der Oligarchen dazu benutzt, um den Armen und sozial Schwachen unter die Arme zu greifen, nur von einer unbedeutenden Minderheit (zwischen sieben und 13 Prozent) geteilt. Die Mehrheit (67–69 Prozent) antwortet auf die Frage „Wer wird vom Bankrott und dem Ausverkauf von *Jukos* profitieren?" überzeugt: „obrigkeitsnahe Geschäftsleute und die Beamten selbst" (der Rest gab keine Antwort, September–Oktober 2004). Einen Monat später ergab eine Frage, die auf eine feinere Differenzierung dieser Vorstellung ausgerichtet war, ähnliche Resultate:

Tabelle 9: Wofür werden die Milliarden aus dem geplanten Ausverkauf von „Jukos" ausgegeben werden? (in Prozent; November 2004)

für den sozialen Bereich	12
für den Ausbau der staatlichen Ölförderbranche	8
für die Entwicklung der Volkswirtschaft	12
für die Bedürfnisse von Armee, Miliz und Geheimdienst	12
für die Stärkung des Staatsapparates	15
sie werden einfach gestohlen	51
keine Antwort	13

So angenehm dem Durchschnittsbürger die populistische Demagogie der Behörden auch sein mag, so erweckt die offizielle Sichtweise doch seinen Argwohn, denn wenn die Behörden vom „Gemeinwohl des Volkes" zu sprechen beginnen, so seine beharrliche Überzeugung, ist eindeutig etwas faul. Der Durchschnittsbürger versucht hartnäckig, hinter den schönen Reden eigennützige Interessen ihm noch unbekannter Cliquen und Gruppierungen in Machtkreisen auszumachen. Dies können sowohl wirtschaftliche Interessen im engeren Sinne (privater Eigennutzen oder Gruppeninteressen von *Jukos*-Konkurrenten, Spielchen der Obrigkeit und der Staatsanwaltschaft zugunsten einer anderen, nichtgenannten Firma, die bestrebt ist, Chodorkovskijs Unternehmen vom Markt zu drängen) als auch politische Interessen sein (Umverteilung der Macht zwischen verschiedenen Gruppen und Interessenvereinigungen). Mehr noch, nach Meinung der absoluten Mehrheit der Bürgerinnen und Bürger Russlands würde selbst die vom Gros der Bevölkerung gewünschte Proklamation einer Politik der Verstaatlichung und die Rückgabe aller „rechtswidrig" von Kapitalisten angeeigneten Großunternehmen an den Staat zu nichts Gutem führen (Tab. 10).

Tabelle 10: Wenn jetzt die Privatisierungen rückgängig gemacht würden, wer profitiert dann am ehesten von den Reichtümern der „Oligarchen"? (in %)

	7/2003	7/2004
das Volk	10	7
der Staat	24	21
die Beamten, die Bürokraten	23	35
andere „Oligarchen"	31	35
Kriminelle	18	17
niemand, sie werden ihren Wert einbüßen	4	4
keine Antwort	12	8

Diese Einstellung zum Recht kann nicht einfach als Abwesenheit moderner rechtspolitischer Grundsätze im Massenbewusstsein betrachtet werden: Es handelt sich nicht um die Ignoranz eines Menschen, der nicht weiß, dass er in einem Unrechtsstaat lebt, weil er einen anderen Staat nie gesehen hat. Der Grund ist ein anderer: Die Menschen identifizieren sich mit dem Willen der Obrigkeit, der als eine nicht zu ändernde Kraft akzeptiert wird, an die man sein Verhalten anpassen muss, ohne sich aber damit zu solidarisieren. Nach Auffassung der Mehrheit der Befragten hat das Vorgehen der Strafverfolgungsbehörden nichts mit Rechtsschutz und Wahrung der Gesetzlichkeit zu tun. Da dahinter eine reale Kraft steht, werden alle oder fast alle ihre Handlungen mit der Zeit innerlich gerechtfertigt.

Die größte Gruppe unter den Befragten (39 Prozent) ging davon aus, dass es sich bei der Kampagne gegen *Jukos* um einen Schaukonflikt zur Abschreckung aller anderen Unternehmer[15] oder öffentlichen Figuren handle, die sich der „gelenkten Demokratie" zu widersetzen versuchen (unter Führungs- und Fachkräften liegt diese Zahl bei 46 Prozent). 27 Prozent der Befragten hofften im Gegenteil, dass auf diesen Prozess Verfahren gegen andere „Oligarchen" folgen würden. Deshalb wurden die Entscheidung des Moskauer Stadtgerichts, Chodorkovskijs Untersuchungshaft zu verlängern, und die steckbriefliche Fahndung nach anderen Vorstandmitgliedern des Unternehmens durch die Staatsanwaltschaft von einem beträchtlichen Teil der Bürgerinnen und Bürger Russlands gutgeheißen (43 Prozent, wobei es hier kaum Unterschiede zwischen Befragten mit unterschiedlichem Bildungsniveau, Einkommen, Status und Wohnort gab). Lediglich 16 Prozent verurteilten dieses Vorgehen (vor allem die am besten Ausgebildeten, Besserverdienenden und Jüngsten), obwohl eine sehr große Anzahl von Befragten Schwierigkeiten mit dieser Frage hatte und keine eindeutige Antwort geben konnte (41 Prozent). Auf allgemeine Vorstellungen von Gesetzmäßigkeit oder Gerechtigkeit und Ordnung haben diese Handlungen der Behörden und der Staatsanwaltschaft keinerlei Einfluss.

---

[15] Daher liefen auch die Prognosen über den Ausgang des Prozesses gegen Chodorkovskij und Lebedev im wesentlichen darauf hinaus, dass sie bedingt verurteilt und freigelassen würden. Dies dachten zwischen 36 und 39 Prozent. Weitere 9–12 Prozent erwarteten einen Freispruch. Zwischen sechs und neun Prozent dachten, sie würden zur höchstmöglichen Strafe (10 Jahre und mehr) verurteilt, obwohl ein viel größerer Teil der Befragten (20 Prozent) dies gewünscht hätte. 13–14 Prozent konnten sich ein relativ mildes Urteil und Haftstrafen von drei bis fünf Jahren vorstellen. In diesem Sinne war das tatsächliche Urteil für die überwiegende Mehrheit unerwartet hart.

Tabelle 11: Haben die Ereignisse um die Firma „Jukos" Sie in Ihrer Meinung bestärkt, dass Gesetzlichkeit und Ordnung im Lande gestärkt bzw. geschwächt werden, oder hat sich für Sie nichts verändert? (in Prozent; Oktober 2003)

gestärkt	9
geschwächt	26
unverändert	47
keine Antwort	18

Eben darauf liefen die Änderungen in der Massenwahrnehmung der von der Staatsmacht entfesselten Kampagne durch Chodorkovskijs Verhaftung und die wachsende Aggressivität der Rhetorik gegen Oligarchen hinaus: Die öffentliche Meinung ließ sich immer mehr von der offiziellen Propaganda beeinflussen und tendierte zur Position „keine politischen Zusammenhänge zu suchen, es geht hier nur um Diebstahl und finanzielle Machenschaften", die der sowjetischen Sicht der Reichen als Verbrecher oder der noch älteren, weitverbreiteten Auffassung von ständischer Ungleichheit als Ergebnis einer verbrecherischen Ausbeutung der Massen entsprach.

Dies bedeutete eine Kehrtwende von der ursprünglichen Auslegung der *Jukos*-Affäre als politischer Wahlkampfaktion, als Werbekampagne der derzeitigen Administration. Im Übrigen hat sich kaum etwas verändert: Die Auslegung des Geschehens als „Konkurrenzkampf diverser Clans" behielt ihre Anhänger, während die antisemitisch-nationalistische Interpretation („Es handelt sich um eine Maßnahme zur Beschränkung des Einflusses nichtrussischen Kapitals") weiterhin wenige Befürworter hatte. Ebenso haben sich während des gesamten Verlaufs des Prozesses trotz der eindeutigen Voreingenommenheit der offiziellen Massenmedien die Vorstellungen vom Charakter der Gerichtsverhandlung kaum verändert.

Die Gerichtsverhandlung

Die Verhandlung war weder gerecht noch unabhängig.[16] Es war unmöglich zu verbergen, dass die Behörden ständigen Druck auf die Richter ausübten, um sie zu einem Schuldspruch zu zwingen. Eine Ausnahme bildeten nur die Monate unmittelbar vor der Verkündung des Urteils, als die Zahl derer, die

---

[16] Vgl. die detaillierte Untersuchung von Otto Luchterhandt: Rechtsnihilismus in Aktion. Der Jukos-Chodorkovskij-Prozess in Moskau, in: OSTEUROPA, 7/2005, S. 7–37.

das Gericht für parteiisch hielten, drastisch abnahm, während immer mehr Befragte die entsprechende Frage nicht zu beantworten vermochten (Tab. 7 und 8). Bezeichnenderweise kam dies ausgerechnet zu dem Zeitpunkt, als der Anteil derjenigen, die einen Druck der Behörden auf das Gericht ausmachten, auf seinem Höchststand war (53 Prozent). Dies kann nur auf eine Weise ausgelegt werden: Die Bevölkerung erkannte an, dass die Machthaber gut daran tun, das Gericht zu zwingen, reiche Menschen kraft ihres Reichtums zu Verbrechern zu erklären.

Tabelle 12: Wird der Prozess gegen die ehemaligen „Jukos"-Geschäftsführer Chodorkovskij und Lebedev sachlich und unvoreingenommen geführt (werden)? (in Prozent)

	2004					2005	
	Jun	Aug	Sep	Okt	Dez	Feb	März
ja *)	30	29	33	31	32	35	40
nein *)	6	48	30	37	33	33	21
keine Antwort	24	23	37	32	35	32	39
Verhältnis der positiven und negativen Antworten	0,7	0,6	1,1	0,8	1,0	1,1	1,9

*) Summe der Antworten „ja, eindeutig" und „eher ja" bzw. „eher nein" und „eindeutig nein"

Tabelle 13: Üben die Behörden im Chodorkovskij-Prozess Druck auf die Richter aus, um einen Schuldspruch durchzusetzen? (in Prozent)

	2004			2005			
	Sep	Okt	Dez	Jan	März	Apr	Jun
ja*)	43	48	43	50	40	53	
nein*)	21	17	19	17	21	18	15
keine Antwort	36	35	38	34	39	29	34
Verhältnis der positiven und negativen Antworten	2,0	2,8	2,3	3,1	1,9	2,9	3,4

*) Summe der Antworten „ja, eindeutig" und „eher ja" bzw. „eher nein" und „eindeutig nein"

Besser gebildete (Tab. 2), wohlhabendere und Untergruppen mit einem höheren Status sowie, polar dazu, die am schlechtesten Angepassten und die Perspektivlosesten, die Putins Handlungen als Präsident nicht gutheißen (davon enthält unsere Auswahl halb so viele wie solche, die diese Handlungen billigen) waren häufiger als andere der Meinung, dass die Machthaber während der Ermittlung und des Verfahrens Druck auf die Ordnungskräfte ausübten. Allerdings sind diejenigen, die sich über die Voreingenommenheit des Gerichts im klaren sind, dadurch nicht weniger negativ gegenüber Chodorkovskij eingestellt. Die Masse der Gesellschaft isoliert sich von den Geschehnissen im Land, indem sie gleichgültig auf sie schaut oder sich weigert, eine eindeutige Position zu beziehen. Mitgefühl sprachen Michail Chodorkovskij nur 17 Prozent aus, während 63 Prozent kein Mitgefühl hatten. Mehr als die Hälfte der Befragten (53 Prozent) waren sich mehr oder weniger sicher, dass Chodorkovskij der ihm zur Last gelegten Delikte schuldig sei. Für unschuldig hielten ihn nur 13 Prozent.

Was auch immer die wahren Motive hinter dem Vorgehen der Staatsanwaltschaft und des Gerichts sein mögen, nach Meinung der Mehrheit der Bürgerinnen und Bürger Russlands entsprechen diese den Ritualen „richtigen Verhaltens", sind also das, was die oberste Staatsgewalt eben zu tun hat. Ganz unabhängig von der Frage der Gesetzlichkeit und letztendlichen Zweckmäßigkeit steigert dies merklich die Popularität des Präsidenten und – in seinem Glanze – auch die der Staatsanwaltschaft.

Tab. 14: Hat diese Kampagne der Strafverfolgungsbehörden das Vertrauen der Bevölkerung zu . . . ? (in %; November 2003)

	gestärkt	geschwächt	nicht verändert	keine Antwort
Putin	43	14	25	18
der Staatsanwaltschaft	46	8	25	20

Tab. 15: Bekräftigt das Gerichtsverfahren die Vorwürfe gegen Chodorkovskij und Lebedev, oder brechen diese im Zuge der Verhandlung zusammen? (in %)

	2004			2005		
	Sep	Nov	Dez	Jan	Feb	Apr
bestätigen sich vollständig / größtenteils	28	27	26	26	29	31
brechen (teilweise) zusammen	23	25	22	26	22	22
keine Antwort	49	48	52	48	49	47

Die Vorurteile gegen Chodorkovskij begannen sich im Gleichklang mit dem anschwellenden Ton der Anklage in den Massenmedien zu verbreiten, da kein alternativer Standpunkt mehr vernehmbar war. Im November 2003 ging etwa ein Viertel der Befragten von Chodorkovskijs Schuld aus. Ein Jahr später waren es bereits 34 Prozent. Im Mai 2005, unmittelbar vor Verkündung des Urteils, hielten ihn bereits 53 Prozent für schuldig. Dabei war die absolute Mehrheit vollkommen gleichgültig und war weder an den Einzelheiten des Gerichtsverfahrens interessiert, noch hatte sie irgendetwas von diesem Prozess gehört oder gelesen. Hingegen gingen diejenigen zehn bis elf Prozent, die den Verlauf der Verhandlung aufmerksam verfolgt hatten, davon aus, dass die Anklage zusammenbreche und im kontradiktorischen Verfahren die völlige Haltlosigkeit der Argumente des Staatsanwalts offenbar werde. Trotzdem meinten im April 2005 bereits 31 Prozent, dass sich die Anklage gegen Chodorkovskij vor Gericht bewahrheite; mehr noch, 38 Prozent waren davon überzeugt, dass Chodorkovskij unter dem Deckmantel seines Ölunternehmens eine kriminelle Vereinigung gegründet habe, die Wirtschaftsverbrechen und Auftragsmorde beging. Entsprechend waren 49 Prozent schon zu diesem Zeitpunkt bereit, die Höchststrafe (zehn Jahre Haft) gutzuheißen.

Gerade die inkompetente und uninformierte Masse dient der autoritären und unkontrollierten Staatsmacht als zuverlässigste Stütze. Sie ist nicht imstande, sich der konzentrierten Einwirkung der staatlichen Massenmedien zu widersetzen, da diese den Informationsraum monopolisiert haben. Diese Resistenzlosigkeit hat allerdings zur Bedingung, dass die Obrigkeit dabei auf die Komplexe, Phobien und Vorurteile dieser Masse eingeht. Dann hält die Masse letztlich ihre eigenen Einstellungen und Antipathien für überzeugende Argumente und wird die Willkür und den pragmatischen Zynismus der Staatsgewalt gutheißen, wenn diese die Phobien der Massen in deren Interesse nutzt.

Konsequenzen des Prozesses

Ab Herbst 2004 machte sich in der öffentlichen Meinung die Vorstellung breit, dass es nicht bei *Jukos* bleiben wird und die Behörden bereit sind, auch andere Großunternehmer oder „Oligarchen" zu verfolgen. Zum einen fing die Bevölkerung an zu verstehen, dass die Staatsmacht Chodorkovskij nicht freilassen wird, obwohl sich die Beschuldigungen aus rechtlicher Sicht als haltlos erwiesen haben. Zum anderen ergab sich diese Einschätzung gerade daraus. Weil die Beschuldigungen aus rechtlicher Sicht haltlos seien, werde das Vorgehen fortgesetzt, denn sonst müsste Putin das Scheitern seiner gesamten sozialen und wirtschaftlichen Politik der letzten Jahren eingestehen, was er nie tun werde, ebenso wie er um nichts auf der Welt den Misserfolg seiner Tschetschenienpolitik einräumen werde.

Tabelle 16: Werden auf das Urteil im Chodorkovskij-Prozess weitere Strafprozesse gegen russländische Großunternehmer folgen? (in Prozent)

	2004			2005			
	Sep	Okt	Nov	Jan	Feb	März	Apr
ja*)	48	57	57	54	53	56	50
nein*)	24	23	24	20	20	19	27
keine Antwort	28	20	25	26	27	25	27

*) Summe der Antworten „ja, eindeutig" und „eher ja" bzw. „eher nein" und „eindeutig nein"

Am häufigsten vertraten diese Meinung zwei sehr unterschiedliche Gruppen: entweder sehr junge Menschen oder aber jene Führungskräfte und Angestellte, die Putin-Anhänger und Etatisten sind. Unter denjenigen, die an Wahlen teilnehmen, erwarten vor allem Wähler von *Rodina* weitere Verfolgungen von Oligarchen und Kapitalisten, gefolgt von Anhängern Grigorij Javlinskijs und den Wählern der Partei *Edinaja Rossija*.

Die Schuldvermutung, mit der die öffentliche Meinung Chodorkovskij begegnet, hindert die Masse der Bevölkerung nicht daran, die negativen Konsequenzen dieser Affäre zu sehen: einen Investitionsrückgang, der einen Wachstumsrückgang nach sich ziehen wird, einen Anstieg gesellschaftlicher Spannungen, eine Zuspitzung der innenpolitischen Lage, eine Verschlechterung der Beziehungen zwischen Russland und dem Westen. Die absolute Mehrheit der Befragten (52 Prozent) beantwortete die Frage „Wird sich die *Jukos*-Affäre negativ auf die Bereitschaft russländischer Unternehmer auswirken, ihr Kapital in Russland anzulegen?" positiv, nur 17 Prozent verneinten, und die restlichen gaben keine Antwort, offensichtlich weil sie dieses Thema nicht beschäftigt. Selbstverständlich haben Jüngere und höher Gebildete ein schärferes Gespür für die Gefahr, die von der behördlichen Willkür für die russländische Wirtschaft ausgeht. In kleinen und mittelgroßen Städten sind diese negativen Auswirkungen weniger spürbar, ganz zu schweigen von ländlichen Gegenden, wo sich die positiven Folgen der Reformen der 1990er kaum bemerkbar machen.

Solche Erwägungen werden kaum einen Einfluss auf die Einstellung der Gesellschaft zur Staatsgewalt haben. Allerdings zersetzt dieser Zynismus die Grundlagen des Putin-Regimes und macht das System der „gelenkten Demokratie" extrem instabil. Je härter das Regime, je mehr es sich auf Gewaltausübung stützt, desto mehr unbewältigte Probleme schafft es, die es hinter neuen, wiederum selbstverursachten Problemen verbergen muss. Die Inkompetenz der neuen Putinschen Verwaltung, die aus ehemaligen Geheimdienstmitarbeitern, Armeeangehörigen etc. besteht, schafft immer bedeutendere gesellschaftliche Spannungen, besonders auf den höheren Ebenen des Verwaltungssystems.

Die unvermeidliche Krise, die bei der Machtübergabe von Putin an seinen Nachfolger entbrennen dürfte, wird umso schneller verlaufen, je gründlicher zu jenem Zeitpunkt die Legitimität der Staatsmacht und das Vertrauen in das Institutionengefüge der Gesellschaft vernichtet sind. Die *Jukos*-Affäre hat ein weiteres Mal die überaus schwachen formalen Grundlagen der Legitimität der Staatsgewalt und der sozialen Ordnung im postsowjetischen Russland bloßgelegt.

Aus dem Russischen von Mischa Gabowitsch, Berlin

Stellungnahme zur Diffamierung des Levada-Zentrums als „ausländischer Agent"

Das russische Justizministerium hat im Zeitraum vom 12.–31. August 2016 eine außerplanmäßige Überprüfung des Levada-Zentrums durchgeführt, bei der dessen Tätigkeiten seit der letzten Überprüfung im Februar 2014 dokumentiert werden sollte. Daraufhin hat das Ministerium, ohne dem Zentrum die gesetzlich vorgesehene Möglichkeit zum Einspruch zu geben, bereits am 5. September erklärt, dass das Levada-Zentrum in das Verzeichnis der Organisationen aufgenommen wird, welche die Funktion eines ausländischen Agenten erfüllen. Damit ist die verleumderische Kampagne gegen unser Zentrum in formalrechtliche Form gegossen. Die Überprüfung wurde eingeleitet, nachdem der Abgeordnete des Föderationsrats Dmitrij Sablin, der zur Führung der Organisation „Antimajdan" gehört und im Zentrum zahlreicher Korruptions-, Plagiats- und Betrugsskandale stand, sich mehrfach an das Justizministerium gewandt hatte. Doch diese zweifelhafte Persönlichkeit ist lediglich das Sprachrohr für die politischen und wirtschaftlichen Interessen von Gruppen, die unter der Flagge des Patriotismus wegen einer angeblichen Gefahr für die nationale Sicherheit wirken und eine Umverteilung staatlicher Ressourcen fordern.

Die neue Situation legt unser Institut faktisch lahm. Nicht nur werden Finanzierungsquellen abgeschnitten. Das Stigma des „ausländischen Agenten", das in Russland einzig und allein die Bedeutungen Spion und Saboteur trägt, macht unsere Umfrageforschung unmöglich. Die aus sowjetischer Zeit verbliebene Angst lähmt die Menschen, vor allem jene im öffentlichen Dienst – in Schulen und Universitäten, im Gesundheitssystem und in der Verwaltung. In einigen Regionen Russlands scheinen manche Angestellte des öffentlichen Diensts die Anweisung erhalten zu haben, den Kontakt zu „ausländischen Agenten" zu meiden.

Wir werden das Ergebnis der Überprüfung anfechten und dazu den Rechtsweg beschreiten.

Viele Medien behaupten, das Justizministerium habe „aufgedeckt", dass das Levada-Zentrum auch aus dem Ausland Mittel erhält. Dies hat das Zentrum jedoch nie verborgen. Es geht aus den Finanzberichten hervor, die regelmä-

ßig den entsprechenden Kontroll- und Steuerbehörden überstellt wurden. Dies bestätigt auch der jetzige Prüfungsbescheid. [...]
Dies ist nicht die erste feindselige Kampagne, mit der unser Institut zerstört oder zumindest diskreditiert werden soll, das seit 1988 unabhängige soziologische Forschung betreibt. Die Versuche aus den Jahren 2002 und 2003, das damalige Meinungsforschungszentrum VCIOM unter Leitung von Jurij Levada unter staatliche Kontrolle zu bringen, führte zur Gründung des unabhängigen „Levada-Zentrums".
Objektive, wissenschaftlich untermauerte Informationen über den Zustand der russischen Gesellschaft ruft vor allem in Krisen- und Umbruchsituationen heftige Reaktionen bei jenen Politikern, Staatsdienern und Ideologen hervor, deren Erwartungen und Interessen die soziologische Diagnose zuwiderläuft. Dies gilt sowohl für machtnahe Politiker und Beamte als auch für Oppositionelle. Aber im Unterschied zu letzteren hat die Staatsmacht alle Instrumente, um jene zu diskreditieren und mit juristischen Mitteln zu zerstören, die nicht gefügig sind.
Das Ziel der Zerschlagung sämtlicher unabhängiger zivilgesellschaftlicher und wissenschaftlicher Organisationen hatte das „Russische Institut für Strategische Studien" im Jahr 2014 offen formuliert. In einem Bericht mit dem Titel „Methoden und Technologien der Tätigkeit ausländischer und russischer Forschungszentren und Forschungseinrichtungen an Hochschulen, die eine Finanzierung aus dem Ausland erhalten" vom Februar 2014 werden eine Reihe staatlicher und nichtstaatlicher Institute genannt, die „mit ausländischen Mitteln in Russland einer ideologischen und propagandistischen Tätigkeit nachgehen". Neben dem Verband der Politikwissenschaftler, dem Verband der Wissenschaftler im Bereich Internationale Beziehungen (RAMI), dem Zentrum für politische Studien (PIR-Zentrum), dem Institut für Soziologie der Akademie der Wissenschaften, der Russischen Wirtschaftsschule (RÉŠ) und einer Reihe anderer Einrichtungen war auch das Levada-Zentrum auf dieser Liste. In dem Bericht heißt es, das Levada-Zentrum nehme „Einfluss auf die politischen Prozesse und die öffentliche Meinung durch 1) Manipulation von Wortbedeutungen bei Meinungsumfragen; 2) Herauf- oder Herabsetzen der benötigten Zahlen aus den Umfragen; 3) Vertreten nützlicher Positionen bei Konferenzen, Runden Tischen und Seminaren; 4) rege Tätigkeit im Informationsraum . . ." Es sei als Einrichtung „zur Sammlung und Analyse soziologischer Informationen ein wichtiges Instrument zur Manipulation der öffentlichen Meinung und zur informationellen Beeinflussung des Staatsapparats und der politischen Institutionen." Das Levada-

Zentrum habe dem US-State Department „eine Liste mit regionalen Oppositionsgruppen übergeben, die alle notwendigen Informationen enthält, um ‚Protestpotential' anzuwerben".
Nur auf den ersten Blick handelt es sich bei diesen Unterstellungen um Phantastereien isolierter Figuren oder paranoide Vorstellungen pensionierter Tschekisten. Tatsächlich stehen hinter dieser neuen Welle der Spionomanie, in der die übelsten Formen totalitärer Praktiken reproduziert werden, zynische Interessen. Es geht um Macht, Eigentum und ideologische Kontrolle.
Inakzeptabel ist selbstverständlich bereits die Vorannahme, dass die Zusammenarbeit russischer Wissenschaftler und Aktivisten der Zivilgesellschaft mit ausländischen Wissenschaftlern und NGOs unpatriotisch und antirussisch sei.
Bereits in den Jahren 2013 und 2014 haben Gesamt- und Einzelprüfungen im Levada-Zentrum festgestellt, dass einige Projekte aus dem Ausland finanziert werden. Das Zentrum durfte daraufhin keine Unterstützung mehr für Umfragen von ausländischen Stiftungen in Form von direkten Zuschüssen annehmen, konnte aber weiter gemeinsam mit ausländischen Partnern (Universitäten, Stiftungen, etc.) an Projekten teilnehmen und auf der Basis von kommerziellen Verträgen Aufträge für Umfragen zu gesellschaftlichen und kulturwissenschaftlichen Themen sowie zur Marktforschung annehmen. Die erneute Änderung des NGO-Gesetzes im Jahr 2016 sowie eine Reihe neuer Gesetze und Verordnungen eröffnen den Behörden endgültig die Möglichkeit zur völligen Willkür, denn die Begriffe „politische Tätigkeit" und „Finanzierung aus dem Ausland" bleiben bewusst unbestimmt, so dass repressive Maßnahmen selektiv gegen jeden angewendet werden können, der irgendwelchen der Staatsmacht nahestehenden Gruppen unerwünscht erscheint. Unter Finanzierung aus dem Ausland wird mittlerweile selbst die Annahme von Mitteln für Zwecke der Wissenschaft, der Bildung und der Wohltätigkeit verstanden, wenn es sich um russische Stiftungen handelt, die im Ausland registriert sind. Als kriminell wird auch die Annahme von Mitteln aus dem Ausland angesehen, die im Rahmen rein kommerzieller Aufträge gezahlt werden.
Dieses Vorgehen des Justizministeriums und anderer Behörden führt dazu, dass Kontakte russischer Wissenschaftler mit Kollegen aus anderen Ländern stark zurückgehen oder ganz abbrechen. Die für Russland so wichtige Aneignung von Methoden, Theorien, Konzepten sowie informellen Normen und Regeln wissenschaftlichen Arbeitens wird eingestellt. Dies betrifft nicht nur die Soziologie, die finanziell aufwendigste Disziplin im Bereich der

Sozial- und Geisteswissenschaften. Nach der Soziologie sind wie in den Stalin-Jahren die Geschichtswissenschaft, die Volkswirtschaftslehre, dann auch die Genetik und die Physik an der Reihe. Das Levada-Zentrum ist die 141. Organisation, die in das Verzeichnis der ausländischen Agenten eingetragen wurde. Schon bald werden es hunderte oder tausende mehr sein. Die Folgen werden zwei oder drei Generationen lang zu spüren sein.
Russland war Jahrzehnte von der Entwicklung der modernen Sozialwissenschaften abgeschnitten und war tiefe intellektuelle Provinz. Das Land blieb wissenschaftlich rückständig, degradierte sogar. Die jüngste Entwicklung droht das Land in diese Zeit zurückzuwerfen. Die Isolation führt nicht nur zu einem dauerhaften Verlust von Human- und Sozialkapital. Sie verwandelt Russland in ein Habitat einer verarmten und aggressiven Bevölkerung sowie einer korrumpierten und zügellosen Elite, die sich ganz und gar der Illusion einer nationalen Überlegenheit und Exklusivität hingeben. Ein Land, das nichts über sich wissen will, erwartet eine traurige Zukunft. Die Diskreditierung und Zerstörung der Zivilgesellschaft in Russland ist nicht nur eine Schande für das Land. Viel schlimmer ist, dass sie unausweichlich einen moralischen, intellektuellen und sozialen Niedergang zur Folge hat, einen Zerfall des Staates und der Gesellschaft.
Wir sind stolz auf die Möglichkeit, mit ausländischen Partnern zusammenarbeiten zu können. Das darf kein Anlass sein, uns als ausländische Agenten zu diskreditieren, sondern ist ein Beweis für die hohe Professionalität und Qualität unserer Forschungen, die Objektivität und Validität unserer Informationen und Analysen sowie für die gründliche Interpretation der empirischen Daten. Genau das unterscheidet die Arbeit des Levada-Zentrums von der anderer Institute in Russland, die Umfragen zur öffentlichen Meinung durchführen.

Direktor des Levada-Zentrums
Prof. Dr. Lev Gudkov, 7. September 2016

Karl Schlögel

Lev Gudkov oder die Stunde der Soziologen

Gesellschaftliche Umbrüche sind Orte privilegierter Erkenntnis. Es geht turbulent zu im Stakkato historischer Augenblicke und dramatischer Verwerfungen, wenn eine Formation, alt geworden, von der Bühne abtritt, und eine neue Wirklichkeit über die Zeitgenossen hereinbricht. Es kann einem schwindlig werden in der Beschleunigung der Ereignisse, man verliert leicht die Übersicht, aber wer mitten drin ist, dessen Wirklichkeitssinn ist geschärft, man sieht und hört genauer. Was ewig schien, ist auf einmal zerfallen und mit bloßem Auge zu erkennen; woran man sich gewöhnt hatte, hat aufgehört, das Gewohnte und Gewöhnliche zu sein, das Selbstverständliche ist auf einmal fragwürdig geworden und wird der Rede für Wert befunden. Eine Gesellschaft, ein Staatswesen, eine Lebensform zerlegt sich in seine Bestandteile. Hoch-Zeit für Analytiker. Dies gilt erst recht, wenn es sich um ein grandioses Imperium handelt oder eine Formation, die angetreten war, im 20. Jahrhundert die bessere der besten aller Welten zu sein – und dies entgegen allen Erwartungen und Prognosen auch ein ganzes Jahrhundert durchhielt: das sowjetische Imperium, der Sozialismus sowjetischen Typs.
Aber aus der Zeitgenossenschaft und Augenzeugenschaft konnte nur etwas machen, wer darauf vorbereitet war, dass ein historischer Augenblick herangereift war – gedanklich, lebensgeschichtlich, mental – wie jene russischen Soziologen und Intellektuellen, die sich Ende der 1960er, Anfang der 1970er Jahre im Umkreis des Soziologen Jurij Levada – Jahrgang 1930 – gefunden hatten.
In meiner Studienzeit Anfang der 1970er Jahre hatte ich in Seminaren René Ahlbergs an der Freien Universität Berlin von der Wiederbegründung der Soziologie in der Sowjetunion gehört – es waren die Namen von Rutkevič, Jovčuk, Jadov oder Zdravomyslov. Levada, der originelle Kopf und charismatische Einzelkämpfer, war nicht darunter. Ihm war gerade das Institut für empirische Sozialforschung geschlossen worden.
Levada und seine Schüler – Boris Dubin, Lev Gudkov, Aleksej Levinson, Natalija Zorkaja vor allem – haben aus der Situation, die sich Ende der

1980er Jahre abzeichnete, etwas gemacht. Das ist im Abstand von einem Vierteljahrhundert zum Ende der Sowjetunion noch deutlicher. Das angesehenste und zugleich bedrohte Meinungsforschungsinstitut des heutigen Russland trägt den Namen Levadas, seine Schüler sind längst Forschungspersönlichkeiten mit eigenem Profil, ihre Namen tauchen international immer dann auf, wenn es darum geht, Fragen zum Stand der Dinge in Russland heute zu beantworten. Der Erklärungsnotstand ist groß und die Expertise ist gefragt. Sie sind zu Repräsentanten dessen geworden, was dem Stand der Soziologen in modernen Gesellschaften zufällt: Organon der gesellschaftlichen Selbstaufklärung zu sein, zu analysieren, wie Gesellschaft funktioniert, wie sie tickt – mit allen Risiken, die damit auch verbunden sind, äußeren Pressionen ausgesetzt, aber auch den Gefahren von Illusion und Selbsttäuschung, die auch den skeptischsten Vertretern der „denkenden Gesellschaft" nicht fremd sind. Sie hatten am Anfang wohl kaum den Ehrgeiz, eine eigene Schule zu begründen, eher fiel ihnen diese Rolle zu dank ihrer nicht nachlassenden Neugier, den sozialen Entwicklungen im Lande auf der Spur zu bleiben und sich darauf einen Reim zu machen.

Das lässt sich insbesondere am Œuvre von Lev Gudkov zeigen, das einem nicht nur von seinem monumentalen Umfang her Respekt und Bewunderung abverlangt – große Monographien sind darunter, systematische Theoriearbeiten und mit größter Disziplin angelegte Forschungsberichte, Auswertungen umfangreicher Meinungsumfragen, Interventionen und Kommentare zu aktuellen Ereignissen, und dies nun schon ein halbes Jahrhundert lang mit nicht nachlassender Sorgfalt, nicht zu reden von dem Arbeitspensum, das er als Direktor des Levada-Zentrums tagaus, tagein zu bewältigen hat. Gudkov war mit der Studie „Die Sowjetmenschen. Soziogramm eines Zerfalls", die er gemeinsam mit Kollegen verfasst hatte, einer größeren, auch internationalen Öffentlichkeit, bekannt geworden.[1] Darin wird versucht, die Züge des Homo Sovieticus, des Sowjetmenschen herauszupräparieren, der eingefügt in den Rahmen sowjetischer Institutionen ist, als wahrhaftes „Ensemble" gesellschaftlich-politischer Verhältnisse, geprägt von staatlicher Aufsicht und Fürsorge, staatlichem Paternalismus und einer die Generationen übergreifenden Gewalterfahrung. Es ist viel von einem „anthropologischen Typus" des Sowjetmenschen die Rede, doch in Wahrheit ist es, wie leicht nachzulesen ist, nicht eine essentialistische Abart der menschlichen Spezies, sondern das Porträt, die Physiognomie eines von einer spezifischen Ge-

---

[1] Jurij Levada (Hg.): Sovetskij prostoj čelovek. Moskva 1993. Zuerst Deutsch: Die Sowjetmenschen 1989–1991. Soziogramm eines Zerfalls. Berlin 1992.

schichte und Erfahrung nachhaltig geprägten Menschentypus. Man könnte das Buch mit all seinen Facetten viel eher eine Studie zur Lebenswelt, zum way of life, byt, Alltag nennen, der ihm dauerhafte Verhaltensweisen nahegelegt und aufgeprägt hat. Das literarisch-ästhetische Äquivalent etwa findet sich in Svetlana Aleksievičs Studien. Dieser Typus gibt sich im Augenblick der Erosion, ja des Zerfalls der institutionellen Umgebung in aller Deutlichkeit zu erkennen, in seiner Fragilität ebenso wie in seiner tiefer gegründeten Stabilität und in seiner in der *longue durée* verankerten Struktur und Konstitution. Der „einfache", der „normale" Sowjetbürger wird herauspräpariert nicht als Entlarvung eines Propagandabildes, sondern als Beschreibung eines Typus, der eine Genese, einen Reifungsprozess hinter sich hat und nun offensichtlich an ein Ende gekommen ist. Was an dieser Studie so eindrucksvoll war, war die Komplexität der Wahrnehmung, der Reichtum der analytischen Register, die Kühnheit des Zugriffs, der mitunter das Anekdotische bemüht, das nicht bloß illustrativ ist, sondern eine charakteristische Lebens- oder Verhaltensform maximal verdichtet. Die Entdeckung des „einfachen" und „gewöhnlichen" Menschen öffnete das Tor zur Lebenswirklichkeit und gab in Gestalt der Auswertung von Meinungsumfragen Erfahrungen eine Stimme, die bis dahin ausgeschlossen oder in andere Medien abgedrängt waren – vor allem in die Literatur. Zu diesen emblematischen Situationen, *lieux de mémoire* und common places gehören Rituale des Alltags wie die Namensgebung, Formen der Arbeitsdisziplin, der Privatheit, aber auch die Bedeutung von Mutterflüchen, die Demütigung in der Armee oder der Neid auf andere, wenn diese nur die Chance haben, dem Unglück, in dem alle gleich sind, zu entgehen.

Man kann an diesem Versuch einer Diagnose des sowjetischen Menschen ermessen, was es bedeutet hat, dass die Gesellschaft nach langer Zeit des Schweigens und der Unterdrückung des freien Gesprächs sich selbst wieder zum Objekt wissenschaftlicher Reflexion gemacht hat. Fast konnte es so scheinen, als sei Russland an einen Punkt zurückgekehrt, an dem es schon einmal gewesen war – an der Wende vom 19. zum 20. Jahrhundert, als Russland eine ganze Plejade von Demographen, Ethnographen, Statistikern und Soziologen hervorgebracht hatte, einen intellektuellen Reichtum, von dem spätestens nach Stalins Machtantritt nichts mehr übriggeblieben war. Die Elite, die einmal das Großunternehmen der Volkszählung von 1897 organisiert hatte, war verschwunden, ein Pitirim Sorokin war 1922 des Landes verwiesen worden und machte später in Harvard Karriere, ein origineller marxistischer Kopf wie Aleksandr Bogdanov, der Theoretiker der Organisationswissenschaft, starb, bevor der Terror, dem zahllose Talente zum Opfer fielen, ihn vernichten konnte. Für mindestens zwei Generationen gab es keine Möglichkeit der soziologischen Analyse jenseits der Axiome des Stalinschen „Kurzen Lehrgangs" mit seinen Gesetzmäßigkeiten, Kollektividentitäten und Entwicklungsimperativen. Die Folge war, dass die Gesellschaft von sich selbst kein Bild mehr erzeugen konnte und sich alles Wissen über die Gesellschaft in den Dossiers der Geheimpolizei konzentrierte. Am Ende der Stalinzeit hatte die Zerstörung der Öffentlichkeit durch Kontrolle, Einschüchterung und Verdacht eine verwüstete geistige Landschaft hinterlassen, in der Wissensgebiete und Disziplinen neu begründet werden mussten. Von der Dimension dieses Prozesses konnte man sich in offenen Gesellschaften und selbst in totalitär gleichgeschalteten Regimen wie dem der Nazis, das zwölf Jahre gedauert hatte, kaum eine Vorstellung machen.

Vor diesem Hintergrund erst wird die Leistung der spätsowjetischen und postsowjetischen russischen Soziologie, also auch Lev Gudkovs und seiner Mitstreiter begreiflich. Sie hatte sich frei zu machen vom Prokrustesbett und den Simplifikationen des Historischen Materialismus Stalinscher Machart. Sie hatte die Brücke zu schlagen zu den vor- und nichtsowjetischen soziologischen Schulen in Russland wie im westlichen Ausland, wo die Zeit nicht stehen geblieben war Sie hatte einen intellektuellen Aneignungs- und Übersetzungsprozess zu bewerkstelligen, der die tödliche Isolation, das Herausfallen aus der internationalen Diskussion und die dadurch verursachten Langzeitschäden überwinden und heilen konnte. Vor allem aber mussten sie den Erfahrungsschatz der eigenen lebensweltlichen und geschichtlichen Erfahrung heben – es hatte für wenigstens zwei Generationen eben keine Sozialwissenschaft gegeben, die den Namen verdient hätte –, eine analytische und reflektierte Sprache finden für das, was bis dahin – ebenfalls nicht ohne Risiko – meist nur in der Sphäre der Kunst und Literatur verhandelt und öffentlich gemacht werden konnte: Soziologie als Organon des Nachdenkens der Gesellschaft über sich selbst. Die Neugründung der Soziologie als einer eigenen Disziplin war und ist ein komplizierter, mitunter dramatischer Prozess, wie an der Disziplinierung und den Berufsverboten von selbständigen Denkern wie Jurij Levada oder am Vorgehen des Putin-Regimes gegen das Levada-Zentrum als „ausländischem Agenten" deutlich wird.

Doch zuweilen erweisen sich äußerlich verhängte Beschränkungen als Stimulans: Sie verweisen die Disziplin von vornherein auf andere Disziplinen, auf eine durch äußeren Eingriff provozierte Transdisziplinarität; sie lassen nie die Illusion aufkommen, Sozialwissenschaften seien eine aparte, jenseits des politischen Geschehens angesiedelte Aktivität; den Beteiligten ist immer klar: Wer sich der „Wissenschaft als Beruf" verpflichtet, weiß um das Risiko. Was aber das Wichtigste ist: die spätsowjetische und postsowjetische russische Soziologie hat den Heimvorteil auf ihrer Seite, sie ist mit den Verhältnissen vertraut und ist zugleich durch die Reintegration in die internationale scientific community vor Betriebsblindheit und Provinzialität geschützt. Sie kennt die Diskurse über Totalitarismen, multiple modernities und postmoderne Subjektivität. Ihre Analyse ist Selbstanalyse, sie kommt nicht ohne theoretische Grundlagen aus, aber nicht um der Demonstration eines Modells, eines Paradigmas oder „turns" wegen, sondern um sich einer überwältigenden Wirklichkeit zu stellen, für die es noch keine analytische Sprache gibt, die eben noch nicht „auf den Begriff" gebracht worden ist: die sowjetische und die postsowjetische Realität. Die Verbundenheit mit dem Stoff, dem Material vor Ort macht die russische Soziologie vielleicht um einige Facetten auf dem Feld des Wissenschaftsbetriebs ärmer, macht sie aber wohl resistenter, wenn nicht sogar immun gegen diverse von außen herangetragene Normativismen und Projektionen. Das Paradigma der „Übergangsgesellschaft" und des „Transformationsprozesses", mit dem lange Zeit westliche Soziologen wie Wirtschaftsberater und thinks tanks der Wirklichkeit des postsowjetischen Russland zu Leibe rückten, hat sich als das Rückzugsgebiet einer Theorie erwiesen, die sich den Wunschtraum einer folgerichtigen Fortschrittsgeschichte nicht nehmen lassen will. Das letzte Reservat einer im Grunde teleologischen Weltwahrnehmung trifft auf die Forderung von Soziologen, es bei der empirischen Bestandsaufnahme, beim Konstatieren von Befunden und Befindlichkeiten zu belassen. Lev Gudkov versah schon vor langer Zeit das Narrativ von der Übergangsgesellschaft mit einem Fragezeichen und sprach von der „stationären Gesellschaft" – mit allem, was dazugehört: der Primitivisierung und dem Zerfall der schon einmal erreichten institutionellen Formen und Strukturen, dem Zutagetreten archaischer Bewusstseinsformen und der Flucht in mythologische Weltbilder, der Resignation und der Erschöpfung einer Gesellschaft, die ihr Selbstverständnis und ihren Zusammenhalt weniger über ein forderndes und konstruktives Programm der Modernisierung des Landes gewinnt, als vielmehr aus der Abwehr eines vermeintlichen äußeren wie inneren Feindes. „Negative Identität", „negative Mobilisierung", „negative Integration" – das sind Gudkovs immer wiederkehrende Termini – werden dann zur trügerischen Ressource für die Aufrechterhaltung einer wenigstens vorübergehenden Stabilität. Doch sie ändert nichts an der Stagnation, sondern treibt das Land immer weiter in die Sackgasse der Regression – mit unabsehbaren Konsequenzen der Destabilisierung, des Zerfalls und einer nach Innen, aber auch nach Außen abgeleiteten Aggressivität.

Gudkov ist der ebenso distanziert-kaltblütigen wie teilnehmend-engagierten Analyse der geistigen Befindlichkeit einer Bevölkerung unter den Bedingungen tektonischer Verschiebungen treu geblieben. Er hat keine frohen Botschaften, aber die hat die Sozialwissenschaft, die uns über den Zustand der Welt aufklären soll, in Zeiten der Krisen noch nie verkündet, das war nie ihr Beruf. Gudkov hat uns, gestützt auf die unter bedrohlichen Verhältnissen durchgeführten Umfragen, aufschlussreiche Analysen geliefert.

Wir können ermessen, was es bedeutet, wenn die Selbstreflexion der Gesellschaft, die sich das Levada-Zentrum und Lev Gudkov zur Aufgabe gemacht haben, umschlägt in die Sorge um die schiere Aufrechterhaltung der Bedingungen freier wissenschaftlicher Arbeit. Es besteht die Gefahr, dass sich in anderer Form wiederholt, was Russland vor 100 Jahren schon einmal um einige seiner besten Köpfe gebracht hat. In Gefahr ist die Fähigkeit zur gesellschaftlichen Selbstdiagnose, ohne die Russland nicht auskommen wird.

Alexis Berelowitch
Idealtyp und analytische Kategorie
Überlegungen zum „Sowjetmenschen"

Für Lev Gudkov

Es fällt mir nicht leicht, über Lev Gudkov zu schreiben, denn in meinem Verhältnis zu ihm mischen sich das Persönliche und das Wissenschaftliche, Erinnerungen und Bücher. Wir haben so viele Gespräche geführt – zu Lebzeiten seines Freundes und Kollegen Boris Dubin (1946–2014) meist zu dritt, später zu zweit –, dass ich kaum trennen kann zwischen dem, was ich von ihm gelesen und dem, was ich ihn sagen gehört habe.

An dieser Stelle soll es nicht um Lev Gudkov als Privatmann gehen, um unsere gemeinsamen Interessen, von der Freude am Kochen und Segeln bis hin zur Vorliebe für die deutsche Malerei der Renaissance, sondern um Gudkov als Wissenschaftler und *homme public*.

Die Soziologie hat er nach seiner Aussage bei den Vorlesungen entdeckt, die Jurij Levada Ende der 1960er Jahre an der Fakultät für Journalismus der Moskauer Universität hielt – für kurze Zeit, sie wurden bald verboten. Nach dem Studium wurde Gudkov Mitarbeiter Levadas am Institut für Angewandte Soziologie der sowjetischen Akademie der Wissenschaften. Nachdem die von Levada geleitete Abteilung aufgelöst und dieser gezwungen worden war, das Institut zu verlassen, beteiligte sich Gudkov aktiv an Levadas (offiziell nicht erlaubten, aber geduldeten) Seminaren. 1988 schließlich übernahm Levada die Leitung der theoretischen Abteilung des Meinungsforschungsinstituts VCIOM, einer Neugründung auf der Welle des von Gorbačev geförderten Neubeginns in der Soziologie. Gudkov, der ihm kurz darauf an das VCIOM folgte, wurde seine rechte Hand.

Dieser kurze biographische Abriss soll vor allem zwei Dinge deutlich machen, die für das Verständnis von Gudkovs Haltung als Wissenschaftler und Kommentator der Ereignisse essentiell sind: Zum einen, dass der Beginn seiner akademischen Biographie mit der sowjetischen (offiziell den Truppen

des Warschauer Pakts zugeschriebenen) Intervention in Prag 1968 zusammenfällt. Das Tauwetter hat er selbst nicht erlebt, lediglich Kontakt mit älteren Kollegen gehabt, deren Hoffnungen auf einen demokratischen Sozialismus er allerdings nicht teilte. Prägend wird für ihn dagegen die Periode, die man später als Zeit der Stagnation unter Brežnev bezeichnen wird. Gudkovs Generation, die der 1970er Jahre, unterscheidet sich erheblich von den sogenannten „Sechzigern" (šestidesjatniki), zu denen auch Jurij Levada gehörte. Gudkovs Kreis sah sich gezwungen und hatte sich in vielen Fällen damit abgefunden, am Rande des Systems zu stehen; ein Eintritt in die Kommunistische Partei zum Beispiel galt in diesem Umfeld als kompromittierend, als Ausweis von Servilität und Opportunismus.
Die Marginalisierung war für diese Generation das einzige Mittel, ihre Selbstachtung zu bewahren und ihren moralischen Grundsätzen treu zu bleiben. Im Unterschied zu ihren Vorgängern, die die Tauwetterperiode bewusst miterlebt hatten, bedeutete die Perestrojka für sie keine Neuauflage alter Illusionen, sondern war wie der Beginn eines neuen Lebens.
Der zweite Punkt ist die eminent wichtige Rolle, die Jurij Levada von Anfang an für Gudkov gespielt hat. Er sah und sieht sich als Schüler Levadas und hat seine eigene Arbeit – insbesondere seine Überlegungen zum *Homo Sovieticus*, zum „einfachen Sowjetmenschen"[1] – stets als direkte Fortsetzung dieser Linie betrachtet. Als Jurij Levada 2006 starb, baten die Mitarbeiter des Levada-Zentrums folgerichtig Lev Gudkov, die Leitung zu übernehmen – eine Funktion, die er bis heute innehat.[2]
Gudkov als Wissenschaftler ist vom Levada-Zentrum kaum zu trennen. Er hat es vermocht, die Qualitäten, die ihn selbst auszeichnen – Ernsthaftigkeit, Unabhängigkeit, Professionalität und, aktuell besonders bedeutsam, Ehrlichkeit – auch zu Markenzeichen des Instituts zu machen, und das in einem, gelinde gesagt, schwierigen Umfeld.[3] Wer immer heute zum Russland der

---

[1] Jurij Levada (Hg.): Sovetskij prostoj čelovek. Moskva 1993. Zuerst Deutsch: Die Sowjetmenschen 1989–1991. Berlin 1992.
[2] Den neuen Namen nahm das Zentrum an, als der Kreml 2003 das von Jurij Levada geleitete VCIOM unter seine Kontrolle brachte, woraufhin Levada ein neues Institut unter dem Namen „Levada-Centr" gründete, an das ihm sämtliche ehemaligen Mitarbeiter des VCIOM folgten.
[3] Das Levada-Zentrum wurde im September 2016 zum „ausländischen Agenten" erklärt. Dieser Status erschwert die laufende Arbeit erheblich. Siehe dazu die Erklärung von Lev Gudkov zur Diffamierung des Levada-Zentrums als „ausländischer Agent, in diesem Buch, S. 285–288.

Gegenwart arbeitet, greift auf die in der Regel frei zugänglichen Daten des Levada-Zentrums zurück.

Der Ruf des Instituts verdankt sich der Tatsache, dass Gudkov nach allen Seiten unabhängig ist; er ist immer auf Distanz geblieben, sowohl zu den Machthabern als auch zu Parteien oder Clans aller Art, einschließlich der liberalen Opposition. Die Folge waren permanente Angriffe von Seiten des Regimes, gelegentlich aber auch von der Opposition, etwa als Gudkov anhand von Umfragen zeigte, wie die Beliebtheitswerte von Präsident Putin mit dem wachsenden Nationalismus nach der Annexion der Krim stiegen.

Der Zusammenbruch der Sowjetunion bedeutete für Gudkov wie für so viele nicht-konformistische Intellektuelle seiner Generation das Ende einer langen Phase der Isolation, in der seine Aktivität auf einen kleinen Kreis Gleichgesinnter beschränkt gewesen war. Dennoch widerstand er in dieser Situation, erst unter El'cin, dann unter Putin, den Versuchungen des Geldes, der so schmeichelhaften wie lukrativen Beziehungen zu den neuen Machthabern, aber auch der Versuchung, sich nur mit „eigenen Leuten" zu umgeben. Seine geistige Unabhängigkeit hat mit der Fähigkeit zu tun, dem Anderen zuzuhören und ihn zu verstehen (beides bringt Gudkov, nebenbei bemerkt, mit der Moderne in Verbindung), und mit der in akademischen Kreisen höchst seltenen Fähigkeit, seine eigenen Ansichten zu revidieren.

Lev Gudkovs Schriften lassen sich als globales Projekt beschreiben: Er erforscht nicht einzelne Aspekte der russländischen Gesellschaft (und seien es so wichtige wie Migration, Jugend, Bildung oder Gesundheit), sondern die Gesellschaft als ganze in ihrer Entwicklung seit der Sowjetzeit. Wie sein Lehrer Jurij Levada beschreibt er diese Gesellschaft bis heute als „postsowjetisch", da zahlreiche Elemente des alten Systems – anders konfiguriert – auch nach dem Ende der Sowjetunion fortleben. Die Entwicklung der Gesellschaft analysiert er anhand des – aus meiner Sicht anfechtbaren, bei Gudkov aber theoretisch gut fundierten – Paradigmas einer Opposition von archaischen (geschlossenen, hierarchischen, patriarchalen etc.) und modernen (individualistischen, performativen, verantwortungsvollen etc.) Gesellschaften. Die Frage, die sich durch nahezu alle seine Bücher und Artikel zieht, lautet: Warum sind Russlands Modernisierungsversuche ein ums andere Mal gescheitert?[4] Und unter welchen Bedingungen könnten sie gelingen? Um diese Frage zu beantworten, untersucht Gudkov einzelne Ele-

---

[4] Die gescheiterte Modernisierung schlägt sich auch im Titel eines seiner Aufsatzbände nieder: Lev Gudkov: Abortivnaja modernizacija. Moskva 2011.

mente der Gesellschaft, die er als archaisch oder modern klassifiziert – neigt dabei allerdings dazu, von ihm selbst als archaisch bezeichnete Aspekte zu übersehen, wenn sie in den Gesellschaften (vor allem der mehrheitlich protestantischen europäischen Länder) vorkommen, deren Modernisierung in seinen Augen abgeschlossen ist.

Im Zentrum dieser Untersuchungen steht der bereits erwähnte *Homo Sovieticus*, der eine idealtypische Verbindung der in den Umfragen (aus denen sich ja gerade nur die großen Entwicklungslinien der Massengesellschaft erschließen lassen) vorherrschenden Züge – eine Konfiguration, die aus der Interaktion von Institutionen (Familie, Schule, Justiz etc.) und Individuum entsteht, ohne dass man sagen könnte, wer Henne und wer Ei ist.

Eines, wenn nicht *das* grundlegende Charakteristikum dieses Typus ist das gespaltene Bewusstsein, das sogenannte „Doppeldenken" (dvoemyslie). Nicht im Sinn von banaler Heuchelei – der Sowjetmensch ist nicht einfach einer, der lügt, der nur seiner nahen Umgebung zeigt, was er wirklich denkt, und sich im öffentlichen Raum verstellt, sondern einer, der permanent zwei Register bedient und in beiden völlig aufrichtig ist. Das eine Register ist das der übergreifenden Ideen (Russlands Größe wäre ein aktuelles Beispiel), das andere bezieht sich auf seine konkrete Umgebung, in der sein Überleben und sein Erfolg davon abhängen, dass er die auf der ersten Ebene proklamierten Normen verletzt.

Der „sowjetische" (und „postsowjetische") Mensch ist überzeugt, dass genau so die Welt im Allgemeinen funktioniert, er versucht deshalb immer *hinter* die großen Ideen zu schauen und dort materielle Beweggründe auszumachen – an Solidarität, gegenseitige Hilfe, überhaupt an Moral glaubt er nicht. In seinen Augen sind Geld und Gewalt die einzigen Kräfte, die die Welt bewegen. Diesen Zynismus teilen die Machthaber, die „Eliten", mit den „einfachen Leuten". Ein Zynismus der Basis, der den Zynismus an der Spitze sichtbar, aber zugleich auch akzeptabel macht. Dieser Zynismus blockiert sämtliche Modernisierungs- und Demokratisierungsbemühungen. Ihr zynisches Weltbild hindert die Machthaber und ihr Umfeld, eine wie auch immer geartete Zukunftsvision zu entwickeln, und treibt sie in die Arme der aus Konservatismus, nationaler Exaltation und Orthodoxie zusammengebrauten heutigen Ideologie. Der „Sowjetmensch" und, wie Lev Gudkov feststellt, auch sein postsowjetischer Nachfolger, ist ein „nackter" Mensch, er hat keine komplexen Beziehungen in einer komplexen, von allgemein akzeptierten Normen bestimmten Gesellschaft. Die Kehrseite seiner Fähigkeit, sich

mit Gewalt (vor allem staatlicher Gewalt) abzufinden, ist seine Unfähigkeit zur Vergesellschaftung, er kann allenfalls kleinere Gruppen gründen.
Levada und seine Mitarbeiter sahen diesen Sowjetmenschen zunächst tatsächlich als rein sowjetische Erscheinung, als aussterbende Art. In den Analysen ihrer Umfrageergebnisse kontrastierten sie vorzugsweise junge, gebildete Großstädter mit einer älteren, weniger gebildeten Kleinstadt- und Landbevölkerung, die sämtliche Merkmale von Rückständigkeit aufwies. Was anfangs unterschätzt wurde, war meines Erachtens, bis zu welchem Grade solche Merkmale in den verschiedenen sozialen Gruppen und natürlich auch bei einzelnen Personen mit anderen Merkmalen durchsetzt und vermischt sein können. Doch bei diesem schlichten Analyseschema blieb es nicht lange: Es zeigte sich bald, dass die charakteristischen Züge des Sowjetmenschen viel langlebiger waren als ursprünglich angenommen; sie finden sich bis heute in allen sozialen und demographischen Gruppen wieder. Besonders offensichtlich wurde das mit dem Aufstieg des Nationalismus, der mit der von der Mehrheit der Bevölkerung enthusiastisch begrüßten Annexion der Krim einherging, mit der Rückkehr des imperialen Denkens, der Idee von Russlands Größe oder der von Russlands Sonderweg. Was wir Ende der 1980er Jahre erlebt haben, so folgert Lev Gudkov, war demnach kein großer Sprung, mit dem eine kontinuierliche Entwicklung begann, sondern lediglich ein Zwischensprung, der zwar wichtig und von bleibender Wirkung für die Gesellschaft war, aber das Fundament der totalitären Gesellschaft nicht erschütterte.[5]

Auf einer tieferliegenden Ebene stellt sich damit die Frage, inwieweit der „Sowjetmensch" wirklich sowjetisch war, und ob nicht viele seiner Merkmale, die das Ende der Sowjetunion überlebt haben, älteren Ursprungs sind – eine Frage, bei der man leicht in Essentialismus verfallen und im heutigen Russland nur einen Avatar des „ewigen" Russland (*večnaja Rus'*) sehen könnte. Immer wieder betont Gudkov, dass es nicht das ist, was er sagen will: Er sieht die Last der Vergangenheit, aber Pfadabhängigkeit bedeutet für ihn nicht, dass die Geschichte sich in einer Schleife bewegt, dass sie immer wieder von vorne beginnt. Andererseits hat er sich auch schon früh gegen ein Verständnis der jüngsten Geschichte im Sinn der Transformationsforschung ausgesprochen: Das (letztlich teleologische) Konzept der Transfor-

---

[5] Gudkov spricht vom totalitären Regime nicht als historischer Realität sondern als Idealtypus, zu dem Regime tendieren, die Modernisierungswillen mit Repression koppeln; der Begriff des Totalitarismus ist für ihn also ein Analyseinstrument.

mation erlaube den Überresten der liberalen (prowestlichen) Parteien, die gegenwärtige Entwicklung zu ignorieren und in völliger Selbsttäuschung weiterhin auf eine demokratische Zukunft zu hoffen. Dank dieser Illusion kann das liberale Lager, ähnlich wie seinerzeit die mehr oder weniger dissidentischen Intellektuellen der Sowjetunion, auch ohne echten politischen Kampf seine Identität bewahren und sich auf seine oppositionelle Rolle beschränken.

Nach Gudkovs Überzeugung steht diese Art der Selbsttäuschung nicht nur dem klaren Urteil im Weg, sie macht ihre Träger auch zu unfreiwilligen Komplizen des Regimes. Man braucht nicht eigens darauf hinzuweisen, dass eine solche Haltung einem Mann, der sich zu den Demokraten zählt und dem demokratischen Lager durch lange Jahre gemeinsamer Arbeit verbunden ist, außergewöhnlichen Mut und große Entschlossenheit abverlangt. Gudkov sieht sich immer wieder heftigen Angriffen ausgesetzt, man wirft ihm Verrat an der liberalen Sache vor. Für ihn dagegen geht es schlicht darum, seine Schlussfolgerungen aus den Daten, die er analysiert, frei zu formulieren und zu artikulieren. Diese Freiheit, die mit der Idee der Verantwortung für das eigene Handeln zu tun hat, ist aus seiner Sicht das, was das Levada-Zentrum auszeichnet und das, was er auch jüngeren Kollegen nahezubringen versucht.

Wissenschaftliche Strenge und Objektivität sind für Gudkov kein Grund, nicht auch persönlich Stellung zu beziehen und die eigene Haltung als Bürger zu verschweigen – ganz im Gegenteil: Für ihn liegt die Ethik des Wissenschaftlers gerade darin, dass dieser eine klare politische Position bezieht. Diese Ethik sieht er nicht nur bei Jurij Levada, sondern auch bei den Gründervätern der Soziologie am Werk.

Auch dies ist ein roter Faden, der sich durch Gudkovs Werk zieht: der moralische Anspruch, den er selbst in seiner Arbeit umsetzt, und dessen Fehlen er gerade bei denen, die in seinen Augen seine wichtigsten Träger sein sollten – seine Kollegen, die Intellektuellen, die „Eliten" –, aufs schärfste kritisiert.

Aus dem Französischen von Olga Radetzkaja, Berlin

Marija Lipman
Angepasst, aber nicht passiv
Anmerkungen zu Lev Gudkovs Gesellschaftsinterpretation

„Die Zukunftsperspektive ist weggebrochen: Man weiß nicht, woher ein Wechsel kommen sollte, es sind keine Kräfte in Sicht, die die Lage verändern könnten..."

„Die Regierung genießt heute eine ausreichend hohe Akzeptanz in der Bevölkerung, um auch bei kontinuierlich sinkendem Lebensstandard die Kontrolle über die Situation im Land zu behalten..."

Man kann *„mit Sicherheit sagen, dass die Reproduktionsbedingungen des heutigen Regimes und des ganzen Sozialgefüges auf unbestimmte Zeit erhalten bleiben werden."*

Eine Prognose der Entwicklungen in Russland ist zwar eine undankbare Aufgabe, doch unter den gegenwärtigen Umständen klingen die Zitate aus Lev Gudkovs Text sehr überzeugend – obwohl er vor mehr als sechs Jahren verfasst wurde.[1]

Wenige Monate nach der Publikation seines Artikels „Inercija passivnoj adaptacii" (Die Trägheit der passiven Anpassung) schien einer der bedeutendsten Soziologen Russlands düpiert. Lev Gudkov hatte die These vertreten, dass die chronische Unzufriedenheit in Russlands Bevölkerung zwar recht hoch sei, doch werde sich diese nicht in aktivem Handeln niederschlagen. Doch Ende 2011 kam es in Moskau und anderen Großstädten zu Massenprotesten gegen Putin. Nicht nur Gudkov hatte diese Proteste nicht vorausgesehen – selbst die Teilnehmerinnen und Teilnehmer dürften davon überrascht

---

[1] Lev Gudkov: Inercija passivnoj adaptacii, in: Pro et Contra, 1/2011, <http://carnegieendowment.org/files/ProetContra_51_20-42_all.pdf>.

gewesen sein. Ihre Begeisterung speiste sich zu einem nicht geringen Teil von dem freudigen Erstaunen darüber, wie viele sie waren.

Bereits in der zweiten Hälfte 2012 ergriff die Staatsmacht jedoch radikale Maßnahmen gegen jene Bürger, die zu sehr nach Modernisierung strebten, und brachte die konservative Mehrheit vorsätzlich gegen sie auf.[2] Diese Politik versetzte das Land in jenen Zustand zurück, den Gudkov in seinem erwähnten Aufsatz beschrieben hatte. Seine pessimistische Sichtweise, gestützt auf die langjährige Analyse der sowjetischen und später der russländischen Gesellschaft, hatte sich erneut als zutreffend erwiesen. Womöglich – ich gehe von meiner eigenen Erfahrung aus – spricht aus diesem Pessimismus auch die Enttäuschung eines Menschen, der nach einer langer Lebenszeit unter der Sowjetmacht Ende der 1980er Jahre von der plötzlichen Freiheit überwältigt war und heute enttäuscht ist.

Das Bild von der russländischen Gesellschaft, das Gudkov in seinem Aufsatz von 2011 und in zahlreichen anderen Arbeiten zeichnet, hat häufig Widerspruch insbesondere unter jüngeren Experten ausgelöst: Sie argumentieren, seine Schlussfolgerungen seien zu „statisch", er ließe neue Entwicklungen außer Acht, die durch das grobe Raster der landesweiten Stichproben fielen. Es wurde auch darauf hingewiesen, dass die Analysen des Levada-Zentrums, die ein ums andere Mal die gleiche Hoffnungslosigkeit feststellten, den hohen Anteil jener Menschen nicht berücksichtigten, die sich weigern, überhaupt an Umfragen teilzunehmen.[3]

Doch die Reaktionen der russländischen Gesellschaft auf die politische Entwicklung zeigen leider immer wieder, wie recht Gudkov mit seiner Einschätzung hat. 2011 analysierte er, dass die Staatsmacht auf konservative Inhalte in der Bildungspolitik setze, Traditionalismus imitiere und sich einer Rhetorik bediene, nach der das Land von inneren und äußeren Feinden

---

[2] Dazu: Manfred Sapper, Volker Weichsel (Hg.): Auge auf! Aufbruch und Regression in Russland. Berlin 2012 [= Osteuropa, 6–8/2012], hier vor allem Maria Lipman: Doppelte Polarisierung. Russlands gespaltene Gesellschaft, S. 9–22, und Vladimir Gel'man: Risse im System. Russlands Autoritarismus 2012, in: ebd., S. 23–44.

[3] Siehe exemplarisch die Diskussion „Kritika socoprosov: krizis sociologii ili obščestva?" am 15.9.2016 im Sacharov-Zentrum in Moskau <https://www.youtube.com/watch?v=EKHESpFo6U4>. In einer Auseinandersetzung mit Gudkovs Aufsatz „Ressentimentnyj nacionalizm" in: Vestnik obščestvennogo mnenija, 3–4/2014, S. 163–227, moniert Kirill Rogov: „Bei aller Fundiertheit unterdrückt [Gudkovs, M.L.] Zugang doch die Aufmerksamkeit für jene neuen Phänomene in der öffentlichen Meinung, die mit hoher Wahrscheinlichkeit die Zukunft prägen werden." Kirill Rogov „Krymskij sindrom": mechanizmy avtoritarnoj mobilizacii?, <www.counter-point.org/wp-content/uploads/2015/09/rogov_countepoint1.pdf>.

bedroht sei. Damit erziele sie den gewünschten Effekt: Sie verhindere die horizontale Vernetzung in der Gesellschaft und untergrabe die politische Eigenständigkeit der Bevölkerung. Heute entspricht diese Analyse stärker der Realität als jemals zuvor. Noch bereitwilliger akzeptieren Russlands Bürgerinnen und Bürger die Institution des nationalen Führers, der die gesamte staatliche, paternalistische Machtfülle verkörpert, die wachsende Bedeutung der Gewaltministerien, des Militärs und der Russischen Orthodoxen Kirche. Und es hat den Anschein, als teilten einige Kritiker mittlerweile Gudkovs Meinung oder hegten zumindest nicht mehr die Hoffnung, dass der Impuls zu Veränderungen von unten, aus der russländischen Gesellschaft kommen werde.[4]

Alle Arbeiten Gudkovs sind scharfsinnig und äußerst präzise formuliert. Den Aufsatz „Die Trägheit der passiven Anpassung" habe ich deshalb ausgewählt, weil er in der Zeitschrift *Pro et Contra* erschien, als ich dort als Chefredakteurin arbeitete. Wenn ich ihn heute von neuem lese, kann ich mich des Eindrucks nicht erwehren, dass die Überschrift weniger präzise ist als der Text selbst.

Anpassung als Mittel, sich zu arrangieren – mit einem antagonistischen, oft repressiven, manchmal brutalen Staat, mit Beamten, die nur auf ihren Vorteil bedacht sind, mit Richtern, die zugunsten der Reichen und Einflussreichen entscheiden, mit Korruption, Ungerechtigkeit und schreiender Ungleichheit – das alles beschreibt Gudkov meisterhaft. Aber warum nennt er sie „passiv"? Gudkov schreibt:

> Die sowjetische Erfahrung der Anpassung an einen repressiven Staat ist tief in die Kultur eingedrungen, in die Mechanismen, welche die Identität eines Menschen und der Gesellschaft in einer kollektivistischen Ordnung aufrechterhalten. Bei der geringsten Verstärkung von staatlicher Kontrolle und Zwang wird sie augenblicklich aktiviert.[5]

Wenn die mangelnde Bereitschaft, sich zusammenzuschließen und die direkte Auseinandersetzung mit der Staatsmacht zu suchen, ein Kriterium für Passivität ist, dann trägt eine Gesellschaft, die weder Reformen noch Gerechtig-

---

[4] Vgl. die Diskussion zur gesellschaftlichen Stimmung im Sacharov-Zentrum im Mai 2017: „Vyjti odin raz na ploščad' – eto ničevo ne dast". Čto prinset v Rossiju peremeny? Republic, 5.6.2017, <https://republic.ru/posts/83622?utm_source=slon.ru&utm_medium=email&utm_campaign=morning>.

[5] Gudkov, Inercija [Fn. 1].

keit, noch eine unabhängige Justiz fordert, diese Bezeichnung der „passiven Anpassung" natürlich zu Recht.

Jedoch ist die Bereitschaft sich zu arrangieren nicht gleichbedeutend mit Resignation, weder in spätsowjetischer Zeit noch in der Gegenwart. Wie der Sowjetmensch empfindet auch der heutige Durchschnittsbürger Russlands nicht die geringste Achtung vor der Staatsmacht: Er greift sie zwar nicht direkt an, weiß sie und ihre Vertreter aber genau einzuschätzen und macht sich über deren Amoralität und Verlogenheit keine Illusionen. Die meisten der russländischen Bürgerinnen und Bürger, die nach ihrer eigenen Aussage Putins Tätigkeit als Staatsoberhaupt gutheißen, halten ihn trotzdem nicht für den „Präsidenten aller Russen", sondern erklären Jahr für Jahr voller Überzeugung, Putin vertrete die Interessen der Gewaltministerien, der Bürokratie, der Oligarchen oder wessen auch immer, nur nicht die der normalen Leute.

Wie zu Sowjetzeiten haben die Bürger auch heute kein Problem damit, die Vertreter der Staatsmacht ins Lächerliche zu ziehen. Ihr Ungehorsam beschränkt sich durchaus nicht auf Worte und Meinungen. In den letzten Jahrzehnten des Bestehens der UdSSR verlor der Sowjetmensch bei aller Loyalität dem Staat gegenüber seine Privatinteressen nicht aus dem Blick. Bei dem Versuch, den überall präsenten Verboten und Beschränkungen zum Trotz für sich und seine Familie ein erträgliches Leben zu schaffen, legte er im Kampf mit dem System eine enorme Findigkeit an den Tag.

Michail Žvaneckij, der Großmeister der politischen Satire, den Gudkov einmal mir gegenüber als hervorragenden Soziologen bezeichnete, beschrieb mit brillanter Lakonie das Weltbild des Sowjetmenschen, der sich selbstbewusst mit dem repressiven Staat arrangierte.

> Der Staat nimmt uns weg, was er kann, und wir ihm auch. Sind eben alle miteinander verwandt [. . .] Teuerung, Preissteigerung, Gehaltskürzung, Lebensmittelkarten – so beklaut er uns. Das war seine Runde, jetzt sind wir dran. Und werden fündig: Benzin aus dem Laster, Rohre von der Baustelle, Fleisch aus dem Schlachthaus, Fische vom Staudamm . . . Das Volk hat sich komplett angepasst, arrangiert, seinen Platz gefunden, es sagt, was es soll, geht, wohin es soll, und schraubt derweil mit Händen, Füßen, Zähnen ab, was abzuschrauben ist, während es dem Staat treuherzig in die Augen blickt.[6]

---

[6] Michail Žvaneckij: Gosudarstvo i narod, in: Sočinenija Michaila Žvaneckogo. Tom 3, <odesskiy.com/zhvanetskiy-tom-3/gosudarstvo-i-narod.html>.

Diese spezifischen Verhaltensweisen spielten in der Frühphase des Kapitalismus in Russland, der sich ohne jedes ethische Fundament entwickelte, ebenfalls eine wichtige Rolle.

Der durchschnittliche Russe von heute kann leicht auf politische Partizipation verzichten und hat keinerlei Ehrgeiz, die Geschicke des Landes mitzugestalten oder sich für bessere gesellschaftliche Bedingungen zu engagieren. Er spart aber keine Mühe, wenn es gilt, seinen privaten, vor allem seinen familiären Raum zu gestalten – sei es die Wohnungsfrage, die medizinische Versorgung, die Bildung oder ganz allgemein die Beschaffung dessen, was er als notwendig oder wünschenswert erachtet, sei es in materieller, kultureller oder sonstiger Hinsicht. Vor allem betrifft das die Bevölkerung von Großstädten, wo die Möglichkeiten weitaus größer sind als auf dem flachen Land. Die besonders tatkräftigen und resoluten Provinzbewohner ziehen, um sich einen eigenen Raum zu schaffen und auszustatten, in die großen Städte und füllen so die Reihen der nach Modernisierung strebenden Minderheit auf.

Obwohl die heutige Generation keine eigene sowjetische Erfahrung mehr hat, sind sowjetische Verhaltensweisen – das kreative Umgehen von Regeln, der Versuch, dabei eine direkte Konfrontation mit dem System zu vermeiden, die Bereitschaft, sich dafür mit unerfreulichen oder gar suspekten Kreisen einzulassen – auch gegenwärtig hoch im Kurs. Doch es liegt auf der Hand, dass es im heutigen Russland für die Gestaltung des eigenen, privaten Raums unendlich mehr Möglichkeiten gibt als in der späten UdSSR; zudem ist es jetzt nicht mehr erforderlich, „dem Staat" jeden Moment „treuherzig in die Augen" zu schauen. Man kann sein eigenes Nest bauen, ohne „dem Staat was wegzunehmen."

> „Am deutlichsten äußern sich Volksweisheit und passive Anpassung", erklärt Gudkov, „in der Gewohnheit, die Dinge auszusitzen und zu glauben, man bräuchte nur die Tür zuzumachen, und die Probleme blieben draußen."[7]

Doch wenn der Staat durch die Tür dringt, in den Raum, den der Bürger als seinen eigenen begreift, sind russländische Bürgerinnen und Bürger erneut nichts weniger als passiv. Wie Samuel A. Greene unlängst formulierte, sind sie bereit, „entschlossen Widerstand" zu leisten, „wenn der Staat ersichtlich

---

[7] Gudkov, Inercija [Fn. 1].

(und unmittelbar) ihr Wohlergehen bedroht".[8] In einigen Fällen ist ein solcher Widerstand (sei es gegen „fremde" Bautätigkeit auf dem „eigenen" Territorium oder gegen ungerechte Steuern) langanhaltend und hartnäckig und zwingt die Staatsmacht zum Taktieren und manchmal sogar zum Nachgeben.
Darüber hinaus sind durchaus nicht alle gesellschaftlichen Initiativen eine Reaktion auf staatliches Handeln. Im postsowjetischen Russland wurden – vor allem in den letzten zehn Jahren – zahlreiche Bildungs- und Kulturprojekte sowie karitative Einrichtungen ins Leben gerufen. Demnach beschränken sich private Initiativen in der sozialen Sphäre nicht auf die Verteidigung des „eigenen Raums": Häufig haben sie altruistische Ziele und dienen der Fürsorge für die schwächsten Mitglieder der Gesellschaft – Kinder, Behinderte, alte Menschen, unheilbar Kranke. Manchmal gelingt es Aktivisten und Organisationen, den Staat zur Zusammenarbeit zu bewegen, um gestützt auf ihre langjährige Erfahrung und in Kooperation mit staatlichen Stellen neue Standards in Gesundheitswesen und Sozialarbeit zu entwickeln.[9]
In einem Abstract zu seinem Aufsatz „Die Trägheit der passiven Anpassung" präzisiert Gudkov: „In der russländischen Gesellschaft bilden sich permanent Gruppen, die nach Modernisierung streben, doch diese Impulse werden von den Eigeninteressen der Machtorgane, dem Opportunismus der Eliten und der allgemeinen Apathie der Bevölkerung erstickt."[10]
Gudkov hat nach wie vor recht: Trotz der Proteste gegen das Eindringen des Staates in den privaten Raum und trotz zahlreicher altruistischer Initiativen bleibt das politische System im Kern unverändert. Die zentralisierte Macht duldet keine Konkurrenz, akzeptiert keine gesellschaftliche Partizipation an

---

[8] Samuel A. Greene: From Boom to Bust: Hardship, Mobilization and Russia's Social Contract, in: Daedalus, 2/2017, S. 113–127.

[9] Ein herausragendes Beispiel, wie engagierte Bürgerinnen und Bürger mit staatlichen Strukturen zusammenarbeiten können, bietet die Organisation „Freude im Alter". Elizaveta Oleskina hatte sie ursprünglich als privates Hilfsprojekt gegründet. Heute kooperiert „Freude im Alter" zur Gesundheitsvorsorge und Sozialfürsorge in mehreren Regionen Russlands mit den Kommunalverwaltungen. „Wir haben versucht, Mitstreiter unter den kommunalen Beamten zu finden", erzählt Oleskina im Juli 2017. „Wir sind ihnen sehr dankbar. Denn sie mussten uns ja glauben, dass wir, eine karitative Stiftung, nicht einfach mit unseren Luftschlössern ... zu ihnen kamen, sondern dass es sich um ein seriöses Projekt handelt. ... Ich bin den Sozialministern der Gebiete Rjazan, Tver', Tula und Pskov dankbar, weil die Pilotprojekte, so schwierig sie sich auch anließen, allmählich aus dem Stadium der Idee in das der Verwirklichung übergehen." <www.facebook.com/permalink.php?story_fbid = 10213697411056069&id=1428827422>.

[10] Gudkov, Inercija [Fn. 1].

der Politik und lehnt es kategorisch ab, über ihr Handeln der Bevölkerung oder vor dem Gesetz Rechenschaft abzulegen.

Diejenigen, die Gudkov als „Gruppen, die nach Modernisierung streben" bezeichnet – unabhängig denkende Bürgerinnen und Bürger Russlands, die in der Lage sind, ihr Leben nach eigenen Vorstellungen zu gestalten und ohne staatliche Unterstützung auskommen – neigen mit wenigen Ausnahmen nicht dazu, mit der Staatsmacht zu kooperieren. Sie folgen einer jahrhundertealten Tradition, wenn sie sich von „denen da oben" abschotten, und versuchen, so wenig wie möglich mit ihnen in Berührung zu kommen. Auf diese Weise überlassen sie den Regierenden jedoch vollständig den politischen Raum.

Und dennoch: In den 25 Jahren seit dem Ende der Sowjetunion lag die soziale Modernisierung nicht brach. Heute beherrscht die Bevölkerung die Verhaltensweisen der sozialen Kooperation und der gesellschaftlichen Organisation weitaus besser als in der ersten Zeit der Freiheit nach der Auflösung der UdSSR. Gudkovs pessimistische Analyse hat ihre Aktualität nicht verloren, aber wenn ich seinen Artikel heute noch einmal publizieren würde, würde ich ihn gerne davon überzeugen, das Wort „passiv" aus der Überschrift zu streichen.

Aus dem Russischen von Christiane Körner, Frankfurt/Main

Blick zurück nach vorn: Osteuropa, 6–8/2017

Aleksej Levinson
Ein radikaler Skeptiker

Lev Gudkov ist einer der größten Soziologen Russlands ist. Doch in Russland sehen das nur wenige so, und ganz sicher niemand von denjenigen, die sich selbst für große Soziologen halten. Zustimmen würden einige Leser seiner Bücher und Besucher seiner Vorlesungen. Von diesen gibt es ohnehin nicht viele. Und jene, die sich seine Gedanken aneignen, sie weiterentwickeln oder widerlegen, sind äußerst rar.
Gudkovs wissenschaftliche Texte stehen im Ruf schwerverständlich zu sein. Wer zu den Inhalten vordringt, stellt fest, dass es nicht an der Wortwahl liegt: Gudkovs Gedanken sind komplex. Und: Sie sind schwer für den Leser, weil sie für den Autor schwer sind. Zugespitzt kann man sagen: Gudkov selbst denkt und schreibt widerwillig über unsere Gesellschaft, was eine höhere Gewalt, nämlich das Gewissen des Forschers (alias Weltschmerz), ihn zu denken und zu schreiben zwingt. Seine Texte sind schwerverständlich, weil wir als Leserinnen und Leser das, was uns Gudkov über uns und unser Leben erzählt und analysiert, nicht gerne einsehen möchten. Denn wir in Russland leben doch nur von Hoffnung. Gudkov aber verurteilt sich selbst und verurteilt uns zu einem Leben ohne sie. Wir tun uns leid. Er hingegen hat weder mit sich selbst noch mit uns Mitleid. Gudkov ist ein radikaler Skeptiker. Um weiter zu machen, nachdem man die ganze Hoffnungslosigkeit der eigenen Sache erkannt hat, braucht man Mut. Gudkov zeigt diesen Mut in seinen Texten, in seinen Interviews und in seinen Auftritten im Hörsaal wie vor Gericht.
Lev Kopelev war ein tapferer Mann, er sagte seinen Landsleuten Dinge, die sie nicht hören wollten. Gudkov tut eben dasselbe und ebenso tapfer. Dieser Preis ist wie für ihn geschaffen.
P.S. Und was die Hoffnung betrifft – die gibt es doch, allein schon deswegen, weil es diesen Mann gibt, der sie leugnet.

Aus dem Russischen von Kirill Levinson, Moskau

osteuropa

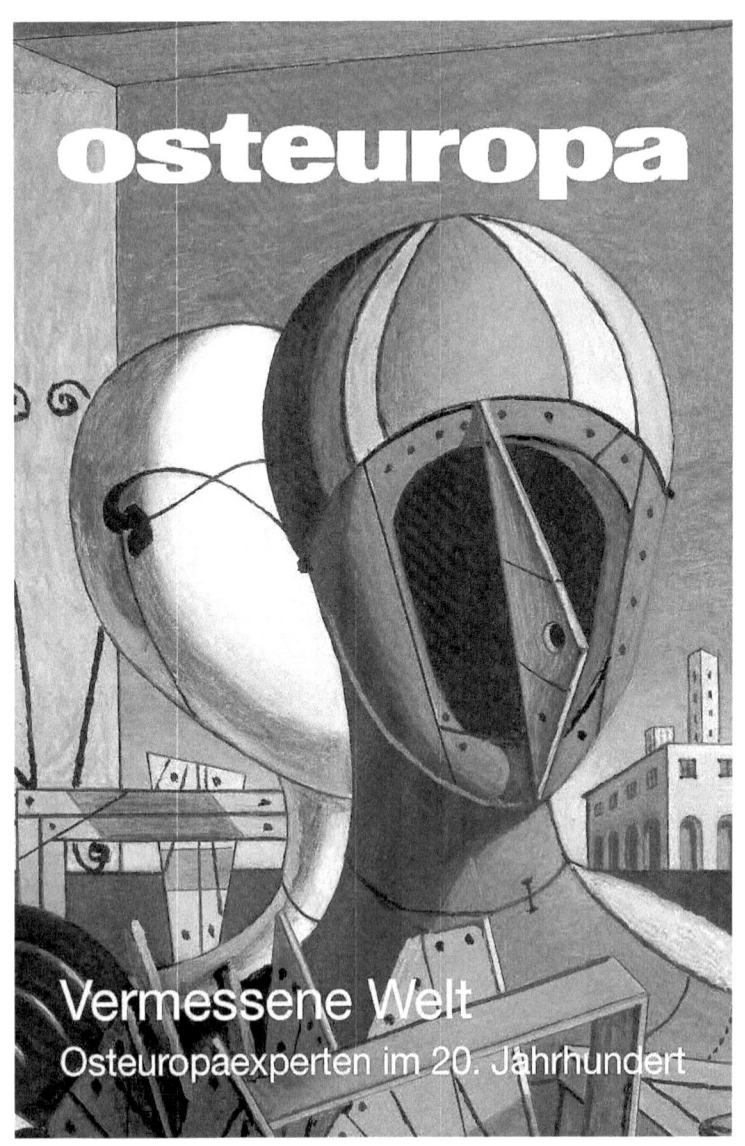

Vermessene Welt
Osteuropaexperten im 20. Jahrhundert

Analysen zu Wissensherrschaft und Herrschaftswissen: OSTEUROPA, 1–2/2017

Lilija Ševcova
Mit Elan und Adrenalin
Lev Gudkov und die unbequemen Wahrheiten

Lev Gudkov ist ein Vertreter jenes sehr kleinen Teils der russischen Intelligencija, der nicht auf die Regungen der „russischen Seele" fixiert ist. Das war ohnehin immer ein Thema, das von der Autokratie ablenkte. Stattdessen bemüht er sich, die Wahrheit über den Zustand der Gesellschaft und der öffentlichen Meinung zu sagen. Dazu gehört auch die Wahrheit darüber, wie die Bevölkerung zur Machtelite steht.
Der Soziologe und Philosoph Lev Gudkov ist der Nachfolger von Jurij Levada, dem Begründer einer modernen soziologischen Schule in Russland. Seit Levadas Tod im November 2006 leitet Gudkov das Levada-Zentrum, das einzige vom Staat unabhängige Meinungsforschungsinstitut Russlands. Während andere ähnliche Einrichtungen wie die Stiftung für Öffentliche Meinung (Fond Obščestvennoe mnenie; FOM) und das All-Russländische Zentrum zur Erforschung der Öffentlichen Meinung (Vserossijskij Centr izučenija Obščestvennogo mnenija; VCIOM) Auftragnehmer des Kreml sind und die Interessen der Machtelite bedienen, verfolgt das Levada-Zentrum das Ziel, ein realistisches Bild von der öffentlichen Meinung zu zeichnen. Weil dieses Bild den Machthabern manchmal missfällt, reagieren sie auf die Tätigkeit von Lev Gudkov und seinem Team scharf: 2016 wurde das Levada-Zentrum auf die Liste der „ausländischen Agenten" gesetzt.[1] Für die breite Bevölkerung Russlands bedeutet der Begriff „ausländischer Agent" so viel wie „Vaterlandsverräter" – und zwar ohne Wenn und Aber. Angesichts dessen ist das Ziel der Machthaber offensichtlich. Indem sie das Levada-Zentrum als „ausländischen Agenten" bezeichnen, versuchen sie das Levada-

---

[1] Siehe dazu die Stellungnahme des Direktors des Levada-Zentrums Lev Gudkov zur Diffamierung des Instituts als ausländischer Agent. Moskau 7.9.2016, <www.zeitschrift-osteuropa.de/support-levada/erklärung-gudkov/de.html>. Zu den Hintergründen: Grigorij Ochotin: Agentenjagd. Die Kampagne gegen NGOs in Russland, in: OSTEUROPA, 1–2/2015, S. 83–94.

Team, seine Arbeit und das von ihm gezeichnete Bild der öffentlichen Meinung in Russland zu diskreditieren. Doch Gudkov und seine Kollegen gehören nicht zu jenen, die sich unterkriegen lassen. Sie setzen ihre Arbeit ungerührt fort. Vor allem ihnen hat die Welt zu verdanken, die dramatischen Entwicklungen in Russlands Gesellschaft heute beurteilen zu können und zu sehen, wie die herrschende Elite die Minderwertigkeitskomplexe, Ängste, Ressentiments und Illusionen in der Gesellschaft instrumentalisiert, um ihr autokratisches Herrschaftssystem aufrechtzuerhalten.

Lev Gudkov ist Autor oder Ko-Autor von unzähligen Studien zur öffentlichen Meinung sowie zum Phänomen des „Homo Sovieticus" und des „postsowjetischen Menschen". Darunter sind Arbeiten zur „Negativen Identität", dem in der Geschichte Russlands immer wieder zu beobachtenden Problem der „Abgebrochenen Modernisierung", zur Soziologie der Elite oder zur Intelligencija. Dazu kommen buchstäblich Hunderte von Aufsätzen, Beiträgen und Studien. Außerdem ist Gudkov Autor der grundlegenden wissens- und kultursoziologischen Studie „Metapher und Rationalität".[2]

In jüngster Zeit war Gudkov einer der Ersten, der über die „Prozesse des sozialen Verfalls" schrieb und die Entwicklung der sozialen Basis Putins und des Putin-Regimes analysierte. Er beschrieb überzeugend den Prozess der „Abschaffung der Politik" und seine Folgen, die „Primitivierung des gesellschaftlichen Lebens" und den wachsenden Zynismus in Russland. Er sprach als Erster über die Demoralisierung der russländischen „Elite", die „nicht in der Lage ist, sich vorzustellen, was das Land und sie selbst morgen erwartet".[3] Viele Menschen in Russland und im Westen glauben immer noch an Putins hohe Popularität. Doch Gudkov zeigt anhand von soliden Studien, dass diese „Rankings" eigentlich „ein Symptom der Desorientierung der Menschen" darstellen und daher rühren, dass die Bürgerinnen und Bürger Russlands alle staatlichen Institutionen gering schätzen.

Oft muss Lev Gudkov nicht nur über die russländische Elite, sondern auch über die Gesellschaft unangenehme Wahrheiten sagen. So beschreibt er Zynismus als ein „Massenphänomen", das sich häufig nach Perioden des Aufschwungs und dem darauffolgenden Abebben der Begeisterung einstellt.

---

[2] Lev Gudkov: K probleme negativnoj identifikacii, in: ders.: Negativnaja identičnost'. Stat'i 1976–2002. Moskva 2004. – Abortivnaja modernizaija Moskva 2011.– Problema ‚elity' v segodnjašnej Rossii. (v soavtorstve s Ju. Levadoj i B. Dubinym. Moskva 2007. – Intelligencija. Zametki o literaturno-političeskich illjuzijach (v soavtorstve s B. Dubinym). Zweite, erweiterte Ausgabe SPb 2009, zuerst Moskva 1995. – Metafora i racional'nost' kak problema social'noj epistemologii. Moskva 1994.

[3] Lev Gudkov: Mechanika obščestvennogo raspada. Surrogaty nadeždy. Gazeta.Ru, <www.gazeta.ru/comments/2005/10/12_x_453992.shtml>.

Während viele Liberale hoffen, in Russlands Gesellschaft Unterstützung für eine liberale Wende zu sehen, meint Gudkov, dass der „Homo Sovieticus" als anthropologischer Typ nicht verschwunden ist – und zwar vor allem deshalb, weil das herrschende politische System ihn reproduziert.[4] Gudkov zeigt überzeugend, dass seit Putins Machtantritt eine „Resowjetisierung" in Russland im Gange ist, dank der etwa Stalin, den in den 1990er Jahren nur acht Prozent der Befragten als „die bedeutendste Person in der Geschichte aller Zeiten und Völker" betrachtet hatten, 2012 mit 42 Prozent und 2017 mit 38 Prozent den ersten Platz einnahm.[5]

Eine der wichtigsten Aufgaben besteht für Lev Gudkov heute darin, das Wesen des russländischen Totalitarismus und seine wichtigsten Triebkräfte zu verstehen und die Gründe für seine Reproduktion offenzulegen. Für Gudkov besteht die Haupttriebfeder dieses Totalitarismus nicht etwa in den Werten, mit denen eine neue Generation ins Leben tritt, sondern darin, was der Machtapparat mit dieser Generation macht.

Nach seiner Analyse der unerfreulichen Entwicklungen im kollektiven Bewusstsein der Bevölkerung, die unter dem manipulativen Einfluss staatlicher Institutionen wie des Fernsehens oder des Bildungssektors steht, kommt Gudkov zu dem Schluss, dass das autokratische System nicht von Dauer sein kann: „Das System wird immer primitiver in seiner Struktur und immer ineffizienter in seinen Steuerungspraktiken, es blockiert Entwicklung und schafft somit die Voraussetzungen für die kommende Krise."[6] Das System bereitet seinen politischen Selbstmord vor.

Subtil und ironisch, mutig und kompromisslos ist Lev Gudkov zweifellos einer der herausragenden gesellschaftswissenschaftlichen Denker Russlands. Die selbstlose Arbeit, die er und sein Team leisten, ist der Beweis dafür, dass es Russlands Intellektuellen selbst in den schwierigsten Zeiten weder an Elan noch an Adrenalin fehlt. Das bedeutet auch, dass die Hoffnung auf einen neuen Durchbruch besteht.

Aus dem Russischen von Kirill Levinson, Moskau

---

[4] Lev Gudkov: Der Sowjetmensch. Genese und Reproduktion eines anthropologischen Typus, in diesem Band, S. 7–34.
[5] Lev Gudkov, Natalija Zorkaja: Instrumentalisieren, klittern, verdrängen. Russlands unerwünschtes Revolutionsjubiläum, in diesem Band, S. 99–131.
[6] Lev Gudkov: My ponjali, čto sovetskij človek nikuda ne uchodit. Vedomosti, 24.7.2017, <www.vedomosti.ru/politics/characters/2017/07/24/725468-sovetskii-chelovek>.

Literatur als Soziologie. Zu Instrumenten und Erkenntnissen: Osteuropa, 8–10/2016

Nikolaj Petrov

Vom Homo Sovieticus zum . . . Homo Sovieticus

Bei der Analyse gesellschaftspolitischer Entwicklungen in Russland beruft sich jeder auch nur halbwegs seriöse Forscher auf die Arbeiten des Levada-Zentrums. Seit Jurij Levadas Tod im November 2006 steht es unter Leitung von Lev Gudkov.
Lange Zeit galt die Gegenüberstellung von „schlechter" Regierung und „guter" Gesellschaft als ein Gemeinplatz. Seit 2014 hat sich dieser Umstand leicht geändert. Doch selbst dann führten viele Forscher die breite Unterstützung für Putin und für Russlands Vorgehen auf der Krim sowie im Osten der Ukraine auf die Beeinflussung durch die Propagandamaschinerie und die Manipulation der öffentlichen Meinung zurück. Die Propaganda im heutigen Russland spielt tatsächlich eine wichtige Rolle, jedoch trifft nach wie vor eine Weisheit zu, die schon zu Sokrates' Zeiten bekannt war: „Jedes Volk hat den Herrscher, den es verdient."
Weder Levada noch Gudkov haben die „Volksfreunde" bei ihren Bestrebungen sonderlich ermuntert, das Bild des Volks aufzupolieren, das „immer im Recht ist". Dasselbe gilt für ihre Sicht auf die Herrschenden. Die Umfragen, die zunächst das VCIOM (Vsesojuznyj Centr izučenija Obščestvennogo mnenija; „Gesamtunionszentrum zur Erforschung der öffentlichen Meinung) und dann das Levada-Zentrum durchführten, waren ein Spiegel jener Stimmungen, die den Betroffenen mitunter gar nicht gut zu Gesicht standen. Ähnlich wie in dem russischen Märchen von der eigensinnigen Zarin, die den Spiegel fortschleudert, weil er ihr die unangenehme Wahrheit vor Augen führt, waren auch die redlichen Soziologen irgendwann nicht mehr hoffähig. 2003 wollte der Kreml das Meinungsforschungszentrum VCIOM unter seine Kontrolle bringen, indem er dessen Leiter absetzte. Daraufhin verließ das gesamte Team das Zentrum gemeinsam mit Jurij Levada und gründete das unabhängige Levada-Zentrum.
Jurij Levada, der fast sein gesamtes schweres Leben in einem totalitären Staat verbracht hatte, fand es wichtig, die Wechselwirkung zwischen dem institutionellen System des Totalitarismus und dem damit verbundenen

Persönlichkeitstyp zu erforschen. Er stellte die Hypothese auf, dass mit dem Abtreten jener Generation, die in den 1920er Jahren geboren und durch die in den 1930er Jahren geschaffenen totalitären Institutionen sozialisiert worden war, das kommunistische System erodieren müsse, da die Nachgeborenen die sowjetischen Ideale, Normen und Einstellungen nicht mehr teilten. Bereits 1989, nahezu unmittelbar mit der Gründung des VCIOM rief er das Forschungsprojekt „Der Sowjetmensch" (Sovetskij čelovek) ins Leben. Die Annahme lautete, dass die erste Umfrage die letzte Phase der Existenz dieses anthropologischen Typs dokumentieren würde, die Phase seiner Auflösung im Moment der offenen Krise des Sowjetregimes.

„Der Sowjetmensch", dessen Porträt Levada, Gudkov und die übrigen Mitarbeiterinnen und Mitarbeiter zeichnen,[1] ist kein spezifischer nationaler Typus eines Menschen, also etwa „des Russen", sondern das Modell eines Durchschnittsmenschen im totalitären bzw. posttotalitären Staat. Dieser anthropologische Typus ist für Gesellschaften charakteristisch, die nichtwestliche Varianten der Modernisierung durchlaufen haben oder sich im Stadium des Zerfalls eines totalitären Regimes befinden. Das Modell des Homo Sovieticus reiht sich in solche Allgemeintypen wie den Homo Ludens oder den Homo Oeconomicus ein.

Zu den zentralen Eigenschaften des Homo Sovieticus gehören seine erzwungene Selbstisolation, der staatliche Paternalismus, das imperiale Syndrom, die Identifikation mit dem Staat sowie eine explosive Mischung aus Größenwahn und Minderwertigkeitskomplexen. Der Sowjetmensch ist ein Herdentier, er ist entindividualisiert, so „wie alle"; gegen jede Form des Besseren oder Anderen eingestellt; leicht von oben kontrollierbar; in seinen Ansprüchen am Existenzminimum ausgerichtet; einfach gestrickt; gegenüber eigenen persönlichen Veränderungen abgeneigt; leicht steuerbar. Der Homo Sovieticus stammt aus einer mobilisierten, militarisierten, geschlossenen und repressiven Gesellschaft, die durch Feindbilder „im Inneren" und „Äußeren" integriert wird. Die Machthaber rechtfertigen dadurch ihre Forderung nach

---

[1] Die Sowjetmenschen 1989–1991. Soziogramm eines Zerfalls. Aus dem Russischen übersetzt von Ulrike Amtmann, Elke Braun, Luzie Cames-Komov, Sabine Konrad und Barbara Schweizerfolg. Berlin 1992. München ²1993. – Die russische Ausgabe erschien nach der deutschen: Sovetskij prostoj čelovek. Opyt social'nogo portreta na rubeže 90-ch. Moskva 1993. – Zum Gesamtprojekt Klaus Gestwa: Der Homo Sovieticus und der Zerfall des Sowjetimperiums. Jurij Levadas unliebsame Zeitdiagnosen, in: Zeithistorische Forschungen, 10/2013, S. 331–341.

Loyalität, da sie die Bevölkerung „verteidigen". Dieser Menschentyp ist staatliche Kontrolle und Selbstbegrenzung gewohnt.
Der Homo Sovieticus mit diesen charakteristischen Merkmalen ist in der Gesellschaft weit verbreitet, obwohl er nicht die absolute Mehrheit stellt. Ein gutes Drittel der Bevölkerung Russlands repräsentiert diesen Typus in Reinform. Bei zwei Dritteln der Bevölkerung sind diese Eigenschaften in abgeschwächter Form vorhanden oder kaum ausgeprägt. Es genügt jedoch vollkommen, dass das gute Drittel als vermeintliche „Mehrheit" die Norm setzt, einschließlich der Annahme, dass „alle so denken" und sich „alle so verhalten".
Inhaltlich abgespeckt und auf Russland begrenzt – also nicht mehr in den vierzehn übrigen postsowjetischen Staaten –, wurden die Umfragen des Projekts „Der Sowjetmensch" in den Jahren 1994, 1999, 2004, 2008 und 2012 wiederholt. Die einzelnen thematischen Blöcke etwa zu Xenophobie, Religiosität, Erinnerungskultur, Haltung zur Regierung, zum Tod, zum Geist der Zeit oder zu den Beziehungen zum Westen sind bis heute Teil der monatlichen Umfragen. Damit ist es möglich, die Entwicklungsdynamik der öffentlichen Meinung empirisch zu fassen, breite gesellschaftliche Reaktionen auf ihre Stabilität zu untersuchen und symptomatische Veränderungen zu analysieren.
Während des Zerfalls des sowjetischen Systems vertraten junge und gebildete Menschen vor allem in den Großstädten prowestliche und liberale Einstellungen. Sie plädierten für demokratische Reformen, Marktwirtschaft und freie Wahlen und lehnten sowjetische Symbole und Praktiken ab. Daraus schlossen die Soziologen um Levada und Gudkov, dass mit dem Abtreten der sowjetischen Generation und ihrer Ablösung durch neue Generationen die grundlegenden Werte und Praktiken des sowjetischen Systems nicht erhalten bleiben könnten. Denn – so lautete die Annahme – diese jüngeren Menschen seien nicht mehr sowjetisch sozialisiert, hätten uneingeschränkten Zugang zu Information und zur westlichen Kultur, hätten die Chance, sich selbst in Politik und Wirtschaft zu engagieren und verfügten über Freizügigkeit im Inneren des Landes sowie über die Möglichkeit, ins Ausland zu reisen.
Allerdings hat sich die ursprüngliche Annahme nicht bewahrheitet, dass die Jugend, die nicht mehr das Leben in einem Regime ohne Alternative verinnerlicht hat, eben das totalitäre Regime endgültig zerstören würde. Bereits die Ergebnisse von 1994 stützten diese Hypothese nur bedingt. Nach den nächsten Erhebungen von 1999, die ein Jahr nach der Wirtschaftskrise durchgeführt wurde, die in Russlands Bevölkerung schwerwiegende psychi-

sche Folgen gezeitigt hatte, und 2004 wurde klar: Der beschriebene anthropologische Typ wird in seinen wesentlichen Eigenschaften reproduziert. Selbst ganz junge Menschen, welche die Sowjetzeit kaum miterlebt haben, weisen einige der idealtypischen Merkmale auf.

Wodurch erweist sich das Modell des Homo Sovieticus als derart stabil und reproduzierbar? Lev Gudkovs Erklärung stützt sich auf die umfangreichen langjährigen Forschungen des Levada-Zentrums. Demnach handelt es sich nicht um einen Wertewandel der jungen Generation oder um die Besonderheit ihrer Pläne, Erwartungen und Ambitionen, die sich zweifelsohne unter völlig andersartigen Bedingungen herausgebildet haben. Entscheidend ist vielmehr, welchen Einfluss gesellschaftliche Institutionen auf diese Menschen haben. Das autoritäre Regime in Russland schafft aufs Neue viele der politischen Institutionen und Praktiken der Sowjetzeit. Der Homo Sovieticus ist Produkt und Produzent dieses Prozesses.

In dem kürzlich erschienenen Buch von Masha Gessen *The Future is History. How Totalitarianism Reclaimed Russia* kommt Lev Gudkov eine besondere Rolle zu.[2] Auf allen Etappen seines Lebenswegs seit seiner Studentenzeit und der Bekanntschaft mit Jurij Levada ist Gudkov einerseits ein wichtiger Protagonist des gesellschaftlichen Lebens, andererseits derjenige, der den Zustand und die Veränderungen der russländischen Gesellschaft interpretiert. Diese beiden Rollen – die des aktiven Teilnehmers am politischen und gesellschaftlichen Leben Russlands und die des scharfsinnigen Forschers, der die tägliche Chronik der gesellschaftlichen Entwicklung mit einer tiefen Analyse dieser Entwicklung zusammenbringt, – spielt Lev Gudkov auch im wirklichen Leben. Dafür sei ihm herzlich gedankt.

Aus dem Russischen von Irina Bondas, Berlin

---

[2] Masha Gessen: The Future is History. How Totalitarianism Reclaimed Russia. New York 2017. Eine deutsche Ausgabe ist im Suhrkamp-Verlag in Vorbereitung.

Nachweise

Der Sowjetmensch. Genese und Reproduktion eines anthropologischen Typus. Aus dem Russischen von Volker Weichsel. Deutsch zuerst erschienen in: Revolution retour. 1917–2017: Vorwärts, und stets vergessen [= OSTEUROPA, 6–8/2017], S. 91–111.

Sozialkapital und Werteorientierung. Moderne, Prämoderne und Antimoderne in Russland. Aus dem Russischen von Falk Bomsdorf. Deutsch zuerst erschienen in: Auge auf! Aufbruch und Regression in Russland [= OSTEUROPA, 6–8/2012], S. 55–84.

Die Fesseln des Sieges. Russlands Identität aus der Erinnerung an den Krieg. Aus dem Russischen von Mischa Gabowitsch. Deutsch zuerst erschienen in: Kluften der Erinnerung. Russland und Deutschland 60 Jahre nach dem Krieg [= OSTEUROPA, 4–6/2005], S. 56–73.

Instrumentalisieren, klittern, verdrängen. Russlands unerwünschtes Revolutionsjubiläum. Aus dem Russischen von Vera Ammer. Deutsch zuerst erschienen in: Revolution retour. 1917–2017: Vorwärts, und stets vergessen [= OSTEUROPA, 6–8/2017], S. 19–42.

Antiamerikanismus in Putins Russland. Schichten, Spezifika, Funktionen. Aus dem Russischen von Vera Ammer. Deutsch zuerst erschienen in: OSTEUROPA, 4/2015, S. 73–97.

Fatale Kontinuitäten. Vom sowjetischen Totalitarismus zu Putins Autoritarismus. Aus dem Russischen von Andrea Huterer. Deutsch zuerst erschienen in: Durchschaut. Der Kommunismus in seiner Epoche [= OSTEUROPA, 5–6/2013], S. 283–296.

Russland in der Sackgasse. Stagnation, Apathie, Niedergang. Aus dem Russischen von Olga Radetzkaja. Deutsch zuerst erschienen in: OSTEUROPA, 10/2011, S. 21–46.

Russlands Systemkrise. Negative Mobilisierung und kollektiver Zynismus
Aus dem Russischen von Christian Hufen und Volker Weichsel. Deutsch zuerst erschienen in: OSTEUROPA, 1/2007, S. 3–14.

Staat ohne Gesellschaft. Autoritäre Herrschaftstechnologie in Russland. Aus dem Russischen von Ganna-Maria Braungardt. Deutsch zuerst erschienen in: OSTEUROPA, 1/2008, S. 3–16.

Der Oligarch als Volksfeind. Der Nutzen des Falls Chodorkovskij für das Putin-Regime. Mit Boris Dubin. Aus dem Russischen von Mischa Gabowitsch. Deutsch zuerst erschienen in: OSTEUROPA, 7/2005, S. 52–75.

Stellungnahme des Direktors des Levada-Zentrums Lev Gudkov zur Diffamierung des Instituts als „ausländischer Agent". Moskau, 7.9.2016, <www.zeitschrift-osteuropa.de/support-levada/erklärung-gudkov/de.html>.

Autorenangaben

Alexis Berelowitch, Literaturwissenschaftler und Übersetzer, Paris

Marija Lipman, Publizistin, Chefredakteurin der Zeitschrift Counterpoint, Washington, D.C., Moskau

Aleksej Levinson, Soziologe, Wissenschaftlicher Mitarbeiter am Levada-Zentrum, Moskau

Nikolaj Petrov, Geograph, Prof. an der Vysšaja škola ekonomiki, Moskau

Karl Schlögel, Historiker, Publizist, emeritierter Professor für osteuropäische Geschichte, Berlin

Lilija Ševcova, Politikwissenschaftlerin, Moskau

Dieses Buch verdankt sich den großzügigen Spenden von

Markus Ackeret • *Robert Baag* • *Heinrich Bartel* • *Dietrich Beyrau* • *Timm Beichelt* • *Katrin Boeckh* • *Falk Bomsdorf* • *Klaus-Helge Donath* • *Beate Fieseler* • *Sabine Fischer* • *Gabriele Freitag* • *Julius Freytag-Loringhoven* • *Klaus Gestwa* • *Roland Götz* • *Hans Günther* • *Michael Hagemeister* • *Jens Hildebrandt* • *Ulrike Huhn* • *Egbert Jahn* • *Claudia Kraft* • *Gert Krell* • *Angelika Kummer* • *Jan Kusber* • *Christoph Laug* • *Ingeborg und Martin Lehmann* • *Martin Malek* • *Birgit Menzel* • *Margareta Mommsen* • *Friedemann Müller* • *Friedrich Naumann-Stiftung, Büro Moskau* • *Cornelius Ochmann* • *Nikolaj Plotnikov* • *Patrick Pohlit* • *Joachim von Puttkamer* • *Manfred Quiring* • *Katharina Raabe* • *Jörg Rathmann* • *Waleria Radziejowska-Hahn* • *Friedrich Roll* • *Astrid Sahm* • *Jörg Sandvoß* • *Alfred und Barbara Sapper* • *Heidi Sapper* • *Manfred Sapper* • *Frithjof Schenk* • *Gerhard und Nadja Simon* • *Karl Schlögel* • *Anna Schor-Tschudnowskaja* • *Elfie Siegl* • *Silvia von Steinsdorff* • *Katrin Tichomirova* • *Hartmute Trepper* • *Reinhold Vetter* • *Elisabeth Weber* • *Jürgen Zarusky* • *Klaus Ziemer* • *Markus Ziener* • *Margarete Zimmermann.*

Außerdem erscheint es mit freundlicher Unterstützung von

Lew Kopelew Forum e.V.

DGO
▶ Deutsche Gesellschaft
für Osteuropakunde e.V.

**Boris Dubin
Das Unmögliche leben**

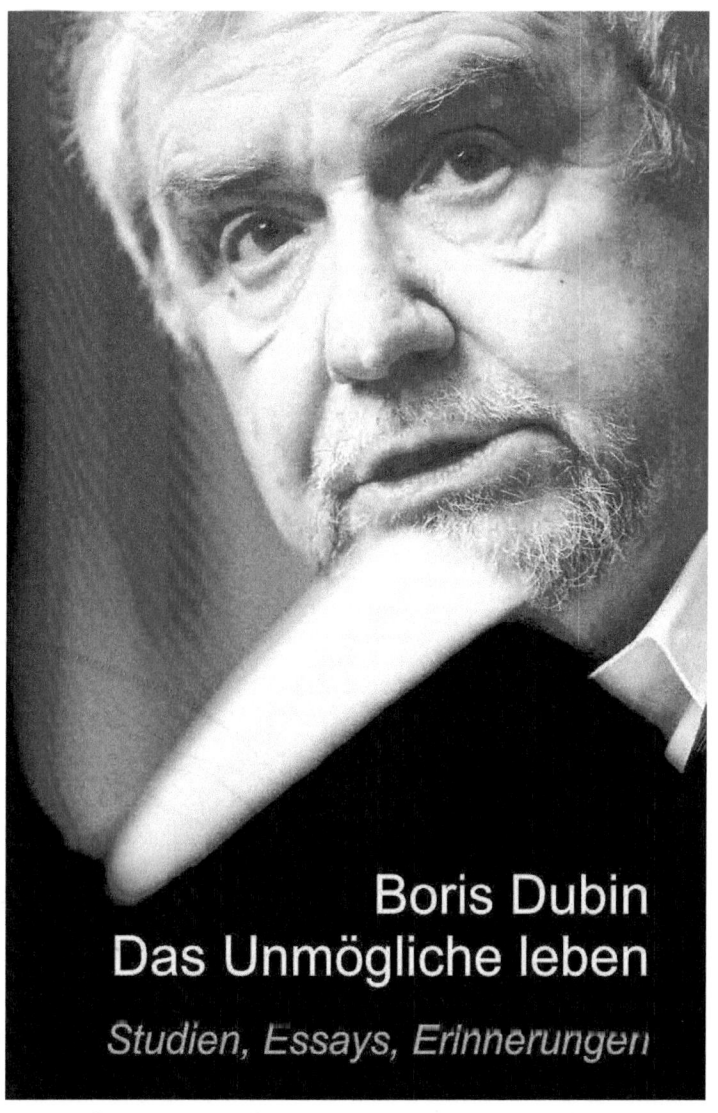

Studien, Essays, Erinnerungen

Angewandte Literatursoziologie: EDITION OSTEUROPA 1. 256 S., 19,90 €